上海市高职院校一流专业建设"会计"系列教材

小企业
财务管理

总主编／严玉康
主　编／刘振峰　周　曼

立信会计出版社
LIXIN ACCOUNTING PUBLISHING HOUSE

图书在版编目(CIP)数据

小企业财务管理 / 刘振峰,周曼主编. —上海:立信会计出版社,2016.10(2024.7重印)
ISBN 978-7-5429-5217-2

Ⅰ.①小… Ⅱ.①刘… ②周… Ⅲ.①中小企业—企业管理—财务管理—高等职业教育—教材 Ⅳ.①F276.3

中国版本图书馆 CIP 数据核字(2016)第 261316 号

策划编辑　　蔡莉萍
责任编辑　　赵志梅

小企业财务管理
XIAOQIYE CAIWU GUANLI

出版发行	立信会计出版社
地　　址	上海市中山西路 2230 号　　邮政编码　200235
电　　话	(021)64411389　　传　真　(021)64411325
网　　址	www.lixinaph.com　　电子邮箱　lixinaph2019@126.com
网上书店	http://lixin.jd.com　　http://lxkjcbs.tmall.com
经　　销	各地新华书店
印　　刷	上海万卷印刷股份有限公司
开　　本	787 毫米×1092 毫米　　1/16
印　　张	20.75
字　　数	412 千字
版　　次	2016 年 10 月第 1 版
印　　次	2024 年 7 月第 3 次
书　　号	ISBN 978-7-5429-5217-2/F
定　　价	42.00 元

如有印订差错,请与本社联系调换

上海市高职院校一流专业建设"会计"系列教材

编审委员会

主　任　　项家祥
副主任　　尹雷方　严玉康
总策划　　严玉康　戎其玉
编　委　　严玉康　李　敏　吴静芳　李晓荣
　　　　　　　李　杰　袁雪飞　吕　薇　励　丹
　　　　　　　苏　红　刘振峰　谢咏梅　秦　岚
　　　　　　　周　曼　朱丹萍　沈天欢　刘舒叶

总 序

为深入贯彻国家以及上海市中长期教育改革和发展规划纲要,加快落实《国务院关于加快发展现代职业教育的决定》,全面推进上海市教育综合改革,深化职业教育内涵发展,加快培养知识型、发展型技能人才,从2015年起,上海市启动了以"高等职业教育质量提升计划项目"为主的"开展高职院校一流专业建设"工作。其一流建设切入点或力求达成的目标是:在上海市高等教育内涵建设"085"工程已建设一批高职院校重点专业的基础上,对接国际标准、服务产业升级、聚焦民生需求,遴选建设20个左右国内领先、具有国际竞争力的高职一流专业,开发与国际先进标准对接的专业教学标准,促进高职院校专业建设科学化、标准化和规范化。

作为上海市特色高职院校及示范性民办高校的建设单位——上海东海职业技术学院(简称上海东海学院),从1993年创办以来,在专业设置与结构布局上,把握不同时期地方经济和社会发展对高素质技能人才多样化的要求,结合自身办学条件与民办高校灵活的办学机制,传承上海东海学院"自尊自强、认真求真"的创业精神,创立与形成了以经管类专业为主体,以机电工程类和艺术设计类专业为两翼的专业定位与发展格局,较好地适应了我国经济新常态下产业升级与创新发展的需要,满足了高职院校学生学习专业技能及成就一生事业的发展需要。

尤其是由上海东海学院长年积淀而创建的"会计"品牌专业,其人才培养目标重点锁定在有角度(瞄准有发展潜质小企业,与普通高校错位发展)、有高度(办学质量超前,可与名牌院校同类专业建设媲美)、有深度(课程内涵充实,注重会算、会管、会写的能力提升),即重点锁定在"既会算收入、算支出、算成本、算经济效益,又会管资金、管资产、管负债、管效率、管效益,还会把算的结果和管的效果以应用文形式表达出来"的财会复合型人才这个点上。上海东海学院在高职院校中脱颖而出,成为上海市教委第一批立项进行一流专业重点建设的高职院校。

围绕高职院校一流专业建设,通过近2年的积淀与近半年的冲刺,由上海东海学院校长项家祥教授、副校长尹雷方教授、经管学院院长严玉康教授等领衔主编的"上海市高职院校一流专业建设'会计'系列教材"面世了。第一期出版的教材包括《小企业会计基础》《小企业财务会计》《小企业成本会计》《小企业财务管理》《小企业会计电算化》《小企业会计综合实训》。

"上海市高职院校一流专业建设'会计'系列教材"的编写,以财务会计基本理论和《小企业会计准则》为指南,以小企业日常会计核算与管理的内容为重点,在解析《小企业会计准则》的同时,根据高职院校学生特点和企业的实际需要,突出"新颖""简洁"和"实用"的特点,且语言文字简明易懂。本系列的每本教材均有适量的"知识拓展"与"温馨提醒",必要的图表解析与解答提示,并配有教学微课,这就使得本系列教材不仅具有可读性,还具有实用性与操作性。本系列的每本教材各章前安排的"案例导入",具有教学提示作用;每本教材各章后安排的"知识归纳""基本训练(包括单项选择题、多项选择题、判断题)"和"实战演练",既复习和巩固了教学内容,又对教学内容作了必要的提示与补充,便于读者进一步理解与消化所学的知识。

"上海市高职院校一流专业建设'会计'系列教材"的编写,不仅是上海东海学院在创建上海市特色高职院校及示范性民办高校中所取得的突出成果,也是上海东海学院为上海市"开展高职一流专业建设"所作出的努力和贡献。衷心希望本系列教材的出版,能加速推动上海高等职业教育质量的不断提升。

2016年4月10日

根据教委实施"高等职业教育质量工程",开展"高职院校一流专业建设"工作的要求,作为上海市高职院校"会计一流专业"建设单位,我们策划编写了"上海市高职院校一流专业建设'会计'系列教材"。以满足高职院校培养"服务于有潜质的小企业,培养'会算、会管、会写',具有'一人多能、多岗兼顾'"的复合型会计专业人才的需要。

小企业财务管理属于会计专业核心课程之一,《小企业财务管理》是"上海市高职院校一流专业建设'会计'系列教材"中的一本,在本系列教材和会计专业人才培养中处于应用地位,主要阐述理财管理的基础理论和方法,包括理财观念、货币时间价值、风险与收益、筹资理论、投资理论、收益及其分配理论、全面预算及其应用、财务控制等内容。为高职院校相关专业学习打下基础。

本教材共分为9章,分别为:小企业财务管理概述,财务管理的基本观念,小企业财务分析,小企业财务预算,小企业筹资管理,小企业营运资本管理,小企业对外长期投资,小企业项目投资管理,小企业收益及其分配管理等内容。

本教材以财政部颁布的《小企业会计准则》和《企业财务通则》为理论依据,在编写教材过程中,注重理论联系实际,注重知识更新,力求反映《小企业会计准则》和最新法律、法规改革的基本内容,力求"体系新颖、内容简洁、注重实用",配备了大量的课后练习,并配有教学微课,以满足高职教学的实际需要。本教材可供高职院校经济类各专业作为理财课程教学之用,也可作为企业财会工作者学习和会计人员培训教材。

在本教材编写过程中,行业专家、院校教师和立信会计出版社进行了多次研讨,大家提出了宝贵的建议。与此同时,作者也参考了大量的国内外的教科书和资料。正是由于许多专家和学者的热忱帮助,才使本教材得以面世,并臻于完善,在此再次表示衷心的感谢!

教师如需课后练习题参考答案等教学资料,请扫码下载"立信书院APP"。

编者

2016年10月

目录 Contents

第 1 章　小企业财务管理概述

财务管理是对企业财务活动进行的管理。它是企业组织财务活动,处理企业与各方面财务关系的一项经济管理工作,是企业管理的重要组成部分

第 1 节　小企业及其财务活动 ·· 2
第 2 节　小企业财务管理的要求 ·· 7
第 3 节　财务管理的职责 ·· 9
第 4 节　小企业财务管理的目标 ·· 10
第 5 节　小企业财务管理的环境 ·· 14
第 6 节　小企业财务管理的方法 ·· 18
知识归纳 ··· 24
基本训练 ··· 24

第 2 章　财务管理的基本观念

财务管理是以价值形式进行的综合管理。而不同时点上的相同货币金额不具有可比性,然而其金额变化又具有很强的规律性。认识这种规律,便可以由必然王国走向自由王国

第 1 节　财务管理观念 ·· 28
第 2 节　货币时间价值 ·· 40
第 3 节　风险价值 ··· 49
第 4 节　有价证券价值评估 ··· 64
知识归纳 ··· 69
基本训练 ··· 70
实战演练 ··· 72

第 3 章　小企业财务分析

财务分析依据的是小企业财务报告和其他相关资料;分析的对象是小企业的财务状况、经营成果和现金流量;反映的是小企业营运过程的利弊得失和发展趋势;是财务预测的前提

第 1 节　小企业财务分析概述 ·· 76
第 2 节　财务能力分析 ·· 84
第 3 节　财务趋势分析 ··· 106
第 4 节　财务综合分析 ··· 107
知识归纳 ·· 109
基本训练 ·· 109
实战演练 ·· 111

第 4 章　小企业财务预算

预算是计划工作的成果,它既是决策的具体化,又是控制生产经营活动的依据。企业预算是各级各部门工作的奋斗目标、协调工具、控制标准、考核依据,在经营管理中发挥着重大作用

第 1 节　全面预算概述 ··· 114
第 2 节　资金需用量预测 ·· 122
第 3 节　小企业财务预算的编制 ··································· 128
知识归纳 ·· 140
基本训练 ·· 141

第 5 章　小企业筹资管理

企业一般通过两种方式获取资金:内源筹资和外源筹资。内源筹资是企业不断将自己的内部积累转化为投资的过程;外源筹资是企业吸收其他投资主体的闲置资金,使之转化为企业自己投资的过程。外源筹资又可分为直接筹资和间接筹资

第 1 节　筹资管理概述 ··· 144
第 2 节　资本成本 ··· 165
第 3 节　资本结构概述 ··· 173
第 4 节　资本结构决策 ··· 178
第 5 节　杠杆利益与风险的衡量 ··································· 181
知识归纳 ·· 188
基本训练 ·· 189
实战演练 ·· 191

第 6 章　小企业营运资本管理

营运资金是企业生存和发展的基础,是企业存在的灵魂。企业的经营过程也就是营运资金的流动和形式不断变化的过程。营运资金在企业的日常经营过程中有着重要的意义,只有具备一定量的营运资金,企业才能进行最初的资本运作

第 1 节　营运资金管理概述 …………………………………… 194
第 2 节　现金管理 …………………………………………………… 199
第 3 节　应收账款管理 …………………………………………… 203
第 4 节　存货管理 …………………………………………………… 211
知识归纳 …………………………………………………………… 220
基本训练 …………………………………………………………… 220
实战演练 …………………………………………………………… 222

第 7 章　小企业对外长期投资

从世界范围来看,中小企业已经日益成为世界经济增长的主要引擎,它们改变了国际生产、投资和贸易的模式,影响着经济全球化的进程。促进中小企业发展已经成为大多数国家最重要的经济社会发展战略之一

第 1 节　投资管理概述 …………………………………………… 226
第 2 节　企业对外投资管理 ……………………………………… 233
第 3 节　投资风险与投资组合 ………………………………… 244
知识归纳 …………………………………………………………… 249
基本训练 …………………………………………………………… 250
实战演练 …………………………………………………………… 252

第 8 章　小企业项目投资管理

项目投资的决策分析,并不是中小企业日常财务活动最经常的部分,也许在一个会计年度都难得碰上一二次。但是,它却是企业财务活动中最重要的部分。因为项目投资的金额大,影响时间长,风险大,一旦投资就难以改变

第 1 节　项目投资决策概述 ……………………………………… 254
第 2 节　评价项目投资 …………………………………………… 263
第 3 节　固定资产管理 …………………………………………… 273
知识归纳 …………………………………………………………… 278
基本训练 …………………………………………………………… 278
实战演练 …………………………………………………………… 280

第 9 章 小企业收益及其分配管理

小企业收益分配集中体现了小企业所有者、经营者、债权人与职工之间的利益关系,是企业再生产的条件以及优化资本结构的重要措施;是国家建设资金的重要来源

第 1 节　分配管理概念 …………………………………………………… 284
第 2 节　收入管理 ………………………………………………………… 286
第 3 节　利润管理 ………………………………………………………… 293
第 4 节　利润分配管理 …………………………………………………… 296
知识归纳 ………………………………………………………………… 309
基本训练 ………………………………………………………………… 310

附表

附表Ⅰ　复利终值系数表 ………………………………………………… 313
附表Ⅱ　复利现值系数表 ………………………………………………… 315
附表Ⅲ　年金终值系数表 ………………………………………………… 317
附表Ⅳ　年金现值系数表 ………………………………………………… 319

小企业财务管理概述

CHAPTER 1

通过本章你可以学到：

- 小企业财务活动主要关系
- 财务管理基本概念、六要素
- 小企业财务管理的目标
- 小企业财务管理的环境
- 小企业及其财务活动
- 小企业财务管理的方法

学习目标 Learning objectives

> **案例导入**

毕业于东海财经大学会计系的张伟供职于一家管理咨询公司。他接待的第一位顾客要创办一家服务企业,而且已经有许多出资人表现出强烈的出资意愿。该客户纠结于是创办合伙制企业、有限责任公司还是创办股份有限公司。

张伟所在的管理咨询公司向该客户推荐了有限责任公司组织形式。原因在于有限责任公司属于典型的现代企业治理模式,手续简便,出资人的法律责任为有限责任。既能规避合伙制企业本身所固有的"无限连带"法律责任与规模约束的局限,又能规避股份有限公司其设立公司手续复杂等法律制度的限制。有限责任公司形式,能够适应中小企业初创阶段的特点,使中小企业从筹资、投资到收益管理和分配等环节都能够有法可依,适合中小企业崛起。

经营之道实质上就是理财之道。作为自主经营、自负盈亏的企业,在市场经济中,必须按照经济规律进行理财。一方面,要努力增加产品销量,提高产品质量,扩大产品品种,增强企业信誉和竞争力;另一方面,要开源节流,合理地使用人力、财力和物力,实行严格的经济核算,加强企业经营管理,不断提高经济效益和增加企业的财富。而企业的财务管理正是运用价值形式对企业生产经营活动进行的一种综合管理活动,是企业经营管理的一个极为重要的方面。通过加强财务管理,企业可以有效筹措与调度资金,合理配置企业资源,正确处理企业与各方面的经济关系;通过提高企业的经济效益,可达到资本保值增值、增强企业自我发展能力和实现企业价值最大化的目的。

第1节 小企业及其财务活动

一、小企业及其特征

按照我国相关法规的界定,小企业是指在中华人民共和国境内依法设立的,符合国家《中小企业划型标准规定》,属于非金融机构性质,不公开发行股票或债券,既非企业集团的母公司,也非企业集团的子公司,生产经营规模相对较小的企业。

小企业具有如下特点。

(一)投资主体和组织形式多元化

投资人既可以是大中专毕业生、退伍复员军人、返乡农民工、下岗失业人员、征地拆迁失地农民，又可以是其他城乡无业居民。在创建小微型企业时，既可以申办个体工商户、独资企业，又可以是合伙企业、农村专业合作社、有限责任公司。

（二）出资来源和形式多元化

小微型企业融资渠道主要是自有资金、亲戚朋友借款，很少有正式的融资渠道。投入的资金既可以是实物资产、知识产权，也可以是货币资金。小微型企业固定资本少，对经营所需的工具和设备、技术、场地等要求不高。

（三）生产销售灵活

小微型企业大部分是以"前村后店"的模式组织生产运作，质量管理不是很完善，采用劳动密集型的技术和手工艺。销售上采用直销方式，且以服务本地市场为主，运作方式灵活而富有流动性。

（四）内部管理松散

小微型企业员工以家庭成员为主，且大都是通过正式的就业渠道不能就业的人，其员工薪酬具有不确定性，基本没有非正式的薪酬制度，财务会计制度也不健全，少量而不规范的会计活动也只是为了应付上缴的税费。

二、小企业的财务活动

（一）筹资活动

筹资活动是小企业资金运动的起点。筹资是指企业为了满足投资和用资的需要，筹措和集中所需资金的过程。从整体上看，小企业可以从两方面筹资并形成两种性质的资金来源：一是企业自有资金（权益资本），是企业通过向投资者吸收直接投资、企业内部留存收益方式取得的，其投资者包括国家、法人和个人等；二是企业债务资金，是企业通过向银行借款、应付款项等方式取得的。①

（二）投资活动

小企业取得资金后，必须将资金投入使用，以谋求最大的经济利益；否则，筹资就失去了目的和效用。小企业广义的投资是指在将筹集的资金投入使用的过程中，包括企业内部使用资金的过程（如购置流动资产、固定资产、无形资产等）以及对外投放资金的过程（如投资购买其他企业的股票、债券或与其他企业联营等）；而狭义的投资仅指对外投资。小企业在进行投资过程中，必须充分考虑资产负债表左方的资产规模及其结构，以及投资规模、结构与投资效益，以追求在适当的规模基础上的最佳经济效益。

（三）分配活动

小企业通过投资与资金营运活动并取得相应的收益后，实现了资金的增值。在履行纳税义务的基础上，小企业要对投资者进行收益分配。广义地说，分配是指对投资收入（如营业收入）、利润进行分割和分派的过程；而狭义的

财务漫谈：抢救哪幅画

---

① 参见李敏主编的《小企业财务管理》，上海财经大学出版社，2004年11月第1版。

分配仅指对利润的分配。如何合理地确定分配规模和分配方式,以使企业的长期利益最大化,通常也是小企业在理财活动中必须加以考虑的关乎长远利益的问题。

三、小企业的财务关系

小企业在运作过程中,会和许多方面发生财务活动,因而涉及多方面的财务关系。从现象上看,无非就是资金的收入、付出、解缴、下拨,反映为钱和物的增减变化,但实质上,却体现着小企业与各方面的经济关系。

(一) 小企业与投资者之间的关系

财务与会计的关系

投资者是指投入企业资本金的有关团体和个人,包括国家(国家中小企业发展基金或有权代表国家的政府部门)、其他企业单位、社会个人持股者及外商投资者等。小企业与这些投资者的关系是经营者与所有者的关系,从财务角度看,是一种资本保全及按资(按出资比例)分红(利润)、共同担风险的关系。众多的小企业从上述投资者手中筹集到了巨量的资本,而这些投资者通常要考虑对企业的控制程度(即是全资拥有、控股拥有还是参股拥有),对企业净资产享有的分配权,对企业承担的经济法律责任等。

(二) 小企业与债权债务方之间的关系

债权人(creditors)主要是指预付款者,有权请求他方为特定行为的权利主体,是指那些对企业提供需偿还的融资的机构和个人,包括给企业提供贷款的机构或个人(贷款债权人)和以出售货物或劳务形式提供短期融资的机构或个人(商业债权人)。

债务人(debtor),通常是指根据法律或合同、契约的规定,在借债关系中对债权人负有偿还义务的人。在财务会计学的术语中,债务人是指欠别人钱的实体或个人。简单地说,债务人也可以理解成是买方,而对应的债权人可以理解成卖方。

企业在生产经营活动中,或为扩大生产规模,或为维持正常的资金周转,或因商品购销结算时间的差别等原因,不可避免地会发生各种债权和债务关系。提供贷款给小企业的商业银行(含小额贷款公司和信用担保机构)、提供资金融通服务的租赁公司、典当行、信托公司等非银行金融机构,以赊销和分期付款形式提供商业信用给小企业的供应商以及持有小企业债券的投资人都是小企业的债权人,而小企业则是上述商业银行、供应商和小企业债券持有人的债务人;相反,小企业在包括商业银行等金融机构开立各类账户并存入款项,在金融市场上购入包括国债、金融债券和公司债券,以预付账款的形式向供应商提供的商业信用等都使小企业成了商业银行等金融机构和供应商的债权人,此时商业银行等金融机构以及供应商则是债务人。债务人通常会对还本付息作出承诺。债权债务关系正是建立在保证还本付息基础之上的民事法律关系。

温馨提醒

实际上,小企业在日常运营中,所体现出来的财务关系恐怕更多地表现为债权与债务这种关系。因为,作为小微经济主体,尽管前景看好,但是至少在每日营运中,更多地表现为捉襟见肘,依靠权益关系有点遥远。

(三) 小企业与财税部门之间的关系

国家为了保证重点企业的正常生产经营活动或扩大企业生产规模,在一定条件下,由财政通过基本建设拨款、流动资金拨款等方式,拨给企业一定数量的资金。企业在生产经营范围内,有权独立使用资金,但也有责任保证资金的完整无缺。企业应按国家的规定,及时、足额地向财税部门解缴税金,不应该挪用、拖欠,更不允许少缴、漏缴税金。国家以税收的形式有效组织财政收入,可以将其对重点建设项目进行投资,可以实施单方面转移,这些便发挥着财政政策的功能。《小企业会计准则》要求企业采用应付税款法核算所得税,将计算的应交所得税确认为所得税费用,大大简化了所得税的会计处理。[①] 小企业与财税部门之间的关系呈现出来的是税收的征纳关系。国家财税部门是征税主体,小企业为纳税主体。不论征税主体还是纳税主体,均是权利与义务的集合体。

(四) 小企业与其他单位之间的关系

小企业在再生产过程中必然要与其他单位发生业务联系,如产品和劳务的互相供应,生产技术的协作与交流,设备物资的调剂使用等。随着经济体制改革的深入和横向经济联系的发展,企业与联营、合营企业之间也会发生资金往来等经济关系。这些关系,体现了各企业、单位在市场经济下分工协作和等价交换的关系。

(五) 小企业内部各部门之间的关系

小企业内部的基本生产业务、基本建设项目、生活后勤保障福利事业、在建工程支出、新产品开发与试制之间的业务性质不同,必须分别管理,分别核算。这种不同业务之间的往来结算关系,是企业内部各部门之间财务关系的一种表现形式。企业内部各部门之间的另一财务关系,表现为企业生产部门以及各生产单位之间,在相互提供产品和劳务的过程中所发生的资金分配和内部结算关系。这些关系体现了企业各部门、各单位在企业统一领导下的分工合作关系,反映了企业内部财务管理工作中集中和分管的权、责、利关系。

(六) 小企业与职工之间的关系

小企业向职工支付劳动报酬(包括工资、奖金、津贴和补贴等)和各项福利

---

① 贺志东主编的《小企业会计准则操作实务》,电子工业出版社2012年4月第一版。

费用等，就同职工发生了货币结算关系。其中企业与职工的工资结算关系体现了按劳分配的经济关系。

四、财务管理的概念及其构成要素

☞ 财务管理是利用价值形式组织企业财务活动、处理财务关系的一项经济管理工作。财务管理是对企业财务活动进行的管理，它是企业组织财务活动、处理企业与各方面财务关系的一项经济管理工作，是企业管理的重要组成部分。

按照《企业财务通则》的规范要求，将企业财务管理的内容划分为以下六大要素。

1. 资金筹集

企业可以接受投资以及货币资金、实物、无形资产、股权、特定债权等形式的出资。其中，特定债权是指企业依法发行的可转换债券、符合有关规定转为股权的债权等。企业筹集资金，应当按规定核算和使用，并诚信履行合同，依法接受监督。

2. 资产营运

企业应当根据风险与收益均衡原则和经营需要，确定合理的资产结构，并实施资产结构动态管理。为了集中有效地使用资金，企业集团可以实行内部资金集中统一管理，可以统一调配集团内的资金，以降低资金使用上的风险，使之更加有效、合理地配置现金流量，加速资金周转。

3. 成本控制

企业应当建立成本控制系统，强化成本预算约束，推行质量成本控制办法，实行成本定额管理、全员管理和全过程控制。

4. 收益分配

企业应当按照我国《公司法》的有关规定进行分配，并符合《企业财务通则》的规范要求。

5. 信息管理

企业可以结合经营特点，优化业务流程，建立财务和业务一体化的信息处理系统，逐步实现财务、业务相关信息一次性处理和实时共享，对企业物流、资金流、信息流进行一体化管理和集成运作。企业应当建立财务预警机制，自行确定财务危机警戒标准，重点监测经营性净现金流量与到期债务、企业资产与负债的适配性，及时沟通企业有关财务危机预警的信息，提出解决财务危机的措施和方案。

6. 财务监督

企业应当建立"激励规范、约束有效"的财务运行机制，完善法人治理结构，加强企业财务监督。企业财务监督包括对内部监督和外部监督两个方面，内部财务监督是建立有效的内部制衡极为重要的一个方面；外部财务监督，包括财政监督和国家审计监督以及社会监督等。

第2节 小企业财务管理的要求

企业面临着激烈的市场竞争,必须以生存、发展、获利作为企业目标。企业只有生存下去才有活力,只有不断发展才能求得生存,才有可能获利。企业目标对财务管理提出了明确的要求。你不理财,财不理你。

财务管理的五个层次

知识拓展

《圣经》《新约·马太福音》中有这样一个故事,国王远行前交给3个仆人各1锭银子,并让他们在自己远行期间去做生意。国王回来后把3个仆人召集到一起,发现第一个仆人已经赚了10锭银子,第二个仆人赚了5锭银子,只有第三个仆人因为怕亏本什么生意也不敢做,最终还是攥着那1锭银子。

于是,国王奖励了第一个仆人10座城邑,奖励了第二个仆人5座城邑,第三个仆人认为国王会奖给他1座城邑,可国王不但没有奖励他,反而下令将他的1锭银子没收后奖赏给了第一个仆人。国王降旨说:"少的就让他更少,多的就让他更多。"

这个理论后来被经济学家运用,命名为"马太效应"。俗话说,你不理财,财不理你。如果"穷人"不改变理财思路,继续保守理财的话,那还是会应验"马太福音"中的那句经典之言:让贫者越贫,富者越富吧!

其实,财务管理的实质就是生财、聚财之道,资本有其自身的运动法则,掌握了它,你就开启了财富之门。

理财小故事:涂成黄金样的大石头

一、生存目标的要求

在市场经济中,企业生存下去的基本条件是以收抵支、到期偿债。企业生存的威胁主要来自两个方面:一是长期亏损,它是企业终止的根本原因;二是不能偿还到期债务,它是企业终止的直接原因。亏损企业为维持运营被迫进行偿债性融资,借新债还旧债,如不能扭亏为盈,则迟早会因为借不到钱而使资金无法周转,从而不能偿还到期债务。盈利企业也可能因扩大生产规模而大量借款,但由于各种原因导致投资失败,为偿债企业必须出售其资产,使生产经营无法持续下去。所以,力求保持以收抵支和偿还到期债务的能力,减少破产的风险,使企业能够长期、稳定地生存下去,是对财务管理的第一个要求。

小企业在日常理财活动中应当特别关注现金流量。因为现金流量的充沛与否,直接关系到企业的生死存亡。从某种意义上说,生存比盈利更重要,较充沛的现金流量是企业的生命之流。小企业的生存环境相对较差,加之各项投入都急需要注入资金,然而,"融资难"普遍制约着各类小企业的健康发展。

小企业尤其是缺乏可持续融资的路径,万一运作不周全,便有可能面临资金链的断裂,企业偿债能力瞬间消失。

通常小企业出现现金流转不平衡的现象主要表现在以下三个方面:首先,现金流转同步不同量;其次,现金流转同量不同步;再次,现金流转不同步不同量。为此,企业应有专门的机构或人员对此及时提供信息,必要时提出警告,重在控制,力争现金流转既同步又同量。

二、发展目标的要求

企业的发展集中表现为扩大收入。扩大收入的根本途径是提高产品的质量、扩大销售的数量,这就要求企业不断更新设备、技术和工艺,并不断提高各种人员的素质,也就是要投入更多、更好的物质资源和人力资源,并改进技术和管理。在市场经济中,各种资源的取得,都需要付出资金,企业的发展离不开资金。因此,筹集企业发展所需的资金,是对财务管理的第二个要求。

树立全面、协调、可持续的发展观,关系到整个企业的未来和希望。财务上的可持续发展是指在企业的发展过程中寻找一条与资产增长、与资金来源相互协调的,既可以满足当前企业发展的需求,又不会对以后的需求能力构成危害的道路。可持续发展包括两个方面的意义:一方面是指企业只有不断地发展才能更好地生存;另一方面是指发展必须是可持续性的,不应当超过一定的限度。

通常,企业实现资金增长的方式主要有三种:一是依靠内部资金增长作为来源。但内部积累资金的财务资源可能是有限的,有时还会限制企业的发展。二是依靠外部资金增长作为来源。但增加股东投入资本会分散控制权,会稀释每股盈利等;而增加负债会使财务风险加大,筹资能力下降,而且当息税前资产利润率低于负债利息率的时候还会降低资本利润率。三是追求平衡增长。这就要求在保持目前财务结构和与此相关的财务风险的前提下,按照所有者权益或股东权益的增长比率增加借款,以此支持销售的增长。这种增长方式一般不会消耗企业的财务资源,所以是一种可持续增长方式。

小企业的生存和发展是既相互依存又相互矛盾的有机统一体。

小企业首先必须学会生存。不能生存,何以发展?生存第一,发展第二。发展也是为了更好地生存,实际上生存也就是为了发展。在激烈的市场竞争中,不发展是难以生存的,只有发展才能为自身创造生存的空间。

三、获利目标的要求

企业只有能够获利,才有存在的价值。建立企业的目的是为了盈利。盈利不但体现了企业的出发点和归宿,而且可以反映企业其他目标的实现程度,并有助于其他目标的实现。

从财务的角度看,盈利就是指使资产获得超过其投资的回报。在市场经济中,没有"免费使用"的资金,资金的每项来源都有其成本,每项资产都是投资,都应获得相应的报酬。财务人员要对企业正常经营产生的和从外部获得的资金加以有效利用,并加速资金周转。这是对财务管理的第三个要求。

第3节　财务管理的职责

一、财政部门的财务管理职责

在市场经济中,财政部门负责加强对企业财务的指导、服务与监督,既不能越位,也不能缺位。新《企业财务通则》(下称新通则),2005年修订,2007年实施。第四条明确规定,财政部应当负责制定企业财务规章制度。各级财政部门(主管财政机关)的主要职责包括:

(1) 监督执行企业财务规章制度,按照财务关系指导企业建立、健全内部财务制度。

(2) 制定促进企业改革发展的财政财务政策,建立、健全支持企业发展的财政资金管理制度。

(3) 建立、健全企业年度财务报告审计制度,检查企业财务报告质量。

(4) 实施企业财务评价,检测企业财务运行状况。

(5) 研究、拟定企业国有资本收益分配制度和国有资本经营预算的制度。

(6) 参与审核属于本级人民政府及其有关部门、机构出资的企业重要改革、改制方案。

(7) 根据企业财务管理的需要提供必要的帮助、服务。

二、投资者的财务管理职责

企业是股东投资创办的,是投资人的企业,投资者才是企业真正的法律意义上的"主人"。只有投资者管理企业的职能不"缺位",管理企业的职责才能真正落实到位。投资者履行财务管理职责是企业内部财务管理职责中最重要的组成部分。

按照我国《公司法》的规定,投资者可以是政府以及相关的机构,也可以是企业等法人实体,还可以是自然人。我国《公司法》还明确规定,"公司股东依法享有资产收益、参与重大决策和选择管理者等权利。"只要是企业的股东(投资者),就应当按照新通则第十二条的规定,切实履行投资者的管理职责。

投资者的财务管理职责主要包括以下几个方面:

(1) 审议批准企业内部财务管理制度,企业财务战略、财务规划和财务预算。

（2）决定企业的筹资、投资、担保、捐赠、重组、经营者报酬、利润分配等重大财务事项。

（3）决定企业聘请或者解聘会计师事务所、资产评估机构等中介机构的事项。

（4）对经营者实施财务监督和财务考核。

（5）按照规定向全资或者控股企业委派或者推荐财务总监。

三、经营者的财务管理职责

财务总监炼成记

根据我国《公司法》的规定，有限责任公司可以设经理，由董事会决定聘任或者解聘。经理对董事会负责，经理可以列席董事会会议。

根据新通则第十三条的规定，经营者的财务管理职责主要包括以下几项：

（1）拟定企业内部财务管理制度、财务战略、财务规划，编制财务预算。

（2）组织实施企业筹资、投资、担保、捐赠、重组和利润分配等财务方案，诚信履行企业偿债义务。

（3）执行有关职工劳动报酬和劳动保护的规定，依法缴纳社会保险费、住房公积金等，保障职工合法权益。

（4）组织财务预测和财务分析，实施财务控制。

（5）编制并提供企业财务报告，如实反映财务信息和有关情况。

（6）配合有关机构依法进行审计、评估和财务监督等工作。

第4节　小企业财务管理的目标

一、小企业财务管理目标的内容

目前在我国的财务管理界和有关的财务管理教材中较为普遍的观点认为，企业财务管理目标应是"股东财富最大化"或"企业价值最大化"，并应当贯彻于财务管理全过程。

在对企业评价时，投资者看重的不是企业已经获得的利润水平，而是企业潜在的获利能力与发展前景。因此，企业价值不是账面资产或账面净资产的总价值，而是企业全部财产的市场价值，它反映了企业潜在或预期的获利能力。投资者在评价企业价值时，是以投资者预期投资时间为起点，并将未来收益按预期投资时间进行折现。至于未来收益的多少可以按可能实现的概率进行计算。这种计算办法考虑了资金的时间价值和风险问题。企业所得收益越多，实现收益的时间越近，应得的报酬越是确定，则企业的价值或股东财富就越大。

现代管理理论还认为，企业是多边契约关系的总和：股东、债权人、经理层、一般员工甚至政府，等等，其共同构成了企业的利益制衡机制。如果将企业财务管理的目标仅仅归结为股东的价值,而忽视其他相关利益主体,必然导致矛盾冲突,最终损害企业的价值。如果把企业的财富比作一块蛋糕,这块蛋糕可以分为几个部分,分属于企业契约关系的各方,当企业的财富总额一定时,各方的利益只能此消彼长,只有当企业的财富增加后,各种契约关系人的利益才会较好地得到满足。

以上财务理财的这些要求与目标应该都不是为了使企业账面利润最大化或账面价值最大化,更不是虚盈实亏做假账,而是为了达到理财的终极目标——企业价值最大化,因为投资者创建企业的目的是在于能给企业带来尽可能多的财富。为此,财务管理应当很好地研究生财、聚财、用财之间的辩证关系。生财是聚财、用财的决定因素;聚财是用财、生财的重要手段;而用财、聚财的目的全在于生财。讲究理财之道的关键在于生财。财务管理应以企业价值最大化为理财目标,做到生财有方,生之不息;聚财有度,适时足量;用财有效,财源茂盛。

理财经验告诉人们,直接模仿成功的榜样与有效的经验做法,会引导你、帮助你找到较好的行动方案,避免你采取最差的行动。这无疑也是一种理财的捷径,但这只是一个次优化的准则,其最好的结果只是近似最好成绩,当然最差的结果是模仿了别人的错误。

创新才是企业的生财之道。重复过去的投资项目或者别人已有的做法,最多只能取得平均的报酬率,即只能维持现有的财富而不是增加股东财富。然而,新的创新迟早要被别人效仿,失去原有的优势,因此,企业理财要不断创新。创新才有优势,才能导致企业价值最大化。

利用优势,比较专长,能够创造价值。你不必要求自己什么都能做得最好,但要知道谁能做得最好。如果有人比你做得更好,你应当支付报酬让他代你去做;同时,你去做比别人做得更好的事。真正的人才有一个明显的特征,那就是别人无法取代你。就像是没有比较优势的人,很难取得超出平均水平的收入一样,没有比较优势的企业,很难增加企业财富。

二、小企业财务管理的任务

根据上述财务管理的目标以及企业目标对财务管理的要求,企业财务管理的基本任务可以归纳为以下四个方面。

(一)合理筹集和使用资金,提高资金使用效益

作为自主经营、自负盈亏的企业,必须要拥有一定数额的资金,才能进行生产经营活动。为了合理筹集资金,就要在财务预测、分析的基础上,确定一定时期内生产经营过程的资金需用量。足量而又不过量,适量而又适时地筹集资金,这是提高资金使用效益的一个重要方面。

随着我国资金市场的逐步完善,资金筹集的渠道和方式也多样化。因筹集资金的渠道和方式不同,企业需要付出的代价也不一样。资金成本就是为筹集使用资金而发生的各种费用。它一般包括资金使用费(如股息、利息、资

微课:财务管理干些啥

金占用费等)和资金筹集费(如股票、债券的注册费,印刷费用,发行费用,借款的手续费等)。因此,企业应对各种筹资的渠道和方式及其资金成本进行调查研究,然后选择资金成本较低,又能适时、足量地满足企业生产需要的资金渠道和方式,取得企业生产经营所需要的资金。

为了提高资金使用效益,还应注意资金投资时间和投资方向,这就要求企业财务部门应当按照生产计划和资金预算合理地供应资金,把有限的资金用在生产最需要的地方,切实保证生产发展的合理需要。在资金的实际使用过程中,加强控制和调度工作,及时发现、消除各种积压和浪费资金的现象,加速资金的周转,力争做到"增产不增资"或者"多增产少增资"。

温馨提醒

一般来说,资金的需用量总是大于可供量的,即使在需用量与可供量之间保持基本平衡的情况下,也会存在着用钱部门与管钱部门之间的矛盾。因此,既要反对和防止片面强调生产需要而忽视节约资金的倾向,也要反对和防止只顾片面减少资金而不顾生产合理需要的倾向,把需要和可能,增产与节约真正、正确地统一起来,平衡财务收支,讲究生财、聚财、用财之道。

此外,企业还应千方百计地加速资金的收回,加快资金周转的速度。这是因为,回收资金越快,获得资金周转价值越大,效益越高。

(二) 降低产品成本,增加企业盈利

产品成本是企业生产耗费的综合表现,是产品价格的基本部分,在产品价格不变的条件下,产品成本的高低决定着产品的利润水平。因此,通过增收节支、挖潜增盈,达到不断降低产品成本、提高经济效益的目的,就成了企业财务管理的重要任务。

为了实现财务管理这一重要任务,就要做好成本的预测和计划工作。要通过预测和计划,全面规划生产经营过程中人力、物力的消耗,确定各种生产消耗的控制标准,提出降低成本的目标。在成本形成过程中,要按照国家的成本管理法规以及企业的成本计划严格控制各项费用的开支;要动员全体职工对成本形成的全过程实行全面管理,一旦发现偏差,及时加以纠正;还应加强成本与利润的控制、考核与分析工作,奖优罚劣,挖掘潜力,确保成本降低目标和利润目标的实现。

(三) 合理分配收入,正确处理财务关系

正确分配企业的收入,就是要正确处理与投资者、与企业、与职工等方面的经济利益关系,既要保证积累和消费的适当比例,使消费与生产发展相适应,又要使权限、责任、效果、利益有机结合,使眼前利益与长远利益相结合,从而最大限度地调动各方面的积极性。

按照国家法令规定,及时、足额地上缴税费等应交款项,是企业对国家应尽的义务,必须认真履行,拖欠和挪用应上缴的款项,是违法行为,必须坚决制止。

(四)依法理财,诚实守信

在市场经济中,依法理财、诚实守信是有效管理的前提与基础。只有知法守法,才能善始善终。

依法理财的重要表现是实施财务监督。财务监督具有综合性、经常性的特点。由于有关资金、成本、利润等财务指标综合地反映着企业生产经营活动的经济效果,通过对这些指标的监督检查,可以发现资金和物资的占用是否合理,人力、物力、财力的利用是否有效等。并且,财务监督可以事先进行;对能否完成各项财务计划作出判断,也可以经常进行,以便及时掌握企业经济活动的变化情况和贯彻执行国家方针政策的情况,可以督促企业及时总结经验,发现问题,随时解决。

搞好财务监督,应当正确处理服务和监督的关系。对生产经营活动进行监督与为生产经营活动服务,这两者是手段与目的的关系。监督是为了更好地为生产经营服务,而要服务好也绝对离不开对生产经营活动进行监督。如果只讲监督,不讲服务,不问实际需要,一味限制,就会阻碍生产的发展;如果只讲服务,取消监督,不仅达不到促进生产的目的,而且还会发生损害国家利益、全局利益、长远利益等错误行为。财务管理要端正态度,摆正关系,在服务的同时加强财务监督,在监督的同时不要忘记服务的宗旨。

通过依法理财与诚实守信,可以构筑起良好的社会主义市场经济秩序和理财环境。同时,依法理财与诚实守信也是企业的信誉,其本身是一种资源,可以为企业带来财富。

三、企业组织形式

(一)个人独资企业

个人独资企业是由一个自然人投资,财产为投资人个人所有,投资人以其个人财产对企业债务承担无限责任的经营实体。[1]

(二)合伙企业

合伙企业是由各合伙人订立合伙协议,共同出资,合伙经营,共享收益,共担风险,并对合伙债务承担无限连带责任的盈利性组织。

(三)公司制企业

公司是指由股东共同投资形成的、依法定条件和程序设立的、以营利为目的的企业法人。法人是指具有民事权利能力和民事行为能力,依法独立享有民事权利和承担民事义务的组织。[2]

各国的公司法差异较大(见表1-1),公司的具体形式也不完全相同。其共

---

[1] 中国注册会计师协会编,《财务成本管理》,中国财政经济出版社2013年3月第一版。
[2] 孟凡麟,黄娟主编,《新编经济法教程》,经济科学出版社2013年7月第一版。

同特点是均为经政府注册的盈利性法人组织,并且独立于所有者和经营者。

知识拓展

企业组织形式中公司制与合伙制对照

表 1-1

合伙企业与公司制企业对照

项目	公司制企业	合伙企业
流动性与可上市性	可在不终止公司存续的情况下交易股份。普通股可以在交易所上市。	合伙份额严格限制转让。通常没有合伙份额交易市场。
投票权	普通股东按每股一票制行使投票权,以选举董事会以及决定高层管理事宜。	有限合伙人围绕控制和管理运营事宜有投票权,一般合伙人则没有。
税务	公司制企业存在重复纳税问题,既要针对应纳税所得纳税,股东获得股利还要纳税。	合伙企业不纳税,合伙人针对其分享的利润缴纳个人所得税。
再投资与股利支付	就股利支付决策有较大选择空间。	合伙企业一般禁止合伙人用分得的利润再投资。
负债	股东个人对公司的负债没有义务。	有限合伙人对合伙企业负债没有义务;普通合伙人负有无限连带责任。
存续	公司制企业永续存在。	合伙制企业有限存续。

第5节　小企业财务管理的环境

财务管理的环境又称理财环境,是指对企业财务活动或财务管理产生影响的企业外部条件的总和。① 不同时期、不同国家、不同领域的财务管理需要面对不同的理财环境。对于小企业来说,尤其需要研究理财环境,并做到适应周围环境。

一、经济环境

经济环境是影响企业财务管理的各种经济因素,如经济周期、经济发展水

---

① 荆新、王化成、刘俊彦主编,《财务管理学》(第六版),中国人民大学出版社。

平、通货膨胀状况和政府的经济政策等。

（一）经济周期

在市场经济条件下,经济发展通常带有一定的波动性。大致经过复苏、繁荣、衰退、萧条四个阶段的循环,这种循环叫经济周期。面对周期性的经济波动,财务人员必须预测经济变化情况,适当调整财务政策。

（二）经济发展水平

经济发展水平是一个相对的概念,发达国家经历了较长时间的经济发展历程,尤其是在第二次世界大战以后,以美国为代表的西方发达国家,形成了有利于其发展的秩序、规范和框架。虽经20世纪70年代的大危机,但这场大危机也孕育了金融创新的手段和方法。进入21世纪以后,随着经济的进一步发展,尤其是互联网时代的到来,以电子商务为表现形式的崭新运作模式,极大地拓展了理财的空间和领域。

以中国、巴西、印度等新兴经济体为代表的发展中国家,在"二战"以后也随着民族解放和民族独立,在一穷二白的基础上,迈开了经济发展的艰难步伐。尤其是20世纪70年代以后,伴随着经济全球化、区域经济一体化的不断深入发展,各个发展中国家都以不同形式走向了市场经济。这些国家的共同特征表现为以农业为主要经济部门,工业特别是加工工业不发达,企业规模小,组织结构简单,这就决定了这些国家的财务管理呈现水平低、发展慢等特征。以南美洲、东南亚以及中国大陆的迅速崛起为标志,整个世界经济版图正在发生深刻的变化。当然,从本质上讲,中国等发展中国家的经济发展水平相对较低,粗放经营,外部依赖、"三高一低"、以市场换技术的痕迹非常明显。这些,都制约了发展中国家经济的可持续发展。

（三）通货膨胀水平

通货膨胀不仅降低了消费者的购买力,也给企业理财带来了很大困难。表现为:①因其资金占用的大量增加,从而增加企业的资金需求。②引起企业的利润虚增。③引起利率上升,加大企业资本成本。④引起有价证券价格下降。⑤引起资金供应紧张,增加了企业的筹资难度。

企业作为微观经济主体,面对通货膨胀是无能为力的,只有政府公权力机构才能调动其资源,控制通货膨胀。

理财小故事:买房子与买车子

（四）经济政策

一个国家的经济政策有很多,如宏观政策中的财政政策、货币政策;中观政策中的产业政策,外贸政策;以及政府根据立法机构的授权,根据相机抉择的原则制定并出台的各项行政法规等。所有这一切,都会对企业的理财活动产生重大影响。顺应经济政策的导向,会给企业带来一些经济利益。

二、法律环境

☞ 财务管理的法律环境是指影响企业财务活动的各种法律、法规和规章。影响企业财务管理的法律环境主要有企业组织法规、财务会计法规以及税

理财小故事:李老汉存钱遭鼠害

法等。

（一）企业组织法规

企业组织必须依法成立，不同类型的企业在组建过程中适用不同的法律。这些法律包括《中华人民共和国公司法》《中华人民共和国个人独资企业法》《中华人民共和国合伙企业法》《中华人民共和国中外合资经营企业法》《中华人民共和国中外合作经营企业法》《中华人民共和国外商独资企业法》等。

从财务管理的角度看，非公司制企业与公司制企业有很大的不同。例如，个人独资企业、合伙企业都属于非公司制企业，出资人要承担无限责任或无限连带责任，即出资人与企业的财产没有明确的边界。只有公司制企业的股东承担的责任仅以出资额为限。

（二）财务会计法规

财务会计法规主要包括《企业财务通则》《企业会计准则》《企业会计制度》等一系列法规。其中，《企业财务通则》于1994年7月1日起施行。这是各类企业进行财务活动、实施财务管理的基本规范。2005年重新修订了《企业财务通则》，并于2007年1月1日起开始实施。

《企业会计准则》是针对所有企业，尤其是公司制企业制定的旨在规范会计核算，提高会计信息质量的规范文件。分为基本准则和具体准则，实施范围是大中型企业，尤其是上市公司、中央企业和省属国有企业。自2007年1月1日起在上市公司中实施，2008年1月1日起在国有大中型企业实施。拥有发达资本市场的市场经济国家，都制定并颁布了详尽的企业会计准则。

为规范小企业的会计行为，财政部颁布了《小企业会计制度》，自2005年1月1日起在小企业范围内实施。鉴于小企业在国民经济中扮演着十分重要的角色，以及小企业在会计信息质量方面存在的问题与现状，为了规范小企业会计确认、计量和报告行为，促进小企业可持续发展，发挥小企业在国民经济和社会发展中的重要作用，根据《中华人民共和国会计法》及其他有关法律和法规，财政部制定了《小企业会计准则》，并自2013年1月1日起在全国小企业范围内实施。目的在于督促小企业建账建制，不断提高核算水平，加强小企业税收征管，促进小企业税负公平。

（三）税法

税法是国家制定的用以调整国家和纳税人之间在征纳税方面权利与义务的法律规范的总称。税法是国家法律的重要组成部分，是保障国家和纳税人合法权益的法律规范。税法按征收对象的不同可以分为：①对流转额课税的税法，以企业的销售所得为征税对象，包括增值税、消费税、营业税和进出口关税。②对所得额课税的税法，包括企业所得税、个人所得税。③对自然资源课税的税法，目前主要以矿产资源和土地资源为征税对象，包括资源税、城镇土地使用税等。④对财产课税的税法，以纳税人所有的财产为征税对象，主要有房产税。⑤对行为课税的税法，以纳税人的某种特定行为为征税对象，主要有印花税、城市维护建设税等。①

需要指出的是,《小企业会计准则》的制定和颁布执行,最大限度地做到了与税法的趋同,满足了税收征管信息需求与有助于银行提供信贷相结合。这样有利于税务部门利用小企业的会计信息作出税收决策,并最终实现查账征收。同时,还能最大限度地消除小企业会计与税法的差异。②

三、金融市场环境

金融市场是资金融通的场所。企业资金的取得与投放都与金融市场密不可分,金融市场发挥着金融中介、调节资金余缺的功能。

(一) 金融市场与公司理财

金融市场对公司财务活动的影响主要体现在:①为公司筹资和投资提供场所。随着电子商务在金融领域的不断推广,尤其是"众筹"这种崭新模式的出现,使筹资与投资与场所的必然联系日渐淡化。②公司可通过金融市场实现长短期资金的互相转化。以商业银行等金融机构为代表的金融市场主体,可以将消费资金转化为经营资金,可以有效地化长为短、续短为长。③金融市场为公司理财提供相关信息。"信息面前人人平等",是资本市场效率化的鲜明标志。

理财小故事:李泽楷"漫不经心"理财

(二) 金融市场的构成

金融市场由主体、客体和参加人组成。主体是指银行和非银行金融机构,它们是连接投资人和筹资人的桥梁;客体是指金融市场上的交易对象,如股票、债券、商业票据等;参加人是指客体的供应者和需求者,如企业、政府部门和个人等。

金融机构主要包括商业银行、投资银行、证券公司、保险公司和各类基金管理公司。商业银行的主要作用是资金的存贷,它们从广大居民手中吸收存款,再以借款的形式将这些资金提供给工商企业和城乡居民个人,以解燃眉之急。投资银行在现代企业改制、发行有价证券筹集资本业务中处于非常重要的地位。目前在我国,投资银行的业务主要由各类综合型证券公司承担。保险公司和各类基金管理公司既是金融市场上的筹资者,又是金融市场上的主要机构投资者。

(三) 金融工具

☞ 金融工具是金融市场上由市场主体发行并流通的有价证券。金融工具按发行和流通的场所,划分为货币市场证券和资本市场证券。

1. 货币市场证券

货币市场证券属于短期债务,到期日通常为1年或更短的时间,主要是政府、银行及工商企业发行的短期信用工具,具有期限短、流动性强和风险小的特点。货

---

① 荆新、王化成、刘俊彦主编,《财务管理学》(第六版),中国人民大学出版社,2012年6月。
② 贺志东主编,《小企业会计准则操作实务》(从2013年起执行),电子工业出版社,2012年6月。

币市场证券包括商业本票、银行承兑汇票、国库券、银行同业拆借和短期债券等。

2. 资本市场证券

资本市场证券是公司或政府发行的长期证券。包括普通股、优先股、长期公司债券、国债和衍生金融工具等。

(四) 利息率及其测算

利息是货币所有者因为发出货币资金而从借款者手中获得的报酬,它是借贷者使用货币资金必须支付的代价。利率又称利息率,表示一定时期内利息量与本金的比率,通常用百分比表示,按年计算则称为年利率。

影响利率的因素主要有:①利润率的平均水平。②资金的供求状况。③物价变动的幅度。④国际经济的环境。⑤政策性因素。[1]

一般而言,资金的利率由三部分构成:①纯利率,是指没有风险和没有通货膨胀情况下的均衡利率。②通货膨胀补偿(或称通货膨胀贴水)。③风险报酬。其中,风险报酬又分为违约风险(借款人无法按时支付利息或偿还本金而给投资人带来的风险)报酬、流动性风险(某项资产迅速转化为现金的可能性)报酬和期限风险(负债到期日越长,债权人承受的不确定因素就越多)报酬三种。

四、社会文化环境

社会文化环境包括教育、科学、文学、艺术、新闻出版、广播电视、卫生体育、世界观、理想、信念、道德、习俗,以及与社会制度相适应的权利义务观念、道德观念、组织纪律观念、价值观念、劳动态度等。[2]

特定的文化环境是植根于相应的经济、法律这个大环境基础上的。经济越发达,法治越健全,人们在社会文化方面所折射出来的言行便越遵守游戏规则,人们也越自觉守法。

小企业的财务管理工作,与特定的社会文化环境存在着广泛的联系。例如,一定的教育和文化普及程度,决定了整个社会对市场经济内在规律的熟悉程度,同时也决定了人们在从事各种与小企业财务相关的各项活动时,能否信守诚信的底限,以及遵守财经法纪、法规的自觉性。还有,新闻媒体还担负着对企业理财行为的如实报道、传递信息以及加强监督等重要职能。

第6节 小企业财务管理的方法

一、财务预测

财务预测是指在调查研究的基础之上,根据已掌握的资料,运用一定的

---

[1] 姚倩、赵书海主编,《金融学基础》,西北工业大学出版社。
[2] 荆新、王化成、刘俊彦主编,《财务管理学》(第六版),中国人民大学出版社。

方法,对企业未来的财务状况、经营成果和现金流量进行科学的估计和推测。

财务预测是企业生产经营决策的首要依据,是编制财务预算过程的重要前提。一般应包括如下步骤:①确定目的与对象。②收集与分析资料。③选择恰当的预测方法进行财务预测。④写出预测报告。企业进行财务预测的方法很多。包括经验判断法、时间序列预测法、直线方程法等。

二、财务决策

☞财务决策是指在财务目标的总体要求下,通过专门的方法从各种备选方案中遴选出最优方案的行为。在管理学范畴内,从来就没有最优,在更多的场合,只能选择在当前认知条件下相对而言比较好的方案。在市场经济条件下,财务管理的核心是财务决策。包括以下步骤:①确定决策目标。只有明确决策目标,才能有针对性地做好各个阶段的决策分析工作。②提出备选方案。对所搜集的资料进行进一步的加工、整理,在此基础上提出实现目标的各种可供选择的方案。③选择最优方案。分析、评价、权衡与选择是这个阶段的重中之重的工作。

三、财务预算

☞财务预算是运用科学的技术手段和数量方法,对预算期的财务状况、经营成果和现金流量进行预计的总称。

财务预算是财务预测和财务决策的具体化,是控制财务活动的依据。财务预算的编制一般包括如下步骤:①分析财务环境,确定预算指标。②协调财务能力,组织综合平衡。本着好钢用在刀刃上的原则,合理安排人、财、物资源。③选择预算方法,编制财务预算。以经营目标为核心,以平均现金定额为基础,编制企业的财务预算,并检查各项指标是否密切衔接、协调平衡。

四、财务控制

☞财务控制是利用有关信息和特定手段,对企业财务活动施加影响或调节,使之按设定的目标和轨迹运行得当的过程。实行财务控制是落实预算任务、保证预算实现的有效措施,是财务管理的关键。

财务控制要经过以下步骤:①制定控制标准,分解落实责任。控制标准是控制的依据,没有控制标准,控制便是空谈。②实施追踪控制,及时调整误差。控制的使命就在于发现偏差,并及时纠正偏差。这就要求采取各种手段对资金的收付、费用的支出和物资的占用等实施事先控制。凡是符合标准的,就予以支持,并给予机动权限;凡是不符合标准的,则加以限制,并研究处理。③分析执行差异,搞好考核奖惩。企业在一定时期终了,应对各责任单位的预算执行情况进行分析和评价,考核各项财务指标的执行结果,把财务指标的考核纳入各级岗位责任制,运用激励手段,实行奖优罚劣。

五、财务分析

☞ 财务分析是根据有关资料,对企业一定期间的财务状况、经营成果和现金流量进行研究、分析和总结的一个重要的财务管理环节。

搞好财务分析工作,可以及时肯定成绩,发现问题,总结经验教训,提高改进措施,不断提高企业经营管理水平。

财务分析按进行分析的时间不同,可分为事前分析、事中分析和事后分析。

☞ 事前分析是指在某项经济活动发生以前进行的分析,它具有预测未来的性质,所以也叫预测分析。进行预测分析,要根据财务活动的现状及其发展趋势,运用一定的方法,估计今后可能发生变化的各个因素对财务活动带来的影响和可能取得的经济效益。事前分析,可以为企业进行的经营决策、编制财务预算提供可靠的依据。

☞ 事中分析是指在某项经济活动进行过程中进行的差异分析,具有控制现在的性质。通过事中分析,企业可以检查各项经济活动及其财务指标的进展或完成情况,能及时发现生产经营过程中存在的问题,便于采取措施,保证预算指标的完成或超额完成。

☞ 事后分析是指对一定时期财务指标实际完成计划情况进行的总结分析,具有总结过去的性质。通过事后分析,把影响预算(计划)完成的各种因素一一展现出来,分清主次,便于企业找出进一步发展的潜力,采取有效措施,改进财务管理,并为今后制定和完成预算奠定基础。

常见财务分析的主要方法如下。

(一)对比分析法

☞ 对比分析法是通过指标对比,从数量上确定差异的最常用的一种分析方法。这种方法的主要作用在于揭示客观存在的差异,以便发现问题、解决问题、挖掘企业的各种潜力。对比分析法可以根据分析的不同要求进行各种对比,如将实际指标与计划指标对比、与前期指标对比、与先进指标对比等。

把实际指标与计划指标对比,找出实际与计划的差异。该差异能够反映计划的执行情况,说明计划的完成程度,给进一步分析提供方向。但在比较时,要注意检查计划指标本身是否既先进又切实可行,因为实际数与计划数之间的差异,除了实际工作的原因之外,还可能由于计划太保守或不切实际等原因造成的。

把本期实际指标与前期(上月、上季、上年或上年同期)实际指标对比,对比结果能够反映企业财务活动的发展情况、考察企业财务管理的改进情况。

把本期实际指标与先进指标对比,实际上是将其与先进管理方法、先进的经营成果对比。在企业与企业之间,可以将实际指标与国内外同类型企业的先进指标对比;在企业内部,可以将实际指标与先进车间、班组、先进个人的先进指标对比,还可以将其与历史的最高水平比较。企业通过比较,找出差距,有利于开阔眼界,吸收和扩大先进的经验;充分挖掘内部潜力,学先进、赶先进,促使企业向更高的目标攀登。

在运用对比分析法进行分析时,需要注意以下两个问题。

1. 对比指标必须具有可比性

所谓指标的可比性,就是指相互对比的指标,必须在时间单位、计算口径、计价基础、计算方法等方面保持一致性。在企业之间进行财务指标对比时,还要注意企业之间的技术条件和其他经济条件是否大体相近。对比分析适用于同质指标的数量对比。只有具有可比性的指标进行对比,其比较的结果才有意义,否则就不能正确地说明问题。

2. 指标对比的形式

指标对比在形式上既可用绝对数对比,也可用相对数对比。按相对数进行对比的,在实际工作中,又称之为比率分析法。比率指标常有以下三种:

(1) 效率比率。这是某项经济活动中所费与所得的比率,反映投入与产出的关系,用以比较经营得失,评价经济效益。例如,成本费用利润率、营业利润率等。又如,各个企业的规模不同,简单地用这些企业的资本金总额,或利润等绝对数指标进行对比,难以说清楚这些企业资本金利用的好坏和经济效益的大小,而通过计算各企业的资本金总额指标与利润的效率比率,即资本金利润率,就可以考察各企业资本金利用的好坏和经济效益的大小。一般来说,资本金利润率低的企业,资本金利用效果较差;资本金利润率高的企业,资本金利用效果较好。

(2) 构成比率。这是将部分数值与总体数值进行对比,计算出部分在总体中所占的比重,借以说明某项指标的构成及其发展变化的方法,这种方法又称比重分析法。例如,把构成产品成本的各个成本项目的数值与产品总成本比较,计算出其占总成本的比重,确定成本的构成。然后将其与不同时期同样产品的成本构成相比较,观察产品成本构成的变化与提高生产技术水平和加强经营管理的关系,就能为进一步挖掘降低成本的潜力指明方向。

(3) 相关比率。这是以某个项目和与其相关但又不同的项目加以对比所得的比率,反映有关经济活动的相互关系。例如,将流动资产与流动负债加以对比,计算出流动比率,可以反映出企业的短期偿债能力。

(二) 平衡分析法

☞ 平衡分析法是根据事物或指标之间客观上存在着的平衡关系来进行分析的一种方法。通过平衡分析,企业可以查明各项具有平衡关系的经济指标之间的依存关系,测定各项因素对经济指标的影响程度,及时发现企业财务活动和生产经营活动中的不平衡状况,从而及时采取措施、组织新的平衡,促使生产持续稳定地发展。

平衡分析法常有以下三种方式:

1. 余额平衡法

根据有关账户提供的资料与余额平衡的原理编制平衡分析表,可以分析检查企业一定时期内资产和负债及所有者权益的平衡状况等。财务管理应当深入研究资金来源与运用之间的总额平衡与结构平衡。

2. 全额平衡法

许多经济指标存在着"期初余额＋本期增加额＝本期减少额＋期末余额"的平衡关系。根据分析的不同目的和要求，变换上式中各因素的平衡关系，可以用来查明某一经济指标发生差异的原因，并测定其影响程度。例如，根据"本期产品销售量＝期初产品结存量＋本期产品产量－期末产品结存量"这一平衡式，可以分析企业产品销售量指标和生产量指标的协调情况等。

3. 指标平衡法

一个企业的任何资金来源都会分布和占用在各种不同类型的资产上。企业日常的理财活动实际上是对资产的有效利用。有效利用资产，不仅反映出一个企业的经营效率，而且也可以看出一个企业资产运营的平衡能力。资产的运营效率越高，平衡能力就强；平衡能力增强了，资产的运营效率就可以得到很大的提高。资产运营的平衡涉及方方面面，内容很多。例如，要求企业的对外投资不能超过净资产的50%；要求对外投资的收益率不能低于资本成本率或平均负债利率；要求投资报酬与所冒的风险均衡配比等。又如，可以进行流动资产与流动负债的平衡分析，偿债能力与信用状况的平衡分析，应收账款与销售收入的平衡分析，应收款项与应付款项的平衡分析，存货与销售成本的平衡分析，会计收益与现金流量的平衡分析等。在理财活动中，现金流入量与流出量之间不同步、不同量等不平衡的现象是客观存在的。在日常财务管理工作中，不仅要学会将按权责发生制编制的净利润还原为按收付实现制编制的经营活动净现金流量，还要善于将经营活动应得现金与实得现金加以分析比较。通过找到差异，发现不平衡，去加强对现金流量的管理，使之逐步地从不平衡走向平衡。

所谓平衡，是指矛盾暂时、相对的统一。过了一段时间的资产运营，这种平衡又会被矛盾的斗争所打破，平衡成为不平衡，统一成为不统一。于是，又需要通过理财活动去进行新的平衡与统一。企业的资金运营与财务状况就是这样发展起来的。

（三）因素分析法

因素分析法是在相互关系的诸因素中，通过顺序用各项因素的实际数替换基数，借以测定各个因素变动对指标完成结果和影响程度的一种分析方法。根据其计算方法的不同，可分为连环替代法和差额计算法。

1. 连环替代法

连环替代法又称连锁替代法，它是在诸因素中，按顺序把其中一个因素当作可变的，其他因素当作暂时不变的，进行逐项替代，分别求出各个因素变动对指标完成结果的影响程度的一种分析方法。

连环替代法的计算程序如下：

（1）确定某项指标（即分析计算的对象）是由哪几项因素组成的，也就是根据该指标的计算公式确定影响指标变动的各项因素。

(2) 排定各项因素的顺序。

(3) 按排定的因素顺序,先计算各项因素的基数。

(4) 按顺序将前面一项因数的基数替换为实际数,将每次替换以后的计算结果与前一次替换以后的计算结果进行对比,顺序算出每项因素的影响程度,有几项因素就替换几次。

(5) 将各项因素影响程度(有正数、有负数)的代数值相加,即是实际数与基数之间的总差异数。

2. 差额计算法

差额计算法是利用各个因素的实际数与基数之间的差异来计算各个因素变动对指标完成结果的影响程度的一种分析方法。它是连环替代法的简化形式。

综上所述,因素分析法具有以下三个主要特性:

(1) 计算的连环性。在计算每一因素变动影响时,都是假定这个因素变化,其他因素与原来因素相同,每次计算都是在前一次基础上进行的,一直计算到最后一个因素止。因此,每个因素的影响值,都是以"环比"方式得出的,其计算过程表现为一个连环式的替代计算过程。

(2) 替代的顺序性。即每个因素变动的影响,都是按一定的顺序逐个地计算的。由于计算顺序的改变,各因素的影响值也不尽相同。

(3) 结果的假定性。由于每一个因素变动的影响都是以假定其他因素不变为前提的,而且是按某一顺序计算的,因而计算出的因素影响值,也只是指在某一假定条件下的影响值,也就是指在这种假定条件下才能认为是正确的影响值。

(四) 趋势分析法

趋势分析法又称水平分析法,这是指将两期或连续数期财务报告中相同指标进行对比,确定其增减变动的方向、数额和幅度,以说明企业财务状况、经营成果和现金流量变动趋势的一种方法。采用这种方法,可以分析引起变化的主要原因,分析变动的性质,并预测企业未来的发展前景。

趋势分析法的具体运用主要有以下三种方式。

1. 重要财务指标的比较

重要财务指标的比较,是指将不同时期财务报告中的相同指标或比率进行比较,直接观察其增减变动情况及变动幅度,考察其发展趋势,预测其发展前景的一种方法。

对不同时期财务指标的比较,可以有两种方法:

(1) 定基动态比率。它是以某一时期的数额为固定的基期数额而计算出来的动态比率。其计算公式为:

$$定基动态比率 = 分析期数额 \div 固定基期数额$$

(2) 环比动态比率。它是以每一分析期的前期数额为基期数额而计算出

来的动态比率。其计算公式为:

环比动态比率 = 分析期数额 ÷ 前期数额

2. 会计报表的比较

会计报表的比较是指将连续数期的会计报表的金额并列起来,比较其相同指标的增减变动金额和幅度,据以判断企业财务状况和经营成果发展变化的一种方法。会计报表的比较,具体包括资产负债表比较、利润表比较、现金流量表比较等。比较时,既要计算出表中有关项目增减变动的绝对额,又要计算出增减变动的百分比。

3. 会计报表项目构成的比较

这是在会计报表比较的基础上发展而来的。它是以会计报表中的某个总体指标作为100%,再计算出其各组成项目占该总体指标的百分比,从而来比较各个项目百分比的增减变动,并以此来判断有关财务活动的变化趋势的一种方法。这种方法比前述两种方法更能准确地分析企业财务活动的发展趋势。它既可用于同一企业不同时期财务状况的纵向比较,又可用于不同企业之间财务状况的横向比较。同时,这种方法能消除不同时期(不同企业)之间业务规模差异的影响,有利于分析企业的耗费水平和盈利水平。

采用趋势分析法时,应注意以下几个问题:

第一,用于进行对比的各个时期的指标,在计算口径上必须一致。

第二,剔除偶发性因素的影响,使作为分析的数据能反映正常的经营状况。

第三,应用例外原则,应对某项有显著变动的指标作重点分析,研究其产生的原因,以便采取对策,趋利避害。

1. 财务管理是利用价值形式组织企业财务活动、处理财务关系的一项经济管理工作。财务管理是对企业财务活动进行的管理。
2. 企业面临着激烈的市场竞争,必须以生存、发展、获利作为企业目标。
3. 财务管理应以企业价值最大化为理财目标,做到生财有方,生之不息。聚财有度,适时足量;用财有效,财源茂盛。
4. 不同时期、不同国家、不同领域的财务管理需要面对不同的理财环境。对于小企业来说,尤其需要研究理财环境,并做到适应周围环境。

一、单项选择题

1. 为了满足投资和用资的需要,筹措和集中所需资金的过程为( )。

A. 筹资活动 B. 投资活动
  C. 分配活动 D. 成本控制
2. 小企业与投资者之间的关系为（　　）关系。
  A. 资本保全、按资分红、共担风险
  B. 在保证还本付息基础之上的民事
  C. 税收征纳
  D. 分工协作和等价交换
3. 小企业与其他单位之间的关系为（　　）关系。
  A. 税收征纳 B. 分工协作和等价交换
  C. 集中和分管的权、责、利 D. 按劳分配
4. 现代管理理论认为，企业是多边契约关系的总和。如果将企业财务管理的目标仅仅归结为（　　）的价值，而忽视其他相关利益主体，必然导致矛盾冲突，最终损害企业的价值。
  A. 股东 B. 债权人
  C. 经理层 D. 一般员工
5. （　　）是由各合伙人订立合伙协议，共同出资，合伙经营，共享收益，共担风险，并对合伙债务承担无限连带责任的营利性组织。
  A. 个人独资企业 B. 合伙企业
  C. 有限责任公司 D. 股份有限公司
6. （　　）是运用科学的技术手段和数量方法，对预算期的财务状况、经营成果和现金流量进行预计的总称。
  A. 财务预测 B. 财务决策
  C. 财务预算 D. 财务控制
7. （　　）是通过指标对比，从数量上确定差异的最常用的一种分析方法。
  A. 对比分析法 B. 平衡分析法
  C. 因素分析法 D. 趋势分析法
8. （　　）不属于平衡分析法。
  A. 余额平衡法 B. 全额平衡法
  C. 指标平衡法 D. 连环替代法

二、多项选择题
1. 小企业具有（　　）的特点。
  A. 投资主体和组织形式多元化 B. 出资来源和形式多元化
  C. 生产销售灵活 D. 内部管理松散
2. 小企业向职工支付的劳动报酬包括（　　）。
  A. 工资 B. 奖金
  C. 津贴 D. 补贴
3. （　　）属于平衡分析法。
  A. 余额平衡法 B. 全额平衡法

C. 指标平衡法　　　　　　　　　D. 连环替代法

三、判断题

1. 国家财税部门是征税主体,小企业为纳税主体。　　　　　　　　　　(　　)
2. 依靠内部资金增长作为实现资金增长的来源是一种可持续增长方式。　(　　)
3. 小企业首先必须学会发展,即发展第一,生存第二。　　　　　　　　(　　)
4. 有限责任公司经理由董事会决定聘任或者解聘。经理对董事会负责,经理可以列席董事会会议。　　　　　　　　　　　　　　　　　　　　　　(　　)

课后习题答案

财务管理的基本观念

CHAPTER 2

通过本章你可以学到：

- 财务管理的基本理念
- 货币时间价值概念、应用
- 单利与复利等计息方法
- 复利终、现值和年金计算
- 风险与收益之间的关系
- 有价证券的价值评估

Learning objectives 学习目标

> **案例导入**
>
> 东海实业有限公司准备出手一套位于金山的海景别墅。第一位买主出价1 000万元,立即支付全款。正当东海实业有限公司准备接洽答应时,第二位买主报价是2年后支付1 200万元。东海实业有限公司的投资顾问指出,即刻收到全款支付的1 000万元之后,按照现行利息率10%以单利投资,2年后的本利和恰好就是1 200万元。即:
>
> $$1\,000\times(1+2\times10\%)=1\,000\times1.2=1\,200(万元)$$
>
> 这个案例告诉我们,一定量的货币资金在不同时点上具有不同的价值。正如同样是东海实业有限公司的这套别墅,即时支付能获得1 000万元,2年后却产生了200万元的增量价值。这种增值额体现出来的恰恰是本章我们要探讨的货币时间价值。

第1节 财务管理观念

一、现金流量观念

六大财务管理新理念

👉 净利润是企业在一定期间全部收入和全部费用的差额。净利润是依据权责发生制原则,按照收入与费用配比原则加以计算的,在一定程度上体现出企业经济效益的高低。净利润是资本报酬的来源,也是积累的来源。企业是以营利为目的的组织,净利润(或利润以及利润的相关指标)是财务管理的重要指标之一。

👉 净现金流量是企业在一定期间全部现金流入和现金流出的差额。企业销售商品、提供劳务、出售资产、取得借款等取得的现金,形成企业的现金流入;企业购买材料、接受劳务、购建固定资产、对外投资、偿还债务等而支付的现金,形成企业的现金流出。现金流量是按收付实现制会计基础确定的。现金流量信息能够表明企业经营状况是否良好、资金是否紧缺、企业偿付能力大小的情况,从而为投资者、债权人、经营者提供有效的理财信息。

净利润和净现金流量按照现金流量表的编制原理是可以互相转换的,两者之间既有联系又有区别。当家理财要利润,但更要现金流量。究其原因,主要有以下几点:

(1)权责发生制原则对一些未收到的收入予以确认,这样确认的收入带有一定的风险性,有的还是一个虚数。在货币没有回笼的情况下确认的收入会对分配环节产生不良的连锁反应,会导致分配超前,财政虚收等情况的发生。

(2) 按权责发生制会计基础确定的折旧方法、存货计价方法、费用分配方法、成本计算方法等使产生的净利润受人为因素的影响较大;而按收付实现制会计基础计算的现金流量受人为因素影响较小,可以相对地保证财务评价的客观性。例如,采用直线法折旧的利润分布与采用快速折旧法时的利润分布肯定不一样,但它们的营业现金流量应该是客观相等的。

(3) 按权责发生制会计基础反映出的资金运动与实际资金运动不尽相同。在考虑时间价值的情况下,早期的收益与晚期的收益有着明显的区别。一个项目能否维持下去,不取决于一定期间是否盈利,而取决于有没有现金用于各种支付。只有将现金收回后才能用来进行再投资,因此,企业理财,既要分析盈亏状况,更要分析现金流量状况。

(4) 现金流量是按收付实现制计算的,而利润是按权责发生制计算的。利润有时确实可以编造出来,有时确实中看不中用,因为有利润不一定有现金流量,而生存比盈利更重要,只有现金流量才是真正能够用于即期偿债的。

按现金流量表的编制方法,企业全部现金流量主要可分为以下三个部分:①经营活动现金流量。②投资活动现金流量。③筹资活动现金流量。现金净流量是指一定会计期间内企业全部现金流入量与全部现金流出量的差额,即现金及现金等价物的净增加额。

对一个盈利的、健康的、成长中的企业来说,应当保持经营活动现金净流量为正数才好,投资活动和筹资活动的现金净流量一般说来受到理财思维的影响可以是正负相间的,但没有必要去追求全部现金净流量越多越好,因为现金流量也是有机会成本的。

现金流量(资金运动)会与实物运动相悖离或不一致,这是随处可见的。从事生产与销售的业务主管往往比较重视实物运动,希望产品尽快地生产出来,商品尽快地卖出去。所以,有可能发生销售实现了,但应收账款也增多的局面。而企业理财往往更加重视现金流量(资金运动),希望商品卖出去以后尽快地收回货款;关注现金流量是否到位;再加上市场经济本身就是信用经济,赊销是客观存在的,故延期付款或延期交货是商业信用的表现。所以,在日常的理财活动中,会时常发生资金运动会与实物运动相悖离或不一致,其表现形式为现金流转不同步或不同量等现象。

应该看到,现金流转的平衡是相对的,是有条件的,而不平衡是绝对的,是客观存在的。财务管理的任务之一就在于从不平衡中去发现平衡、去找到平衡、去组织起新的平衡。

二、时间价值观念

在自然经济条件下,生产经营的目的是为了满足自给需要,资金生息的利益需求性就缺乏必要的基础。商品经济发展后,人们开始"为买而卖"或"为卖而买",价值增值意识开始强烈。当资金所有权与资金使用权相分离,资金的所有者就会向资金的使用者索取一种报酬,这应该就是资金时间价值产生的客观条件。

有的股东说:今天投资1元钱,就牺牲了当时使用和消费这1元钱的机会或权利,按所牺牲时间计算的这种牺牲的代价或报酬,就是时间价值。

西方有的经济学家认为:由于投资者进行投资而推迟消费,对投资者推迟消费的耐心应当予以报酬,这种报酬的量与推迟消费的时间成正比,因此单位时间的这种报酬的百分比率就称为时间价值。

马克思认为,时间价值是作为资本使用的货币在其被运用的过程中随着时间推移而带来的那部分增值,其实质是剩余价值的转化形式。他指出:"G—W—G过程所以有内容,不是因为两极有质的区别,而只是因为它们有量的不同,最后从流通中取出的货币,多于起初投入的货币……因此,这个过程的完整形式是G—W—G′。其中G′=G+ΔG,即等于原预付货币额加上一个增值额。我把这个增值额或超过原价的余额叫做剩余价值。"(《马克思恩格斯全集》第23卷第172页)也就是说,时间价值源于劳动者为社会创造的剩余产品,它是社会平均利润的一种转化形式。"时间就是财富(金钱)"的观念原来是货币时间价值原理数量化的典型概括!

当然,货币只有当作资本被投入生产和流通后才能增值。如果把它从流通中取出来,那它就会凝固为贮藏货币,即使藏到世界末日也不会增值分毫。所以,时间价值是资金所有权与资金使用权相分离后,资金使用者向资金所有者支付的一种报酬或代价。从来源看,资金时间价值是社会资金使用效益的一种表现,是资金周转的结果。它包括两部分:一是由于时间延长从而周转次数增加而带来的差额价值;二是由于上一次周转带来的利润又被重新投入周转而带来的差额价值(又称复利)。资金使用时期越长,周转次数越多,由此而带来的复利越多。由于今天的收入比明天的收入更值钱,所以说,时间价值既是无情的,又是十分宝贵的。

为了使有限的资金得到最充分、最优化的利用,并使投资项目的经济评价建立在全面、客观、可比的基础上,在财务计量时应当考虑货币时间价值(货币时间价值不等同于投资报酬率,计算投资报酬还可以考虑风险报酬与通货膨胀等因素)。在计算与运用货币时间价值的时候,要注意它具有时点性、递增性、相对性(现值与终值)、假设性(利率与计息期)以及多样性(单利、复利、年金等)。同样的本金,其利率越高,周转期(存期)越长,将来值也就越大。例如,某位孩子出生那年,其父亲每年存入1 000元,按8%复利计息,25年后的本利和为73 106元;如按10%复利计算为98 347元,如果是50年呢?为1 163 900元!

资金时间价值可以用绝对数表示,也可以用相对数表示,即以利息额或利息率来表示,通常以利息率计量。利息率一般表现为社会平均资金利润率。在财务管理实践中,考虑与不考虑资金时间价值的结果是大不一样的。考虑资金时间价值是将不同时期的收入和支出,按一定折现率折算为同一时点上的收支,这样在价值上就具有可比性,可以在分析和比较的基础上作出正确的决策。

货币时间价值的应用首要的是现值观念,"早收晚付"在经济上对企业总是有利的。对于不带利息的货币收支,与其晚收不如早收,与其早付不如晚付。货币在自己的手中,既不会有损于原来的价值,也减少了风险,还可以用于投资获利。

三、风险价值观念

市场经济是风险经济,只要从事经营活动,风险无不与收益紧紧地联系在一起。从理财观念来看,确定的1元钱收入与不确定的1元钱收入是不一样的,因为不肯定,所以要承担收入可能收不到的风险。风险是客观存在的,它贯穿于财务活动的全过程,并与收益联系在一起。风险表现为收益和损失的不确定性。风险越大,项目要求的收益越高或损失越小。风险价值是超出时间价值的那部分额外收益或额外的损失减少额,它是对人们可能遇到的风险的一种价值补偿。风险与收益的均衡观念要求等量风险带来等量收益(或损失的减少)。

尽管人们也知道,风险是指由于从事某项财务活动而产生收益和损失的可能性,但由于风险与收益对等,高风险可能带来高效益,所以,人们仍在孜孜不倦地追逐着风险价值——一种由于冒险而取得的超出时间价值的额外收益。

曾记否,1994年10月以后,中国股市出现暴涨,从4月1日到12月9日,上证综合指数涨幅达120%,深证成分指数涨幅达340%。风险价值的追求在这时显示出极大的魅力,炒股成为当时社会的热门话题,各界人士争相入市,数月中新增投资者开户数800多万,总数超过2 100万户。仅当年12月5日这一天成交额竟达到350亿元。魅,鬼怪也。然魅力,却是指特别吸引人、感动人的力量。此时的股民们铤而走险,只相信"大牛市赚大钱"的传闻,而忘却了"暴涨必暴跌"的风险了,甚至连证监会的道道"金牌"和关于市场风险的提醒都没能使过热的股市降温,危如累卵啊!

又如,总部设在休斯敦的安然公司是美国能源业巨头,曾名列美国500强企业的第7名。它在全球各地雇有2万多员工,其2000年的总收入高达2 010亿美元。2001年1月时,安然公司的股价高达90美元,但到了年底,风云变幻,安然公司宣布破产,股价跌落到0.26美元,跌幅骇人听闻!安然公司破产不仅使数百万持股人损失惨重,而且造成该公司大批员工用来购买本公司股票的退休金也血本无归。

知识拓展

安然公司

安然公司(股票代码:ENRNQ),成立于1930年,总部设在美国休斯敦。它曾是一家位于美国得克萨斯州休斯敦市的能源类公司。安

小企业财务管理

然公司在2000年《财富》世界500强排名第16位,是美国最大的天然气采购商及出售商,也是领先的能源批发做市商。另外,该公司还运营着一家天然气管道系统和宽频部门。安然公司在1930年成立时只是一家天然气分销商,但如今它已经成为拥有340亿美元资产的发电厂。安然公司同时也经营纸、煤和化学药品等日用品。该公司在美国控制着一条长达32 000英里的煤气输送管道,并且提供有关能源输送的咨询、建筑工程等服务。

公司所属7家分公司分别负责运输与储存、国内天然气与电力服务、国际经营与市场开发、油气勘探与生产以及再生能源开发利用等5个领域的经营业务。1996年,公司总收入达到132.89亿美元,净收入达到5.84亿美元,总资产为162亿美元。

投资是有风险的。风险理论告诉我们:一项行动如果有多种可能的结果,其将来的财务成果就是不确定的。这种不确定性是指一定条件下和一定时期内可能发生和各种结果的变动程度。风险就是收益高低波动的问题。我国证券市场在过去的几年内出现过多次大起大落。例如,从1992年5月的1 422点跌到1992年11月的394点,从1993年2月的1 537点跌到1994年7月的334点,从1994年9月的1 033点跌到1996年初的537点……这些暴跌已不知使多少股民们或被套牢、或被迫"断臂割肉"。也许这时的股民才真正深切地懂得"赚钱自得,风险自担"的道理。因此,有人认为,没有真正经历过"熊市"的股民算不上是成熟的股民,没有真正经历过"熊市"的股市也算不上是成熟的股市,损失才使投资者深切地感到收益与风险同在。

风险对投资者永远是存在的,因为时间是影响风险最主要的因素,未来具有不确定性;它还来源于掌握信息的不够充分和缺乏足够的市场影响力等。对待风险有三种人:第一种是极度厌恶者,这种人只有在确定收益大于所冒风险付出的成本时才会采取投资行动;第二种是一般厌恶者,这种人要求收益与风险同步增长;第三种是敢于冒险者,这种人愿意在出现风险时大胆冒进以期取得较高的收益。

尽管人们喜欢利润,厌恶风险,但风险还是与利润同在。我们的态度应该是在追求利润的同时,要正视风险,计算、分析风险系数,尽量分散风险。一般可以通过投资组合管理,多角化经营,选择具有互补性和相关性的投资项目来降低风险,并取得较高的收益。

股市的暴涨暴跌,投资项目的惨重失败,负债经营的高度危机,破产企业接二连三,使人们开始认识到风险与收益同在,认识到风险对生存的挑战!实践证明,成功的投资者和管理者无非是在风险与收益的相互协调中进行权衡,并努力做到:在风险一定的条件下使收益达到较高的水平,或者在收益一定的情况下使风险维持在较低的水平。管好信息，管住风险，时常平衡收益与风险之间的关系，实际上是在管好企业的未来。

四、机会成本观念

机，古时候是指弩弓上的发动机关，是一箭中标的动力始发处，是机关、机密、机要的地方，后来引申为事物发生、变化的关键或有重要关系的环节，如机会、机遇、随机应变等。一切根据理财目标做出的行动、决定、对策、方案，都可称之为决策。所以说，管理就是决策。在生产力高度发展和信息爆炸的当今社会，决策所依据的各种信息绝非唯我独有。如果时机成熟了，决心仍摇摆不定，行动还徘徊不前，他人就可能捷足先登。古人云："士不逢时不用，兵不遇机不动。""先之则不过，后之则不及。"时机不待人，拍板当及时，慢节奏有时等于葬送正确的决策。

投资要善于抓住机会，所谓"机不可失，时不我待。"只要所得大于所失，或者所选择的方案收益较高、风险较低，就应当机立断。当断不断，反受其乱。同时更要谨慎计算机会成本，切不可只考虑投资项目总收益水平的高低，而忽略了要考虑择机代价后的相对收益水平。

在理财活动中，确实有许多机会可供选择。机会选择的客观存在性决定了机会成本存在的客观必然性。首先是货币资金用途的选择，货币资金用于实物商品经营就必然放弃金融商品（有价证券）经营；其次是筹资形式的选择，选择了一种筹资形式必然会放弃其他筹资形式；再次是投资方案的选择，选择了甲方案必然会放弃乙方案；最后是分配方案的选择，选择了某一种分配方案必然会放弃其他分配方案。也就是说，选择是要付出代价的，这个代价就叫机会成本，它是指为执行一种方案而不按另一种可行方案处理所损失（丧失、放弃）的潜在收益。在投资决策中，为了选择资源利用最优、投资效益最佳的方案，就要求将其余放弃方案中的最高收益额视作选定该方案所付出的代价。当然，这种代价不是实施所需支付的费用，而只是一种决策时为选择最优方案所考虑的机会成本。例如，一笔款项可用于购买有价证券，也可存入银行。存入银行后预期可以获得的利息就应当是选择购买有价证券这一决策的机会成本。机会成本是客观存在的，但资金总是有限的。这里不仅存在是否选择了最优方案的问题，而且也涉及一个最优方案较之其他方案到底取得了多大的益处的问题。在资本有限量的决策中，或者在互斥方案的择优时，当决策者只能选择某一方案作为最优方案时，就必然要放弃其他的次优方案。次优方案所能提供收益或者导致成本节约和损失减少的，也称为潜在利益即机会损益。在财务活动中，贯彻机会成本（损益）的观念，要求我们在确定任何一个项目的收益时，不能只考虑总收益水平的高低，而且要考虑扣除机会成本后的相对收益水平。比方说，某企业对外投资200万元，年收益10万元，在考虑机会成本的前提下，即假定扣除了按目前资金时间价值计算的机会成本约6万元以后，其相对的收益只有4万元了。曾经有个人在5年前购买了某公司股票1 000股,每股10元,3年前终于解套了,他认为还净赚了1 400元。现算了一下这项投资的机会成本:暂按当时存款年利率7.92%的单利计算,2年的机会成本为1 584元。很显然,这项投资如果考虑机会成本的话,其投资收益为-184元(1 400-1 584),这就是相对收益水平。成本与收益往往是相对而言的。利息对债权人来说是一种收益,但对债务人来说是一种成本。当投资者选择了放弃享受利息收益的方案时,放弃的利息收益就转化为一种机会成本了。

五、边际观念

企业每增加一个单位的产量所增加的收入或成本,便相应形成了边际成本和边际收入概念。边际成本是指每增加一个单位的产出量所需支付的追加成本,它是总成本增量与产出量增量的比值。一般来说,在相关业务量或产出量范围内,随着产出量的增加,边际成本是趋于下降的,但是超过这一范围则边际成本会趋于上升,即边际成本递增。边际收入是指每增加一个单位产出量所增加的收入额,它是总收入增量与产出量增量的比值。一般来说,在价格不变的情况下,单位产品的边际收入与平均收入相等;而在价格变动的情况下,一般是随着产出量的不断增加,在达到一定程度时,价格趋于下降,即边际收入递减。边际收入下降,并不意味着企业不能获得利润,它取决于边际收入与边际成本的差额,如果边际收入大于边际成本,企业利润就会增加;如果边际收入等于边际成本,企业利润就不会增加,也就在这一点上企业利润达到最大;如果边际收入小于边际成本,则会使企业利润减少,表明新增产出量得不偿失。边际观念告诉我们,企业生产经营和财务活动在量上都有一定界限,小于或超过这一界限就不可能使企业利润最大,只会使企业经营得不偿失。我们通常把这一界限称为损益分界点或损益均衡点。这一界限的确定在财务管理中称为边际分析。边际观念作为一种理财观念应贯穿于财务活动的全过程。

投资收益与投资风险并存的客观事实,要求财务主管必须具有机会成本与边际观念,学会对边际收益与边际成本进行全面权衡。在投资方案的决策中,应当尽可能地提高投资报酬,尽可能地降低投资的机会成本。"有得必有失",得大于失,方案就可行了。例如,企业为了加速应收账款的回收,拟改变信用期限、折扣期限与现金折扣率。只要信用条件变动后的边际收益大于边际成本,财会人员就应当支持企业建立起新的信用条件与信用标准,而不能墨守成规,如此等等。

六、可持续发展观念

可持续发展是人类面临的一个全球性的重大问题,关系到整个人类的未来和希望。财务上的可持续发展是指在企业的发展过程中寻找一条与资产增长、与资金来源相互协调的,既可以满足当前企业发展的需求又不会对以后需求的能力构成危害的道路。可持续发展包含两个方面的意义：一方面是指企业只有不断地发展才能更好地生存；另一方面是指发展必须是可持续性的，不应当超过一定的限度。

企业要以发展求生存，就得促使销售不断增长，但销售增长的企业需要补充资金。因为，限制销售增长的是与此相关的资产，而限制资产增长的是与此相关的资金来源（包括所有者权益和负债），销售增长越快，需要的资金就会越多。

通常，企业实现资金增长的方式主要有三种：一是依靠内部资金增长作为来源。但内部积累资金的财务资源可能是有限的，有时还会限制企业的发展。二是依靠外部资金增长作为来源。但增加股东投入资本会分散控制权，会稀释每股盈利等；而增加负债会使财务风险加大，筹资能力下降，并且，当息税前资产利润率低于负债利息率的时候还会降低资本利润率。三是追求平衡增长。就是要求在保持目前财务结构和与此相关的财务风险的前提下，按照所有者权益或股东权益的增长比率增加借款，以此支持销售的增长。由于这种增长率一般不会消耗企业的财务资源，所以它是一种可持续增长率。

在不改变企业目前经营效率（反映在资产周转率和销售净利率）和财务政策（反映在资产负债率和收益留成率）的情况下，即认为当前经营效率和财务政策是处于良好的理想目标状态下，那么，限制资产增长的是所有者权益即股东权益的增长率。因此，可持续增长率也表现为所有者权益增长率或股东权益增长率。换句话说，可持续增长率应是当前经营效率和财务政策决定的内在增长能力。违背可持续增长率的要求而快速发展，盲目扩张，最终会使企业陷入困境，甚至导致财务危机。不注意可持续发展，成功的企业也不免昙花一现。

市场经济是无情的。尽管企业的增长时快时慢，但从长期来看总是要受到可持续增长率的制约。考虑可持续增长的观念，并不是说企业的增长不可以高于或低于可持续增长率。问题的关键在于应当事先预计并且加以解决在超过可持续增长率之上所导致的财务问题。

七、预期观念

市场是一只"看不见的手"，然而完全依赖于市场的调节往往是事后的事，有可能会导致经济资源的浪费。因此，还需要另一只"看得见的手"进行事前的调控，这就是在预期基础上的预算与规划。

预期观念要求对企业未来各项生产经营活动和财务收益的不确定性作出预测与判断。在市场经济中，风险与收益如影随形，紧密相伴。利在险中求，险中求胜靠预算。例如，在筹资活动中，应预期市场利率的变动趋势。从筹资活动的角度看，市场利率就是筹资的社会平均资本成本或筹资成本。这一利率的变动会对企业现实的筹资活动产生决定性的影响。市场利率的变动无非是上升或者下降，财务主管通过准确地预期这种变化，可以合理确定现在是否筹资以及筹资的类型。从投资的角度看,市场利率是社会平均投资收益率,资本投出必须至少取得平均利润率。市场利率的变动会对现实的投资活动产生决定性的影响,它决定投资的规模和方向(或结构),为此,只有合理预期市场利率的变动才有利于决策。

"凡事预则立,不预则废。"在参与经营决策时首先要考虑的应该是计。计就是计谋,是指经营的战略和策略。未战应先算,先定必胜之计。经营之道,以计为首。未战先算,运筹定计,是经营决策的首要问题。

一要先算,就是在作出决策之前事先要周密思考,深谋远虑。在充分收集各种信息的基础上,对各种可能出现的情况作出各种估计,并分别提出几种不同的方案和对策。财务管理要充分利用掌握大量信息的优势,打有准备之仗,而不是放"马后炮",更不能脚踩西瓜皮,滑到哪里算哪里。

二要多算,就是要掌握和控制较多的有利条件,以我之优势对敌之劣势,打有把握之仗。市场经济是风险经济,风险和收益是成正比例的。收益是对风险的补偿,一点也不冒风险的决策绝不是高明的决策。一味追求完美,就会坐失良机。古人云:"六十算以上为多算,六十算以下为少算。"也就是说,有60%以上的把握就应当敢于决策,就应该有信心去行动。现在,我们可以通过计算概率、期望值、标准差、标准离差率、投资报酬率等财务指标以及通过衡量风险和报酬之间的关系来决定投资方案的取舍。不经任何算计的冒险行为是盲目的,孤注一掷、感情用事的投资是注定要失败的。

三要神算,也就是要知己知彼,方能百战百胜。"用师之本,在知敌情。""未知敌情,则军不可举。"孙子兵法强调以智谋和用间(通过间谍去掌握对方的情报)去知彼;主张因敌制胜,敌变我变;讲求避实击虚,把握主动。比如说,要避市场饱和之实,避竞争对手长处之实;击市场空缺之虚,击竞争对手短处之虚等;要避实击虚,变实为虚,变虚为实,出奇制胜。要神算,财务管理不仅要随时对本企业的财务状况进行实事求是的客观分析和评价,还要了解市场、掌握动态,对投资对象、投资环境的具体情况、发展前景,对债权人、债务人的资质、信誉等做到心中有数,以此随时调整目前的战略。只有这样,才能立于不败之地。

八、弹性观念

市场经济充满变化。由于供求处于不断变动之中,价格、利率、汇率和证券指数也在不断变化着。企业要适应不断变化的市场信号或市场供求,必须使企业生产经营和财务活动保持灵活的适应能力或可调整性,这称之为弹性。或者说,弹性是企业适应市场变化的能力,是企业生产经营和财务活动的可调整性。例如,在筹资活动中,不同筹资方案的资本成本和筹资风险是大不相同的,为此必须相应调整现存筹资结构,这就要求现存筹资结构能够被调整或者具有弹性。又如,在投资活动中,不同投资的投资收益率(或利润率)和投资风险是很不相同的,伴随投资收益率和投资风险的变动,就要求企业调整现有的投资结构,这种调整的前提是投资结构能够被调整或具有弹性。在财务活动中持有弹性观念,就会使财务管理者能主动、自觉地使各项财务活动以适应市场和企业不断变化了的情况,留有调整余地。

九、知识经济与观念更新

(一)知识经济的基本特征

知识经济是指建立在知识和信息的生产、分配和使用之上的经济,是一种以知识资源为基础的经济形态。与传统的工业经济和农业经济相比较,知识经济具有以下五个明显的特征。

诺贝尔奖金增长逸事

1. 知识经济是一种知识资本型经济

在知识经济社会,起主导作用的资本不再是农业社会的土地和工业社会的金融资本,而主要是知识资本。在知识经济时代,企业的竞争力和发展力取决于该企业知识资本的拥有量。知识资本的核心主要是指特定人才和技术的组合所拥有的创新能力和这种能力的持久性。

2. 知识经济是一种知识产品型经济

这并不意味着知识经济时代不再需要进行传统的物质产品的生产,而是指知识产品是知识经济的最有代表性、最有竞争力的产品。知识价值已成为衡量商品和服务有效性的重要原则。例如,对于典型的知识产品——计算机软件产品来说,产品中的物质性材料的成本占产品价格的比重已微不足道,决定这种产品价值的,主要是人的创造力和领先的技术。

3. 知识经济是一种知识分配型经济

在知识经济社会,知识和信息不会越来越短缺,而只会越来越丰富,所缺乏的是以有意义的方式来利用它的能力。因此知识和利用知识的能力成为知识经济的重要分配依据,企业应建立起以人才、知识、智力作为主要生产要素参与报酬分配的机制。

4. 知识经济是一种网络型经济

随着电脑网络的高度发展,整个地球已连接成一个网络型的信息结构,技术创新过程也已由原来的线性特征演化为网络型特征。知识经济使技术创新的思想可以源于多处,包括现有产品增值的改善、新市场的技术应用和新技术服务于现有市场等。技术创新已经变得日益网络化。

5. 知识经济是一种可持续发展的经济

知识经济与传统的经济形态,特别是与工业经济的一个最重要的区别是传统经济对自然资源的高度依赖,随着这些资源逐渐耗竭和稀缺性的增加,成本将大大增加,经济发展的可持续性将受到影响。知识经济的发展更主要的是依赖于知识资本,其发展所依赖的知识和信息却不会越来越短缺,而只会越来越丰富,这些都使知识经济的发展具有可持续性。工业经济遵循"收益递减"原理,知识经济则表现为"收益递增";工业经济时代的基本特征是"周期性",知识经济时代的基本特征则是"持续性"。

(二) 与知识经济相适应的观念更新

随着知识生产超过物质生产,产品中知识含量大大提高,知识已成为重要的生产要素。因而,在知识经济时代,人们固有的传统思维方式被打破,取而代之的是与知识经济发展相适应的崭新的思维方式和观念。

1. "经济含量"观念更新

经济含量是指经济中各种要素的比例。工业经济时代主要是制造业;知识经济时代则制造业和服务业逐步一体化,提供知识和信息服务将成为社会的主流。未来"无重量"经济现象越来越明显,即生产过程中所包含的物质生产要素越来越少,所包含的知识生产要素越来越多。工业经济时代的效率标准是劳动生产率;知识经济时代的效率标准则应是知识生产率,即生产知识并把知识转化为技术、转化为产品的效率。工业经济时代管理的重点是生产;知识经济时代管理的重点是研究与开发、销售以及职工培训,不断学习和掌握新知识以提高智力会显得更为重要。

2. "资源"观念更新

在知识经济时代,经济活动的流动性加强,生产要素流动更为便捷,各国经济更加开放。由于知识被广泛应用于节约自然资源的经济领域,21世纪是人类更加依靠自己而非过多依靠自然资源的时代,知识将成为经济发展的第一位的资源。知识经济的发展,也使得新能源、新材料和先进制造技术不断发展。

3. "速度"观念更新

在20世纪70年代,美国电气机械工业的产品生产周期平均为2年左右,90年代下降到3周。而今英特尔公司的计算机芯片,每季度甚至每月都会传出新的升级换代的信息。

4. "效率"观念更新

多媒体和信息高速公路技术推动人类进入信息化时代,促进人们生产、生活及思维方式的改变。信息技术为知识经济社会提供更丰富的资源。随着微电子技术、光电子技术及纳电子学的进步,遥感、卫星通讯、信息压缩与高速传输、人工智能、多媒体技术、高性能超级计算机和新一代互联网络将有新的发展,人们从电子书刊和因特网上的资料库中可以便捷地得到更多的知识和信息;计算机系统的日益完善,将大大提高人们的工作效率;信息处理速度将更快、更灵敏,原始数据将转换成更多有用信息。

5. "竞争"观念更新

知识经济竞争归根到底还是人才的竞争。越是知识和智力集中的产业,越要重视知识和智力资本,知识和智力资本在总资本中的构成比例越高,发展越快,经济效益越好。

时代、形势、经济都在飞速地发展与进步,财务管理只有与时俱进,才能奋发有为。新观念会带来新思维,产生新行为,发生新变化。

知识拓展

知识经济与成本探新

知识经济的来临,使会计所处的环境发生很大的变化。会计理应突破传统的思维定势,以新的视野来关注知识经济条件下会计所面临的诸多问题,尤其是"成本"这一牵一发而动全身的主神经。因而,在知识经济时代,需要对成本的思维方面作些新的探索。

一、注重人力资源成本,将人力资源投资资本化

知识经济时代的经济,将不再完全依赖物质资源和资金等要素来获得发展,而主要是依赖知识。"知识"成为支撑经济和经济增长的首要生产力要素,而"人才"则是知识的具体载体。因此,我们应当集中归集、正确核算各类人才的投资成本,对人才资源的开发投资、运用与产出进行确认、计量、记录和报告。我们不仅应计量和计算人力资本的投入状况,而且应计量和计算人力资本的存量(积累)状况,树立将人力资源投资资本化的新观念。

二、确认股权资本成本,真实反映企业经营业绩

资本是企业一切资源的起点,使用资本必然要有成本。企业占用资金通常有两个来源,即从债权人那里借来的债务资本和股东投入的股权资本。因此,我们不仅要对债务资本成本,而且要对股权资本成本进行确认、计量和报告。虽然股权资本成本受企业经营状况、股利政策、股票市场供求关系等诸多因素的影响,具有不确定性。但股权资本成本的确认是新世纪知识经济时代的一大发展趋势。

三、计量无形资产成本,确认自创商誉价值

在知识经济时代,企业的资产正从有形化向无形化方向发展。为适应知识经济的发展,应注重对无形资产的确认、计量和报告,加强对无形资产的核算,其核算模式应有新的突破。在知识经济条件下,由知识创新和管理创新给企业带来价值的增加和获利能力的增强,将成为一种普遍现象。这种自创商誉的价值如不进行确认,将严重低估企业的价值,应对其予以确认并将其资本化。虽然商誉的存在未必一定有为创造它而发生各种成本,但它与生产产品一样需要投入。因此,不能忽略对自创商誉已知因素的投入价值即成本的研究。

四、重视环境成本,维持经济的可持续发展

环境问题是当今世界备受关注的问题。企业在进行经营决策时,应充分考虑环境问题,协调经济发展与环境的关系。在知识经济时代,环境成本是指为管理企业活动对环境造成的影响而采取或被要求采取防治措施的成本,以及企业为达到的环境目标和要求所付出的其

他成本。确认环境成本应在其首次得到识别的期间加以确认并将其资本化，包括：直接或间接改进和提高资产运作对环境的安全性的成本；减少或防止经营活动中造成环境污染的成本；保护环境的成本；其他由于安全或环境因素发生的成本等。

五、节约时间成本，树立时间价值观

在知识经济时代，产品具有较高科技含量，更新换代速度快。要尽快使高新技术转化为生产力，并使之迅速产业化。而这一切的一切，都不能离开时间的节约和时间成本的降低。因此，我们要充分认识节约时间成本在知识经济新时代的重要性，对时间成本进行计量、记录、控制和管理，树立时间价值观。

第2节　货币时间价值

☞一定量的货币资金在不同时点上具有不同的价值。今天一定量的货币资金价值大于未来同量的货币资金价值，货币资金在周转使用中，由于时间因素而形成的货币差额价值，称为货币的时间价值(亦称资金时间价值)。

货币时间价值所代表的是没有投资风险和通货膨胀因素的投资报酬率。

货币时间价值是企业投资利润率的最低限，是衡量企业经济效益、考核经营业绩的重要依据。

同时，货币时间价值揭示了不同时点上货币之间的换算关系，因而也是企业进行筹资决策和投资决策必不可少的计量手段。

货币时间价值的产生必须同时具备两个前提条件：一是资金必须投入生产经营的周转使用中；二是有一定的时间间隔。货币时间价值在任何经济形态下，都是客观存在的，是货币经过一定期间的投资和再投资所增加的价值，其实质是资金周转使用后的增值额，是在没有风险和通货膨胀情况下的社会平均资金利润率。

决定货币时间价值的因素主要有两个方面：一是时间的长短；二是收益率的高低。期限越长，利率越高，其将来值越高而现值越低；反之，期限越短，利率越低，其将来值越低而现值越高。[①]

货币时间价值计算涉及两组十分重要的概念，一组是按资金在使用过程中出现的次数划分为单一收付款项(又称一次性收付款项)和多笔等额收付款项(又称年金)。单一收付款项是指在整个观察过程中仅有一次性的一笔款项出现，而多笔等额收付款项是指间隔相同时间反复出现的等

[①] 张纯主编，《财务管理学》，上海财经大学出版社，2005年1月第一版。

额款项。

另一组是货币时间价值量的具体表现形式——终值（又称将来值和本利和）和现值（又称本金）。终值是指现在一定数量现金在未来某一时点上的价值。终值计算有利于盘点投资成果以及在年金计算中作为过渡手段和辅助方法。而现值，是指未来某一时点上一定数量现金折算到现在的价值。现值的计算，有利于评估资产的价值，有利于不同时点上的货币价值的回归和追求可比性。

在第一组所涉及的单一收付款项的计算中，经常会使用的方法分别是单利法与复利法。而在多笔等额收付款项即年金计算中，仅使用复利法，并通过复利法引入年金计算的方法。

一、单利终值和现值的计算

单利是指只按本金计算利息，即本金能生利，利息不能生利。按照这种方法，只要本金在贷款期限中获得利息，不管时间多长，所生利息均不加入本金计算利息，即只有本金计算利息，利息不再计算利息。

我国金融领域长期以来使用的都是单利法。在改革开放中，随着金融观念的日渐深入人心，单利法的局限性（财富积累速度严重滞后和积累结果严重扭曲）日渐为业内所认识。为方便计算，假设下列符号分别表示：

I——利息。
i——利息率。
n——期数。
F——终值（未来值和本利和）。
P——现值（本金）。

单利终值是指一定量货币在若干期后按单利计算利息的本利和。单利计息方式下，利息的计算公式为：

$$I = P \cdot i \cdot n$$

单利终值的计算公式为：

$$F = P(1 + i \cdot n) \qquad \text{(公式2-1)}$$

知识拓展

单利终值计算公式的推导过程如下：
每期利息为：$P \cdot i$
n期后的总利息为：$P \cdot i \cdot n$
由此可以得出n期后的本利和为：
$$P + P \cdot i \cdot n = P \cdot (1 + i \cdot n)$$

【例2-1】 东海实业有限公司将10万元存入银行,假设年利率为6%,则5年后的单利终值为:

$$F = 100\ 000 \times (1 + 6\% \times 5) = 130\ 000(元)$$

☞ 单利现值是指以后时间收到或付出的货币按单利法倒求的现在价值(即本金)。由终值求现值称为折现,折现的利率称为折现率。折现的理论意义在于评估票据、有价证券和投资项目价值。

单利现值的计算公式可以从单利终值的计算公式推导得出:

$$P = \frac{F}{1 + i \cdot n} = F \cdot (1 + i \cdot n)^{-1} \quad (公式2-2)$$

【例2-2】 东海实业有限公司希望5年后能从银行提取10万元,在年利率为6%的情况下,现在就应该存入银行的本金为:

$$P = 100\ 000 \times [1 \div (1 + 6\% \times 5)] = 76\ 923.08(元)$$

知识拓展

与折现不同的是银行贴现业务。贴现是银行放出现金买入未到期的票据所载金额的债权,以达到获利目的的行为。其金额则是票据到期价值(带息票据的本利和或不带息票据的票面值)扣除银行按银行规定的贴现率计算确定的贴现息后的余款。银行贴现的计算公式为:

$$P = M(1 - ni) \quad (公式2-3)$$

式中: M ——票据的到期价值。

【例2-3】 东海实业有限公司将一张面值10 000元,期限6个月的商业汇票到银行去贴现,年贴现率为10%。其折现值应为:

$$P = 10\ 000 \times [1 \div (1 + 10\% \times 6 \div 12)] = 9\ 523.81(元)$$

贴现值为:

$$P = 10\ 000 \times (1 - 10\% \times 6 \div 12) = 9\ 500.00(元)$$

注意:本题中的折现值,实际上包含着没有先期扣除的利息而给贴现人的收益23.81元(500-476.19),即利息与其单利现值的差额。

二、复利终值和现值的计算

☞ 复利是指本金不仅要计息,而且利息也要加入本金计算下一期利息,即本金能生利,利息在下期则转为本金,与原来的本金一起计算,即俗称的"利滚利"。按照这种方法,要将所生利息加入本金再计利息,逐期滚算。

复利终值是指一定量货币在若干期后按复利计算利息的本利和。复利终值的计算公式为:

$$F = P \cdot (1+i)^n \qquad \text{(公式 2-4)}$$

上式中$(1+i)^n$是利率为i、期数为n的复利终值系数,也称为一元的复利终值,记作$(F/P, i, n)$。其数值可以通过查阅"复利终值系数表",化复杂运算为简单计算。因此,复利终值的计算公式又可表示为:

$$F = P \cdot (F/P, i, n) \qquad \text{(公式 2-5)}$$

知识拓展

复利终值计算公式推导过程:
第1期后的终值为:$P + P \cdot i = P \cdot (1+i)$
第2期后的终值为:$P \cdot (1+i) \cdot (1+i) = P \cdot (1+i)^2$
……
第n期后的终值为:$P \cdot (1+i)^n$

【例 2-4】 东海实业有限公司将10万元存入银行,若年利率为6%,按复利法计息,则5年后的复利终值为:

$$F = 100\,000.00 \times (1+6\%)^5 = 133\,820.00(元)$$

为了简化和加速计算,事先可以编制复利终值系数表,可通过复利终值系数表的方法得到相应的复利终值系数。例如,[例2-4]可查表计算如下:

$$F = 100\,000.00 \times (F/P, 6\%, 5) = 100\,000.00 \times 1.338\,2 = 133\,820.00(元)$$

复利现值是指以后时间收到或付出的货币按复利贴现的现在价值(即本金)。

复利现值的计算公式为:

$$P = \frac{F}{(1+i)^n} = F \times (1+i)^{-n} \qquad \text{(公式 2-6)}$$

上式中,$(1+i)^{-n}$是利率为i,期数为n的复利现值系数,又称一元的复利现值,记作$(P/F, i, n)$,其数值可以通过查阅"复利现值系数表",化复杂运算为简单计算。因此,复利现值的计算公式又可表示为:

$$P = F \cdot (P/F, i, n) \qquad \text{(公式 2-7)}$$

【例 2-5】 东海实业有限公司希望5年后能从银行提取10万元,在年利率为6%的情况下,按年复利计息,则现在应该存入银行的本金为:

$$P = 100\,000.00 \times [1 \div (1+6\%)^5] = 74\,730(元)$$

或查复利现值系数表计算如下：

$$P = 100\,000 \times (P/F, 6\%, 5) = 10 \times 0.747\,3 = 74\,730(元)$$

知识拓展

单利与复利计算的对比

单利与复利相比，复利终值计算所产生的财富积累速度比单利终值计算要快得多，如表2-1所示。在较短的时期内，单利与复利终值计算虽有差距，但仅仅是较小的差距。但随着时间的延长，两者的差距变得日益显著起来。当年限达到50年时，相同本金的复利终值大约是单利终值的20倍；当年限变为100年时，这一差距竟变成了大约1 200倍！其结果令人触目惊心。

表2-1

单利与复利计息对照表　　　　　　　单位：元

年限	单利计算	复利计算
	本金＋利息＝终值	本金＋利息＝终值
1	100＋10＝110	100＋10＝110
2	100＋20＝120	110＋11＝121
3	100＋30＝130	121＋12.1＝133.1
4	100＋40＝140	133.1＋13.31＝146.56
5	100＋50＝150	146.56＋14.66＝161.12
10	100＋100＝200	235.79＋23.58＝259.37
20	100＋200＝300	611.59＋61.16＝672.75
30	100＋300＝400	1 586.31＋158.6＝1 744.94
50	100＋500＝600	10 672＋1 067.2＝11 739.20
100	100＋1 000＝1 100	1 252 783＋125 278.3＝1 378 061.3
200	100＋2 000＝2 100	17 264 116 042＋1 726 411 604.2＝18 990 527 646.2

【例2-6】 东海实业有限公司打算购入一台生产装备。该设备初始成本为60 000元，预计使用3年，这3年的现金流入分别为20 000元、30 000元和20 000元，如图2-2所示。购入该装备所适用的折现率为6%，试计算其现值以及净现值，并判断是否应该购入该设备。

```
        -60 000   20 000   30 000   20 000
         ┬─────────┬────────┬────────┬
         0         1        2        3
```

图 2-1　生产装备现金流量图

$$该生产装备的现值 = \frac{20\ 000}{1+6\%} + \frac{30\ 000}{(1+6\%)^2} + \frac{20\ 000}{(1+6\%)^3}$$
$$= 20\ 000 \times 0.943\ 4 + 30\ 000 \times 0.890\ 0 + 20\ 000 \times 0.839\ 6$$
$$= 18\ 868 + 26\ 700 + 16\ 792$$
$$= 62\ 360(元)$$

该生产装备的净现值 $NPV = 62\ 360 - 60\ 000 = 2\ 360(元) > 0$，说明这项设备的采购，一旦投入使用，最终一定能够收回投资，并实现盈利。所以，应当购买该设备。

三、年金终值和现值的计算

☞ 年金(annuity)，是在一定时期内等额、定期的一系列的现金流入或流出。年金额是指每次发生收支的金额。年金期间是指相邻两次年金额间隔时间，年金时期是指整个年金收支的持续期，一般有若干个期间。年金在经济生活中是常见的。房屋的租金，抵押付款，汽车的分期付款，以及投资款项的利息付款等，都是年金的例子。

年金按付款方式，可分为普通年金(后付年金)、即付年金(先付年金)、延期年金(递延年金)和永续年金。

（一）普通年金终值和现值

☞ 普通年金又称后付年金，是指在一定时期内的每期期末有等额收付款项发生从而形成的时间序列。例如，发薪日定在月末的企业工资发放，每月月末计提并支付的银行贷款利息和厂房租金等都是典型的普通年金。普通年金的收付形式如图 2-2 所示，横线代表年金时期；横线下方的数字代表各自的年金期间，一般用顺序号表示；竖线的位置表示支付的时刻，竖线上方的数字代表支付的金额，一般用 A 表示。

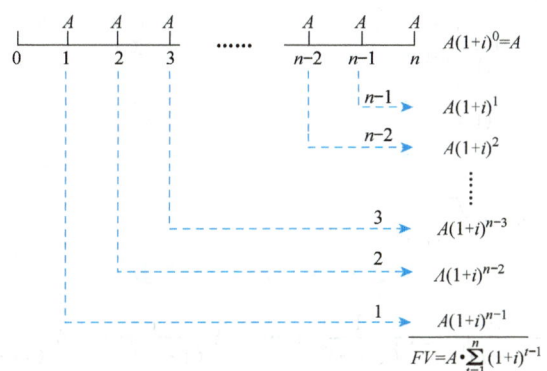

图 2-2　普通年金终值计算

1. 普通年金终值

👉 普通年金终值是一定时期内每期期末等额收付款项的复利终值之和。

普通年金终值计算公式可以表示为：

$$FV = A(1+i)^0 + A(1+i)^1 + A(1+i)^2 + \cdots + A(1+i)^{n-2} + A(1+i)^{n-1}$$
$$= A[(1+i)^0 + (1+i)^1 + (1+i)^2 + \cdots + (1+i)^{n-2} + (1+i)^{n-1}]$$
$$= A\sum_{t=1}^{n}(1+i)^{t-1}$$

（公式2-8）

式中，$\sum_{t=1}^{n}(1+i)^{t-1}$ 被称为普通年金终值系数或一元的普通年金终值，通常表示为$(F/A, i, n)$。这意味着，可以将年金终值的复杂计算，借助于数学专业技术人员编纂的普通年金终值系数表，转化为简单的乘法即可。由此，普通年金终值计算公式亦可表示为：

$$FV = A(F/A, i, n)$$

（公式2-9）

【例2-7】 东海实业有限公司准备在未来10年内每年年末存入银行10 000元，年存款利率为6%，复利计息，则积累至第10年年末本利和（普通年金终值）为：

$$FV = 10\,000.00 \times (F/A, 6\%, 10) = 10\,000.00 \times 13.181 = 131\,810.00(元)$$

2. 普通年金现值

👉 普通年金现值是指一定时期内每期期末等额的系列收付款项的现值之和。

普通年金现值的计算（见图2-3）公式可以表示为：

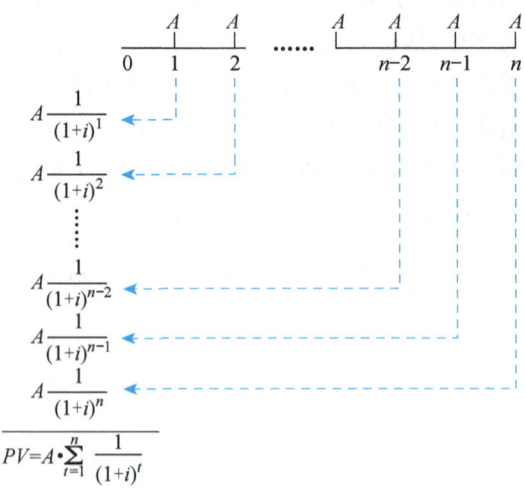

图2-3 普通年金现值计算

$$PV = A\frac{1}{(1+i)^1} + A\frac{1}{(1+i)^2} + \cdots + A\frac{1}{(1+i)^{n-2}} + A\frac{1}{(1+i)^{n-1}} + A\frac{1}{(1+i)^n}$$

$$= A\sum_{t=1}^{n}\frac{1}{(1+i)^t} \qquad \text{(公式 2-10)}$$

式中，$\sum_{t=1}^{n}\frac{1}{(1+i)^t}$ 被称为普通年金现值系数，亦称一元的普通年金现值，通常表示为$(P/A, i, n)$，这同样意味着，可以将年金现值的复杂计算，借助于数学专业技术人员编纂的普通年金现值系数表，转化为简单的乘法即可。由此，普通年金现值计算公式亦可表示为：

$$PV = A(P/A, i, n) \qquad \text{(公式 2-11)}$$

【例 2-8】 东海实业有限公司拟在未来 3 年期间为博士后工作站博士租赁写字间，每年年末支付 100 000 元。设银行存款利率为 8％，问该公司现在应当准备多少资金？

该问题可以表述为：$i=8\%$，$n=3$，$A=100\ 000$ 元的年终付费的现在等效值。

$$PV = 100\ 000 \times (P/A, 8\%, 3) = 100\ 000 \times 2.577\ 1 = 257\ 710(元)$$

（二）即付年金的终值和现值

☞ 即付年金是指一定时期内每期期初等额收付的系列款项，又称先付年金。它与普通年金的区别仅仅在于收付款时间不同。

1. 即付年金终值

☞ 即付年金终值是各期期初收付款项的复利终值之和。n 期即付年金的收付款项的次数与 n 期普通年金的收付款项的次数是相同的，所不同的是两者的付款时间不同，n 期即付年金终值比 n 期普通年金终值多计算一期利息，因此，在 n 期普通年金终值的基础上乘以$(1+i)$就得到 n 期即付年金的终值。

即付年金终值的计算（见图 2-4）公式可表示如下：

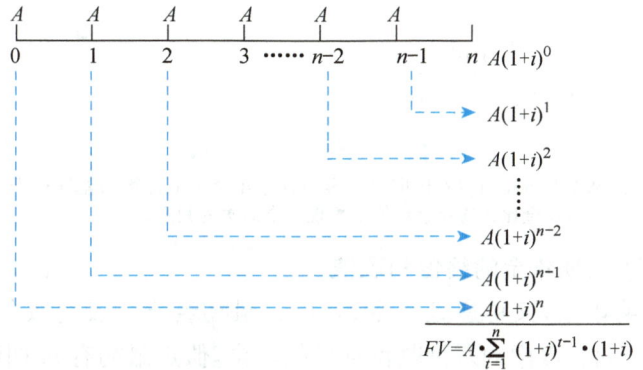

图 2-4 即付年金终值计算

注：从图 2-4 中可以看出即付年金与普通年金终值计算的差异在于：即付年金终值比普通年金终值多积累了一个期次的利息。

$$FV = A\sum_{t=1}^{n}(1+i)^{t-1}(1+i) = A(F/A, i, n)(1+i)$$
$$= A[(F/A, i, n+1) - 1] \qquad \text{(公式 2-12)}$$

式中，$[(F/A, i, n+1) - 1]$被称作即付年金终值系数，它是在普通年金终值系数的基础上，期数加1，系数减1所得的结果。之所以如此，是因为即付年金终值计算比普通年金要多积累一期，好像是$n+1$期的普通年金，但这毕竟是n期的年金，因此需要在终值计算过程中，减除一个A，正所谓期数加1，系数减1。

2. 即付年金现值

即付年金现值是各期期初收付款项的复利现值之和。n期即付年金现值的计算比n期普通年金现值计算要少折现一期。因此是在普通年金现值的基础上，除以$\dfrac{1}{1+i}$求得。所以，即付年金现值的计算（见图2-5）公式可以表示为：

$$PV = A\sum_{t=1}^{n}\dfrac{1}{(1+i)^t} \div \dfrac{1}{1+i} = A(P/A, i, n) \div \dfrac{1}{1+i} = A(P/A, i, n)(1+i)$$
$$= A[(P/A, i, n-1) + 1] \qquad \text{(公式 2-13)}$$

式中，$[(P/A, i, n-1) + 1]$被称作即付年金现值系数。它是在普通年金现值系数的基础上，期数减1，系数加1所得的结果。之所以如此，是因为即付年金现值计算比普通年金现值计算少折现一期，好像是$n-1$期的普通年金，但这毕竟还是n期年金，所以在即付年金现值的计算过程中，补充上一个A，正所谓期数减1，系数加1。

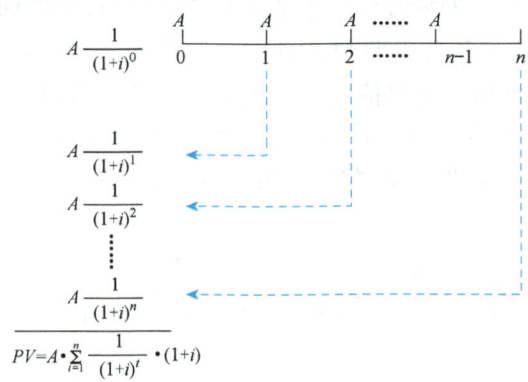

图 2-5 即付年金现值计算

注：从图2-5中可以看出即付年金与普通年金现值计算的差异在于：即付年金比普通年金现值少折现一个期次的利息。

（三）延期年金的终值和现值

延期年金，又称递延年金，是指在最初若干期没有收付款项的情况下，后面若干期有等额的系列收付款项的年金。假定最初有m期没有收付款项，后面n期每年有等额的系列收付款项，则此延期年金的终值就是后n期的普通年金终值。而此延期年金的现值即为后n期年金先折现至n期期初，再折现至第一期期初的现值。国际金融市场上的跨国借贷业务中的偿还模式，一般采用的就是延期年金模式。在借款的前半期(即 m 期)没有本息的偿还问题,但后半期(即 n 期)则需要定期平均地归还贷款本息。延期年金示意图如图2-6所示。

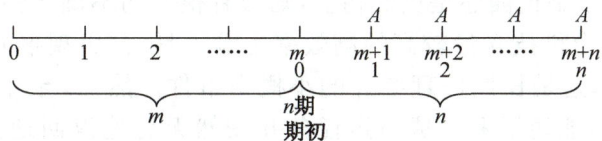

图 2-6　延期年金示意图

延期年金现值的计算公式可以表示为:

方法一:过河拆桥法。先将没有等额收付款项的前 m 期虚拟成普通年金的模式,并对 $m+n$ 期的年金现值计算出来,然后将根本就没有的前 m 期的年金现值减去。

$$PV = A[(P/A, i, m+n) - (P/A, i, m)] \quad \text{(公式 2-14)}$$

方法二:分段法。先对 n 期的年金现值计算出来,然后将后 n 期的普通年金现值进行 m 期复利折现即可。

$$PV = A(P/A, i, n)(P/F, i, m) \quad \text{(公式 2-15)}$$

方法三:折返法。先对后 n 期计算普通年金终值,然后,对该普通年金终值 $m+n$ 期进行复利折现即可。

$$PV = A(F/A, i, n)(P/F, i, m+n) \quad \text{(公式 2-16)}$$

(四) 永续年金现值

永续年金是指期限为无穷的年金。第二次世界大战期间,美国发行的战争债券就是无期债券,持有债券的人每年可以凭债券领取固定利息,不偿还本金。此外,优先股股票的持票人即优先股股东每年可以获得固定的股利给付,这种每年固定的股利即属于典型的永续年金。

由于永续年金没有到期日,所以不存在永续年金的终值计算问题。但是,永续年金存在现值计算问题。并且期限长、利率高的年金现值,可以按永续年金现值的计算公式计算其近似值。

永续年金现值的计算公式可以表述为:

$$PV = A \cdot \frac{1}{i} \quad \text{(公式 2-17)}$$

第3节　风险价值

一、风险与风险价值的含义

某一行动的结果具有多种可能而不确定,就是风险;反之,若某一行为结

郭台铭的惊人玩笑

果很肯定,那就没有风险。最典型的便是抛硬币,硬币最终落到地面不是正面朝上,便是反面朝上,这两种结果出现的可能性几乎均等。至于说每一次抛出落下来是正面还是反面朝上,则带有很大的不确定性,这便是风险。航空运输作为科技含量较高的高效率运输工具,其出现事故的可能性仅为十万分之一,这是长期数理统计的小概率事件。然而,至于每一个架次成功起飞之后,能否顺利完成空运任务并安然无恙地返回地面,则带有不确定性。宏观经济也是如此,经济周期总要经由复苏、繁荣、衰退、萧条,再复苏、繁荣……如此循环往复。这是经济学家长期观察的经济规律。但是,至于由衰退到复苏的拐点在哪里,由繁荣到衰退的拐点又在哪里,则充满不确定性,尤其是经济全球化的今天,每一个特定国家的宏观经济走势均会受到来自各方面的因素的影响。而企业所从事的投资行为,尤其是小企业的投资行为,所处的宏观经济背景则对于每一个具体项目的成败影响深远。

由此可知,某一行动的结果具有多种可能而不确定,就是风险。站在理财的角度认识企业的风险,则可以表述为,风险是发生财务损失的可能性。发生损失的可能性越大,风险越大。风险不仅包括负面效应的不确定性,还包括正面效应的不确定性。负面效应其实质可称为危险,是损失发生及其程度的不确定性。人们面对危险,需要采取包括识别、衡量、防范、控制和转嫁等手段,对危险进行有效管理。例如,投保财产险和人身险便是很好地转嫁危险的行为。当然,危险仅仅是风险的一部分,更多的正面效应其实质可称为机会,面对机会,人们可以采取包括识别、衡量、选择和获取等手段。[1]

风险按其形成的原因分为经营风险和财务风险。经营风险,又称商业风险,是指因生产经营方面的原因给企业盈利带来的不确定性。最典型的是产销平衡问题,产量固然可贵,然而经过销售,获得的现金流则更为可贵。不论企业的市道如何,都要确立销售为王、现金为王的理念。而财务风险是指由于举债这把双刃剑给企业盈利带来的不确定性。适度负债经营是正确的,然而,负债率务必适度。当负债率超过适度标准以后,会危及企业的偿债能力,严重的话,会使企业陷入困境,出现现金流断裂,并导致企业破产。

温馨提醒

风险是客观存在的,不以人们的好恶和意志为转移。

通常采用概率来描述风险发生的可能性。而概率,又称或然率、机会率或几率、可能性,是数学概率论的基本概念,是一个在0到1之间的实数,是对随

---

[1] 2015年度注册会计师全国统一考试辅导教材《财务成本管理》,中国注册会计师协会编,中国财政经济出版社,2015年3月第1版。

机事件发生的可能性的度量。表示一个事件发生的可能性大小的数,叫做该事件的概率。它是随机事件出现的可能性的量度,同时也是概率论最基本的概念之一。人们常说某人有百分之多少的把握能通过这次考试,某件事发生的可能性是多少,这都是概率的实例。但如果一件事情发生的概率是 $1/n$,不是指 n 次事件里必有一次发生该事件,而是指此事件发生的频率接近于 $1/n$ 这个数值。

一般而言,投资者都厌恶风险,并力求回避风险。但是毕竟还有相当一些人对风险有偏好,并热衷于进行风险投资。之所以如此,就是因为风险投资可以得到额外的报酬——风险报酬。所谓风险报酬,又称风险价值,是指投资者因冒风险进行投资而获得的超过时间价值的那部分报酬。

在不考虑通货膨胀的情况下,投资者进行风险投资所要求或期望的那部分额外报酬率应为货币时间价值与风险报酬率的相加之和。如图 2-7 所示,纵轴截距为 a 的矩形部分,其面积相当于货币时间价值部分,而其上部的直接三角形部分的面积,则代表了风险投资价值部分。这两部分的和,恰好便是投资曲线 $K=a+bV$ 带来的收益的全部。其公式可表述如下:

$$K = 货币时间价值 + 风险价值 = R_F + R_R \qquad (公式2\text{-}18)$$

在投资组合已经蔚然成风的时候,毫无疑问,投资的多样化可以降低风险。当增加投资组合中资产的种类时,组合的风险将不断降低,而收益仍然是个别资产的加权平均值。当该组合中资产的种类达到一定程度后,作为投资人的企业可以忽略特殊风险,而将注意力集中于无法消除的系统风险,并承担该风险,只有这样才能获得相应的投资回报。

在资本资产定价模型理论出现以后,个别单项资产系统风险计量问题得到了有效解决。据此,投资者选择一项资产并把它加入已有的投资组合中,则该资产的风险完全取决于它如何影响投资组合收益的波动性。在这以后,投资风险被定义为资产对投资组合风险的贡献,或者说是指该资产报酬率与市场组合报酬率之间的相关性。衡量这种相关性的指标,被称为贝塔(β)系数。投资报酬率划分示意图如图 2-7 所示。

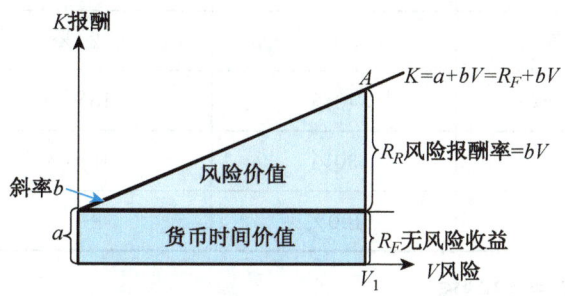

图 2-7 投资报酬率划分示意图

在财务管理范畴研究风险,目的在于明确什么是与收益相关的风险,与收益相关的风险才是财务管理中所说的风险。同时还需注意分清投资对象本身的固有风险和投资人需要承担的风险。"不把鸡蛋放在同一个篮子里",就是分散投资最为经典的经验总结。

二、单项投资的风险与报酬

(一) 概率

一个事件在相同的条件下可能发生也可能不发生,这类事件称为随机事件。概率是指这类随机事件发生的可能性大小的数值。

通常情况下,概率用 P 来表示,一般随机事件的概率介于 0 与 1 之间,而且是闭区间,即 $P_i \in [0, 1]$。因为概率值为 1 的事件属于必然事件,而概率值为 0 的事件属于不可能事件(必然事件与不可能事件是概率值的两个极端)。概率分布具有如下特征:

首先,所有的概率值都在 0 与 1 之间,即 $0 \leqslant P_i \leqslant 1$。每一随机变量的最小概率值为 0 即不可能事件,最大概率值为 1 即必然事件。

其次,所有结果的概率之和等于 1,即 $\sum_{i=1}^{n} P_i = 1$。

概率分布是指所有结果可能性的集合。

【例 2-9】 东海实业有限公司的经营有 30% 的可能性不景气,此时东海实业有限公司只能获得较低报酬率;有 40% 的可能性正常经营,此时东海实业有限公司收益适中;有 30% 的可能性经营良好,此时东海实业有限公司报酬率较高。将这些可能性的结果列示出来,且给予每一随机事件相应的概率,便形成了这三种随机事件的概率分布。如表 2-2 所示。

表 2-2

随机事件概率分布表

随机事件	概率	项目收益率	
		A 方案	B 方案
不景气	30%	-20%	10%
正常经营	40%	15%	15%
良好	30%	40%	20%
合计	100%	—	—

(二) 期望报酬率

将各种可能结果与其所对应的发生概率相乘,并将乘积相加,则得到各种结果的加权平均数为期望报酬率。此处权重系数为各种结果发生的概率,加权平均数则为期望报酬率$\bar{R}$。如表 2-2 所示,东海实业有限公司分别在三种随机事件所对应情形下的项目收益率有两个方案,分别是 A 方案和 B 方案。在经济不景气的情况下,A 方案获得的收益率为—20%,而 B 方案却是 10%;在经济正常经营的情况下,A 方案与 B 方案都是 15%;而在经济状况良好的背景下,A 方案获得的收益率高达 40%,B 方案却仅为 20%。借助于期望报酬率可以观察随机变量取值的平均化趋势。其计算公式可表示为:

$$期望报酬率(\bar{R}) = \sum P_1R_1 + P_2R_2 + \cdots + P_nR_n = \sum_{i=1}^{n} P_iR_i \qquad (公式2\text{-}19)$$

【例 2-10】 仍参照表 2-2 中的资料,分别计算 A 方案和 B 方案项下的期望报酬率如下:

$$\begin{aligned}
期望报酬率(\bar{R}_A) &= P_1R_1 + P_2R_2 + P_3R_3 \\
&= 0.3 \times (-20\%) + 0.4 \div 15\% \\
&\quad + 0.3 \times 40\% = 12\% \\
期望报酬率(\bar{R}_B) &= P_1R_1 + P_2R_2 + P_3R_3 \\
&= 0.3 \times 10\% + 0.4 \times 15\% + 0.3 \\
&\quad \times 20\% = 15\%
\end{aligned}$$

在分布上,A 方案呈现出的离散状态,B 方案呈现出的是收敛状态。如果两个方案期望报酬率相同,则优先选择呈收敛状态的 B 方案。因为概率分布越集中,实际结果接近期望值的可能性越大,其背离期望报酬率的可能性越小。由此,概率分布越集中,资产对应的风险越小。[①] 当然,在本题目中,显然是 B 方案的期望收益率高于 A 方案的期望收益率,毫无疑问应当选择 B 方案。

(三) 标准离差

标准离差是各种可能的报酬率偏离期望报酬率的综合差异,是反映离散程度的一种量度。标准离差的计算公式表示如下:

$$\delta = \sqrt{\sum_{i=1}^{n}(R_i - \bar{R})^2 P_i} \qquad (公式2\text{-}20)$$

式中:

δ——期望报酬率的标准离差。
$\bar{R}$——期望报酬率。
R_i——第 i 种可能结果的报酬率。
P_i——第 i 种可能结果的概率。
n——可能结果的个数。

---

① 荆新、王化成、刘俊彦主编,《财务管理学》(第六版),中国人民大学出版社,2012 年 6 月。

> **知识拓展**
>
> 标准离差的计算程序：
> 1. 计算期望报酬率 $\bar{R}$。
> 2. 把期望报酬率与每一结果相减，得到每一种可能结果与期望报酬率的差异。即
>
> $$D_i = R_i - \bar{R}$$
>
> 3. 计算每一差异的平方，再将其乘以与之有关的结果发生的概率，并把这些乘积汇总，得到概率分布的方差。方差常用 δ^2 表示。其计算公式为：
>
> $$\delta^2 = \sum_{i=1}^{n}(R_i - \bar{R})^2 P_i$$
>
> 4. 对每一方差开方，得到标准离差。其计算公式为：
>
> $$\delta = \sqrt{\sum_{i=1}^{n}(R_i - \bar{R})^2 P_i}$$

标准离差度量了概率分布的密度。标准离差越小，概率分布越集中，同时，相应的风险也就越小；反之，风险越大。但是，值得注意的是，标准离差是反映随机变量离散程度的一个指标，但其毕竟是一个绝对值，而不是一个相对量，只能用来比较期望报酬率相同的项目的风险程度，无法比较期望报酬率不同的投资项目的风险程度，但可以比较投资资金相同的同一项目项下不同方案的优与劣。

【例 2-11】 沿用[例 2-9]和[例 2-10]的数据，代入（公式 2-20），得到东海实业有限公司两个方案的标准离差。

方案 A 的标准离差为：

$$\delta_A = \sqrt{(-20\% - 12\%)^2 \times 0.3 + (15\% - 12\%)^2 \times 0.4 + (40\% - 12\%)^2 \times 0.3} = 23.37\%$$

方案 B 的标准离差为：

$$\delta_B = \sqrt{(10\% - 15\%)^2 \times 0.3 + (15\% - 15\%)^2 \times 0.4 + (20\% - 15\%)^2 \times 0.3} = 3.87\%$$

由此我们只能知道，B 方案的标准离差比 A 方案的标准离差要小得多，而不足以下结论认为 B 方案比 A 方案占优势。

（四）标准离差率

标准离差率，又称变异系数，是标准离差与期望报酬率的比例。它是从相对角度观察的差异和离散程度，比较相关事物的差异程度较之直接比较标准离差要好。其计算公式可表示为：

$$V = \frac{\delta}{\bar{R}} \times 100\%$$ （公式 2-21）

【例 2-12】 沿用从[例 2-9]至[例 2-11]的数据,可分别计算 A、B 方案项下的标准离差率如下:

$$V_A = \frac{\delta_A}{\bar{R}_A} \times 100\% = \frac{23.37\%}{12\%} \times 100\% = 194.75\%$$

$$V_B = \frac{\delta_B}{\bar{R}_B} \times 100\% = \frac{3.87\%}{15\%} \times 100\% = 25.8\%$$

通过标准离差率的计算,可以得出如下结论:B 方案优于 A 方案。

(五) 风险报酬率

凡是投资行为,其目的都在于在未来获得一定的投资回报,这通常有两种形式:一是以获得股利、利息以及普通股红利等形式,取得阶段性的投资回报;二是以价值增值形式最终赚取资产价格上涨带来的资本利得。当然,投资标的不同,决定了投资收益与投资风险是迥异的。例如,投资国库券,虽然获得的收益十分有限,但是,投资这种有固定收益的有价证券,一方面收益稳定,另一方面还可以享受税前支付利息所带来的资本成本的低下所带来的利益。所以,收益虽低,但风险也同样较低。相较于债券投资而言,投资于股票,则充满不确定性。因为这种有价证券的价格,瞬息万变,每一天的价格变化多端中,消化着市场上传递出来的数不清的各种信息。既有利好,也有利空。既有做多者的豪迈,也有做空者的无奈。顺势而为的投资者,能够获得空前的收益;逆势而为者,却会蒙受损失。因此,这种权益性有价证券的投资,操作得当收益相当可观;反之,风险巨大莫测。

绝大多数投资者,面对风险,所采取的一般都是归避的态度,对风险便会产生较高的回报诉求,以弥补所冒风险可能蒙受的损失。而另有一些人,则是风险的偏好者,喜欢冒风险投资,哪里有风险,哪里就有这些人,因为风险会给这些人带来更大的效用,这些人在市场上一般是投机者。不论是投资者还是投机者,都存在获得风险报酬的问题。

☞ 风险报酬率(R_R)是风险报酬系数(b)与标准离差率(V)的乘积。其计算公式为:

$$R_R = bV \quad \text{(公式 2-22)}$$

式中:

R_R —— 风险报酬率。
b —— 风险报酬系数。
V —— 标准离差率。

风险报酬系数(b)是将标准离差率转化为风险报酬率的一种系数。该系数:①根据以往的同类项目加以确定。②由企业领导或企业组织有关专家确定。实际上,风险报酬系数的确定在很大程度上取决于各公司对风险的态度。比较敢于承担风险的公司往往把 b 值定得低一些;反之,比较稳健的公司则常常把 b 值定得高一些。③由国家有关部门组织有关专家确定。由国家定期公布,作为投资者的参考。

【例 2-13】 东海实业有限公司拟出资 1 000 万元,投资预定的项目。假定无风险收益率为 8%,风险报酬系数为 10%,试计算 A、B 两个方案项下的风险报酬率、投资回报率以及风险报酬额。

A 方案:

$$R_{RA} = 10\% \times 194.75\% = 19.48\%$$
$$R = 8\% + 19.48\% = 27.48\%$$
风险报酬额 $= 19.48\% \times 10\,000\,000.00 = 1\,948\,000.00$(元)

B 方案:

$$R_{RB} = 10\% \times 25.8\% = 2.58\%$$
$$R = 8\% + 2.58\% = 10.58\%$$
风险报酬额 $= 2.58\% \times 10\,000\,000.00 = 258\,000.00$(元)

三、投资组合的风险与报酬

投资者进行投资时,一般并不把其所有资金都投资一种证券,而是同时投资多种证券。这种同时投资多种证券的投资方式简称为证券组合或投资组合。投资组合是指由两种或两种以上的资产构成的集合。投资组合中的资产主要用金融资产(证券)作为讨论的对象,因此,证券组合一般是指证券的投资组合。

(一)证券组合的基本概念

若干种证券组成的投资组合,其收益是这些证券收益的加权平均数,但其风险不是这些证券风险的加权平均风险。毫无疑问,投资组合能降低风险。

需要注意的是,这里的"证券"是"资产"的代名词,它可以是任何产生现金流的东西,如一项生产性实物资产、一条生产线或一个企业等。

☞风险和报酬是一种对称关系,它要求等量风险带来等量报酬,即风险报酬均衡。简单来说,就是高风险要求高报酬,低风险只能获得低报酬。

1. 期望报酬率

☞两种或两种以上的证券组合,其期望报酬率就是组成证券组合的投资项目的期望报酬率的加权平均数,其权数是各种投资项目在整个证券组合总额中所占的比例。其计算公式可表示为:

$$R_P = \sum_{j=1}^{m} W_j R_j \qquad \text{(公式 2-23)}$$

式中:

R_P——证券组合的期望报酬率。

W_j——投资于 j 资产的资金占投资额的比例。

R_j——资产 j 的期望报酬率。

m——资产组合中不同投资项目的总数。

【例 2-14】 东海实业有限公司持有的某外汇投资组合由四种权重相同的外汇组成,这四种外汇的期望报酬率和标准离差如表 2-3 所示。请计算该外汇组合的期望报酬率。

表 2-3

外汇投资组合的投资报酬率和标准离差

外汇名称	投资报酬率	标准离差
美元 USD	20%	15.1
欧元 EURD	15%	12.0
日元 JPY	12%	11.5
港元 HKD	10%	10.2

注:该外汇投资组合的期望投资报酬率:
$R_P = 20\% \times 25\% + 15\% \times 25\% + 12\% \times 25\% + 10\% \times 25\% = 14.25\%$

2. 协方差和相关系数

协方差是衡量证券组合中一个投资项目相对于其他投资项目风险的统计量。从本质上讲,组合内各证券组合相互变化的方式影响着证券组合的整体方差,从而影响其风险,即影响证券投资组合之间的"互动"。

协方差可为正值、负值或零。正的协方差表明,当一个随机变量出现大于均值的值时,另一个随机变量的值也会大于均值,表示资产报酬率呈同方向变动;负的协方差表明,一个随机变量出现大于均值的值时另一个随机变量出现小于均值的值,表示资产报酬率呈反方向变动。协方差为零,表明把两个变量的结果值简单配对并不能揭示出什么固定模式。协防差的绝对值越大,表示两个变量的资产报酬率的关系越密切;协方差的绝对值越小,表示两个变量的资产报酬率的关系越疏远。

相关系数是两个变量之间的线性关联的度量。相关系数为正值时,表示两种资产报酬率呈同方向变化;相关系数为负值时,则意味着反方向变化。相关系数总是在－1.0 和＋1.0 之间的范围内变动,－1.0 代表完全负相关,＋1.0 代表完全正相关,0 则表示不相关。

3. 贝塔(β)系数

贝塔(β)系数是度量一种证券对于市场组合变动的反应程度的指标。简单来说,贝塔系数可以等于第 i 种证券的报酬与市场组合报酬之间的协方差除以市场证券组合报酬的方差。其计算公式可表示为:

$$\beta_i = \frac{\text{COV}(R_i, R_M)}{\delta^2(R_M)} \qquad \text{(公式 2-24)}$$

式中:

β_i——第 i 种股票的贝塔(β)系数。

R_i——第 i 种股票的报酬。

R_M——市场组合报酬。

贝塔（β）系数一般不需要投资者自己计算，而由一些投资服务机构定期计算并公布。作为整体的证券市场的贝塔（β）系数为1。如果某种股票的风险情况与整个证券市场的风险情况一致，则这种股票的贝塔（β）系数也等于1；如果某种股票的贝塔（β）系数大于1，说明其风险大于整个市场的风险；如果某种股票的贝塔（β）系数小于1，说明其风险小于整个市场的风险。

证券组合的贝塔（β）系数是单个证券贝塔（β）系数的加权平均，权数为各种股票在证券组合中所占的比重。其计算公式为：

$$\beta_P = \sum_{i=1}^{n} x_i \beta_i \qquad （公式2-25）$$

式中：

β_P——证券组合的贝塔（β）系数。

x_i——证券组合中第 i 种股票所占的比重。

β_i——第 i 种股票的贝塔（β）系数。

n——证券组合中包含的股票数量。

（二）证券组合的风险

证券投资组合风险可以分为系统性风险与非系统性风险。

👉 **系统性风险又称不可分散风险，是指由于某些因素给市场上的所有证券都带来经济损失的可能性。** 因为这种风险是无法通过证券组合来分散的，所以称为不可分散风险。由于系统性风险是影响整个资本市场的风险，所以也称其为"市场风险"。由于系统性风险没有有效的方法消除，所以也称其为"不可分散风险"。例如，战争、经济衰退、通货膨胀、高利率等非预期的变动，这些变故的出现，会对许多资产形成影响。系统性风险所影响的资产非常多，虽然影响程度的大小有区别，但是证券的价格变动存在有趋同性，多数股票的报酬率在一定程度上呈正相关。经济繁荣时，多数股票的价格都上涨，甚至不乏封在涨停板上；而在经济衰退时，多数股票的价格却都在下跌，这时会触发证券交易所的熔断机制。[①] 尽管涨跌的幅度各股票是有区别的，但是多数股票的变动方向是一致的。所以，不管投资的多样化有多充分，即使购买的是全

[①] 熔断机制（Circuit Breaker），也叫自动停盘机制，是指当股指波幅达到规定的熔断点时，证券交易所为控制风险采取的暂停交易措施。具体来说是对某一合约在达到涨跌停板之前，设置一个熔断价格，使合约买卖报价在一段时间内只能在这一价格范围内交易的机制。2015年12月4日，上海证券交易所、深圳证券交易所、中国金融期货交易所正式发布指数熔断相关规定，熔断基准指数为沪深300指数，采用5%和7%两档阈值。于2016年1月1日起正式实施。2016年1月4日，股市开盘第一天，千股跌停，在股市熔断机制实施首日，两次触发熔断，沪深两市提前一个半小时停止交易，上海证券交易所和深圳证券交易所同时发布了股市风险公告。2016年1月8日，经中国证监会批准，上海证券交易所决定暂停实施《上海证券交易所交易规则》第四章第五节规定的"指数熔断"机制，以维护市场平稳运行。

部股票的市场组合也不可能消除全部风险。

☞ 非系统性风险又称可分散风险或公司特别风险，是指某些因素对单个证券造成经济损失的可能性。由于非系统性风险是个别公司或个别资产所特有的，因此也称其为"特殊风险"或"特有风险"。由于非系统性风险可以通过多样化投资来分散掉，因此也称其为"可分散风险"。例如，一家公司的工人罢工、新产品开发失败、失去重要的销售合同、诉讼失败、或者宣告发现新矿藏、取得一个重要合同等。这类事件是非预期的、随机发生的，它只影响一个或少数公司（如关联方或联营公司等），不会对整个市场产生太大影响。这种风险可以通过多样化投资来分散，即发生于一家公司的"利空事件"可以被其他公司的"利好事件"所抵销。

因此，一个充分的投资组合几乎没有非系统性风险。非系统性风险与资本市场无关。市场不会对它给予任何价格补偿。如图 2-8 所示，投资者通过对市场的研判，以较为充分的理性和特定风险偏好，精心选定有价证券的投资组合，将非系统性风险最大限度地进行抵销和分散掉之后，某特定组合最终一定会较多地表现出难以分散掉的、市场所普遍存在的系统性风险。毫无疑问，组合投资的最大效用就在于，将能够分散掉的属于特定有价证券的风险规避掉，最终只能承受系统性风险。

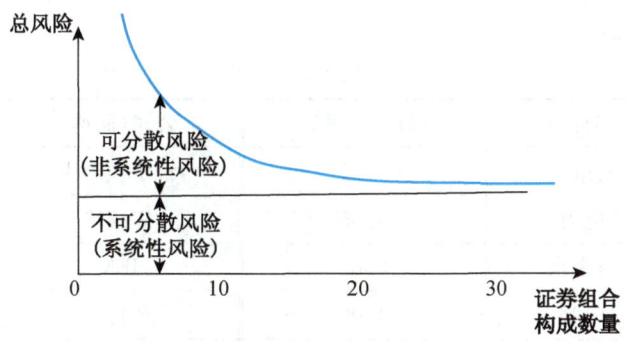

图 2-8　证券组合投资风险划分示意图

（三）证券投资组合的风险报酬

☞ 证券投资组合的风险报酬是指投资者因承担不可分散风险（非系统性风险）而要求的、超过货币时间价值（无风险收益）的那部分额外报酬。

投资者进行证券组合投资与进行单项投资一样，都要求对承担的风险进行补偿，股票的风险越大，要求的报酬就越高。但是，与单项投资不同的是，证券组合投资要求补偿的风险只是不可分散风险，而不要求对可分散风险进行补偿。如果可分散风险的补偿存在，善于科学地进行投资组合的理性投资者便会购买这部分股票，并将其价格抬高，直到其最终的报酬率只反映系统性风险，而不反映非系统性风险。因此，证券组合的风险报酬是投资者因承担不可分散风险而要求的超过时间价值的那部分额外报酬。可用公示表示如下：

$$R_P = \beta_p(R_M - R_F)$$ （公式 2-26）

式中：

R_P——证券组合的风险报酬率。

β_P——证券组合的贝塔(β)系数。

R_M——所有股票的平均报酬率，也就是由市场上所有股票组成的证券组合的报酬率，简称市场报酬率。

R_F——无风险报酬率，一般用政府债券的利息来衡量。

当单项证券期望收益率之间呈完全正相关时，其组合不产生任何分散风险的效应；当单项证券期望收益率之间呈完全负相关时，其组合可使其总体风险趋近于零；当单项证券期望收益率之间呈零相关时，其组合产生的分散风险效应比呈负相关时小，比呈正相关时大。无论资产之间的相关系数如何，投资组合的收益都不低于单项资产的最低收益；同时，投资组合的风险却不高于单项资产的最高风险。

实际上，贝塔(β)系数的确定是十分困难的，一般是由专门的机构定期进行测算并公布，以供投资者决策之用。用贝塔(β)系数来计量市场风险的大小，通常是以作为整体的股票市场的贝塔(β)系数等于 1 作为比较标准的。

表 2-4 为美国部分公司 β 系数值。

表 2-4

美国部分公司的贝塔(β)系数值

公司(简称)	贝塔(β)系数	公司(简称)	贝塔(β)系数
亚马逊	1.65	希尔顿酒店	1.10
美国电力	1.05	好莱坞	1.30
美国自来水	0.65	IBM	1.05
苹果电脑	1.00	英特尔	1.35
美商应微	1.95	卡卡圈坊	1.20
巴诺书店	1.20	孤星牛排	0.80
波音	1.00	美林证券	1.55
嘉信理财	1.85	微软	1.15
可口可乐	0.65	摩根大通	1.50
可口可乐装瓶公司	0.45	耐克	0.90
达美航空	1.70	奎克化学	0.75
杜邦	1.00	西南航空	1.10
易趣	1.50	时代华纳	1.55
埃克森美孚石油	0.80	玩具反斗城	1.25

(续表)

公司(简称)	贝塔(β)系数	公司(简称)	贝塔(β)系数
弗罗里达电力照明	0.65	瓦里安半导体	1.80
通用电气	1.30	沃尔玛	1.00
通用汽车	1.25	惠尔浦	1.20
哈利—戴维森	1.10	威斯康辛能源	0.65
喜食品	0.60	雅虎	1.85

【例 2-15】 东海实业有限公司有价证券投资组合中分别持有西南航空、可口可乐和通用汽车公司的股票,其权重分别为 50%、30% 和 20%。股票市场报酬率为 15%,无风险收益率为 8%。试确定这种证券组合的风险报酬率。

1. 确定证券投资组合的贝塔(β)系数

$$\beta_P = 1.10 \times 50\% + 0.65 \times 30\% + 1.25 \times 20\% \approx 1.00$$

2. 计算该证券组合的风险报酬率

$$R_P = \beta_P(R_M - R_F) = 1.00 \times (15\% - 8\%) = 7\%$$

在计算出投资组合风险报酬率的基础上,就可以根据投资金额,计算出风险报酬额。如果沿用[例 2-13]的数据,出资 1 000 万元,则

$$风险报酬额 = 10\,000\,000.00 \times 7\% = 700\,000.00(元)$$

四、资本资产定价模型

资本资产定价模型(Capital Assets Pricing Model)是财务学形成发展中最重要的里程碑。它第一次使人们可以量化市场的风险程度,并且能够对风险进行具体定价。资本资产定价模型演绎了风险资产的风险与预期报酬之间的关系。资本资产定价模型可用于回答如下不可回避的问题:为了补偿某一特定程度的风险,投资者应该获得多大的收益率?

(一)资本资产定价模型的基本原理

所谓资本资产主要指的是股票,而定价则试图解释资本市场如何决定股票收益率,进而决定股票价格。资本资产定价模型是由著名的经济学家威廉·夏普(William F. Sharpe)于 1964 年首先提出的。正是由于他对风险定价的贡献,威廉·夏普获得了 1990 年度诺贝尔经济学奖。

根据风险与收益的一般关系,某资产的必要收益率是由无风险收益率和该资产的风险收益率决定的。即:

$$必要收益率 = 无风险收益率(R_F) + 风险收益率(R_R)$$

资本资产定价模型的一个主要贡献就是解释了风险收益率的决定因素和

度量方法,并且给出了简易的表达形式:

$$R = R_F + \beta(R_M - R_F)$$ （公式2-27）

式中:
  R——某资产的必要收益率。
  β——该资产的系统风险系数。
  R_F——无风险收益率,通常以短期国债的利率来近似替代。
  R_M——市场组合收益率,通常用股票价格指数收益率的平均值或所有股票的平均收益率来代替。
  $(R_M - R_F)$——市场风险报酬。

市场风险报酬是指在无风险收益率的基础之上,由于承担超过市场平均风险所要求获得的补偿,反映的是市场作为整体对风险的平均容忍程度,也就是市场整体对风险的厌恶程度。对风险越是厌恶和回避,要求的补偿就越高,市场风险的报酬的数值就越大。反之,如果市场的抗风险能力强,则对风险的厌恶和回避就不是很强烈。因此,要求的补偿就越低,市场风险报酬的数值就越小。

(二) 资本资产定价模型的假设

资本资产定价模型是建立在以下基本假设基础之上的:

(1) 所有投资者均追求单期财富的期望效用最大化,并以各备选组合的期望收益和标准差为基础进行组合选择。

(2) 所有投资者均可以在无风险利率下无限制地借入或贷出资金。

(3) 所有投资者拥有同样预期,即对所有资产收益的均值、标准离差等,投资者均有完全相同的主要估计,即统计学家称之为充分统计量的数据,它们能描述一种资产报酬的概率分布。这意味着均值和标准差包含着现存的与该种证券相关的所有信息。

(4) 所有的资产均可被完全细分,拥有充分的流动性且没有交易成本。

(5) 没有税金。

(6) 所有投资者均为价格接受者,即任何一个投资者的买卖行为都不会对股票价格产生影响。

(7) 所有资产的数量是给定的和固定不变的。

(8) 资本市场是均衡的。即资本市场效率原则是适用的。对资本资产定价模型的任何检验实际上都是对该模型和市场效率的联合检验。

(9) 资本资产定价模型是一个单时期的模型。资产报酬率界定为在下一个时期可以实现,但时期的长短并未确定,也没有假定与下一个时期的关系。

尽管上述假设有许多和现实相差甚远,而且批评和争议的声音也大量涌现。但是,通过上述假设,将资本资产定价模型成立的环境简化了,而且,该模型也经受住了大量经验的考验。因此,作为寻求资本资产定价的一个阶段性成果,其意义受到了广泛的重视和认同。

（三）证券市场线（SML）

资本资产定价模型通常可以用图形来表示，图 2-9 实际上就是资本资产定价模型的图形化处理。单一证券的系统风险可由 β 系数来度量，而且其风险与收益之间的关系可由证券市场线来描述。图 2-9 中曲线 SML 便是证券市场线，其对应的函数表达式就是资本资产定价模型。即：

$$R_i = R_F + \beta(R_M - R_F)$$

式中：

R_i——第 i 个股票的必要报酬率；

R_F——无风险报酬率；

R_M——平均股票的必要报酬率；

$(R_M - R_F)$——在均衡状态下，投资者为补偿承担超过无风险报酬的平均风险而要求的额外收益，即风险价值。

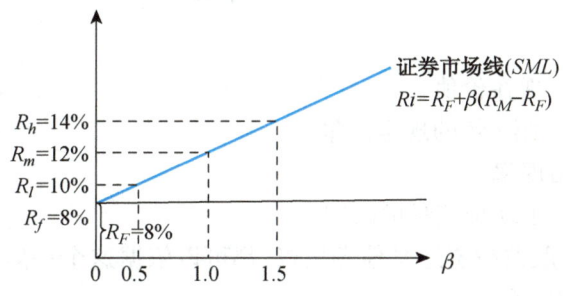

图 2-9 证券市场线示意图

图 2-9 中证券市场线的主要含义总结如下：

（1）纵轴为必要报酬率，横轴则是以 β 值表示的风险。

（2）无风险证券的 $\beta = 0$，因此，R_F 证券市场线在纵轴的截距。

（3）证券市场线的斜率表示经济系统中风险厌恶者对风险的厌恶程度。一般来说，投资者对风险的厌恶感越强，证券市场线的斜率越大，对风险资产所要求的风险补偿越大，风险资产的必要报酬率越高。

（4）在 β 值分别为 0.5、1 和 1.5 的情况下，必要报酬率由最低的 $R_l = 10\%$，到市场平均的 $R_m = 12\%$，再到最高的 $R_h = 14\%$。β 值越大，必要报酬率越高。

证券市场线上每一个点的横、纵坐标值分别代表每一项资产（或资产组合）的系统风险系数和必要收益率。因此，证券市场上任何一项资产或资产组合的系统风险系数和必要收益率都可以在证券市场线上找到对应的一点。证券市场线的一个重要信号就是"只有系统风险才有资格要求补偿"。该证券市场线函数表达式中并没有引入非系统风险即企业特有风险，因为这类风险可以通过资产组合而被消除掉。

第4节　有价证券价值评估

企业及其拥有的资产的基本特征在于未来会产生现金流入,这种预期现金流量使得企业具有价值。所以,依据未来预计现金流入确定一个企业或一项资产价值的方法被称为收入资本化估价法。具体做法是,首先确定资产的未来净现金流量,然后确定一项合适的贴现率,最后求出现金流量的现值。从这个意义上说,价值评估意味着对未来现金流量求现值,是货币时间价值原理的运用。

在现金流量和贴现率确定后,一般估价模型可以表示为:

$$PV = \sum_{t=1}^{n} \frac{CF_t}{(1+i)^t}$$ （公式2-28）

式中:

PV——现在价值。

CF_t——第 t 年的现金流量。

i——贴现率。

t——产生现金流量的时间。

不论是股票投资还是债券投资,都可以依据这个一般估价模型,具体展开相关问题的讨论。

一、债券的估价

（一）债券的基本概念

☞债券是发行者为筹集资金而发行的、在约定时间支付一定比例的利息,并在到期时偿还本金的一种有价证券。

☞债券面值是指设定的票面金额,它代表发行者借入并且承诺于未来某一特定日期偿付给债券持有人的金额。

☞债券的票面利率是指债券发行者预计1年内向投资者支付的利息占票面金额的比率。

☞债券的到期日是指偿还本金的日期。债券一般都规定到期日,以便到期归还本金。

债券按照是否记有持券人的姓名分类,分为记名债券和无记名债券;按照债券能否转换为股票分类,分为可转换债券和不可转换债券;按照有无特定的财产担保,分为抵押债券和信用债券;按照能否上市交易,分为上市债券和非上市债券;按照偿还方式,分为到期一次还本付息债券、分期支付利息和一期还本债券;按照债券发行人不同分类,分为政府债券、地方政府债券、金融债券、公司债券和国际债券;按照债券的期限长短不同,分为短期债券、中期债券和长期债券。

(二) 债券的价值评估计算

债券的价值是发行者按照合同规定从现在至债券到期日所支付的款项的现值。计算现值时使用的折现率,取决于当前同等风险投资的市场利率。

1. 债券评估的基本模型

典型的债券是固定利率、每年计算并支付利息、到期归还本金。按照这种模式,债券价值计算的基本模型是:

$$PV = \frac{I_1}{(1+i)^1} + \frac{I_2}{(1+i)^2} + \cdots + \frac{I_n}{(1+i)^n} + \frac{M}{(1+i)^n} \quad \text{(公式 2-29)}$$

式中:

PV——债券价值。

I——每年的利息。

M——债券的面值。

i——折现率。

n——债券的期限(年数)。

【例 2-16】 东海实业有限公司拟于 2010 年 1 月 1 日发行面额为 1 000 元的债券,债券票面利率为 6%,每年 12 月 31 日计算并支付一次利息。该债券于第 5 年的 12 月 31 日到期。同等风险投资的必要报酬率为 8%,则该债券的价值为:

$$PV = \frac{60}{(1+8\%)^1} + \frac{60}{(1+8\%)^2} + \frac{60}{(1+8\%)^3} + \frac{60}{(1+8\%)^4} + \frac{60}{(1+8\%)^5} + \frac{1\,000}{(1+8\%)^5}$$
$$= 60 \times (P/A, 8\%, 5) + 1\,000 \times (P/F, 8\%, 5) = 920.16(\text{元})$$

2. 平息债券

平息债券是指利息在到期时间内平均支付的债券。当这种分期支付利息频率在一个年度内有一次以上时,便采用这种形式计算其价值。期限较长的债券通常采用这种形式。支付的频率可能是(至少)1 年一次、半年一次甚至每季度一次等。平息债券的计算公式表示如下:

$$PV = \sum_{t=1}^{mn} \frac{I/m}{\left(1+\frac{i}{m}\right)^t} + \frac{M}{\left(1+\frac{i}{m}\right)^{mn}} \quad \text{(公式 2-30)}$$

式中:

m——年付利息次数。

n——到期时间的年数。

i——年折现率。

I——年付利息。

M——面值或到期日支付额。

从(公式 2-30)可以看出,其显然是在(公式 2-29)基础之上演变而来。

3. 纯贴现债券

纯贴现债券是指承诺在未来某一确定日期按面值支付的债券。这种债券在到期日前购买人不能得到任何现金支付,因此,它也被称为"零息债券"。纯贴现债券的价值计算公式表示如下:

$$PV = \frac{M}{(1+i)^n} \quad \text{(公式 2-31)}$$

式中:

M——债券的票面金额。

到期日一次还本付息债券,实际上也是一种纯贴现债券,只不过到期日不是按票面额支付而是按本利和作单笔支付。纯贴现债券的计算公式可表示如下:

$$PV = \frac{F}{(1+i)^n} \quad \text{(公式 2-32)}$$

式中:

F——到期日一次还本付息的本利和。

4. 永久债券

永久债券是指没有到期日,永不停止定期支付利息的债券。优先股股票通常也被看作是永久债券。永久债券的计算公式可表示如下:

$$PV = \frac{\text{利息额}}{\text{折现率}} = \frac{I}{i} \quad \text{(公式 2-33)}$$

式中:

I——每年利息额;

i——年折现率。

(三) 债券价值的影响因素

从以上的估值模型及其具体变化不难看出,影响债券价值的因素有很多,包括债券面值、债券利率和计息期,折现率以及持有时间。

1. 债券面值

债券面值是指设定的债券票面金额,该金额是债券到期时必须偿还的债务金额。因此,债券面值是债券还本的依据。衡量发行主体发行规模大小的指标便是面值。同时,衡量投资规模大小的也是债券面值。在证券市场上,债券交易的最小计量单位——"一手",对应的债券面值为1 000元。债券面值同时又是计算到期价值或未来价值(终值或本利和)的重要基础。从总体上判断债券的价值大小,面值起着根本性作用。一般而论,债券的面值越高,债券的价值便会越大。

2. 债券利率

之所以投资债券,原因就在于投资者可以凭借债券的持有而获得利息。而凭以计算利息的标准毫无疑问,除了债券面值之外,便是利率了。在债券投资方面，投资者要同时面对债券的市场利率和债券的票面利率两个量值。

☞ 债券的市场利率是债券发行时衡量债券票面利率高低的参照系，对债券价值的定位会产生重要的影响。一般而言，市场利率相较票面利率越高，债券价值越低；反之，市场利率越低，债券价值反而越高。

☞ 债券的票面利率则是债券上载明的利率，是债券发行人承诺向债券投资者支付利息的标准。该利率一般为年利率，并且是一种约定的固定利率，又称名义利率。一般而言，债券的票面利率越高，债券的价值也就越大；反之，债券的票面利率越低，债券的价值就越小。

市场利率与票面利率的关系，将直接决定债券发行的价格，也可以推论，发行时债券的价值受制于市场利率与票面利率的关系。一般而言，如果市场利率与票面利率相等，则采用平价发行，即此时发行价格就采用票面面值；如果市场利率高于票面利率，则采用折价发行，即此时发行价格低于票面面值；如果市场利率低于票面利率，则采用溢价发行，即此时发行价格高于票面面值。

如果债券的期限较长，一般可以采用浮动利率发行，即根据中央银行对基准利率的调整，进行随时的跟进调整。利率的浮动，增添了对债券价值评估的变数。

3. 债券的到期日

☞ 债券的到期日是指偿还本金的日期，债券一般都规定到期日，以便发行人到期还本、按期付息，同时也便于投资人合理安排后续投资和现金流。显然，债券的到期日对债券的价值同样也会产生重要影响。一般而言，债券的到期日越远，尤其是对于能够跨越宏观经济周期变化的长期债券来说，由于经济形势的大起大落，财政、货币政策（银根）越会发生相应的变化和调整，产业政策同样会出现年度性的更迭和与时俱进，人们的投资热情也会随之出现变化，不确定性的因素就会越多。作为投资者投资到某种长期债券肯定会明显感受到比投资短期债券更高的风险，因而所要求的报酬率也就较高，债券的价值会呈反方向变化，即价值较小；反之，债券到期日越近，投资者所要求的收益率越低，债券价值就越大。

4. 折现率

☞ 折现率代表着人们对债权的风险的评价和认知，当某债券的风险较高时，会以较高的折现率来评估此种债券的价值，毫无疑问，此时债券的价值便会趋于降低；反之，当某种债券的风险较低时，会以较低的折现率来评估此种债券的价值，此时债券的价值便会趋于提高。

折现率与票面利率的关系，对于债券的价值具有重大影响。如果折现率恰好等于票面利率，债券的价值就是该债券的票面值；如果折现率高于债券利率，该债券的价值会低于其面值；如果折现率低于债券利率，债券的价值就高于其面值。

5. 持有时间

☞ 债券的持有时间是指当前日至债券到期日之间的时间间隔。随着时间的延续,债券的到期时间逐渐缩短,至到期日时该间隔为零。在债券保持不变的情况下,不管其高于还是低于票面利率,债券价值会随持有时间的缩短逐渐向债券面值靠近,至到期日债券价值等于债券面值。

二、股票的估价

股票是股份公司发给股东的所有权凭证,是股东借以取得股利的一种证券。股票持有者即为该公司的股东,对该公司财产有要求权。股票可以按不同的方法和标准分类。按股东所享有的权利,可分为普通股股票和优先股股票;按票面是否标明持有者姓名,分为记名股票和不记名股票;按股票票面是否记名入股金额,分为有面值股票和无面值股票;按能否向股份公司赎回自己的财产,分为可赎回股票和不可赎回股票。

股票价值是指股票预期能够提供的所有未来现金流量的现值。

(一) 普通股价值评估

快牛慢熊和慢牛短熊

普通股是股份有限公司发行的无特别权利的股份,也是最基本的、标准的股份。投资普通股股票,主要有两种目的:

一是作为一般的证券投资,以获取股利收入和出售股票时的差价收入(亦称资本利得)。

二是通过购买某一公司大量股票达到对该被投资股份有限公司实施控制的目的。

1. 短期持有股的、未来准备出售的股票股价模型

这种投资项下的股票的内在价值由一系列的股利和将来出售股票时售价的现值所构成。股票股价模型为:

$$PV = \sum_{t=1}^{n} \frac{D_t}{(1+R)^t} + \frac{P_n}{(1+R)^n} \qquad (公式 2-34)$$

式中:

PV——股票现在的价值。

P_n——未来出售时预计的股票价格。

R——投资人要求的必要报酬率。

D_t——第 t 期的预期股利。

n——预计持有股票的期数。

2. 长期持有股的、股利稳定不变的股票股价模型

这种投资项下的股东将永远持有该股票,投资者只获得股利,是一个永续的现金流入。该现金流入的现值就是股票的价值。股票股价模型为:

$$PV = \frac{D}{R} \qquad (公式 2-35)$$

式中:

PV——股票现在价格。

D——每年固定股利。

R——投资人要求的报酬率。

3. 长期持有股票,股利固定增长的股票估价模型

如果一个公司的股利不断增长,投资人的投资期限又非常长,则计算股票的股价就更困难了,只能计算近似数。股票股价模型为：

$$PV = \frac{D_0(1+g)}{R-g} = \frac{D_1}{R-g} \qquad \text{(公式 2-36)}$$

式中：

D_0——上年股利。

D_1——第一年的股利。

g——每年股利比上年增长率。

R——投资者要求的必要报酬率。

（二）优先股价值评估

优先股股票是指持有该种股票股东的权益要受一定限制的股票。优先股股票一般是由于股份公司出于某种特定的目的和需要发行的,且在票面上要注明"优先股"字样。优先股股东的特别权利就是可优先于普通股股东以固定的股息分取公司收益并在公司破产清算时优先分取剩余资产。优先股股东一般不能参与公司的经营活动,其具体的优先条件必须由公司章程加以明确。

优先股按照约定的票面股息率支付股份公司宣称的股利,其票面股息率可以是固定股息率或浮动股息率,取决于公司章程的具体规定。

无论优先股股票采用的是固定股息率还是浮动股息率,其价值均可通过对未来优先股股利的折现进行估计,即通过采用股利的现金流量折现模型来估值。其中,当优先股股票存续期内采用相同的固定股息率时,每期股息就形成了无限期定额支付的年金,即永续年金。从这个意义上说,优先股股票相当于永久债券。股票估值模型为：

$$PV = \frac{D_P}{R_P} \qquad \text{(公式 2-37)}$$

式中：

D_P——优先股每期股息。

R_P——折现率,一般采用资本成本率或投资的必要报酬率。

1. 净现金流量时期也存在一定期间全部现金流入和现金流出的差额。一定量的货币资金在不同时点上具有不同的价值。由于时间因素而形成的货币差额价值,成为货币的时间价值。

2. 单利是指只按本金计算利息,即本金能生利,利息不能生利。复利是指本金不仅要计息,而且利息也要加入本金计算下一期利息,即本金能生利,利息在下期则转为本金,与原来的本金一起计算,俗称"利滚利"。年金(annuity),是在一定时期内等额、定期的一系列的现金流入或流出。年金额是指每次发生收支的金额。年金期间是指相邻两次年金额间隔时间,年金时期是指整个年金收支的持续期,一般有若干个期间。

3. 某一行动的结果具有多种可能而不确定,就是风险。所谓风险报酬,又称风险价值,是指投资者因冒风险进行投资而获得的超过时间价值的那部分报酬。投资组合是指由两种或两种以上的资产构成的集合。投资组合中的资产主要用金融资产(证券)作为讨论的对象,因此,证券组合一般是指证券的投资组合。

4. 系统性风险又称不可分散风险,是指由于某些因素给市场上的所有证券都带来经济损失的可能性。非系统性风险又称可分散风险或公司特别风险,是指某些因素对单个证券造成经济损失的可能性。

5. 债券是发行者为筹集资金而发行的、在约定时间支付一定比例的利息,并在到期时偿还本金的一种有价证券。股票是股份公司发给股东的所有权凭证,是股东借以取得股利的一种证券。股票持有者即为该公司的股东,对该公司财产有要求权。

一、单项选择题

1. 复利终值系数的表达形式为( )。
   A. $(F/P, i, n)$ B. $(P/F, i, n)$ C. $(F/A, i, n)$ D. $(P/A, i, n)$
2. 年金现值系数的表达形式为( )。
   A. $(F/P, i, n)$ B. $(P/F, i, n)$ C. $(F/A, i, n)$ D. $(P/A, i, n)$
3. 影响企业价值的两个基本因素是( )。
   A. 风险和报酬   B. 时间和利润
   C. 风险和贴现率   D. 时间价值和风险价值
4. 某人将 2 000 元存入银行,银行的年利率为 6%,按复利计息则 5 年后此人可以从银行取出( )元。
   A. 2 300   B. 2 600   C. 11 270   D. 2 676
5. 某人将 5 000 元存入银行,存期 3 年,按单利计算,年利率 6%,则到期的本息和为( )元。
   A. 5 900   B. 5 300   C. 5 955   D. 5 420
6. 甲方案的标准离差为 1.2,乙方案的标准离差为 1,若两方案的期望值相同,则两者的风险关系为( )。
   A. 甲小于乙   B. 甲大于乙   C. 两者相等   D. 无法确定
7. 资金时间价值相当于没有风险和通货膨胀条件下的( )。
   A. 额外收益   B. 利息率
   C. 利润率   D. 社会平均资金利润率

8. 在多个方案比较中,标准离差率越小的方案,风险则(　　)。
   A. 越大　　　　　B. 越小　　　　　C. 相等　　　　　D. 不存在必然联系
9. 为在第5年年末获得100 000元,求每年年末应存入多少,采用(　　)。
   A. 年金现值系数　　　　　　　　　B. 年金终值系数
   C. 复利现值系数　　　　　　　　　D. 复利终值系数
10. 下列年金中,只有现值没有终值的年金是(　　)。
    A. 普通年金　　　B. 预付年金　　　C. 永续年金　　　D. 递延年金
11. 在复利终值和计息期数确定的情况下,贴现率越高,则复利现值(　　)。
    A. 越大　　　　　B. 越小　　　　　C. 不变　　　　　D. 不一定
12. 某人购入债券,在名义利率相同的情况下,对其比较有利的复利计息期是(　　)。
    A. 1年　　　　　B. 1季度　　　　C. 半年　　　　　D. 1个月
13. 企业发行债券,在名义利率相同的情况下,对其最不利的复利计息期是(　　)。
    A. 1年　　　　　B. 半年　　　　　C. 1个季度　　　D. 1个月
14. 一定时期内每期期初等额收付的系列款项是(　　)。
    A. 即付年金　　　B. 永续年金　　　C. 递延年金　　　D. 普通年金
15. 已知$(F/A,10\%,5)=6.105$,$(F/A,10\%,7)=9.487\,2$。则6年、10%的即付年金终值系数为(　　)。
    A. 8.487 2　　　B. 7.715 6　　　C. 7.105 1　　　D. 5.105 1

二、多项选择题

1. 与知识经济相适应的观念更新包括(　　)。
   A. "经济含量"观念　　　　　　　B. "资源"观念
   C. "速度"观念　　　　　　　　　D. "效率"观念
   E. "竞争"观念
2. 递延年金具有(　　)的特点。
   A. 年金的第一次支付发生在若干期之后
   B. 年金的现值与递延期无关
   C. 年金的终值与递延期无关
   D. 现值系数是普通年金现值系数的倒数
   E. 没有现值
3. 影响某一特定借款的利率主要有(　　)。
   A. 期限风险报酬率　　　　　　　B. 流动性风险报酬率
   C. 通货膨胀补偿率　　　　　　　D. 违约风险报酬率
   E. 纯利率
4. 我国于2002年发行5年期、年利率为2.48%的可随时上市流通的国债。决定其票面利率水平的主要因素有(　　)。
   A. 纯利率　　　　　　　　　　　B. 通货膨胀补偿率
   C. 流动性风险报酬率　　　　　　D. 违约风险报酬率
   E. 期限风险报酬率

5. 下列各项中,属于普通年金形式的是( )。
   A. 零存整取存款的整取额　　　　　　B. 定期定额支付的养老金
   C. 年资本回收额　　　　　　　　　　D. 偿债基金
6. 下列可以视为永续年金的是( )。
   A. 零存整取　　　　　　　　　　　　B. 存本取息
   C. 利率较高,持续期限较长的　　　　　D. 整存整取
7. 下列属于衡量风险程度的指标是( )。
   A. 方差　　　B. 标准差　　　C. 标准离差率　　　D. 概率

三、判断题

1. 净利润和净现金流量按照现金流量表的编制原理是可以互相转换的。　　　( )
2. 现金流量表是按收付实现制计算的,而利润表是按权责发生制计算的。　　( )
3. 由于投资者进行投资而推迟消费,对投资者推迟消费的耐心应当予以报酬。这种报酬的量与推迟消费的时间成反比。　　( )
4. 永续年金存在终值计算问题。　　( )

实战演练

业务题一

1. 假定工商银行的1年期定期存款利率为6%,甲现将本金1 000元存入银行,采用单利计息,则第1、第2、第3年年末的终值(本利和)分别为多少?
2. 按单利计算,年贴现率为6%,则第1、第2、第3年年末100元的现值分别为多少?
3. 某企业从银行贷入一笔款项,贷款年利率为6%,银行规定前4年不用还本付息,但从第5年开始至第10年结束,每年年末须偿还本息10万元,则该款项的现值应该为多少?
4. 甲企业投资一个新项目,投资金额为5万元,年利率为6%,每半年复利一次,则5年后甲企业能得到的本利和是多少?

业务题二

1. 某投资者拟购买一处房产,开发商提出了如下付款方案:
   方案一:从现在起到第15年每年年末支付3万元。
   方案二:从现在起到第15年每年年初支付2.5万元。
   方案三:前5年不支付,从第6年起到第15年每年年末支付5万元。
   假设按银行贷款利率10%复利计息,若采用终值方式比较,问哪一种付款方式对购买者有利?
2. 某企业向银行借入一笔款项,银行贷款的年利率为10%,每年复利一次。借款合同约定,前5年不用还本付息,从第6年至第10年每年年末偿还本息50 000元。计算这笔款项的金额大小。
3. 甲公司有闲置资金10万元,预期这10万元在1年内不会被动用。为充分利用资金,甲公司有两种方案可供选择。第一个方案是:购买A公司股票,投资收益率不

确定。预期该投资在经济发展良好时,收益率为15%;经济发展一般时,收益率为9%;在经济发展不良时,收益率为5%。并且预期在1年内经济发展良好、一般和不良情况下的概率分别为0.2、0.6、0.2。第二个方案是:购买B公司股票,投资收益率不确定。预期该投资在经济发展良好时,收益率为20%;在经济发展一般时,收益率为8%;在经济发展不良时,收益率为3%。并且预期在1年内经济发展良好、一般和不良情况下的概率分别为0.2、0.5、0.3。请分别计算两种方案的收益率方差。

两方案经济发展状况如表2-5所示。

表2-5

A、B两方案经济发展状况

经济发展状况	A公司股票		B公司股票	
	收益率	概率	收益率	概率
良好	15%	0.2	20%	0.2
一般	9%	0.6	8%	0.5
不良	5%	0.2	3%	0.3

课后习题答案

CHAPTER 3

小企业财务分析

通过本章你可以学到：

- 小企业资产负债表
- 小企业利润表
- 小企业现金流量表
- 财务能力分析
- 财务趋势分析
- 财务综合分析

Learning objectives 学习目标

盘点会计出身的十大名人

> **案例导入**

2001年10月，中央财经大学的刘姝威研究员的600字的短文《应立即停止对蓝田股份发放贷款》及相关事件引起了轰动，也预示着"蓝田神话"被一步步揭穿。

刘姝威仅仅是根据公司历年公开披露的财务报表，利用基本分析方法，主要是静态分析、趋势分析和同业比较。分析中包括财务比率，并只用了20个财务比率，如流动比率、速动比率、固定资产周转率等。最后得出的结论是"蓝田股份的偿债能力越来越恶化；扣除各项成本和费用之后，蓝田股份没有净收入来源；蓝田股份不能创造足够的现金流量以便维持正常的经营活动和保证按时偿还银行贷款的本金和利息，银行应立即停止对蓝田股份发放贷款"。

2002年3月19日，蓝田股份被宣布为ST；同年5月13日，因追溯调整为3年连续亏损被停牌。1999年、2000年原报表净利润分别为43 163万元和51 303万元，2001年调整后分别为—1 069万元和—2 288万元，2001年前3个月亏损888.07万元，年内扭亏无望。本章将围绕小企业财务报表分析展开讨论。

第1节 小企业财务分析概述

九段会计

一、小企业财务报表综述

（一）小企业财务报表的概念

财务报表是企业财务会计工作的最终结果，也是财务会计工作价值实现的基本载体。小企业财务报表，是指对小企业财务状况、经营成果和现金流量的结构性表述。

编制小企业财务报表的目标是向财务报表使用者提供与企业财务状况、经营成果和现金流量等有关的会计信息，反映企业管理层受托责任履行情况，有助于财务报表使用者作出经济决策。

财务报表是企业会计工作的直接结果，向证券市场上的投资者与信贷者提供准确、及时的财务信息则是企业会计工作的目标之所在。虽然，小企业普遍存在着规模较小、会计准则中对会计信息质量要求相对较低等特点，但是，作为现代企业的小企业的管理层与治理层依然负有按照《小企业会计准则》的

要求,编制并向关注小企业会计信息的有关方面提供报表之责任和义务。因而,小企业财务报表应该起到如下作用:①

(1) 有助于财务报表使用者了解企业的财务状况、经营成果和现金流量,并据以作出经济决策、进行宏观经济管理。

(2) 有助于考核企业管理层受托经济责任的履行情况。

(3) 有助于企业管理层加强经营管理、提高经济效益。

(4) 有助于国家税务机关在税收监管上由以往的定额征收改为查账征收。

(5) 有助于商业银行通过小企业的财务报表,了解小企业的经营运作情况,一方面尽力扶持管理规范的小企业,另一方面尽力规避信用风险。

(二) 小企业财务报表的构成

小企业财务报表通常由资产负债表、利润表、现金流量表和附注等构成。

1. 资产负债表

小企业资产负债表,是指反映小企业在某一特定日期的财务状况的报表。资产负债表是按照"资产=负债+所有者权益(股东权益)"这一会计恒等式,按照一定的分类标准和一定的顺序,将企业在一定日期的资产、负债和所有者权益等各个项目,予以适当排列编制而成的。该报表通常包括如下项目:

(1) 资产类。包括:①货币资金(反映小企业库存现金、银行存款、其他货币资金的合计数)。②应收及预付款项(该项目存在较高的固有风险和控制风险,容易引起舞弊,应充分重视该项目的具体情况)。③存货(确认标准是企业对该项资产是否拥有法定所有权并明确存货的范围)。④长期债券投资。⑤长期股权投资。⑥固定资产(核实说明其组成,并确认固定资产划分是否准确、产权是否归企业所有,是否存在将经营租赁固定资产计入固定资产原值现象;同时核实其计价是否真实公允,是否及时提取固定资产减值准备)。⑦生产性生物资产。⑧无形资产(无形资产占比过高,有形资产的比例相对下降)。⑨长期待摊费用等。

(2) 负债类。包括:①短期借款。②应付及预收款项。③应付职工薪酬。④应交税费。⑤应付利息。⑥长期借款。⑦长期应付款等。

(3) 所有者权益类。包括:①实收资本。②资本公积。③盈余公积。④未分配利润等。

小企业资产负债表格式如表 3-1 所示。

2. 利润表

小企业利润表是指反映小企业在一定会计期间的经营成果的报表。利润表又称为"收益表"或"损益表",是按照"净利润=收益-费用"这一会计动态公式编制的。收入是指来自于企业销售产品和向客户提供服务而创造的经济利益流入,费用是指在创造收入过程中发生的经济利益流出。收入大于

---

① 贺志东主编,《小企业会计准则操作实务》,电子工业出版社,2012 年 4 月。

费用,企业获得净收益;收入小于费用,企业遭受损失。

表 3-1

小企业资产负债表

编制单位： 　　　　　　　　　年　月　日　　　　　　　　会小企 01 表
单位:元

资　　产	行次	期末余额	年初余额	负债和所有者权益	行次	期末余额	年初余额
流动资产：				流动负债：			
货币资金	1			短期借款	31		
短期投资	2			应付票据	32		
应收票据	3			应付账款	33		
应收账款	4			预收账款	34		
预付账款	5			应付职工薪酬	35		
应收股利	6			应交税费	36		
应收利息	7			应付利息	37		
其他应收款	8			应付利润	38		
存货	9			其他应付款	39		
其中:原材料	10			其他流动负债	40		
在产品	11			流动负债合计	41		
库存商品	12			非流动负债：			
周转材料	13			长期借款	42		
其他流动资产	14			长期应付款	43		
流动资产合计	15			递延收益	44		
非流动资产：				其他非流动负债	45		
长期债券投资	16			非流动负债合计	46		
长期股权投资	17			负债合计	47		
固定资产原价	18						
减:累计折旧	19						
固定资产账面价值	20						
在建工程	21						
工程物资	22						
固定资产清理	23						
生产性生物资产	24			所有者权益(或股东权益)：			

(续表)

资产	行次	期末余额	年初余额	负债和所有者权益	行次	期末余额	年初余额
无形资产	25			实收资本（或股本）	48		
开发支出	26			资本公积	49		
长期待摊费用	27			盈余公积	50		
其他非流动资产	28			未分配利润	51		
非流动资产合计	29			所有者权益合计	52		
资产总计	30			负债和所有者权益总计	53		

小企业利润表至少应当单独列式反映的项目信息包括：①营业收入。②营业成本。③营业税金及附加。④销售费用。⑤管理费用。⑥财务费用。⑦所得税费用。⑧净利润等。

小企业利润表如表3-2所示。

表3-2

小企业利润表

编制单位：　　　　　　　　　　年　月　　　　　　　　会小企02表
　　　　　　　　　　　　　　　　　　　　　　　　　　　　单位：元

项目	行次	本年累计金额	本月金额
一、营业收入	1		
减：营业成本	2		
营业税金及附加	3		
其中：消费税	4		
营业税	5		
城市维护建设税	6		
资源税	7		
土地增值税	8		
城镇土地使用税、房产税、车船税、印花税	9		
教育费附加、矿产资源补偿费、排污费	10		
销售费用	11		
其中：商品维修费	12		
广告费和业务宣传费	13		
管理费用	14		
其中：开办费	15		
业务招待费	16		

(续表)

项　　目	行次	本年累计金额	本月金额
研究费用	17		
财务费用	18		
其中:利息费用(收入以"－"号填列)	19		
加:投资收益(损失以"－"号填列)	20		
二、营业利润(亏损以"－"号填列)	21		
加:营业外收入	22		
其中:政府补助	23		
减:营业外支出	24		
其中:坏账损失	25		
无法收回的长期债券投资损失	26		
无法收回的长期股权投资损失	27		
自然灾害等不可抗力因素造成的损失	28		
税收滞纳金	29		
三、利润总额(亏损总额以"－"号填列)	30		
减:所得税费用	31		
四、净利润(净亏损以"－"号填列)	32		

3. 现金流量表

☞ 小企业现金流量表,是指小企业在一定会计期间现金流入和流出情况的报表。以上所说的现金,是指的库存现金以及可以随时用于支付的存款和其他货币资金。现金流量表是反映一个会计期间的现金流入、现金流出以及现金存量的一份报表,其编制公式可表述为:

$$现金 = 负债 + 股本 + 留存收益 - 非现金资产 \quad (公式3-1)$$

在市场经济中,企业的现金流转情况在很大情况下影响着企业的生存和发展。小企业尤其如此。在普遍推行权责发生制的今天,原本已经从人们视野中逐渐淡出的收现与付现问题,重新受到工商企业的广泛重视,这是人们从经济危机中总结经验教训之后理性回归的结果。企业现金充裕,就可以及时购入必要的材料物资和固定资产,及时支付工资、偿还债务、支付股利和利息;反之,轻则影响企业的正常生产经营,重则危及企业的生存。

现金流量表分别经营活动、投资活动和融资活动列报现金流量。

(1) 经营活动,是指小企业投资活动和筹资活动以外的所有交易和事项。小企业经营活动产生的现金流量包括:①销售产成品、商品、提供劳务收到的现金。②购买原材料、商品、提供劳务收到的现金。③支付的职工薪酬。④支付的税费等。

（2）投资活动，是指小企业固定资产、无形资产、其他非流动资产的构建和短期投资、长期债券投资、长期股权投资及其处置活动。小企业投资活动产生的现金流量应当单独列式反应下列信息的项目：①收回短期投资、长期债券投资和长期股权投资收到的现金。②处置投资收益收到的现金。③处置固定资产、无形资产和其他非流动资产收回的现金净额。④短期投资、长期债券投资和长期股权投资支付的现金。⑤构建固定资产、无形资产和其他非流动资产支付的现金。

（3）筹资活动，是指导致小企业资本及债务规模和构成发生变化的活动。小企业筹资活动产生的现金流量应当单独列式反应下列信息的项目：①取得借款收到的现金。②吸收投资者投资收到的现金。③偿还借款本金支付的现金。④偿还借款利息支付的现金。⑤分配利润支付的现金。

小企业现金流量表如表3-3所示。

表3-3

小企业现金流量表

会小企03表

编制单位：　　　　　　　年　月　　　　　　　　　单位：元

项　目	行次	本年累计金额	本月金额
一、经营活动产生的现金流量：			
销售产成品、商品、提供劳务收到的现金	1		
收到其他与经营活动有关的现金	2		
购买原材料、商品、接受劳务支付的现金	3		
支付的职工薪酬	4		
支付的税费	5		
支付其他与经营活动有关的现金	6		
经营活动产生的现金流量净额	7		
二、投资活动产生的现金流量：			
收回短期投资、长期债券投资和长期股权投资收到的现金	8		
取得投资收益收到的现金	9		
处置固定资产、无形资产和其他非流动资产收回的现金净额	10		
短期投资、长期债券投资和长期股权投资支付的现金	11		
购建固定资产、无形资产和其他非流动资产支付的现金	12		
投资活动产生的现金流量净额	13		
三、筹资活动产生的现金流量：			
取得借款收到的现金	14		

(续表)

项　　目	行次	本年累计金额	本月金额
吸收投资者投资收到的现金	15		
偿还借款本金支付的现金	16		
偿还借款利息支付的现金	17		
分配利润支付的现金	18		
筹资活动产生的现金流量净额	19		
四、现金净增加额	20		
加：期初现金余额	21		
五、期末现金余额	22		

4. 财务报表附注

小企业财务报表附注是指小企业对在资产负债表、利润表和现金流量表等报表列示项目的文字描述或明细资料，以及对未能在这些报表中列示项目的说明等。附注是财务报表的重要组成部分。小企业应当按照《小企业会计准则》规定披露附注信息。小企业财务报表附注主要包括下列内容：

（1）遵循《小企业会计准则》的声明。小企业应当声明，其编制的财务报表符合《小企业会计准则》的要求，真实、完整地反映了小企业的财务状况、经营成果和现金流量等有关信息。

（2）短期投资、应收账款、存货、固定资产项目的说明。

（3）应付职工薪酬、应交税费项目的说明。

（4）利润分配的说明。①提取职工奖励及福利基金、提取储备基金、提取企业发展基金这3个项目仅适用于小企业（外商投资）按照相关法律规定提取的3项基金。②利润归还投资这个项目仅适用于小企业（中外合作经营）根据合同规定在合作期间归还投资者的投资。

（5）用于对外担保的资产名称、账面余额及形成的原因；未决诉讼、未决仲裁以及对外提供担保所涉及的金额。

（6）发生严重亏损的，应当披露持续经营的计划、未来经营的方案。

（7）对已在资产负债表和利润表中列示项目与《企业所得税法》规定存在差异的纳税调整过程。参见《中华人民共和国企业所得税年度纳税申报表》。

（8）其他需要说明的事项。

二、财务分析概述

财务分析是财务报表分析的简称，是指通过财务报表有关项目进行对比，以揭示公司财务状况的一种方法。财务报表分析的目的是将财务报表数据转换成有用的信息，以帮助信息使用者改善决策。

财务分析按照分析实施主体的不同，可分为内部分析和外部分析。内部分析是公司内部管理当局所进行的分析。每家公司的管理层和治理层都是内部分析的主体。目的在于判别公司财务状况是否良好，并为今后制定筹资、投资、盈余分配等政策提供依据。而外部分析则是公司外部利益集团根据各自的要求进行的分析。

财务分析按照财务数据的载体，可分为资产负债表分析、利润表分析和现金流量表分析。资产负债表分析是以资产负债表为对象所进行的分析。利润表分析是以利润表为对象所进行的分析。现金流量表分析是以现金流量表为对象所进行的分析。在历史上，最先是以资产负债表为中心进行财务分析的——解决企业财务状况的分析与解读，而现在不再只是单纯对资产负债表进行分析，而是逐渐向以利润表为中心进行财务分析——解读企业的创利能力。当然，现金流量表分析也日渐受到了人们的重视——解决现金流量对于保证财务状况、资本结构的稳健以及获利能力的保证程度问题。

按照财务分析的手段划分，财务分析方法可分为，比率分析和比较分析。比率分析是将财务报表中的有关项目进行对比，用比率来反映它们之间的关系，以揭示公司财务状况的一种分析方法。通常财务比率主要包括三大类：反映某项经济指标的各组成部分与总体之间关系的比率称为构成比率（结构比率）；反映某项经济活动投入与产出之间关系的财务比率称为效率比率；反映经济活动某两个或两个以上相关项目比值的财务比率称为相关比率。比较分析则是将同一公司不同时期的财务状况（纵向趋势比较）或不同公司的财务状况（横向趋势比较）进行比较，以掌握其差异及其规律。

现代财务报表分析一般包括如下几点。

（一）战略分析

所谓战略分析，是指通过宏观、中观和微观三个层面的分析，以盈利为出发点和落脚点，全面挖掘企业的优势，客观对待自身劣势，并采取有效措施，寻求最佳战略定位，配套最适合公司发展的竞争策略，确定利润增长点以及面对的风险，从而评估公司盈利能力的过程。

（二）会计分析

会计分析是指评价公司会计反映其经济业务的程度，包括评估公司会计的灵活性和恰当性，从而修正会计数据的过程。这实际上是企业会计基本职能的深化和应用。

（三）财务分析

财务分析是指充分地利用财务会计报表所提供的通用型的企业会计信息系统，通过科学分类和深加工，将会计信息加工成为各种指标化的数据，包括结构、比例、比率、倍数等，以评估企业价值，为会计信息使用者提供更为专业化的精细化服务的过程。

（四）前景分析

前景分析是指在充分占有既往会计信息系统相关数据的基础上，立足当前，面向未来，采用科学的方法和程序，对企业未来的销售、成本、利润和资金需求等数据展开科学预测和评估,以便形成企业未来发展的计划和经营目标,以利于推行目标管理的工作过程。

三、财务分析的内容

财务分析的内容主要包括以下几个方面。

（一）偿债能力分析

☞ 偿债能力是指企业如期偿付债务的能力,包括短期偿债能力和长期偿债能力。其中短期偿债能力往往与补充营运资本,以保证短期营运能力、改善营运资本的周转状态紧密相关。因此,关注的焦点往往是资产的流动性,即尽快变现的能力。长期偿债能力不仅与企业的资产流动性有关联,而且还与企业的经营状况,尤其是创利能力有着直接的关系。采取有效的措施,改善企业的长期偿债能力,既有利于改善企业的经营状况,同时也有利于企业提高其融资能力。特别是小微企业,通过偿债能力的分析,有助于其在间接金融市场和直接金融市场上改变企业形象,促使债权人了解其贷款的安全性,以确保其债务资本的本金和利息能够及时、足额地得以偿还;同时,促使小微企业的股东,能够识别企业的财务状况和经营能力。

（二）营运能力分析

☞ 营运能力分析主要从企业所运用的资产方面进行全面分析。分析企业各项资产的使用效率及其效果、资金周转的快慢,进而挖掘企业资金的使用潜力,提高资金的使用效率。

（三）盈利能力的分析

☞ 盈利能力分析主要通过将资产、负债、所有者权益与经营成果相结合来分析企业的各项报酬率指标,从而判断企业的获利能力。这是小微企业赢得股东青睐的关键。

（四）发展能力分析

☞ 发展能力分析主要通过分析销售增长、资本增长、利润增长等方面来分析评价企业未来生产经营活动的发展趋势和潜能。这是企业尤其是小微企业可持续发展的不竭动力。

第2节　财务能力分析

财务报表中有丰富的会计信息数据,可以凭以计算各有关的财务比率。为便于有关比率的计算和分析,现以东海实业有限公司20×5年12月31日根据会计账务体系中的会计信息编制形成的资产负债表、利润表和现金流量表三张报表为例加以说明。其数据分别如表3-4、表3-5和表3-6所示。

表 3-4

资产负债表

编制单位:东海实业有限公司　20×5 年 12 月 31 日

会小企 01 表　单位:元

资　产	行次	期末余额	期初余额	负债和所有者权益	行次	期末余额	期初余额
流动资产:				流动负债:			
货币资金	1	900 000		短期借款	31	3 000 000	
短期投资	2	700 000		应付票据	32	0	
应收票据	3	0		应付账款	33	765 000	
应收账款	4	1 400 000		预收账款	34	300 000	
预付账款	5	500 000		应付职工薪酬	35	1 735 000	
应收股利	6	0		应交税费	36	3 000 000	
应收利息	7	0		应付利息	37	0	
其他应收款	8	50 000		应付利润	38	1 150 000	
存货	9	2 750 000		其他应付款	39	450 000	
其中:原材料	10	1 350 000		其他流动负债	40	500 000	
在产品	11	400 000		流动负债合计	41	10 900 000	
库存商品	12	1 000 000		非流动负债:			
周转材料	13	0		长期借款	42	1 000 000	
其他流动资产	14	0		长期应付款	43	0	
流动资产合计	15	6 300 000		递延收益	44	0	
非流动资产:				其他非流动负债	45	0	
长期债券投资	16	10 000 000		非流动负债合计	46	1 000 000	
长期股权投资	17	0		负债合计	47	11 900 000	
固定资产原价	18	20 000 000					
减:累计折旧	19	1 000 000					
固定资产账面价值	20	19 000 000					
在建工程	21	0					
工程物资	22	0					
固定资产清理	23	0					
生产性生物资产	24	0		所有者权益(或股东权益):			
无形资产	25	0		实收资本(或股本)	48	14 000 000	
开发支出	26	0		资本公积	49	0	

(续表)

资产	行次	期末余额	期初余额	负债和所有者权益	行次	期末余额	期初余额
长期待摊费用	27	200 000		盈余公积	50	1 104 000	
其他非流动资产	28	0		未分配利润	51	8 496 000	
非流动资产合计	29	29 200 000		所有者权益合计	52	23 600 000	
资产总计	30	35 500 000		负债和所有者权益总计	53	35 500 000	

表 3-5

利润表

会小企 02 表

编制单位：东海实业有限公司　　20×5 年 12 月　　　　　　　单位：元

项　目	行次	本期金额	上期金额
一、营业收入	1	1 300 000	
减：营业成本	2	780 900	
营业税金及附加	3	2 000	
其中：消费税	4		
营业税	5		
城市维护建设税	6		
资源税	7		
土地增值税	8		
城镇土地使用税、房产税、车船税、印花税	9		
教育费附加、矿产资源补偿费、排污费	10		
销售费用	11	20 000	
其中：商品维修费	12		
广告费和业务宣传费	13		
管理费用	14	157 100	
其中：开办费	15		
业务招待费	16		
研究费用	17		
财务费用	18	41 500	
其中：利息费用（收入以"—"号填列）	19		
加：投资收益（损失以"—"号填列）	20	31 500	
二、营业利润（亏损以"—"号填列）	21	330 000	

(续表)

项 目	行次	本期金额	上期金额
加:营业外收入	22	50 000	
其中:政府补助	23		
减:营业外支出	24	19 700	
其中:坏账损失	25		
无法收回的长期债券投资损失	26		
无法收回的长期股权投资损失	27		
自然灾害等不可抗力因素造成的损失	28		
税收滞纳金	29		
三、利润总额(亏损总额以"—"号填列)	30	360 300	
减:所得税费用	31	85 300	
四、净利润(净亏损以"—"号填列)	32	275 000	

表 3-6

现金流量表

编制单位:东海实业有限公司　　20×5 年 12 月

会小企 03 表
单位:元

项 目	行次	本期金额	上期金额
一、经营活动产生的现金流量:			
销售产成品、商品、提供劳务收到的现金	1	13 400 000	
收到其他与经营活动有关的现金	2	0	
购买原材料、商品、接受劳务支付的现金	3	9 790 000	
支付的职工薪酬	4	850 000	
支付的税费	5	1 800 000	
支付其他与经营活动有关的现金	6	0	
经营活动产生的现金流量净额	7	960 000	
二、投资活动产生的现金流量:			
收回短期投资、长期债券投资和长期股权投资收到的现金	8	1 000 000	
取得投资收益收到的现金	9	90 000	
处置固定资产、无形资产和其他非流动资产收回的现金净额	10	110 000	
短期投资、长期债券投资和长期股权投资支付的现金	11	1 320 000	
购建固定资产、无形资产和其他非流动资产支付的现金	12	5 200 000	

(续表)

项　　目	行次	本期金额	上期金额
投资活动产生的现金流量净额	13	—5 320 000	
三、筹资活动产生的现金流量：			
取得借款收到的现金	14	7 000 000	
吸收投资者投资收到的现金	15	0	
偿还借款本金支付的现金	16	0	
偿还借款利息支付的现金	17	300 000	
分配利润支付的现金	18	500 000	
筹资活动产生的现金流量净额	19	6 200 000	
四、现金净增加额	20	1 840 000	
加：期初现金余额	21	250 000	
五、期末现金余额	22	2 090 000	

一、偿债能力分析

☞ 公司偿债能力是指公司偿还其债务(含本金和利息)的能力。企业通过偿债能力的分析,能有效揭示其财务风险的大小。不论商业银行、供应商还是其他债权人,都十分关注公司的偿债能力。按照债务到期时间的长短,偿债能力还可以分为短期偿债能力和长期偿债能力。短期偿债能力是指公司承担并支付其经常性财务负担(即偿还流动负债)的能力。这种偿债能力通常是通过对资产价值变现来实现的。因此流动性是衡量短期偿债能力的关键。而长期偿债能力则是指公司支付长期债务的能力。制约长期偿债能力的因素包括公司的获利能力和资本结构。

(一) 短期偿债能力分析

公司,尤其是小微企业在进行理财时,一定要注重加强这种短期偿债能力。合理安排资源及其配置,尽最大限度避免债务违约和陷入财务困境。其关键是确保流动资产的流动性。流动负债是指将于流动资产负债表日起1年内偿还的债务,而用于偿还这些债务的基本来源就是流动资产。衡量流动资产流动性的最常用的存量比较方法有两种：一种是差额比较,用流动资产与流动负债做减法来计算营运资本；另一种是比率比较,即用流动资产与流动负债相除的方法来比较。

1. 营运资本

☞ 营运资本是指流动资产超过流动负债的部分。其计算公式为：

$$营运资本 = 流动资产 - 流动负债 \qquad (公式3-2)$$

根据东海实业有限公司的财务报表数据；

$$营运资本 = 6\,300\,000 - 10\,900\,000 = -4\,600\,000(元)$$

营运资本小于零的计算结果表明,该公司存在将流动负债配置到非流动资产的情况。这是危及公司财务安全的巨大隐患。因为在这种模式下,会导致企业经常地拆东墙补西墙,借新债还旧债,才能勉为其难地维持现状。万一不能顺利借新还旧,就会出现信用风险。要避免无法偿还流动负债造成的风险,营运资本一定要大于零(即流动资产一定要大于流动负债)。这样,一方面可以保证对流动负债的偿还,另一方面还可以确保公司在商业淡季时能够尽可能以自有资本维持小规模低调运行。换言之,流动资产中仅有一部分靠流动负债提供融资来源,另一部分要靠自有长期资本来提供。

即使流动资产与流动负债相等,也不足以保证短期偿债能力没有问题。因为债务的到期与流动资产的现金生成,不可能同步同量;而且,为维持经营,企业不可能清算全部流动资产来偿还流动负债,而是必须维持最低水平的现金、存货、应收账款等。

当然,值得注意的是,营运资本并非多多益善。营运资本不足固然不好,但是营运资本过多,意味着大量的资源被配置在流动资产方面,这固然提升了短期偿债能力,但却牺牲了资源的盈利能力。营运资本要适度才好。

2. 流动比率

流动比率是流动资产与流动负债进行对比所确定的比率。其计算公式为:

$$流动比率 = \frac{流动资产}{流动负债} \qquad (公式\ 3\text{-}3)$$

根据东海实业有限公司的财务报表数据,可以计算:

$$流动比率 = \frac{6\,300\,000}{10\,900\,000} \approx 0.58 < 2$$

可以知道,该公司流动比率仅为 0.58,远远地低于流动比率的经验数值(流动比率经验值为 2)。流动比率太低,表明企业缺乏短期偿债能力。当然,流动比率太高,虽然能说明短期偿债能力强,但也说明企业的资源利用是不充分的。流动比率 2 是通过长期的实践探索出来的经验值。所谓短期偿债能力的适度性,其实就是在兼顾到流动性和盈利性基础上所作的权衡与平衡。流动比率的经验值为 2 的含义在于:一半流动资产的来源依靠流动负债,以支持商业旺季的到来;而另一半的流动资产则来自于自由的长期资本,这是企业在商业淡季到来时,维持低调运行的重要资本。

3. 速动比率

速动比率是由速冻资产和流动负债对比所确定的比率。其计算公式为:

$$速动比率 = \frac{速动资产}{流动负债} = \frac{流动资产 - 存货}{流动负债} \qquad (公式\ 3\text{-}4)$$

根据东海实业有限公司的财务报表数据,可以计算:

$$速动比率 = \frac{6\,300\,000 - 2\,750\,000}{10\,900\,000} \approx 0.33 < 1$$

由计算结果可以知道,该公司的速动比率仅为0.33,远远地低于速动比率的经验值(速动比率的经验值为1)。速动比率太低,表明企业缺乏短期偿债能力。当然,速动比率太高,虽然能说明短期偿债能力强,但也说明企业的资源利用是不充分的。速动比率1是通过长期的实践探索出来的经验值。速动比率经验值为1的含义在于:企业的速动资产相当于流动负债,以利于以流动性强的资产的变现能力来偿还流动负债。

4. 现金比率

在速动资产中,流动性最强、可直接用于偿债的资产称为现金资产。现金资产包括货币资金、短期投资等。与其他速动资产不同,现金资产本身就是可以直接偿债的资产。而其他速动资产需要等待不确定的时间,才能转换为不确定金额的现金。

现金资产与流动负债的比值称为现金比率。其计算公式为:

$$现金比率 = \frac{货币资金 + 短期投资}{流动负债} \quad \text{(公式 3-5)}$$

根据东海实业有限公司的财务报表数据,可以计算:

$$现金比率 = \frac{900\,000 + 700\,000}{10\,900\,000} = 0.147$$

从计算的结果可见,1元流动负债有0.147元的现金资产作为保障。

(二) 长期偿债能力分析

公司长期偿债能力与公司的获利能力、资金结构有十分密切的关系。

1. 资产负债率

资产负债率又称负债比率或负债对资产的比率,是公司的负债总额与资产总额进行对比所确定的比率。其计算公式为:

$$资产负债率 = \frac{负债总额}{资产总额} \times 100\% \quad \text{(公式 3-6)}$$

资产负债率反映的是在公司全部资金中有多大的比例是通过借债而筹集的。因此,这一比率能反映资产对负债的保障程度。对债权人而言,最关心的就是借出款项的安全程度。通常情况下,资产负债率的上限为70%。适度的资产负债率,对于公司而言是有利的,但是并不意味着越多越好。当资产负债率逼近70%时,就意味着长期偿债能力达到预警水平了。

根据东海实业有限公司的财务数据,可以计算:

$$资产负债率 = \frac{11\,900\,000}{35\,500\,000} \times 100\% \approx 33.52\%$$

由此可知,该公司的资产负债率相对而言还是较低的。同时也说明,该公司的运作基本上有 2/3 的资本靠的是自有资本,还有进一步扩大债务融资的潜力。因此,如果资产负债率很低,说明投资者投入的资本在全部资本中所占比重很大,而借入资金所占比重却很小。公司的风险主要由投资者来承担;反之,如果资产负债率很高,说明投资者投入的资本在全部资本中所占比重很小,而借入资金所占比重却很大。公司的风险主要由债权人承担。

2. 股东权益比率

股东权益比率是企业的股东权益总额与资产总额对比所确定的比率。其计算公式为:

$$股东权益比率 = \frac{股东权益总额}{资产总额} \times 100\% \qquad (公式3-7)$$

根据东海实业有限公司有关财务数据,可以计算:

$$股东权益比率 = \frac{23\,600\,000}{35\,500\,000} \times 100\% \approx 66.48\%$$

由此可见,该公司投资者的出资所占比重很大,占资产总额的 2/3,同时也间接地反映出来资产负债率为资产总额的 1/3。由此可见,资产负债率与股东权益比率是互补关系。即:

$$资产负债率 + 股东权益比率 = 1 \qquad (公式3-8)$$

知识拓展

公式展开推导:

$$资产负债率 + 股东权益比率 = \frac{负债总额}{资产总额} + \frac{股东权益总额}{资产总额}$$

$$= \frac{负债总额 + 股东权益总额}{资产总额} = \frac{资产总额}{资产总额} = 1$$

根据东海实业有限公司的财务数据,可得:

$$资产负债率 + 股东权益比率 = 33.52\% + 66.48\% = 100\% = 1$$

根据(公式 3-8)可得:

$$资产负债率 = 1 - 股东权益比率$$

由此可知,股东权益比率越高,资产负债率越低,风险越低;股东权益比率越低,资产负债率越高,风险越高。

3. 偿债保障比率

偿债保障比率是负债总额与经营活动现金净流量的比率。其计算公式为:

$$偿债保障比率 = \frac{负债总额}{经营活动现金净流量} \qquad (公式3-9)$$

根据东海实业有限公司有关财务数据,可以计算:

$$偿债保障比率 = \frac{10\ 900\ 000}{960\ 000} = 11.35$$

一般情况下,偿债保障比率越低,公司的偿债能力越强。而该公司的偿债保障比率高达 11.35,说明每 1 元经营活动现金流量净额要保障 11.35 元的负债的偿还。

4. 产权比率和权益乘数

☞ 产权比率,又称负债股权比率,是负债总额与股东权益总额的比值。其计算公式为:

$$产权比率 = \frac{负债总额}{股东权益} \qquad (公式3-10)$$

产权比率表明每 1 元股东权益借入的债务额。

☞ 权益乘数是指反映资产总额是股东权益的多少倍的财务指标。它实际上是股东权益比率的倒数。权益乘数表明每 1 元股东权益拥有的资产额。权益乘数越大,说明股东投入的资本在资产中所占比重越小,财务杠杆越大。其计算公式为:

$$权益乘数 = \frac{资产总额}{股东权益} \qquad (公式3-11)$$

产权比率与权益乘数是两种常用的财务杠杆比率。财务杠杆既表明债务多少,与偿债能力有关;同时,财务杠杆影响总资产净利率和权益净利率之间的关系,又表明权益净利率的风险高低,与盈利能力有关。

根据东海实业有限公司的有关财务数据,可以计算:

$$产权比率 = \frac{负债总额}{股东权益} = \frac{10\ 900\ 000}{23\ 600\ 000} \approx 0.46$$

该数据表明,该公司每 1 元股东权益借入了 0.46 元债务资本。
根据东海实业有限公司的有关财务数据,可以计算:

$$权益乘数 = \frac{资产总额}{股东权益} = \frac{35\ 500\ 000}{23\ 600\ 000} \approx 1.50$$

该数据表明,该公司每 1 元股东权益拥有 1.5 元资产。

5. 长期资本负债率

☞ 长期资本负债率是指非流动负债占长期资本的百分比,其计算公式为:

$$长期资本负债率 = \frac{非流动负债}{非流动负债 + 股东权益} \times 100\% \qquad (公式3-12)$$

根据东海实业有限公司的有关财务数据,可以计算:

$$长期资本负债率 = \frac{非流动负债}{非流动负债 + 股东权益} \times 100\%$$

$$= \frac{1\,000\,000}{1\,000\,000 + 23\,600\,000} \times 100\% \approx 4.07\%$$

6. 利息保障倍数

☞ 利息保障倍数是指息税前利润对利息费用的倍数。利息费用是指本期的全部应付利息，不仅包括计入利润表财务费用的利息费用，还应包括计入资产负债表固定资产等成本的资本化利息。表明每1元利息支付有多少倍的息税前利润作保障，可以反映债务政策的风险大小。利息保障倍数越大，利息支付越有保障。如果利息支付尚且缺乏保障，归还本金就更难指望。其计算公式为：

$$利息保障倍数 = \frac{息税前利润}{利息费用} = \frac{净利润 + 利息费用 + 所得税费用}{利息费用}$$

（公式 3-13）

如果利息保障倍数小于1，表明自身产生的经营收益不能支持现有的债务规模。利息保障倍数等于1也很危险，因为息税前利润受经营风险的影响，很不稳定，而且利息支付却是固定的。利息保障倍数越大，公司拥有的偿还利息的缓冲资金就越多。

根据东海实业有限公司的有关财务数据，可以计算：

$$利息保障倍数 = \frac{息税前利润}{利息费用} = \frac{净利润 + 利息费用 + 所得税费用}{利息费用}$$

$$= \frac{275\,000 + 41\,500 + 85\,300}{41\,500} \approx 9.68$$

该公司的利息保障倍数为9.68，表明该公司每1元利息费用有9.68元的息税前利润作为偿还保障，拥有的偿还利息的缓冲资金很多。

7. 现金流量利息保障倍数

☞ 现金流量利息保障倍数是指经营活动现金流量净额对利息费用的倍数。表明每1元利息费用有多少倍的经营活动现金流量净额作保障。它比以利润为基础的保障倍数更为可靠。其计算公式为：

$$现金流量利息保障倍数 = \frac{经营活动现金流量净额}{利息费用}$$ （公式 3-14）

根据东海实业有限公司的有关财务数据，可以计算：

$$现金流量利息保障倍数 = \frac{经营活动现金流量净额}{利息费用} = \frac{960\,000}{41\,500} \approx 23.13$$

从该公司的数据看，该指标远比利息保障倍数更高、更为可靠。

8. 现金流量债务比

☞ 现金流量债务比是指经营活动现金流量净额与债务总额的比率。该比率中的债务总额采用期末数而非平均数,因为实际需要偿还的是期末金额,而非平均金额。该比率越高,表明偿还债务总额的能力越强。其计算公式为:

$$经营活动现金流量净额债务比 = \frac{经营活动现金流量净额}{债务总额} \times 100\%$$

(公式3-15)

根据东海实业有限公司的有关财务数据,可以计算:

$$经营活动现金流量净额债务比 = \frac{经营活动现金流量净额}{债务总额} \times 100\%$$

$$= \frac{960\ 000}{11\ 900\ 000} \times 100\% \approx 8.07\%$$

二、营运能力分析

营运能力又称资产管理能力,是指企业各项资源的周转速度和使用效率。营运能力分析是指通过对各项资源的周转效率的计算和考察,揭示公司的资源利用效率,一方面促进公司加速资金周转和循环,同时另一方面减少资源的占用,以提高公司的绩效。

常用的营运能力比率包括应收账款周转率(周转天数)、存货周转率(周转天数)、流动资产周转率(周转天数)、固定资产周转率(周转天数)以及总资产周转率(周转天数)。

(一)应收账款周转率(周转天数)

应收账款周转率是销售收入与应收账款的比率。

1. 应收账款周转率

应收账款周转率又称应收账款周转次数,该指标反映了1年中应收账款周转的次数,或者反映了每1元应收账款所支撑的销售收入。

$$应收账款周转率(次数) = \frac{销售收入}{应收账款}$$

(公式3-16)

2. 应收账款周转天数

应收账款周转天数也称为应收账款收现期,该指标反映了企业采用赊销方式产生从销售开始至收回现金这样一种资金流转和循环所需时间的长短。

$$应收账款周转天数(收现期) = \frac{365}{销售收入/应收账款}①$$

(公式3-17)

3. 应收账款与收入比

应收账款与收入比,表明每1元销售收入需要的应收账款投资。

---

① 在有些教科书中,分子采用的是360天。本教材采用365天,为的是能够更加准确地计算各类资源的周转天数。

$$应收账款与收入比 = \frac{应收账款}{销售收入} \quad (公式\ 3\text{-}18)$$

根据东海实业有限公司的有关财务数据,可以计算:

$$应收账款周转率 = \frac{1\ 300\ 000}{1\ 400\ 000} \approx 0.93(次)$$

$$应收账款周转天数 = \frac{365}{销售收入/应收账款} = \frac{365}{0.93} \approx 392.47(天)$$

$$应收账款与收入比 = \frac{应收账款}{销售收入} = \frac{1\ 400\ 000}{1\ 300\ 000} \approx 1.08$$

从上述数据可以知道,该公司应收账款周转次数太少了,周转次数决定了周转天数和应收账款与收入比的数值。该公司亟待加强对应收账款的管理与控制,以增强资源的利用率,有效地降低风险。

(二) 存货周转率(周转天数)

☞ 存货周转率销售收入①与存货的比率。其计算公式为:

$$存货周转率(次数) = \frac{销售收入}{存货} \quad (公式\ 3\text{-}19)$$

$$存货周转天数 = \frac{365}{销售收入/存货} \quad (公式\ 3\text{-}20)$$

$$存货与收入比 = \frac{存货}{销售收入} \quad (公式\ 3\text{-}21)$$

根据东海实业有限公司的有关财务数据,可以计算:

$$存货周转率 = \frac{销售收入}{存货} = \frac{1\ 300\ 000}{2\ 750\ 000} \approx 0.47(次)$$

$$存货周转天数 = \frac{365}{销售收入/存货} \approx 776.60(天)$$

$$存货与收入比 = \frac{存货}{销售收入} = \frac{2\ 750\ 000}{1\ 300\ 000} \approx 2.12$$

(三) 流动资产周转率(周转天数)

☞ 流动资产周转率是销售收入与流动资产的比率。其计算公式为:

$$流动资产周转率(次数) = \frac{销售收入}{流动资产} \quad (公式\ 3\text{-}22)$$

$$流动资产周转天数 = \frac{365}{销售收入/流动资产} \quad (公式\ 3\text{-}23)$$

$$流动资产与收入比 = \frac{流动资产}{销售收入} \quad (公式\ 3\text{-}24)$$

---

① 在计算存货周转率时,使用"销售收入"还是"销售成本"作为周转额,要看分析的目的。在短期偿债能力分析中,应采用"销售收入";在分解总资产周转率时,应统一使用"销售收入"计算周转率;如果为了评估存货管理等的业绩,应当使用"销售成本"计算存货周转率。

根据东海实业有限公司的有关财务数据,可以计算:

$$流动资产周转率 = \frac{销售收入}{流动资产} = \frac{1\,300\,000}{6\,300\,000} \approx 0.21(次)$$

$$流动资产周转天数 = \frac{365}{销售收入/流动资产} = \frac{365}{1\,300\,000/6\,300\,000} \approx 1\,738.10(天)$$

$$流动资产与收入比 = \frac{6\,300\,000}{1\,300\,000} \approx 4.85$$

(四)固定资产周转率(周转天数)

☞ 固定资产周转率是企业的销售收入与固定资产的比率。其计算公式为:

$$固定资产周转率(次数) = \frac{销售收入}{固定资产} \quad\quad (公式3-25)$$

$$固定资产周转天数 = \frac{365}{销售收入/固定资产} \quad\quad (公式3-26)$$

$$固定资产与收入比 = \frac{固定资产}{销售收入} \quad\quad (公式3-27)$$

根据东海实业有限公司的有关财务数据,可以计算:

$$固定资产周转率 = \frac{销售收入}{固定资产} = \frac{1\,300\,000}{20\,000\,000} = 0.06(次)$$

$$固定资产周转天数 = \frac{365}{销售收入/固定资产} \approx 6\,083.33(天)$$

$$固定资产与收入比 = \frac{固定资产}{销售收入} = \frac{20\,000\,000}{1\,300\,000} \approx 15.38$$

(五)总资产周转率(周转天数)

☞ 总资产周转率是销售收入与资产总额进行对比的比率。其计算公式为:

$$总资产周转率(次数) = \frac{销售收入}{资产总额} \quad\quad (公式3-28)$$

$$总资产周转天数 = \frac{365}{销售收入/资产总额} \quad\quad (公式3-29)$$

$$总资产与收入比 = \frac{资产总额}{销售收入} \quad\quad (公式3-30)$$

根据东海实业有限公司的有关财务数据,可以计算:

$$总资产周转率 = \frac{销售收入}{资产总额} = \frac{1\,300\,000}{35\,500\,000} \approx 0.04(次)$$

$$总资产周转天数 = \frac{365}{销售收入/资产总额} = \frac{365}{1\,300\,000/35\,500\,000} \approx 9\,125(天)$$

$$总资产与收入比 = \frac{资产总额}{销售收入} = \frac{35\,500\,000}{1\,300\,000} \approx 27.31$$

三、盈利能力分析

盈利能力是指企业赚取利润的能力。获利是所有投资者和债权人进行投资、借贷的最根本目标。但是，企业的盈利能力很难加以定义和衡量，没有一种方法能够明确地告诉我们企业是会否具有较好的盈利性。一般而论，会计利润反映了收入与成本之差。财务分析人员仅能衡量当前或既往的会计利润，然而，许多商业机会都是以牺牲当前利润为代价来换取未来利润的。在此情况下，当前利润就不足以反映未来的盈利能力。以会计为基础来衡量企业盈利能力存在的另一个问题就是忽视了风险。用会计方法衡量企业盈利能力的一个最大的问题就是没有能够给出一个用于比较的尺度。因而，从经济学角度来看，只有当企业的盈利率大于投资者自己能够从资本市场上赚取的盈利率时，才能说企业具有较强的盈利能力，而会计衡量方法无法作出该种比较。[①]

（一）收入类盈利能力比率

1. 销售毛利率

销售毛利率是由毛利与销售收入进行对比所确定的比率。其计算公式为：

$$销售毛利率 = \frac{销售收入净额 - 销售成本}{销售收入净额} \times 100\% = \frac{毛利}{销售收入净额} \times 100\%$$

（公式 3-31）

公式中的销售收入净额是指产品销售收入扣除销售退回、销售折扣与折让后的净额。在本教材中，沿用营业收入代替销售收入净额。销售毛利率很好地反映了毛利（在本教材中采用营业利润）与销售收入净额的对比关系，是反映企业获利能力的主要指标。这一指标越高说明公司获利能力越强。

根据东海实业有限责任公司的有关财务数据，可以计算：

$$销售毛利率 = \frac{毛利}{销售收入净额} \times 100\% = \frac{330\ 000}{1\ 300\ 000} \times 100\% \approx 25.38\%$$

2. 销售净利率

销售净利率是净利润和销售收入净额进行对比所确定的比率。其计算公式为：

$$销售净利率 = \frac{净利润}{销售收入净额} \times 100\%$$ （公式 3-32）

销售净利率很好地反映了净利润和销售收入的对比关系，该指标越高，说明公司通过扩大销售获取利润的能力越强。

---

① 斯蒂芬 A. 罗斯(Stephen A. Ross)，罗德尔福 W. 韦斯特菲尔德(Tandolph W. Westerfield)，杰弗利 F. 杰富(Jeffrey F. Jaffe)著，吴世农、沈艺峰等译《公司理财》（第五版），机械工业出版社 2000 年 8 月。

根据东海实业有限责任公司的有关财务数据,可以计算:

$$销售净利率 = \frac{275\,000}{1\,300\,000} \times 100\% \approx 21.15\%$$

(二)资金类盈利能力比率

1. 投资报酬率

👉 投资报酬率又称资产报酬率,是公司净利润与资产总额的比率。其计算公式为:

$$投资报酬率 = \frac{净利润}{资产总额} \times 100\% \qquad (公式3-33)$$

投资报酬率反映了企业投入的全部资金的获利能力,是衡量企业投入产出能力的重要指标。该指标越高,说明企业获利能力越强。

根据东海实业有限责任公司的有关财务数据,可以计算:

$$投资报酬率 = \frac{净利润}{资产总额} \times 100\% = \frac{275\,000}{35\,500\,000} \times 100\% \approx 0.77\%$$

2. 净资产收益率

👉 净资产收益率又称股东权益报酬率、所有者权益报酬率、权益资本报酬率,是净利润与所有者权益的比率。其计算公式为:

$$净资产收益率 = \frac{净利润}{净资产总额} \times 100\% \qquad (公式3-34)$$

净资产收益率很好地反映了企业股东投入资金的获利能力。该指标在资本市场上具有风向标的功能,会对股东的投资热情起引导的作用。该指标越高,说明投资在该特定企业中的获利能力就越强。

根据东海实业有限责任公司的有关财务数据,可以计算:

$$净资产收益率 = \frac{净利润}{净资产总额} \times 100\% = \frac{275\,000}{23\,600\,000} \times 100\% \approx 1.17\%$$

美股和A股的较量

(三)股权类盈利能力比率

1. 每股收益

👉 普通股每股收益简称每股收益,是由净利润扣除向优先股股东支付的优先股固定股利后的余额与发行在外的普通股股数①的比率。其计算公式为:

$$每股收益 = \frac{净利润 - 优先股股利}{发行在外的普通股平均股数} \qquad (公式3-35)$$

---

① 发行在外的普通股的股数,如果某年度没有发行新股,也没有送、配股以及转增股份,直接使用股本额即可确定;但是如果某年度普通股股数出现了变化,最典型的是发行了新股,此时股数的确定就应采用加权平均的方法。其计算公式为:

$$加权平均发行在外的普通股股数 = \frac{\sum(发行在外的普通股股数 \times 发行股票的月份数)}{12}$$

每股收益是资本市场上,投资人非常看重的一个重要指标,因为它很好地反映了股份公司的获利能力大小,每股收益越高,一般可以说明获利能力越强。当然,每股收益高,不等于投资者的投资获利水平一定就高,它仅仅是该项投资取得高回报的必要条件,而并不是充分条件。原因在于,投资者能否取得高回报,除了该公司必须有较高的每股收益这样一种获利能力之外,还必须舍得给投资人分派现金股利(通常反映在普通股每股股利这样一个股利政策指标上),这两个指标共同提高,才能使投资人至少在股利取得方面[①]达到条件充分。

2. 普通股每股现金流量

☞ 普通股每股现金流量简称每股现金流量,是经营活动产生的现金流量扣除优先股股利之后,与发行在外的普通股平均股数的比率。其计算公式为:

$$每股现金流量 = \frac{经营活动现金净流量 - 优先股股利}{发行在外的普通股平均股数} \qquad (公式3-36)$$

关注资本市场的投资者,除了关注每股收益之外,同样也会格外留意每股现金流量,因为即便是每股收益很高,如果企业严重地缺乏现金,再高的利润也无法顺利地实施现金股利的分派。因此,该指标也是值得投资者格外予以留意并关注的。每股现金流量越高,说明公司越有能力支付现金股利;反之,每股现金流量越低,说明公司支付现金股利能力越低。

3. 普通股每股股利

☞ 普通股每股股利简称每股股利,它是经股东大会决策向股东支付的现金股利扣除向优先股股东支付的固定股利之后所余部分与发行在外的普通股平均股数对比形成的比率。其计算公式为:

$$每股股利 = \frac{现金股利总额 - 优先股股利}{发行在外的普通股平均股数} \qquad (公式3-37)$$

每股股利反映了股份公司的股利政策。初创阶段的股份有限公司,一般会采取低股利政策,以便公司能够将更多的资源用于长远发展;而到了股份有限公司发展的后期,随着基本建设项目的逐步完善和投入运营,在股利政策方面会倾向于较高的股利政策。尤其是对普通股股东,除了年度性的股利政策之外,还会推出颇有力度的红利政策,以答谢普通股股东长期以来与股份有限公司同甘共苦付出的辛劳。

四、发展能力分析

企业是一个以营利为目标的组织,其出发点和归宿是营利。企业一旦成立,就会面临竞争,并处于发展和萎缩的矛盾之中,企业必须生存下去才可能

[①] 投资人的股权投资获益可以有两个途径:一是每年获得稳健的股利支付;另一是可以取得丰厚的价格差,即资本利得。

获利,而企业要获得生存就必须不断发展。发展是生存之本,也是获利之源。从企业财务管理目标的实现来看,企业发展能力也是直接影响企业财务管理目标实现的一个重要因素。

☞ 发展能力,是指企业通过自己的生产经营活动,用内部形成的资金去投资、发展的能力。企业内部的发展资金,主要来源于企业的销售收入和企业降低开支而节约的资金。企业可动用的资金总额是企业实际收入和实际支出之差,是企业真正拥有的自身发展能力。企业可动用的资金总额实际上也是企业真正拥有的现金支付能力,是企业现金支付能力的累计结存额。

企业的政策环境、核心业务、经营能力、企业制度、人力资源行业环境、财务状况等方面的因素都对企业的发展能力产生重要影响。在这些因素中,财务状况是过去的决策和行为产生的结果,而其他因素则是影响企业未来财务状况的动因,这些因素的所有改善都应最终表现为财务状况的改善。① 相反,这些因素的恶化,都有可能导致财务状况的恶化或不确定性。因此,企业发展能力分析可从企业发展的动因与结果两个大的层面来进行。其中,发展动因层面主要是对企业的竞争能力进行分析。结果层面主要是对财务状况进行分析,同时,由于企业的发展经常出现周期特征,因而在分析企业发展能力时还需明确企业及其产品所处的生命周期,这样才能结合竞争能力与财务状况的分析,得出对企业发展能力的正确判断。

(一) 企业竞争能力分析

企业竞争能力集中表现为企业产品的市场占有情况和产品的竞争能力,同时在分析企业竞争能力时还应对企业所采取的竞争策略进行分析。

☞ 企业竞争能力是指企业生产的品种、质量、成本、价格、交货期和销售服务等方面能否胜过对手的能力。或者说,企业的竞争能力就是指参与竞争的企业之间的实力对比。

1. 市场占有率的分析

☞ 市场占有率是反映企业市场占有情况的一个基本指标。它是指在一定时期、一定市场范围内,企业某种产品的销售量占市场上同种商品销售量的比重。利用市场占有率来说明企业竞争能力的强弱,必须与竞争对手进行对比分析。一般是将本企业的市场占有率与主要竞争对手进行对比分析。一方面,要通过对比分析看到本企业的差距或优势;另一方面,还要进一步寻找其原因。影响市场占有率的因素很多,主要有市场需求状况、竞争对手的实力和本企业产品的竞争能力、生产规模等因素。

2. 市场覆盖率分析

市场覆盖率是反映企业市场占有状况的又一主要指标。市场覆盖率是指本企业某种产品行销的地区数占同种产品行销地区总数的比率。利用市场覆盖率来说明企业竞争能力的强弱,也必须通过与竞争对手进行对比分析进行。

---

① 《财务分析——企业发展能力分析》ppt,主讲:张寅(教授)。

影响企业市场覆盖率的主要因素有:①不同地区的需求结构。②经济发展水平。③民族风俗习惯。④竞争对手的实力。⑤本企业产品的竞争能力。⑥地区经济封锁。企业通过计算和对比分析市场覆盖率,可以考虑其产品现在行销的地区,研究可能行销的地区,揭示产品的新市场,提高企业的竞争能力。

(二)产品质量的竞争能力分析

产品质量的优劣是产品有无竞争能力的首要条件。提高产品质量是提高企业竞争能力的主要手段。本企业的产品质量不好,不仅会直接损害消费者的利益,而且也直接影响企业的发展能力。

产品的质量是指产品适合社会和人们需要所具备的特性。它包括产品的性能、精度、纯度、物理特性及化学成分等内在质量特征,还包括产品的外观、形状、重量、色泽等外部质量特征。产品的这些特征可以概括为性能、寿命、安全性、可靠性、经济性和外观几个方面的维度。分析企业产品质量的竞争能力大小就是将本企业产品的有关质量指标与国家标准、竞争对手、用户的要求分别进行对比,从而观察本企业产品质量的水平与差距,对本企业产品质量的竞争能力作出客观评价。

(三)产品品种的竞争能力分析

企业要根据市场的变化和新技术的发展,不断调整产品结构,积极改进老产品,主动开发新产品、新品种,这样,才能使企业的产品保持竞争能力,在未来的市场竞争中立于不败之地。

分析企业产品品种的竞争能力,应从以下两方面进行:其一,产品品种占有率的分析。产品品种占有率是企业某种产品在某市场范围内销售的品种或规格、花色数占该市场范围内销售的该种产品的全部品种、规格或花色数的比率。该指标数值越高,说明企业生产和销售的品种、规格或花色满足社会需要的程度越高,竞争能力越强。其二,新品种开发的分析。在当前现代科学技术迅速发展的情况下,国内外市场瞬息万变,能否及时开发出新产品,对企业的发展至关重要。

分析企业新产品的开发情况,首先,要计算新产品的比重,即企业在报告期生产的新产品产值在总产值中所占的比重;其次,要计算企业出售的新产品价值在某一市场范围内出售该种新产品全部价值中所占的比重,以反映企业新产品在市场竞争中的地位。

(四)产品成本和价格的竞争能力分析

在我国购买力水平普遍还不高的情况下,商品价廉很重要。因此,企业生产产品不仅要考虑到产品的质量和品种,还要考虑到消费者的经济承受能力。因此,价格也是企业重要的竞争手段之一。企业如何自觉地运用价值规律,灵活定价,灵敏地适应复杂多变的市场需求,以物美价廉的产品占领市场,对企业生存发展至关重要。

成本是价格的基础,产品售价高于成本,企业才能盈利;反之,则亏本。因此,成本高低决定着企业价格竞争能力的大小。成本越低,出售产品的价格升降余地越大,竞争能力就越强。所以,分析企业在价格方面的竞争能力,就是通过与主要竞争对手或同行业成本最低的企业进行成本水平的对比分析,从而对本企业的价格竞争能力做出正确评价,并指示出成本水平的差距及其原因,进而提出有效对策,以进一步降低成本,提高企业的价格竞争力。

(五) 产品售后服务的竞争能力分析

售后服务的好坏直接影响企业的信誉,影响企业的产品销售。因此,强化服务质量,也是提高企业竞争能力的重要手段。销售服务是企业竞争能力的一个重要方面。强化销售服务,是密切企业与用户关系,提高企业声誉,扩大销售和占领市场,提高企业竞争能力的重要手段之一。强化销售服务,不仅要做好售前服务,而且要做好售后服务。售前服务是指在消费者购买之前的用户咨询、广告宣传等;售后服务主要指现场安装,设备调试,技术培训,备件供应,维护修理,代购代运等。

(六) 企业周期分析

1. 周期概述

众所周知,无论是植物还是动物,只要是生物就遵从着被称为"生命周期"的现象。生物体都会经历一个从出生、成长到老化、死亡的生命历程,而生物体的行为模式是可以随着生命周期的变化而预知的,生命体在其生命周期的各个阶段会表现出不同的特征,而且会形成不同的行为法则。现代企业管理人员在管理过程中也发现,周期的概念不只适用于生命体,而且也适用于企业这样的组织。企业所处的运营环境虽然总是处于变化之中,但从某些方面看,企业的经济活动同生命体的周期运动很相似的趋势或周期。周期的含义非常广泛,就企业所面临的周期现象来说,主要存在经济周期、行业生命周期、企业生命周期及产品生命周期等几种类型。

2. 企业所面临的周期类型

(1) 经济周期。具体表述如下:

☞ 经济周期是在社会发展过程中出现的总体经济水平由波峰到波谷,再由波谷到波峰的规律性反复交替运动过程。经济周期虽然是从宏观上考虑国民收入以及总的经济活动扩张和紧缩的交替或周期性波动,但很显然,经济周期对微观环节的企业的管理活动也具有非常的影响,就财务管理方面的内容来说,处于不同经济周期阶段的企业会面临不同的经济环境,相对应要采取不同的财务策略。

(2) 产品生命周期。具体表述如下:

☞ 产品生命周期是指产品在市场上的销售情况及获利能力随着时间的推移而从诞生、成长到成熟、最终走向衰亡的演变过程,通俗地讲,产品生命周期指的是产品的市场寿命。典型的产品生命周期一般可分为四个阶段:介绍期、成长期、稳定期和衰退期。

(3) 产业生命周期。具体表述如下:

产业演变是一个非常复杂、多变的过程,然而不管各产业演变带有多少各自的特色,我们仍然可以从它们最重要的演变过程中概括出其中的周期性质。产品生命周期是产业生命周期的基础,但两者也存在着差别,产业生命周期是由产业内各种产品的生命周期的综合作用形成的,因而表现出比产品生命周期更为复杂的特性。

(4) 企业生命周期。具体表述如下:

企业如同一个生命体一样,要经过新生、成长、成熟到衰老的过程,这一过程便称为企业生命周期。

温馨提醒

企业生命周期理论将经济周期理论与企业管理理论结合起来,对企业内部管理环境发展规律进行总结与归纳,以从战略、长远的角度把握企业内部环境的发展与变革,为战略管理的实施提供依据。一般将企业生命周期划分为初创期、成长期、成熟期和衰退期四个阶段。

(七) 企业发展能力财务比率分析

1. 主营业务收入增长率

主营业务收入增长率是通过分析当期主营业务收入比上期主营业务收入增长的比率来反映企业主营业务发展情况的比率。其计算公式为:

$$主营业务收入增长率 = \frac{当期主营业务收入 - 上期主营业务收入}{上期主营业务收入} \times 100\%$$

(公式 3-38)

主营业务收入代表企业在其主要经营目标范围内,通过销售商品、提供劳务和让渡资产使用权,获取的经济利益流入。这方面的收入,代表了企业长期赖以发展的方向。同样,也是企业长期生存与发展的动力之所在。毫无疑问,主营业务收入增长速度越快,则该公司在一定时期内的发展潜力就越大。

2. 净利润增长率

净利润增长率是通过分析当期净利润比上期净利润增长的比率来反映公司净利润增长情况的一个比率。其计算公式为:

$$净利润增长率 = \frac{当期净利润 - 上期净利润}{上期净利润} \times 100\%$$ (公式 3-39)

净利润是企业总利润扣除所得税之后的剩余利润。这是企业可以自主支配的收入净额。净利润增长率越高,则该公司在一定时期内的发展潜力同样就越大。同时表明,该公司可以支配的资源增长速度也就越高。

3. 总资产增长率

总资产增长率是通过分析当期总资产比上期总资产增长的比率来反映公司总资产增长情况的一个比率。其计算公式为:

$$总资产增长率 = \frac{当期总资产 - 上期总资产}{上期总资产} \times 100\% \quad （公式 3-40）$$

总资产增长率的计算,可以很好地反映公司总资产的增长速度,反映出企业的规模发展的情况。

4. 净资产增长率

净资产增长率又称股权资本增长率或资本积累率,是通过分析当期净资产比上期净资产增长的比率。其计算公式为:

$$净资产增长率 = \frac{当期净资产 - 上期净资产}{上期净资产} \times 100\% \quad （公式 3-41）$$

净资产又称所有者权益,是公司的资产总额减去负债总额后归投资者所有的剩余资源。这部分资源一方面可以作为公司进入某种行业的市场准入的保证;另一方面还可以作为公司低于经营风险与财务风险的风险屏障。此外,还可以作为向债务人举债的担保。只有净资产才真正归属于公司独立占用、使用和支配。这部分资源毫无疑问是公司长期可持续发展的重要物质基础。净资产增长率很好地反映了公司净资产的增长速度,也反映了企业规模的发展情况。

5. 经营现金净流量增长率

经营现金净流量增长率是通过分析当期的经营活动产生的现金净流量增长的情况来反映公司的经营活动产生现金的能力变化。其计算公式为:

$$经营现金净流量增长率 = \frac{当期经营活动现金净流量 - 上期经营活动现金净流量}{上期经营活动现金净流量} \times 100\%$$

$$（公式 3-42）$$

经营活动现金净流量是公司现金净流量中的重要来源。经营活动现金净流量作为公司目前经营活动的结果,对公司的长期发展有着重要意义。在企业界全面推行权责发生制的今天,所有公司的损益计算从来都没有今天这样精确和科学。但是,毋庸置疑,精准的损益数字却与大量饱含水分的应收与预付款项的数字相伴随。这些应收与预付款项最终能否收得回来,充满着不确定性。应对之策便是由公司在资产负债表日编制现金流量表。经营活动产生的现金净流量,毫无疑问地说明了它是公司在不向外融资与对外投资情况下现金充沛程度的重要指标。如果经营活动现金净流量不足,则公司的投资与筹资活动都会受到限制,无法实现扩大发展。经营活动现金净流量增长率反映了公司经营活动产生现金能力的变化,使管理者能够发现经营活动对公司现金的影响,从而及时发现问题。

五、市价比率

1. 市盈率

市盈率又称价格盈余比率,是普通股每股市价与普通股每股盈余进行对比的比率。其计算公式为：

$$市盈率 = \frac{普通股每股市价}{普通股每股收益} \quad （公式3-43）$$

市盈率反映了投资者对股份有限公司未来发展前景看好而所能容忍的市价远远高于当前每股收益的倍数。对公司的前景越发看好，投资者越愿意出较高的价格购买该公司的股票，因而可以容忍的倍数越高；反之，容忍的倍数就低。

温馨提醒

当投资者购买股票时，往往会以市盈率作为重要的衡量标准，在不同企业之间进行比较。股份有限公司发行股票时，也会以市盈率为参照，合理确定发行价格。证券市场的监管当局，也会运用市盈率合理控制风险。当然，当市盈率上升到一定水平时，市盈率便会丧失弹性，因而，绝对不可过于迷信市盈率所传递出来的信息。

盘点那些走下神坛的蓝筹股

2. 市净率

市净率又称市账率，是指普通股市价与每股净资产的比率。其计算公式为：

$$市净率 = \frac{每股市价}{每股净资产} \quad （公式3-44）$$

市净率反映投资者愿意为每1元净资产支付的价格，说明市场对公司资产质量的评价。式中，每股净资产又称为每股账面价值，是指普通股股东权益与流通在外普通股股数的比率。反映每股普通股享有的净资产，代表理论上的每股最低价值。其计算公式为：

$$每股净资产 = \frac{股东权益 - 优先股权益}{流通在外普通股股数} = \frac{普通股股东权益}{流通在外普通股股数}$$

$$（公式3-45）$$

在计算市净率和每股净资产时，应注意所使用的是资产负债表日流通在外普通股股数，而不是当期流通在外普通股加权平均股股数。

3. 市销率

市销率也称为收入乘数，是指普通股每股市价与每股销售收入的比率。其计算公式为：

$$市销率 = \frac{每股市价}{每股销售收入} \quad （公式3-46）$$

式中：

$$每股销售收入 = \frac{销售收入}{流通在外普通股加权平均股数} \quad （公式3-47）$$

市销率反映普通股股东愿意为每1元销售收入支付的价格。而每股销售收入反映每只普通股创造的销售收入。

第3节　财务趋势分析

趋势分析是通过比较企业连续几个会计期间的财务报表或财务比率,来了解企业财务状况变化的趋势,并以此来分析企业发展能力,判断企业的发展前景。

趋势分析主要有比较财务报表,比较财务比率等方法,除了通过数字的直接对比,还可以通过将连续期间的相同指标绘图来更直观地反应趋势。

通过财务指标、数据等资料之间的趋势分析结合,还可以发现企业中经营运作良好或可能存在问题的环节和部门,进而作出相应的奖惩,促进企业良性发展。

一、比较财务报表

比较财务报表是指比较企业连续几期财务报表的数据,以分析财务报表中各个项目的增减变化的幅度及其原因,来判断企业财务状况的发展趋势。这种分析方法也称为"水平分析法"。采用比较财务报表分析法时,必须考虑到各期数据的可比性。而且,选择的财务报表起数越多,分析结果的可靠性越高。

二、比较百分比财务报表

比较百分比财务报表是在比较财务报表的基础上发展而来的。百分比财务报表是将财务报表中的各项数据用百分比来表示。比较百分比财务报表是比较各项目百分比的变化,以此来判断企业财务状况的发展趋势。可见这种方法比普通财务报表能更加直观地反映企业的发展趋势。

比较百分比财务报表既可用于同一企业不同时期财务状况的纵向比较,也可用于不同企业之间以及与同行企业平均数之间的横向比较。

三、比较财务比率

比较财务比率是将企业连续几期的财务比率进行对比,分析企业财务状况的发展趋势。这种方法实际上就是比率分析法与比较分析法的结合。

四、图解法

图解法是将企业连续几期的财务数据或财务比率绘制成图,并根据图形走势来判断企业财务状况的变动趋势。这种方法比较简单,直观地反映了企业财务状况的发展趋势,使分析者能够发现一些采用比较法所不易发现的问题。

第 4 节　财务综合分析

前面几节的财务报表分析,通常都是单独分析某一个方面的财务指标或某一类财务指标。这种分析方法固然可以揭示公司的财务信息,但是受到信息量的局限,以及无法周全地将主要财务报表之间的勾稽关系体现出来,不足以全面地评价企业的财务状况和经营成果。

而只有对各种财务指标进行系统地、综合地分析,才能对公司的财务状况和经营成果作出全面、合理的评价。

所谓财务综合分析就是将企业营运能力、偿债能力和盈利能力等方面的分析纳入到一个有机的分析系统之中,全面地对企业财务状况、经营成果进行解剖和分析,从而对企业经济效益作出较为准确的评价与判断。

一、沃尔评分法

沃尔评分法又称财务比率综合评分法,是指通过对选定的几项财务比率进行评分,然后计算出综合得分,并据此评价企业的财务状况的方法。因为最早采用这种方法的是亚历山大·沃尔,故称沃尔评分法。[1]

这种方法选择了七个财务比率,包括流动比率、产权比率、固定资产比率、存货周转率、应收账款周转率、固定资产周转率和股权资本周转率,并且对各项财务比率分别给出了不同的权重。然后以行业平均数为基础确定各项财务比率的标准值,将各项财务比率的实际值与标准值进行比较,得出一个关系比率,将此关系比率与各项财务比率的权重相乘得出总评分,以此来评价企业的信用状况。

二、杜邦分析法

不论是利用各项能力比率还是趋势分析,还是沃尔评分法,虽然可以了解公司各方面的财务状况,但是都无法全面地反映公司各方面财务信息之间的关联关系。无法拉出一张网,并做到纲举目张,从而将公司的主要财务比率建立一个浑然一体的模型。然而,公司的财务状况是一个完整的系统,内部各种因素都是相互依存、相互作用的,任何一个因素的变动都会引起公司整体财务状况的改变。这就要求财务分析者在进行财务状况的分析时,必须深入了解企业财务状况内部的各项因素及其相互之间的关系,这样才能比较全面地揭示公司财务状况的全貌。

杜邦分析法恰好就是这样一种分析方法,它是利用几种主要的财务比率

---

[1]　荆新,王化成,刘俊彦《财务管理学》,中国人民大学出版社,2012。

之间的关系来综合分析企业的财务状况的一种综合体系。由于该方法是由美国杜邦公司首先创造的,因此得名。

杜邦分析法主要反映了下列几种主要的财务比率关系:

1. 股东权益报酬率与资产报酬率及权益乘数之间的关系

其计算公式为:

$$股东权益报酬率 = 资产净利率 \times 平均权益乘数 \quad (公式3-48)$$

2. 资产净利率与销售净利率及总资产周转率之间的关系

其计算公式为:

$$资产净利率 = 销售净利率 \times 总资产周转率 \quad (公式3-49)$$

3. 销售净利率与净利率及销售收入之间的关系

其计算公式为:

$$销售净利率 = 净利润 \div 销售收入 \quad (公式3-50)$$

4. 总资产周转率与销售收入及资产总额之间的关系

其计算公式为:

$$总资产周转率 = 销售收入 \div 资产平均总额 \quad (公式3-51)$$

其中,(公式3-49)"资产净利率=销售净利率×总资产周转率"被称为杜邦等式。

在此基础上,再将净利润、总资产进行层层分解,这样就可以全面、系统地揭示企业的财务状况以及财务会计信息系统内部各个因素之间的相互关系,如图3-1所示。

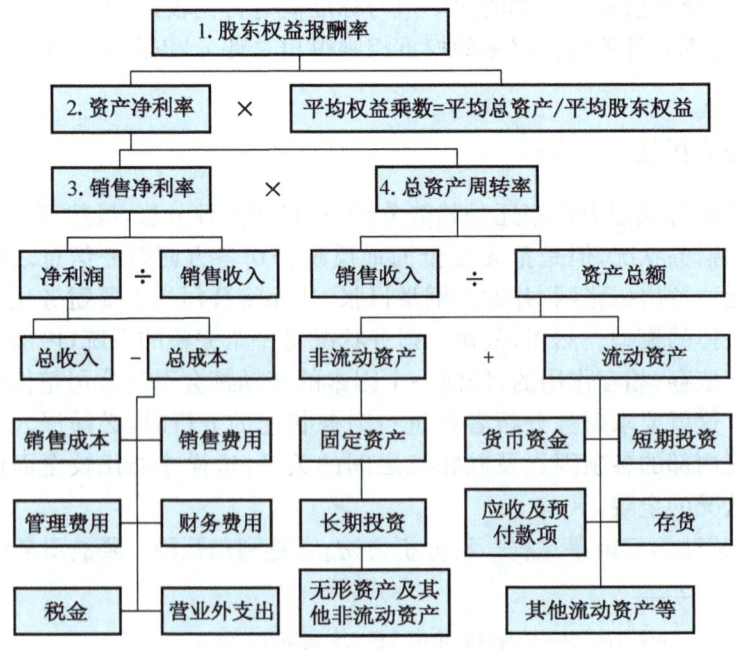

图3-1 小微企业杜邦分析系统结构图

从杜邦分析系统可以看出，企业的盈利能力涉及生产经营活动的方方面面。股东权益报酬率与企业的资本结构、销售规模、成本水平、资产管理等因素密切相关，这些因素构成一个完整的系统，系统内部各因素之间相互作用，只有协调好系统内部各个因素之间的关系，才能使股东权益报酬率得到提高，从而实现企业股东财富最大化的目标。

1. 小企业财务报表是企业财务会计工作的最终结果，也是财务会计工作价值实现的基本载体。小企业财务报表，是指对小企业财务状况、经营成果和现金流量的结构性表述。小企业财务报表通常由资产负债表、利润表、现金流量表和附注等构成。
2. 财务分析是财务报表分析的简称，是指通过财务报表有关项目进行对比，以揭示公司财务状况的一种方法。
3. 财务能力分析包括偿债能力分析、运营能力分析、盈利能力分析和发展能力分析。
4. 沃尔评分法是指通过对选定的几项财务比例进行评分，然后计算出综合得分，并据此评价企业的财务状况的方法。
5. 杜邦分析法是通过深入了解企业财务状况内部的各种因素及其相互之间的关系，利用几种主要的财务比率之间的关系来综合分析企业财务状况的一种综合体系。

一、单项选择题

1. （   ）不属于经营活动产生的现金流量。
   A. 销售产成品、商品、提供劳务收到的现金
   B. 收到其他与经营活动有关的现金
   C. 购买原材料、商品、接受劳务支付的现金
   D. 取得投资收益的现金
2. （   ）属于经营活动产生的现金流量。
   A. 支付的职工薪酬　　　　　　　　B. 取得借款收到的现金
   C. 吸收投资者投资收到的现金　　　D. 偿还借款本金支付的现金
3. （   ）不属于投资活动产生的现金流量。
   A. 支付的职工薪酬　　　　　　　　B. 支付的税费
   C. 取得投资收益收到的现金　　　　D. 偿还借款利息支付的现金
4. 下列指标中用于分析企业的长期偿债能力的是（   ）。
   A. 产权比率　　B. 流动比率　　C. 存货周转率　　D. 现金比率
5. 如果企业的速动比率很小，下列结论正确的是（   ）。
   A. 企业流动资产占用过多　　　　　B. 企业短期偿债风险很大
   C. 企业短期偿债能力很强　　　　　D. 企业资产流动性很强

6. 最关心企业偿债能力的分析方应该是（　　）。
   A. 投资者　　　　　　　　　　　B. 经营者
   C. 债权人　　　　　　　　　　　D. 所有利益相关者
7. 若流动比率大于1,则下列结论成立的是（　　）。
   A. 速动比率必大于1　　　　　　B. 营运资本大于0
   C. 资产负债率大于1　　　　　　D. 短期偿债能力绝对有保障
8. 下列各项经济业务中,会使流动比率提高的业务是（　　）。
   A. 购买股票作为短期投资　　　　B. 用无形资产做企业长期投资
   C. 从银行提取现金　　　　　　　D. 接受现金投资
9. 某公司2003年的销售净收入为315 000元,应收账款的年末数为18 000元,年初数为16 000元,则其应收账款的周转次数是（　　）次。
   A. 10　　　　B. 15　　　　C. 18.5　　　　D. 20

二、多项选择题

1. 小企业财务报表（　　）。
   A. 有助于财务报表使用者了解企业的财务状况、经营成果和现金流量
   B. 有助于考核企业管理层受托经济责任的履行情况
   C. 有助于企业管理层加强经营管理、提高经济效益
   D. 有助于国家税务机关在税收监管上由以往的定额征收改为查账征收
   E. 有助于商业银行通过小企业的财务报表,了解小企业的经营运作情况
2. （　　）属于经营活动产生的现金流量。
   A. 销售产成品、商品、提供劳务收到的现金
   B. 收到其他与经营活动有关的现金
   C. 购买原材料、商品、接受劳务支付的现金
   D. 取得投资收益的现金
3. （　　）不属于经营活动产生的现金流量。
   A. 支付的职工薪酬　　　　　　　B. 取得借款收到的现金
   C. 吸收投资者投资收到的现金　　D. 偿还借款本金支付的现金
4. 财务分析按照分析实施主体的不同,可分为（　　）。
   A. 内部分析　　B. 外部分析　　C. 比率分析　　D. 比较分析
5. 财务分析按照财务数据的载体的不同,可分为（　　）。
   A. 资产负债表分析　　　　　　　B. 利润表分析
   C. 现金流量表分析　　　　　　　D. 比较分析
6. 现代财务报表的分析一般包括（　　）。
   A. 战略分析　　B. 会计分析　　C. 财务分析　　D. 前景分析
7. 将财务报表中的有关项目进行对比的财务分析包括（　　）。
   A. 构成比率分析　B. 效率比率分析　C. 相关比率分析　D. 比较分析
8. 反映短期偿债能力的指标有（　　）。
   A. 资产负债率　B. 产权比率　　C. 速动比率　　D. 现金比率

三、判断题

1. 收入来自于企业销售产品和向客户提供服务而创造的经济利益。（　）
2. 费用是指在创造收入过程中发生的经济利益流出。（　）
3. 现金比率反映企业的偿债能力,该指标越高越好。（　）
4. 权益乘数越大,资产负债率越高,企业财务风险越大,偿债能力越差。（　）
5. 负债比率越高,说明企业的偿债能力越强。（　）
6. 一般来说,企业的利息保障倍数至少应大于1,否则将难以偿付债务及利息。（　）
7. 流动比率保持在1对企业是合适的。（　）
8. 应收账款周转率过低或过高,对企业都可能是不利的。（　）

业 务 题 一

某公司2004年的资产负债表如表3-7所示。

表3-7

资产负债表　　　　　　　　　　　　　　　　单位:万元

资　产	期初	期末	负债及所有者权益	期初	期末
货币资金	100	95	流动负债合计	220	218
应收账款净额	135	150	长期负债合计	290	372
存货	160	170	负债合计	510	590
待摊费用	30	35	所有者权益	715	720
流动资产合计	425	450			
固定资产净值	800	860			
总计	1 225	1 310		1 225	1 310

另外,该企业2003年的销售利润率为20%,总资产周转率为0.7次,权益乘数为1.71,自有资金利润率为23.9%。2004年的销售净收入为1 014万元(其中,赊销净额为570万元),净利润为253.3万元。

要求:

(1) 计算2004年的流动比率、速动比率、资产负债率和权益乘数。
(2) 计算2004年的应收账款周转率、固定资产周转率和总资产周转率。
(3) 计算2004年的销售净利率、权益净利率。
(4) 采用杜邦分析法分析销售净利率、总资产周转率和权益乘数变动对权益净利率的影响。

业 务 题 二

某企业2003年度财务报表的主要资料如下所列。

(1) 资产负债表如表 3-8 所示。

表 3-8

资产负债表

2003 年 12 月 31 日　　　　　　　　　　　　　　　　　　　　　　　　单位：万元

资　　产	余额	负债及所有者权益	余额
现金(年初 764)	310	应付账款	516
应收账款(年初 1156)	1 344	应付票据	336
		短期借款	468
存货(年初 700)	966	长期负债	1 026
固定资产净额(年初 1 170)	1 117	实收资本	1 444
资产总额(年初 3 790)	3 790	负债及所有者权益	3 790

(2) 2003 年利润表的有关资料如下：销售收入为 6 430 000 元，销售成本为 5 570 000 元，毛利为 860 000 元，管理费用为 580 000 元，利息费用为 98 000 元，利润总额为 182 000 元，所得税额为 72 000 元，净利润为 110 000 元。

要求：(1) 计算并填写表 3-9 的该公司财务比率。

表 3-9

该公司财务比率

比率名称	本公司	行业平均
流动比率		1.93
资产负债率		62%
已获利息倍数		3.8
存货周转率		6 次
应收账款周转天数		35 天
固定资产周转率		13 次
总资产周转率		3 次
销售净利率		1.3%
总资产净利率		3.4%
自有资金利润率		8.3%

(2) 与行业平均财务比率比较，说明该公司的经营管理可能存在的问题。

课后习题答案

小企业财务预算

CHAPTER 4

通过本章你可以学到：

- 全面预算的内容
- 全面预算的编制方法
- 全面预算的依据和作用
- 资金需要量预测
- 销售百分比法
- 小企业预算业务

Learning objectives 学习目标

> **案例导入**

有人说，如果不是她4年前来到亚信出任CFO，很可能亚信就已经成为最早的网络经济泡沫，夭折在中国互联网高潮的前奏中了。韩颖进入亚信之前，亚信在发展的前3年中根本就没有做过预算管理，这是韩颖万万没有预料到的。1998年6月1日，当她跨入亚信的第一天，还满怀兴奋地向田溯宁（亚信当时的CEO）索取上一年度的财务报告，想了解一些公司的基本状况。然而，田的回答令她吃惊，"这正是我们需要你的原因"。

"整个公司不断有新项目，到处都显得忙忙碌碌，看上去公司很赚钱。"韩颖对亚信最初的印象就是如此。但是，当所有账目结果出来后却让她震惊，亚信账面上几乎都是库存和应收账款，亚信人眼中辉煌的1997年居然是亏损。究其原因，就是以前亚信根本没做过预算。所以没人知道花了多少钱，也没人去想做这些事情能给亚信带来什么。融资的1 800万美元什么时候花完？花完了怎么办？能否给投资人带来回报？以后能否吸引更好的投资？等等这些问题，好像大家都忙得顾不上考虑，但这些恰恰是企业运作中最核心的问题。韩颖"拯救"亚信，用的方法极其平常，就是连普通人都多少明白点儿的财务预算管理。

第1节　全面预算概述

预算管理的起源

预算是计划工作的成果，它既是决策的具体化，又是控制生产经营活动的依据。预算在传统上被看成是控制支出的工具，但新的观念将其看成是"利用企业现有资源增加企业价值的一种方法"。

一、全面预算的内容

（一）全面预算的含义

👉 全面预算（overall budget）是企业根据战略规划、经营目标和资源状况，运用系统方法编制的企业经营、资本、财务等一系列业务管理标准和行动计划，据以进行控制、监督和考核、激励。

企业的全面预算一般包括营业预算、资本预算和财务预算三大类。其中，营业预算和财务预算主要为预算期在1年以内的短期预算，如年度预算、季度预算和月度预算；资本预算主要为预算期在1年以上的长期预算。

（二）全面预算的特点

全面预算是企业的总体计划，涉及企业的方方面面，具有如下特征。

1. 以战略规划和经营目标为导向

全面预算应体现企业长期发展的阶段性,围绕企业不同发展阶段的经营目标,设计资产、负债、收入、成本、费用、利润、投资、筹资等核心指标。

2. 以业务活动环节及部门为依托

全面预算必须结合企业的业务活动,落实到企业业务活动的各个环节和各个部门。

3. 以人、财、物等资源要素为基础

全面预算是对企业全部资源要素的合理有效的配置。

4. 与管理控制相衔接

全面预算实际上是系统的管理控制制度和过程。一方面,全面预算为管理控制制定行为标准;另一方面,全面预算的目标需要通过有效的管理控制来实现。

(三) 全面预算的分类

企业应根据长期市场预测和生产能力,编制长期销售预算,以此为基础,确定本年度的销售预算,并根据企业财力确定资本支出预算。销售预算是年度预算的编制起点,根据"以销定产"的原则确定生产预算,同时确定所需要的销售费用。生产预算的编制,除了考虑计划销售量外,还要考虑现有存货和年末存货。根据生产预算来确定直接材料、直接人工和制造费用预算。产品成本预算和现金预算是有关预算的汇总。利润表预算和资产负债表预算是全部预算的综合。

全面预算按期涉及的预算期分为长期预算和短期预算。长期预算包括长期销售预算和资本支出预算,有时还包括长期资金筹措预算和研究与开发预算。短期预算是指年度预算,或者是指时间更短的季度或月度预算,如直接材料预算、现金预算。通常,长期和短期的划分以 1 年为界限,有时把 2~3 年期的预算称为中期预算。

全面预算按其涉及的内容分为总预算和专门预算。总预算是指利润表预算和资产负债表预算,它们反映企业的总体状况,是各种专门预算的综合。专门预算是指其他反映企业某一方面经济活动的预算。

全面预算按其涉及的业务活动的领域分为销售预算、生产预算和财务预算。前两个预算统称业务预算,用于计划企业的基本经济业务。财务预算是关于资金筹措和使用的预算,包括短期的现金收支预算和信贷预算,以及长期的资本支出预算和长期资金筹措预算。

(四) 全面预算管理的定位

(1) 全面预算管理是公司治理的重要组成,全面预算是企业内部关于权限、责任的具体制度,是企业的"法律"文书。

(2) 全面预算管理是与企业发展战略相配合的战略保障体系,不同于传统意义上的计划管理。

(3) 全面预算管理是与日常管理过程相渗透的行为规范与标准体系,是全面整合企业业务流、资金流、信息流和人力资源流的经营管理制度,而非单纯为会计实现目的准备的会计工具。

(4) 全面预算管理是集有效规划、控制、评价于一体的系统化管理,绝非简单预测结果的数量化表现。

(5) 正确的战略导向,明确的权责利,高效的作业与组织,是成功实施全面预算管理的关键前提。①全面预算管理是企业发展战略的保障体系。②全面预算管理是关于责权利的制度,因而其有效性还取决于权责是否清晰并且对等。③作业和组织是全面预算管理的运行基础。

(五) 全面预算管理模式的选择

遵循企业全面预算管理的目标,在实际工作中,企业全面预算的选择主要有以下四种。

1. 以销售为核心的预算管理模式

以销售预测为基础的预算基本上是采用"以销定产"的体系编制的。首先,预算的起点是以销售预测为基础的销售预算;其次,再根据销售预算考虑期初、期末存货的变动来安排生产;最后,是保证生产顺利进行的各项资源的供应和配置。在考核时以销售收入作为主导指标考核。

该模式的优点主要有:符合市场需求,能够实现以销定产;有利于减少资金沉淀,提高资金使用效率;有利于不断提高市场占有率,使企业快速成长。缺点主要有:可能会造成产品过度开发,不利于企业长远发展;可能会忽略成本降低,不利于提高企业利润;可能会出现过度赊销,增加企业坏账损失。

2. 以利润为核心的预算管理模式

以利润为核心的预算管理模式的特点是企业以"利润最大化"作为预算编制的核心,预算编制的起点和考核的主导指标都是利润。

该模式的优点主要有:有助于使企业管理模式由直接管理转向间接管理;能够明确工作目标,激发员工工作的积极性;有利于增强企业集团的综合盈利能力。缺点主要有:可能引发短期行为,使企业只顾预算年度利润,忽略企业长远发展;可能引发冒险行为,使企业只顾追求高额利润,增加企业的财务和经营风险;可能引发虚假行为,使企业通过一系列手段虚降成本、虚增利润。

3. 以成本为核心的预算管理模式

企业实施以成本为核心的预算管理模式,就是指以成本为核心,预算编制以成本预算为起点,预算控制以成本控制为主轴,预算考评以成本为主要考评指标的预算管理模式。

该模式的优点主要有:有利于促使企业采取降低成本的各种办法,不断降低成本,提高盈利水平;有利于企业采取低成本扩张战略,扩大市场占有率,提高企业成长速度。缺点主要有:可能会只顾降低成本,而忽视新产品开发;可能会只顾降低成本,而忽视产品质量。

4. 以现金流量为核心的预算管理模式

以现金流量为核心的预算管理模式,是依据企业现金流量预算进行预算管理的一种模式。现金流量是这一预算管理模式下预算管理工作的起点和关键所在。

该模式的优点主要有：有利于增加现金流入；有利于控制现金流出；有利于实现资金收支平衡；有利于尽快摆脱财务危机。缺点主要有：预算中安排资金投入较少，不利于企业高速发展；预算思想比较保守，可能错过企业发展的有利时机。

二、全面预算的作用

企业预算是各级各部门工作的奋斗目标、协调工具、控制标准、考核依据，在经营管理中发挥着重大作用。具体表现如下所述。

（一）落实企业长期战略目标

企业的全面预算要与长期战略目标及规划相衔接，企业长期战略目标规划需要通过各期的全面预算予以分期落实和分步实现。

（二）明确业务环节和部门的目标

全面预算是企业未来的总体计划。企业通过全面预算，分解落实企业的总体和综合目标，为其业务活动的各个环节和部门规定预期目标和责任，为各个业务环节和部门开展业务工作指明方向。

（三）协调业务环节和部门的行动

全面预算是企业未来的行动计划。企业通过全面预算，合理设计预算指标体系，注重预算指标之间的相互衔接，整合规划企业各种资源，协调业务活动的各个环节和部门的工作计划和职责，指导各个业务环节和部门开展业务工作的行动。

（四）控制业务环节和部门的业务

全面预算为企业各个业务环节和部门设定了一系列的管理标准，用以业务过程的实际结果与预算标准的比较分析。

（五）考核业务环节和部门的业绩

全面预算是企业各个业务环节和部门以及全体员工业绩考核的基本标准，也是实施激励的重要依据。

三、全面预算的依据

企业在全面预算的过程中，需要分析研究企业内部和外部的各种情况和因素，充分考虑全面预算的有效依据，主要有宏观经济周期、企业发展阶段、企业战略规划、企业经营目标、企业资源状况和企业组织结构。

（一）宏观经济周期

实践表明，宏观经济周期对企业具有重大的影响。宏观周期包括经济周期、产业周期、消费周期、利率周期等，它们均有各种波动变化，企业必须研究各种周期的波动状态，在全面预算尤其是资本预算中采取有效的应对措施。

（二）企业发展阶段

一个企业往往要经历一定的发展历程，在一定时期处于一定的发展阶段。企业必须准确把握所处的具体发展阶段，在全面预算尤其是资本预算中密切结合本身的发展阶段，制定科学合理的全面预算。

（三）企业战略规划

全面预算应围绕企业战略规划，分期落实企业战略目标，逐步实现企业的长期发展。

（四）企业经营目标

全面预算必须以企业经营目标为直接和主要的指导依据，将企业预算起的总体经营目标予以具体化和系统化的分解和落实。

（五）企业资源状况

企业的资源状况是全面预算的客观依据。企业制定全面预算必须分析企业内部现有人、财、物等各种资源的规模及分布状况，研究企业从外部市场获取资源的潜力，保证全面预算具备可获得和可使用的资源支撑。

（六）企业组织结构

企业内部的组织结构是全面预算的基本依托，科学合理的组织结构是落实预算目标、明确管理责任、协调业务工作的重要保障。为有效实施全面预算，必要时，企业可以改进内部组织结构的设计。

四、全面预算的编制方法

企业全面预算的构成内容比较复杂，编制预算需要采用适当的方法。常见的预算方法主要包括以下几种。

（一）增量预算法与零基预算法

按照出发点的特征不同，编制预算的方法可分为增量预算法和零基预算法两大类。

1. 增量预算法

增量预算法又称调整预算法，是指以基期水平为基础，分析预算期业务量水平及有关影响因素的变动情况，通过调整基期项目及数额，编制相关预算的方法。

增量预算法的前提条件是：①现有的业务活动是企业所必需的。②原有的各项业务都是合理的。

增量预算法的缺点是：当预算期的情况发生变化，预算数额会受到基期不合理因素的干扰，可能会导致预算的不准确，不利于调动各部门达成预算目标的积极性。

2. 零基预算法

零基预算法是以零为基础编制预算的方法，采用零基预算法在编制费用预算时，不考虑以往期间的费用项目和费用数额，主要根据预算期的需要和可能分析费用项目和费用数额的合理性，综合平衡编制费用预算。运用零基预算

法编制费用预算的具体步骤如下:

首先,根据企业预算期利润目标、销售目标和生产指标等,分析预算期各项费用项目,并预测费用水平。

其次,拟定预算期各项费用的预算方案,权衡轻重缓急,划分费用支出的等级并排列先后顺序。

再次,根据企业预算期费用控制总额目标,按照费用支出等级及顺序,分解落实相应的费用控制目标,编制相应的费用预算。

应用零基预算法编制费用预算的优点是:不受前期费用项目和费用水平的制约,能够调动各部门降低费用的积极性,其缺点是:编制工作量大。

(二)固定预算法与弹性预算法

按照业务量基础的数量特征不同,编制预算的方法可分为固定预算法和弹性预算法两大类。

1. 固定预算法

☞ 固定预算法又称静态预算法,是指在编制预算时,只根据预算期内正常、可实现的某一固定的业务量(如生产量、销售量等)水平作为唯一基础来编制预算的方法。固定预算方法存在适应性差和可比性差的缺点,一般适用于经营业务稳定,生产产品产销量稳定,能准确预测产品需求及产品成本的企业,也可用于编制固定费用预算。

2. 弹性预算法

☞ 弹性预算法又称动态预算法,是在成本性态分析的基础上,依据业务量、成本和利润之间的联动关系,按照预算期内可能的一系列业务量(如生产量、销售量、工时)水平编制的系列预算方法。

弹性预算法主要用以编制成本费用预算和利润预算,尤其是成本费用预算。

编制弹性预算,要选用一个最能代表生产经营和活动水平的业务量计量单位。可以是产量、销售量、直接人工工时、机器工时、材料消耗量和直接人工工资等。例如,以手工操作为主的车间,就应选用人工工时;制造单一产品或零件的部门,可以选用实物数量;修理部门可以选用直接修理工时等。

弹性预算的主要用途是它可作为控制成本支出的工具。在计划期开始时,提供控制成本所需要的数据;在计划期结束后,可用于评价和考核实际成本。

(1)控制支出。由于成本一旦支出就不可挽回,只有事先提出成本的限制,使有关的人员在限额内花钱用物,才能有效地控制支出。根据弹性预算和每月的生产计划,可以确定各月的成本控制限额。这个事先确定的限额并不要求十分精确,所以,采用多水平法时可选用与计划业务量水平最接近的一套成本数据,作为控制成本的限额。

(2)评价和考核成本控制业绩。每个计划期结束后,需要编制成本控制情况的报告,对各部门成本预算执行情况进行评价和考核。

弹性成本预算的编制可定在正常生产能力的70％～110％之间，或以历史上最高业务量或最低业务量为其上下限。

（三）定期预算与滚动预算

1. 定期预算

☞ 定期预算是指在编制预算时是以不变的会计期间（如日历年度）作为预算期的一种编制预算的方法。

定期预算的优点是：能够使预算期间与会计年度相配合，便于考核和评价预算的执行结果。然而，定期预算法存在以下缺点：

（1）缺乏远期指导性。由于定期预算往往是在年初甚至提前两三个月编制的，对于整个预算年度的生产经营活动很难作出准确的预算，尤其是对后期的预算只能进行笼统地估算，数据笼统含糊，缺乏远期指导性，给预算的执行带来很多困难，不利于对生产经营活动的考核与评价。

（2）造成预算滞后性。由于定期预算不能随情况的变化及时调整，当预算中所规定的各种经营活动在预算期内发生重大变化时（如预算期临时中途转产），就会造成预算滞后或过时，使之成为虚假预算。

（3）人为预算间断性。由于受预算期间的限制，致使经营管理者们的决策视野局限于本期规划的经营活动。因此，按固定预算方法编制的预算不能适应连续不断的经营过程，从而不利于企业的长远发展。

2. 滚动预算

☞ 滚动预算又称连续预算或永续预算，是指在编制预算时，将预算期与会计年度脱离开，随着预算的执行不断延伸而不断补充预算，逐期向后滚动，使预算期永远保持为12个月的一种方法。

滚动预算的具体编制方法是：每过一个季度（或月份），立即根据前一个季度（或月份）的预算执行情况，对以后季度（或月份）进行修订，并增加一个季度（或月份）的预算。就这样如此以逐期向后滚动、连续不断的预算形式规划企业未来的经营活动。

滚动预算按其预算编制和滚动的时间单位不同可分为逐月滚动、逐季滚动和混合滚动三种方式。

（1）逐月滚动方式。逐月滚动方式是指在预算编制过程中，以月份为预算的编制和滚动单位，每个月调整一次预算的方法。例如，在2014年1月至12月的预算执行过程中，需要在1月月末根据当月预算的执行情况，修订2月至12月的预算，同时补充2015年1月份的预算；2月月末根据当月预算的执行情况，修订3月至2015年1月的预算，同时补充2015年2月份的预算；以此类推，逐月滚动。

（2）逐季滚动方式。逐季滚动方式是指在预算编制过程中，以季度为预算的编制和滚动单位，每个季度调整一次预算的方法。例如，在2014年第1季度至第4季度的预算执行过程中，需要在第1季度末根据当季预算的执行情况，修订第2季度至第4季度的预算，同时补充2015年第1季度的预算；第2

季度末根据当季预算的执行情况,修订第 3 季度至 2015 年第 1 季度的预算,同时补充 2015 年第 2 季度的预算;以此类推,逐季滚动。

(3) 混合滚动方式。混合滚动方式是指在预算编制过程中,同时使用月份和季度作为预算的编制和滚动单位的方法。它是滚动预算的一种变通方式。这种方式的理论根据是:人们对未来的了解程度具有对近期的预计把握较大,对远期的预计把握较小的特征。为了做到长计划短安排、远略近详,在预算编制过程中,可以对近期的预算提出较高的精度要求,使预算的内容相对详细;对远期预算提出较低的精度要求,使预算的内容相对简单。这样可以减少预算工作量。例如,对 2014 年 1 月至 3 月份的前 3 个月逐月编制详细预算,4 月至 12 月份分别按季编制粗略预算;3 月月末根据第 1 季度预算的执行情况,编制 4 月份至第 6 月份的详细预算,并修订第 3 至第 4 季度的预算,同时补充 2015 年第 1 季度的预算;6 月月末根据当季预算的执行情况,编制 7 月份至 9 月份的详细预算,并修订第 4 季度至 2015 年第 1 季度的预算,同时补充 2015 年第 2 季度的预算;以此类推,混合滚动。

与传统的定期预算相比,按滚动预算方法编制的预算具有以下优点:

(1) 透明度较高。由于编制预算不再是预算年度开始之前几个月的事情,而是实现了与日常管理的紧密衔接,可以使管理人员始终能够从动态的角度把握住企业近期的规划目标和远期的战略布局,使预算具有较高的透明度。

(2) 及时性较强。由于滚动预算能根据前期预算的执行情况,结合各种因素的变动影响,及时调整和修订近期预算,从而使预算更加切合实际,能够充分发挥预算的指导和控制作用。

(3) 预算年度完整。由于滚动预算在时间上不再受日历年度的限制,能够连续不断地规划未来的经营活动,不会造成预算的人为间断,同时可以使企业管理人员了解未来 12 个月内企业的总体规划与近期预算目标,能够确保企业管理工作的完整性与稳定性。

五、全面预算的组织与程序

为有效编制和实施全面预算,企业需要设立预算委员会和预算管理部,赋予相应的职责,并设计预算工作程序。

(一) 全面预算的组织

1. 预算委员会

企业应当设立预算委员会或预算领导小组,履行有关预算的职责。预算职责主要包括:①拟定企业预算编制与管理的原则和目标。②审计企业预算方案及其调整方案。③协调解决企业全面预算编制和执行中的重大问题。④根据预算执行结果提出考核和奖惩意见。

2. 预算管理部

企业应当设立预算管理部或计划财务部,负责组织全面预算的编制、报告、执行和日常监控工作。预算管理部应当履行以下主要职责:①组织企业预算的编制、审核、汇总工作。②组织下达预算,监督企业预算执行情况。③制定企业预算调整方案。④协调解决企业预算编制和执行中的有关问题。⑤分析和考核企业内部业务部门及所属子公司的预算完成情况。

(二)全面预算的程序

企业编制全面预算应当遵循以下基本工作程序:

(1) 企业预算委员会及预算管理部应于每年9月月底以前提出下一年度本企业预算总体目标。

(2) 企业所属各级预算执行单位根据企业预算总体目标,结合本单位的实际情况,于每年第4季度上报本单位下一年度预算目标。

(3) 企业预算委员会及预算管理部对各级预算执行单位的预算目标进行审核汇总并提出调整意见,经董事会会议或总经理办公会议审议后下达各级预算执行单位。

(4) 企业所属各级预算执行单位应当按照下达的预算目标,于每年年底以前上报预算。

(5) 企业在对所属各级预算执行单位预算方案审核、调整的基础上,编制企业总体预算。

第2节 资金需用量预测

微课:公司还差多少钱

资金需用量预测是公司合理筹集资金所必需的一个基础环节。作为财务管理的工作环节,首先是筹集资本,然后才是将所筹集的资本进行投资和运用,并在此基础之上进行收益管理与分配。而只有较为准确地将资金需用量进行预测,才能清楚地知道企业的资金缺口有多大,便于企业有针对性地解决外部资金筹措问题。

一、筹资数量预测的依据

企业的经营和投资业务的资本需用额是筹资的数量依据,必须科学合理地进行预测。其目的在于:保证企业经营和投资业务的顺利进行,使筹集的资本既能保证经营和投资的需要,又不会有太多的闲置,从而促进企业财务管理目标的实现。

影响企业筹资数量的条件和因素有很多,主要包括以下几方面。

(一)法律方面的限定

(1) 注册资本限额的规定。例如,我国《公司法》规定,公司注册资本的最低限额为人民币500万元,公司在考虑筹资数量时首先必须满足注册资本最低限额的要求。

(2) 企业负债限额的规定。例如,我国《公司法》规定,公司累计债券总额不超过公司净资产的40%,这是为了保证公司的偿债能力,进而保障债权人的利益。

（二）企业经营和投资的规模

一般而言，公司经营和投资规模越大，所需资本越多；反之，所需资本越少。在企业筹划重大投资项目时，需要进行专项的筹资预算。

（三）其他因素

利息率的高低、对外投资规模的大小、企业资信等级的优劣等，都会对筹资数量产生一定的影响。

二、销售百分比法

☞ 销售百分比法（The Percent of Sales of Method）是根据销售收入与利润表和资产负债表项目之间的比率关系来预测资金需用量的方法。

（一）销售百分比法基本原理

销售百分比法的原理是建立在如下假设基础之上的：利润表项目以及大多数资产负债表项目的金额与销售收入的比率保持不变；当销售收入发生变动时，这些项目的金额也相应发生改变。

通常情况下，这种假设是合理的。可以根据近期实际利润表中各项目金额与销售收入的百分比确定预计利润表中各项目与销售收入的百分比，据此编制预计利润表。

☞ 在资产负债表中，有些项目与销售收入之间基本存在固定不变的百分比关系，但有些项目与销售收入之间不存在非常直接的关系，我们称前者为敏感项目，称后者为非敏感项目。对于不同的企业而言，敏感项目和非敏感项目不一定相同，具体要根据企业的实际情况进行分析。

常见的资产类敏感项目有现金、应收账款、存货等。由于规模经济的存在，固定资产是否是敏感项目，要视公司的具体情况而定。在短期内，有些公司的固定资产与销售收入之间有着固定不变的比率关系，是敏感项目；而从长期看，几乎所有公司的固定资产与销售收入之间存在很强的关系。因此，一般假定固定资产也是敏感项目往往是比较合理的。至于敏感程度如何，取决于固定资产所代表的生产设施的利用率是充分的还是不充分的。如果并没有将产能充分释放出来，固定资产在短期内尚不具有敏感性；反之，如果生产能力已经充分地释放出来，则在短期内，也存在固定资产的再投入，以确保销售收入的增长。

☞ 在负债项目中，有一些是随着销售收入而自发发生变动的，这些敏感性负债所产生的资金被称之为自发性融资。典型的敏感性负债项目有应付账款和应付费用。

非敏感项目主要取决于公司的股利政策以及债务和权益资本的融资政策，如实收资本、公司债券、短期借款等。

（二）销售百分比法的基本步骤

销售百分比法的基本步骤可以分为四步：第一，预计企业的利润表；第二，预计企业的留存收益增加额;第三,预计企业的资产负债表,并预测外部资金需用量(External Financing Needed,EFN);第四,作出筹资计划。

1. 预计企业的利润表

预计企业利润表可用来预测留存收益,并为预计资产负债表、预测外部资金需用量提供依据。首先,分析过去几年实际利润表资料,计算确定利润表各项目与销售收入的百分比。其次,取得预测年度的销售收入预计数,根据过去几年的百分比计算预计利润表各项目的预计数,并编制预测年度的预计利润表。

【例4-1】 东海实业有限公司2012年度简易利润表及各项目的销售百分比如表4-1所示。根据2012年度的利润表,计算出利润表各项目与销售收入的百分比,该数据列示在表4-2中的第(3)列。若东海实业有限公司2013年度预计销售收入为40 000 000元,则根据2012年度利润表各项目的销售百分比,计算并编制2013年度预计利润(见表4-2)。

表 4-1

东海实业有限公司 2012 年度简易利润表　　　　金额单位:元

项目(1)	金额(2)	销售收入百分比(3)
销售收入	36 000 000	100.00%
减:销售成本	23 000 000	63.89%
销售费用	180 000	0.50%
销售税金及附加	2 800 000	7.78%
销售利润	10 020 000	27.83%
减:管理费用	7 100 000	19.72%
财务费用	66 000	0.18%
利润总额	2 854 000	7.93%
减:所得税	713 500	1.98%
净利润	2 140 500	5.95%

表 4-2

东海实业有限公司 2013 年度预计利润表　　　　金额单位:元

项目(1)	2012 年度金额(2)	销售收入百分比(3)	2013 年度预计金额(4)
销售收入	36 000 000	100.00%	40 000 000
减:销售成本	23 000 000	63.89%	25 556 000
销售费用	180 000	0.50%	200 000
销售税金及附加	2 800 000	7.78%	3 112 000

(续表)

项目(1)	2012年度金额(2)	销售收入百分比(3)	2013年度预计金额(4)
销售利润	10 020 000	27.83%	11 132 000
减:管理费用	7 100 000	19.72%	7 888 000
财务费用	66 000	0.18%	72 000
利润总额	2 854 000	7.93%	3 172 000
减:所得税	713 500	1.98%	793 000
净利润	2 140 500	5.95%	2 379 000

2. 预计企业的留存收益增加额

公司留存收益的多少取决于公司的盈利水平和公司股利支付率或收益留存率的高低,只要公司有盈利并且不是全部支付股利,则留存收益就会使股东权益自动增长。从[例4-1]表4-2中得知,2013年度的预计净利润为2 379 000元。若预计2013年度的股利支付率为50%,则2013年度的留存收益增加额为1 189 500元[2 379 000×(1−50%)]。由此可知,东海实业有限公司内部可以解决1 189 500元的资金需要。

3. 预计企业的资产负债表,并预测外部资金需用量

预计资产负债表的基本步骤如下:

第一,收集基年资产负债表资料,计算敏感项目与销售收入的百分比。

第二,根据预测年度的销售收入预计数和敏感项目的销售百分比,计算出该项目在预测年度的预计数,而非敏感项目预测金额则照基年金额填写。

第三,预计年度资产负债表中的留存收益为基年留存收益余额和预测年度留存收益增加额之和。

第四,计算外部融资需用量。

【例4-2】 承接[例4-1],假设东海实业有限公司2012年年末的资产负债表如表4-3所示。

根据表4-3,计算基年各敏感项目与基年销售收入的百分比,该数据列示在表4-3中的第(3)列。

表4-3

东海实业有限公司2012年年末资产负债表　　　金额单位:元

项目(1)	金额(2)	销售收入百分比(3)
资产:		
货币资金	520 000	1.44%
应收账款	6 200 000	17.22%
存货	7 250 000	20.14%

(续表)

项目(1)	金额(2)	销售收入百分比(3)
预付账款	80 000	N
长期投资	2 000 000	N
固定资产净值	5 600 000	15.56%
资产总额	21 650 000	60.14%
负债及所有者权益:		
短期借款	2 500 000	N
应付账款	5 400 000	15.00%
应付费用	260 000	0.72%
长期借款	640 000	N
负债合计	8 800 000	24.44%
股本	12 350 000	N
留存收益	500 000	N
所有者权益合计	12 850 000	N
负债及所有者权益总额	21 650 000	N

注:表中的字母N表示为非敏感项目。

根据表4-3,计算基年各敏感项目与基年销售收入的百分比,该数据列示在表4-3中的第(3)列。

东海实业有限公司2013年度的预计销售收入为40 000 000元,则根据基年资产负债表项目和预计年度销售收入,可以计算出2013年度预计资产负债表中敏感项目的预计数,非敏感项目则按照基年数据填列。这样可以计算出预计总资产和预计总负债,数据见表4-4中的第(4)列。

表4-4

东海实业有限公司2013年度预计资产负债表　　金额单位:元

项目(1)	2012年实际金额(2)	销售收入百分比(3)	2013年预计金额(4)
资产:			
货币资金	520 000	1.44%	576 000
应收账款	6 200 000	17.22%	6 888 000
存货	7 250 000	20.14%	8 056 000
预付账款	80 000	N	80 000
长期投资	2 000 000	N	2 000 000
固定资产净值	5 600 000	15.56%	6 224 000

(续表)

项目(1)	2012年实际金额(2)	销售收入百分比(3)	2013年预计金额(4)
资产总额	21 650 000	60.14%	23 824 000
负债及所有者权益：			
短期借款	2 500 000	N	2 500 000
应付账款	5 400 000	15.00%	6 000 000
应付费用	260 000	0.72%	288 000
长期借款	640 000	N	640 000
负债合计	8 800 000	24.44%	9 428 000
股本	12 350 000	N	12 350 000
留存收益	500 000		1 689 500
所有者权益合计	12 850 000	N	14 039 500
负债及所有者权益总额	21 650 000	N	23 467 500

根据预计利润表计算出来的2013年度的留存收益增加额为771 000元，则2013年度预计资产负债表中的留存收益总额应该为：

$$500\,000 + 1\,189\,500 = 1\,689\,500(元)$$

2013年度预计资产负债表中股东权益总额为：

$$12\,350\,000 + 1\,689\,500 = 14\,039\,500(元)$$

最后，可以根据下列公式计算外部资金需用量：

$$\begin{aligned}外部资金需用量 &= 预计总资产 - 预计总负债 - 预计股东权益总额 \\ &= 23\,824\,000 - 9\,428\,000 - 14\,039\,500 \\ &= 356\,500(元)\end{aligned}$$

4. 作出筹资计划

【例4-3】 已知东海实业有限公司外部资金需用量为356 500元，公司理财人员在进行筹资决策时，必须考虑公司的目标资本结构、债务和权益、市场状况、现有负债的限制性条件等多种因素。在此基础之上，确定外部筹资基金的具体筹资计划，如表4-5所示。

表4-5

东海实业有限公司新筹集资本明细表　　　金额单位：元

筹资方式	百分比	金额
短期借款	25%	89 125
长期借款	25%	89 125

(续表)

筹资方式	百分比	金额
发行普通股	50%	178 250
合计	100%	356 500

第3节 小企业财务预算的编制

全面预算体系

小企业因其规模较小,预算内容相对简单些。小企业通过加强全面预算,尤其是在日常财务管理活动中注重财务预算,可以增强主动性,增强控制力,从而避免盲目性,减少工作失误。

小企业财务预算的最为核心的工作便是进行货币资金的预算。所谓货币资金预算,是指以日常业务预算和特种决策预算为基础所编制的反映货币资金收支情况的预算。显然,货币资金预算是财务预算的中心与核心,企业所有的按收付实现制编制的日常业务预算和特种决策预算都应当直接或间接地反映在货币资金预算中。

一、销售预算

👉 销售预算是指在销售预测的基础上,根据企业年度目标利润确定的预计销售量、销售单价和销售收入等参数编制的,用于规划预算其销售活动的一种业务预算。

销售预算是编制企业全面预算的出发点,也是日常业务预算的基础。在编制过程中,应根据有关年度内各季度市场预算的销售量和售价,确定计划期销售收入(有时要同时预计销售税金),并根据各季现销收入与回收赊销货款的可能情况反映货币资金收入,以便为编制货币资金预算提供信息。

微课:收付实现制的用武之地

【例4-4】 东海实业有限公司经营A、B两种产品,预计2015年各季度各种产品的销售量、售价的部分资料见表4-6的上半部分。该表上半部分是按权责发生制编制的。据估计,A产品的现销比例为100%,B产品每季销售收入中有70%能当季收到现款,其余30%要到下季收回。假定不考虑坏账因素。该企业销售环节税金及附加为销售收入的5%,并于当季以现金完税。2014年年末应收账款余额为70 000元。

根据上述资料,可以计算分季销售收入和与销售业务有关的货币资金收支数据,详见表4-6的下半部分,该部分应当按收付实现制编制。销售预算表的上下两个部分既有联系又有区别,可以看成是将销售额由权责发生制转换为收付实现制的编制过程,从而可以满足编制现金预算的要求。

表 4-6

东海实业有限公司 2015 年销售预算　　　　　　　单位:元

项目	第 1 季度	第 2 季度	第 3 季度	第 4 季度	本年合计
销售量					
A 产品(件)	1 000	1 000	1 000	1 000	4 000
B 产品(盒)	4 000	5 000	6 000	5 000	20 000
销售单价:					
A 产品	100	100	100	100	100
B 产品	50	50	50	50	50
销售收入(主营业务收入)					
A 产品	100 000	100 000	100 000	100 000	400 000
B 产品	200 000	250 000	300 000	250 000	1 000 000
① 主营业务收入(合计)	300 000	350 000	400 000	350 000	1 400 000
② 主营业务税金现金支出	15 000	17 500	20 000	17 500	70 000
③ 现销收入	240 000	275 000	310 000	275 000	1 100 000
④ 回收前期应收货款	70 000	60 000	75 000	90 000	295 000
⑤ 现金收入合计	310 000	335 000	385 000	365 000	1 395 000

注:① ＝A 产品销售收入＋B 产品销售收入
　　② ＝①×5%
　　③ ＝A 产品销售收入＋B 产品销售收入×70%
　　④ 上季度 B 产品销售收入×30%
　　⑤ ＝③＋④

二、生产预算

👉 生产预算是为规划预算期生产规模而编制的一种业务预算。它是在销售预算的基础上编制的,并可以为下一步编制成本和费用预算提供依据。

编制生产预算的重要依据是预算期各种产品的预计销售量及存货量资料。具体计算公式为:

$$预计生产量 = 预计销售量 + 预计期末存货量 - 预计期初存货量$$

由于预计销售量可以直接从销售预算中查到,预计期初存货量等于上季期末存货量,因此,编制生产预算的关键是正确地确定各季预计期末存货量。在实践中,可按事先估计的期末存货量占一定时期销售量的比例进行估算,当然还要考虑季节性等因素的影响。

【例 4-5】 延续[例 4-4]资料。东海实业有限公司 A 产品 2014 年年末存货量为 500 件,单位变动成本为 91.6 元;每季季末存货量均为 500 件。B 产品每季季末存货量按下一季预计销售量的 10% 估算,预计 2015 年第 4 季度期末存货量为 600 盒,已知 2014 年年末实际存货量为 400 盒。该公司存货采用先进先出法计价。

根据以上资料编制东海实业有限公司 2015 年产品生产预算,如表 4-7 所示。

表 4-7

东海实业有限公司 2015 年产品生产预算　　　　　　　单位:件

A产品	第1季度	第2季度	第3季度	第4季度	本年合计
① 本期销售量	1 000	1 000	1 000	1 000	4 000
② 期末存货量	500	500	500	500	500
③ 期初存货量	500	500	500	500	500
④ 本期生产量	1 000	1 000	1 000	1 000	4 000

单位:盒

B产品	第1季度	第2季度	第3季度	第4季度	本年合计
① 本期销售量	4 000	5 000	6 000	5 000	20 000
② 期末存货量	500	600	500	600	600
③ 期初存货量	400	500	600	500	400
④ 本期生产量	4 100	5 100	5 900	5 100	20 200

注:④=①+②-③

三、直接材料消耗及采购预算

直接材料消耗及采购预算简称直接材料预算,它是为规划预算期直接材料消耗情况及采购活动而编制的,用以反映预算期各种材料消耗量、材料消耗成本和采购成本等计划信息的一种业务预算。

这种预算编制的主要依据是生产预算、材料单耗和材料采购单价等资料。其编制程序如下。

1. 计算各季各种直接材料的消耗量预算的有关公式

某期某产品所消耗某材料的数量 = 该产品当期生产量 × 该产品耗用该材料消耗定额

【例 4-6】 延续[例 4-5]资料。根据 A、B 产品耗用各种直接材料的消耗定额(单耗)和 A、B 产品预计产量,可计算出东海实业有限公司预算期内各种材料消耗量预算值,如表 4-8 所示。

表 4-8

东海实业有限公司 2015 年直接耗用材料预算　　　　　　单位:千克

项目	第1季度	第2季度	第3季度	第4季度	本年合计
A产品生产量(件)	1 000	1 000	1 000	1 000	4 000
材料消耗定额					

(续表)

项　目	第1季度	第2季度	第3季度	第4季度	本年合计
甲材料	10	10	10	10	10
乙材料	5	5	5	5	5
材料消耗数量					
甲材料	10 000	10 000	10 000	10 000	40 000
乙材料	5 000	5 000	5 000	5 000	20 000
B产品生产量(盒)	4 100	5 100	5 900	5 100	20 200
材料消耗定额					
甲材料	3	3	3	3	3
乙材料	2	2	2	2	2
材料消耗数量					
甲材料	12 300	15 300	17 700	15 300	60 600
乙材料	8 200	10 200	11 800	10 200	40 400

2. 计算每种直接材料的总耗用量

有关公式如下：

$$某期某直接材料总耗用量 = \sum 当期某产品所消耗该材料的数量$$

3. 计算每种直接材料的当期采购量及采购成本

有关公式如下：

$$某期某种材料采购量 = 该材料当期总耗用量 + 该材料期末存货量 - 该材料期初存货量$$
$$某期某种材料采购成本 = 该材料单价 \times 该材料当期采购量$$

4. 计算预算期材料采购总成本

有关公式如下：

$$预算期直接材料采购总成本 = \sum 当期各种材料采购成本$$

【例4-7】 延续[例4-6]资料。东海实业有限公司2015年A产品的甲材料单位消耗定额为10千克/件，乙材料单位消耗定额为5千克/个；B产品的甲材料单位消耗定额为3千克/件，乙材料单位消耗定额2千克/个。甲材料单价2元/千克；乙材料单价7元/个。预计甲材料期初存量为6 690千克，乙材料期初存量为3 960千克。各种材料的季末存货量均为下季生产总耗用量的30%。每季消耗的材料总量、该材料期末期初存量及其单价如表4-9有关栏目所示，进而可计算出各种材料的本期采购量及采购成本，最后计算出各种材料的采购成本总额。经测算，每季材料采购总额的60%用现金支付，其余40%在下季度付讫。根据特种预算，公司计划第4季度用现金购买100 000元丙材料,用以开发新产品。2014年年末应付账款余额为50 000元。根据上述资料计算的与材料采购有关的现金支出项目如表4-9所示。

表4-9

东海实业有限公司2015年直接耗用材料预算　　数量单位:千克
　　　　　　　　　　　　　　　　　　　　　　　　　金额单位:元

材料种类	项目	第1季度	第2季度	第3季度	第4季度	全年合计
甲材料	A产品耗用	10 000	10 000	10 000	10 000	40 000
	B产品耗用	12 300	15 300	17 700	15 300	60 600
	甲材料总耗用量	22 300	25 300	27 700	25 300	100 600
	加:期末材料存量	7 590	8 310	7 590	8 400	8 400
	减:期初材料存量	6 690	7 590	8 310	7 590	6 690
	本期采购量	23 200	26 020	26 980	26 110	102 310
	甲材料单价	2	2	2	2	2
	甲材料采购成本	46 400	52 040	53 960	52 220	204 620
乙材料	A产品耗用	5 000	5 000	5 000	5 000	20 000
	B产品耗用	8 200	10 200	11 800	10 200	40 400
	乙材料总耗用量	13 200	15 200	16 800	15 200	60 400
	加:期末材料存量	4 560	5 040	4 560	5 100	5 100
	减:期初材料存量	3 960	4 560	5 040	4 560	3 960
	本期采购量	13 800	15 680	16 320	15 740	61 540
	乙材料单价	7	7	7	7	7
	乙材料采购成本	96 600	109 760	114 240	110 180	430 780
丙材料采购成本		0	0	0	100 000①	100 000
各种材料采购成本总额		143 000	161 800	168 200	262 400	735 400
当期现购材料成本		85 800	97 080	100 920	197 440	481 240
偿付前期所欠材料款		50 000	57 200	64 720	67 280	239 200
当期现金支出小计		135 800	154 280	165 640	264 720	720 440

注:①其中包括为开发新产品准备的丙材料成本100 000元。

四、直接工资及其他直接支出预算

直接工资及其他直接支出预算又称直接人工预算,是一种既反映预算期内人工工时消耗水平,又规划人工成本开支的业务预算。该预算的编制程序如下所述。

1. 计算预算期各产品有关直接人工工时预算

其公式如下:

某产品消耗直接人工总工时 $= \sum$ 某车间生产该产品消耗直接人工总工时

其中：

某车间生产该产品消耗直接人工总工时 $=$ 该车间生产该产品产量 $\times$ 该产品在该车间发生人工单耗定额

【例 4-8】 东海实业有限公司 2015 年 A 产品的一车间直接人工单位消耗定额为 3 小时/件，二车间直接人工单位消耗定额为 2 小时/个；B 产品的一车间直接人工单位消耗定额为 2 小时/件，二车间直接人工单位消耗定额为 1 小时/个。一车间与二车间直接人工均为 4 元/小时。根据上述资料编制东海实业公司 2015 年直接人工工时预算，如表 4-10 所示。

表 4-10

东海实业有限公司 2015 年直接人工工时预算

项 目	第 1 季度	第 2 季度	第 3 季度	第 4 季度	本年合计
A 产品生产量（件）	1 000	1 000	1 000	1 000	4 000
单位产品定额人工工时（小时）：					5①
一车间	3	3	3	3	3
二车间	2	2	2	2	2
直接人工总工时（小时）：					
一车间	3 000	3 000	3 000	3 000	1 200
二车间	2 000	2 000	2 000	2 000	8 000
合计	5 000	5 000	5 000	5 000	20 000
B 产品生产量（件）	4 100	5 100	5 900	5 100	20 200
单位产品定额人工工时（小时）：					3
一车间	2	2	2	2	2
二车间	1	1	1	1	1
直接人工总工时（小时）：					
一车间	8 200	10 200	11 800	10 200	40 400
二车间	4 100	5 100	5 900	5 100	20 200
合计	12 300	15 300	17 700	15 300	60 600

注：①单位 A 产品定额工时 $= 20\ 000 \div 4\ 000 = 5$（小时）。

2. 计算各种产品的直接工资预算额

其有关公式如下：

某种产品直接工资预算额 $=$ 该产品预计直接人工总工时 $\times$ 单位工时工资率

3. 计算各种产品的其他直接支出预算额

其有关公式如下：

某种产品其他直接支出预算额 ＝ 该产品直接工资预算额 × 计提百分比

4. 计算企业直接工资及其他直接支出总预算

其有关公式如下：

企业直接工资及其他直接支出总预算 ＝ $\sum$（某种产品直接工资预算额 ＋ 该产品其他直接支出预算额）

如果企业直接支出已被归并入直接人工成本统一核算，可不必分别反映直接工资与其他直接支出。通常，直接人工成本假定均须用现金开支。

【例4-9】 东海实业有限公司2015年直接人工成本预算如表4-11所示。

表4-11

东海实业有限公司2015年直接人工成本预算　　金额单位：元

项　目	第1季度	第2季度	第3季度	第4季度	本年合计
直接人工总工时(小时)：					
A产品①	5 000	5 000	5 000	5 000	20 000
B产品	12 300	15 300	17 700	15 300	60 600
合计②	17 300	20 300	22 700	20 300	80 600
单位工时人工成本③	4	4	4	4	4
单位产品人工成本：					
A产品④	20	20	20	20	20
B产品	12	12	12	12	12
直接人工成本总额					
A产品①	20 000	20 000	20 000	20 000	80 000
B产品	49 200	61 200	70 800	61 200	242 400
合计	69 200	81 200	90 800	81 200	322 400

注：② ＝ $\sum$ 直接人工总工时；⑤ ＝ ①×③；④ ＝ ⑤÷产量。

五、制造费用预算

☞ 制造费用预算是指用于规划除直接材料和直接人工预算以外的其他一切生产费用的一种业务预算。

在编制制造费用预算时，可按变动成本法将预算期内除直接材料、直接人工成本以外的预计生产成本（即制造费用）分为变动部分与固定部分，并确定变动性制造费用分配率标准，以便将其在各产品之间进行分配；固定部分的预算总额作为期间成本，可以不必分配。

$$预算分配率 = \frac{变动性制造费用}{相关分配标准}$$

上式中的分母可在生产量预算或直接人工工时总额预算中选择。在多品种条件下,一般按后者进行分配。

【例 4-10】 东海实业有限公司 2015 年制造费用预算如表 4-12 所示。

表 4-12

东海实业有限公司 2015 年制造费用预算　　　金额单位:元

固定性制造费用	金额	变动性制造费用	金额
(1) 管理人员工资	33 000	(1) 工人工资	48 000
(2) 保险费	13 000	(2) 辅助材料	38 000
(3) 设备租金①	10 000	(3) 水电费	34 000
(4) 折旧费	40 000	(4) 维修费	41 200
(5) 其他固定费用	24 000	合计	161 200
合计	120 000	直接人工总工时(小时)	80 600
其中:付现费用	80 000	预算分配率	2

项目	第1季度	第2季度	第3季度	第4季度	全年合计
变动性制造费用②	34 600	40 600	45 400	40 600	161 200
付现的固定性制造费用③	20 000	20 000	20 000	20 000	80 000
现金支出小计	54 600	60 600	65 400	60 600	241 200

注:① 年初租入生产专用设备一台,按季付租金 2 500 元。
② =预算分配率×各季度预计总工时。
③ =全年付现费用÷4。

六、产品生产成本预算

☞ 产品生产成本预算又称产品成本预算,它是反映预算期内各种产品生产成本水平的一种业务预算。这种预算是在生产预算、直接材料消耗及采购预算、直接人工预算和制造费用预算的基础上编制的,通常应反映各产品单位生产成本与总成本,有时还要反映年初年末产品存货预算。

【例 4-11】 东海实业有限公司按变动成本法确定的产品生产成本预算如表 4-13 所示。

表 4-13

东海实业有限公司 2015 年产品生产成本预算　　金额单位:元

成本项目	A 产品全年产量 4 000 件				B 产品全年产量 20 200 盒				总成本合计
	单耗	单价	单位成本	总成本	单耗	单价	单位成本	总成本	
直接材料									
甲材料	10	2	20	80 000	3	2	6	121 200	201 200
乙材料	5	7	35	140 000	2	7	14	282 800	422 800

(续表)

成本项目	A产品全年产量4 000件				B产品全年产量20 200盒				总成本合计
	单耗	单价	单位成本	总成本	单耗	单价	单位成本	总成本	
小计			55	220 000			20	404 000	624 000
直接工资									
一车间	3	4	12	48 000	2	4	8	161 600	209 600
二车间	2	4	8	32 000	1	4	4	80 800	112 800
小计			20	80 000			12	242 400	322 400
变动性制造费用									
一车间	3	2	6	24 000	2	2	4	80 800	104 800
二车间	2	2	4	16 000	1	2	2	40 400	56 400
小计			10	40 000			6	121 200	161 200
变动生产成本合计			85	340 000			38	767 600	1 107 600
产成品存货	数量(件)		单位成本	总成本	数量(盒)		单位成本	总成本	合计
年初存货变动成本	500		91.6	45 800	400		38	15 200	61 000
年末存货变动成本	500		85	42 500	600		38	22 800	65 300

七、期间费用预算

期间费用预算是以价值形式反映整个预算期内发生的销售费用、管理费用、财务费用等各项应当计入会计期间的费用支出。它类似于制造费用预算，一般按项目反映全年预计水平。

销售费用、管理费用和财务费用(完整的财务费用预算还应当包括利息费用的预算，该项预算列示在现金预算表中)的发生是为保证企业维持正常的生产经营与管理服务，除折旧、销售人员工资和专设销售机构日常经费开支定期固定发生外，还有不少费用属于年内待摊或预提性质。例如，一次性支付的全年广告费就必须在年内均摊，又如，年终报表审计费用在各期中预提，这些开支的时间与受益期间不一致，只能按全年反映，进而在年内平均摊配。

【例4-12】 东海实业有限公司2015年的期间费用预算，如表4-14所示。

表4-14

东海实业有限公司2015年期间费用预算　　　　　　　　　　单位：元

费用项目	全年预算	费用项目	全年预算
(1)销售人员工资	14 300	(10)行政人员工资	12 800
(2)专设销售机构办公费	10 000	(11)差旅费	3 700

（续表）

费用项目	全年预算	费用项目	全年预算
(3) 销售佣金	5 000	(12) 审计费	5 000
(4) 运杂费	6 000	(13) 财产税	500
(5) 其他销售费用	4 000	(14) 行政办公费	3 500
(6) 宣传广告费	10 000	(15) 财务费用(不含利息)	200
(7) 交际费	2 000	费用合计	100 000
(8) 土地使用费	3 000	付现费用＝100 000－20 000	80 000
(9) 折旧费	20 000	每季平均＝80 000÷4＝20 000	

季度	1	2	3	4	全年合计
现金支出	20 000	20 000	20 000	20 000	80 000

八、特种决策预算

特种决策预算包括短期决策预算和长期决策预算两类。短期决策预算往往纳入业务预算体系，如零部件取得方式决策一旦确定，就要相应调整材料采购或生产成本预算。长期决策预算又称资本支出预算，往往涉及长期建设项目的资金投放与筹措等，并经常跨年度，因此除个别项目外一般不纳入业务预算，但应计入与此有关的现金收支预算与预计资产负债表。

东海实业有限公司 2015 年第 4 季度计划开发一条新的产品生产流水线，并于当年完工投产使用。除了用现金购买 100 000 元丙材料用以开发新产品应纳入业务预算中的直接材料采购预算外，还计划投资并支出 250 000 元作为特种决策预算，其资金来源拟通过投资者追加投资解决。

九、货币资金预算

货币资金预算是指企业在整个预算期内所估计的货币资金流入与货币资金流出，并由此预计货币资金收支结果的计算。编制货币资金预算，对于完善企业单位货币资金管理，有着举足轻重的作用。同时，货币资金预算也是财务管理工作的一个重要工具。通过货币资金预算，可以为预算期内的投资与筹资活动提供分析资料。

【例 4-13】 东海实业有限公司所得税采用按季预缴、年终汇算清缴的核算办法，预算每季预缴所得税为 2 000 元。每季预分现金股利 3 000 元。期初现金余额为 10 000 元，各季季末现金余额分别为下一季度预计现金收入的 5％，第 4 季度季末要求现金余额为 20 000 元，以实现公司提出的现金净流量增加 1 倍的目标。各季度现金余缺可通过短期借款来解决。东海实业有限公司 2015 年第 4 季度还计划取得长期借款 80 000 元，用以发展生产，弥补资金不足，应纳入现金预算。经测算，4 个季度预计支付利息分别为 650 元、920

元、160 元和 230 元。2015 年年底，东海实业有限公司按权益法核算的对外投资收益预计有 20 000 元，但当年没有现金流量。现根据［例 4-4］至［例 4-12］的资料，编制东海实业有限公司 2015 年现金预算表，如表 4-15 所示。

表 4-15

东海实业有限公司 2015 年现金预算　　　　　单位：元

项　目	第 1 季度	第 2 季度	第 3 季度	第 4 季度	全年合计	备注
① 期初现金余额	10 000	16 750	19 250	18 250	10 000	
② 经营现金收入	310 000	335 000	385 000	365 000	1 395 000	
③ 经营性现金支出	299 600	338 580	366 840	699 020	1 704 040	
直接材料采购	135 800	154 280	165 640	264 720	720 440	
直接工资及其他支出	69 200	81 200	90 800	81 200	322 400	
制造费用	54 600	60 600	65 400	60 600	241 200	
期间费用	20 000	20 000	20 000	20 000	80 000	
主营业务税金及附加	15 000	17 500	20 000	17 500	70 000	
预交所得税	2 000	2 000	2 000	2 000	8 000	
预分股利	3 000	3 000	3 000	3 000	12 000	
④ 资本性现金支出	0	0	0	250 000	250 000	
⑤ 现金余缺	20 400	13 170	37 410	−315 770	−299 040	
⑥ 资金筹措及运用	−3 650	6 080	−19 160	335 770	319 040	
短期银行借款	0	7 000	0	6 000	13 000	
归还短期借款	−3 000		−19 000		−22 000	
投入资本				250 000	250 000	
长期借款				80 000	80 000	
支付利息	−650	−920	−160	−230	−1 960	
购买有价证券						
⑦ 期末现金余额	16 750	19 250	18 250	20 000	20 000	

注：⑤=①+②−③−④；⑥=⑤−⑦；⑦=⑤+⑥；第 1、第 2、第 3 季度的⑦=第 2、第 3、第 4 季度的②×5%。

十、预计会计报表

（一）预计利润表

总预算一般是指预计利润表、预计资产负债表等。预计会计报表的编制格式可以和现行财务报告中的会计报表的格式大致相同，也可以根据企业的实际情况作适当的调整。

预计会计报表是企业进行财务管理的重要工具之一。将预计会计报表与实际会计报表进行分析对比，可以反映出公司预算管理的水平与现状，并有利于发现问题、分析问题和解决问题。

☛ 预计利润表是以货币为单位、全面综合地表现预算期内经营成果和利润计划。该表既可以分季编制,也可按年编制。

【例 4-14】 表 4-16 是东海实业有限公司 2015 年按变动成本法编制的全年预计利润表。

表 4-16

东海实业有限公司 2015 年预计利润表

2015 年度　　　　　　　　　　　　　　　　　　　　　单位:元

项　　目	金　　额
主营业务收入	1 400 000
减:主营业务税金及附加	70 000
主营业务成本(变动成本)	1 103 300
边际贡献总额	226 700
减:固定制造费用与期间费用	221 960
加:投资收益	20 000
利润总额	24 740
减:应交所得税	8 164
净利润	16 576

上述东海实业有限公司 2015 年预计利润表有关数据与勾稽关系如下:

(1)主营业务成本＝变动生产成本合计 1 107 600＋年初存货变动成本 61 000－年末存货变动成本 65 300＝1 103 300(元)

(2)期间费用＝固定制造费用 120 000＋营业费用与管理费用 100 000＋利息 1 960＝221 960(元)

(二)预计资产负债表

☛ 预计资产负债表是以货币单位反映预算期末财务状况的总括性预算。表中除年初数来源于上年资产负债表的期末数外,其余项目均应在前面所列的各项预算指标的基础上分析填列,并应注意表表之间的勾稽关系。

【例 4-15】 表 4-17 为东海实业有限公司编制的 2015 年 12 月 31 日预计资产负债表。

表 4-17

东海实业有限公司预计资产负债表

2015 年 12 月 31 日　　　　　　　　　　　　　　　　单位:元

资产	年初数	年末数	负债与股东权益	年初数	年末数
现金	10 000	20 000	负债:		
应收账款	70 000	75 000	短期借款	20 000	11 000

(续表)

资产	年初数	年末数	负债与股东权益	年初数	年末数
材料	41 100	152 500	应付账款	50 000	64 960
产成品	61 000	65 300	长期借款	0	80 000
长期股权投资	100 000	120 000	应交所得税	0	164
固定资产	402 400	652 400	股东权益		
减:累计折旧	120 000	180 000	实收资本	350 000	600 000
固定资产净值	282 400	472 400	留存收益	144 500	149 076
资产总计	564 500	905 200	负债与股东权益总计	56 4500	905 200

上述东海实业有限公司 2015 年预计资产负债表有关年末数据勾稽关系如下(其中:现金与产成品的年初数与年末数详见表 4-15 与表 4-13):

(1) 应收账款＝第 4 季度销售额 350 000－现销收入 275 000＝275 000(元)

(2) 材料＝2×8 400＋7×5 100＋100 000＝152 500(元)

(3) 长期股权投资＝年初数 100 000＋权益法确认的当年投资收益 20 000＝120 000(元)

(4) 固定资产＝年初数 402 400＋本年第 4 季度新增 250 000＝652 400(元)

(5) 累计折旧＝年初数 120 000＋本年新增折旧 60 000(已计入制造费用与期间费用)＝180 000(元)

(6) 短期借款＝年初数 20 000＋本年新增 13 000－归还借款 22 000＝11 000(元)

(7) 应付账款＝第 4 季度采购额 262 400－现购付款 197 440＝64 960(元)

(8) 应交所得税＝已计入当前损益的所得税 8 164－预交四个季度的所得税 8 000＝164(元)

(9) 实收资本＝年初数 350 000＋本年新增投资 250 000＝600 000(元)

(10) 留存收益＝年初数 144 500＋本年新增净利润 16 576－预分股利 12 000＝149 076(元)

盘点那些预算管理成功的案例

知识归纳

1. 全面预算是企业根据战略规划、经营目标和资源状况,运用系统方法编制的企业经营、资本、财务等一系列业务管理标准和行动计划,据以进行控制、监督、考核和激励。

2. 增量预算是指以基期水平为基础,分析预算期业务量水平及有关影响因素的变动情况,通过调整及其项目及数据,编制相关预算的方法。零基预算是在编制费用预算时,不考虑以往期间的费用项目和费用数额,主要根据预算期的需要和可能,分析费用项目和费用数额的合理性,综合平衡编制费用预算。

3. 固定预算法是指在编制预算时,只根据预算期内正常、可实现的某一固定的业务量(如生产量、销售量等)水平作为唯一基础来编制预算的方法。弹性预算法是在成本性态分析的基础上,依据业务量、成本和利润之间的联动关系,按照预算期内可能的一系列业务量(如生产量、销售量、工时)水平编制的系列预算方法。

4. 定期预算是指在编制预算时以不变的会计期间(如日历年度)作为预算期的一种编制预算的方法。滚动预算是指在编制预算时,将预算期与会计年度脱离开,随着预算的执行不断延伸而不断补充预算,逐期向后滚动,使预算期永远保持为12个月的一种方法。

5. 销售百分比法是根据销售收入与利润表和资产负债表项目之间的比率关系来预测资金需用量的方法。

基本训练

一、单项选择题

1. ( )是指以基期水平为基础,分析预算期业务量水平及其有关影响因素的变动情况,通过调整基期项目及数额,编制相关预算的方法。
   A. 增量预算法　　B. 零基预算法　　C. 固定预算法　　D. 弹性预算法

2. ( )是指在编制预算时,只根据预算期内正常、可实现的某一固定的业务量水平作为唯一基础编制预算的方法。
   A. 增量预算法　　B. 零基预算法　　C. 固定预算法　　D. 弹性预算法

3. 下列各项中,综合性较强的预算是( )。
   A. 销售预算　　B. 材料采购预算　　C. 现金预算　　D. 生产预算

二、多项选择题

1. 全面预算是企业的总体计划,涉及企业的方方面面,具有( )特征。
   A. 以战略规划和经营目标为导向　　　　B. 以业务活动环节及部门为依托
   C. 以人、财、物等资源要素为基础　　　　D. 与管理控制相衔接

2. ( )是指在编制预算时,将预算期与会计年度脱离开,随着预算的执行不断延伸而不断补充预算,逐期向后滚动,使预算期永远保持12个月的一种方法。
   A. 滚动预算　　B. 连续预算　　C. 永续预算　　D. 定期预算

3. 最常见的资产类敏感项目有( )。
   A. 长期投资　　B. 现金　　C. 应收账款　　D. 存货

4. 销售百分比法的基本步骤可分为( )。
   A. 预计企业的利润表
   B. 预计企业的留存收益增加额
   C. 预计企业的资产负债表,并预测外部资金需用量
   D. 作出筹资计划

5. 在编制生产预算时,计算某种产品预计生产量应考虑的因素包括( )。
   A. 预计材料采购量　　　　　　　　B. 预计产品销售量

C. 预计期初产品存货量　　　　　　D. 预计期末产品存货量

三、判断题

1. 弹性预算法主要用于编制成本费用预算和利润预算。（　）
2. 弹性成本预算的编制可定在正常生产能力的70%～110%之间,或以历史上最高业务量或最低业务量为其上下限。（　）
3. 编制生产预算的重要依据是预算期的各种产品的预计销售量及存货资料。（　）
4. 在财务预算的编制过程中,编制预计财务报表的正确程序是:先编制预计资产负债表,然后再编制预计利润表。（　）
5. 零基预算是为克服固定预算的缺点而设计的一种先进预算方法。（　）

课后习题答案

小企业筹资管理

CHAPTER 5

Learning objectives 学习目标

◎ **通过本章你可以学到：**

- 小企业设立条件
- 筹资分类、资金特性
- 筹资渠道与方式
- 个别资本成本
- 综合资本成本
- 资本结构决策
- 杠杆利益、风险

> **案例导入**
>
> 1993年才成立的"三株"要实现这样的战略奇迹：1994年要完成销售收入1个亿，1995年达到20个亿，年增长速度为1 600%至2 000%；1996年要跃升到80个亿，年增长速度为400%。然而，"三株"并没有辉煌多久，就在高速度增长中出现了财务危机。
>
> 许多事实告诉我们，因为增长过快而破产的公司数量与因为增长太慢而破产的公司数量几乎一样多。一个公司的产品好不容易通过了市场的考验，得到了顾客的认可，却因为缺乏良好的增长管理而导致失败，这种教训确实值得理财人员深思。

设立企业之初，或者企业成立以后持续的生产经营活动，都会产生对资金的需求，需要筹措和集中资金；同时，企业因开展对外投资活动和调整资本结构等原因也需要融通资金。小企业筹资的基本目的是为了自身的维持与发展，并受到下列特定动机的驱使。筹资动机对筹资行为和结果产生直接的影响。

（一）扩张动机

☞ 扩张动机说是企业因扩大生产经营规模或追加对外投资的需要而产生的融资动机。具有良好发展前景、处于成长时期的企业通常会产生这种动机。扩张动机所产生的直接结果，会导致企业筹资总额与资产总额的增加。

（二）偿债动机

☞ 偿债动机是企业为了偿还债务而形成的融资动机，如借新债还旧债。偿债筹资一般有两种情况：一是调整性偿债筹资，即企业虽有一定的能力支付到期日债，但为了调整原有的资本结构，仍然举债，从而使资本结构更加合理；二是恶化性偿债筹资，即企业现有的支付能力已不足以偿付到期债而被迫举债还债，这表明企业的财务状况已有恶化迹象。

（三）混合动机

☞ 企业因同时需要长期资金和偿债现金而形成的筹资动机，称之为混合筹资动机。企业通过混合筹资，既扩大了资产规模，又偿还部分旧债，即在这种筹资中混合了扩张筹资和偿债筹资两种动机。

第1节　筹资管理概述

一、设立小企业的条件

大多数企业都是由小到大发展起来的。设立企业是指组建企业并使之取得合法的生产经营资格，也称创办企业。按照民事法律地位的不同，企业可以分为法人企业和自然人企业。法人企业是具有民事权利能力和民事行为能力、能够依法享有民事权利和承担民事义务的企业。法人企业最一般的组织形式是有限责任公司和股份有限公司。非法人企业是指不具有法人资格的企业，最常见的组织形式是独资和合伙。

为了加强对公司注册资本的登记管理，规范公司登记行为，小企业设立应当遵循《中华人民共和国公司法》《中华人民共和国公司登记管理条例》和《公司注册资本登记管理规定》。从工商管理的要求来说，设立企业是有条件的。按照我国法律、法规的规定，法人企业设立时应当具备以下条件。

（一）具备企业名称

为了加强和完善企业名称的登记管理，保护企业名称所有人的合法权益，维护公平竞争秩序，企业名称应当符合《企业名称登记管理规定》和《企业名称登记管理实施办法》。

（二）具有健全的组织机构

组织机构包括权力机构（股东会）、执行机构（董事会和经理人员）和监督机构（监事会）。

（三）具有企业章程

（四）具有自己的财产

（五）有确定的经营范围、场所和设施

经营范围是企业从事经营活动的业务范围，应当依法经企业登记机关登记。企业的经营范围由企业登记机关根据投资人或者企业的申请依法登记。企业的经营范围应当与章程或者合伙协议的规定相一致，并符合《企业经营范围登记管理规定》。

二、小企业出资规范要求

（一）出资原则

企业的资金是企业进行经营活动的物质基础。企业在成立时，必须由其股东向企业认缴出资。为了保证企业经营活动的正常开展，投资者的出资应当遵循以下原则。

1. 资本确定原则

企业的资本必须具有确定性，发起人在发起成立企业时，必须将企业的注册资本额载入企业章程，并由企业的股东全部予以认缴。

2. 资本保全原则

企业在经营活动期间，非经法定的变更程序，企业的注册资本应保持不变。

3. 资本达到最低限额原则

企业的注册资本数必须达到法定的最低资本要求。我国现行制度规定，以生产经营为主的企业的注册资本不得少于50万元人民币；以批发业务为主

拟上市IPO企业的十种死法

的商业性企业的注册资本不得少于50万元人民币；以零售业务为主的商业性企业的注册资本不得少于30万元人民币。另外,股份有限公司的注册资本不得少于1 000万元人民币。

（二）出资方式

投资者的出资方式有以下几种。

1. 现金出资

微课：怎样用钱最便宜

股东的现金出资原则上应是其自有资金。现金出资额应以股东将现金汇入企业临时账号为准,汇款所需的一切手续费用,应由股东自行负担,不能在认缴出资额中扣除。

企业的出资中有外币的,应在发起协议和企业章程中载明注册币种、外币金额,出资的外币通常应当是自由兑换货币,收到的非注册货币应折算为注册货币。

2. 实物出资

股东的出资除了可以用货币资金以外,还可以使用包括不动产、设备、厂房、存货等实物资产出资。实物出资时应当注意以下几点：

（1）出资的实物要符合国家的法律。

（2）实物的所有权要转移给被投资企业。

（3）实物的价格一般需要进行评估。

3. 工业产权和专有技术出资

作为出资的工业产权和专有技术包括专利权、商标权、秘密技术等。企业在接受工业产权和专有技术出资时应当注意以下几点：

（1）出资比例限制。以无形资产出资,作价金额一般不得超过企业注册资本的20%。以高新技术成果出资入股,作价金额可以超过公司注册资本的20%,但不得超过35%。出资入股的高新技术成果,应当符合下列条件：①属于国家科委颁布的高新技术范围。②为公司主营产品的核心技术。③技术成果的出资者对该项技术合法享有出资入股的处分权利,保证公司对该项技术的财产权可以对抗任何第三人。④已经通过国家科委或省级科技管理部门的认定。

（2）出资人必须拥有所有权。出资者所有权是对企业投入资本金所形成的企业法人财产的投资主体所拥有的财产权利,是产权的基本属性和表现形式。出资者所有权是从财产的归属意义上讲的,是由于出资者对企业的投资行为而产生的一种权利。这种所有权从归属意义上分析,是出资者对其财产享有占有、使用、收益和处分的权利。

（3）价值要得到确认。通过评估寻求工业产权和专有技术的公允价值,寻求这种出资形式的合理价值定位。超过实收资本或股本的部分计入资本公积。不容忽视的是,在进行这类出资方式的评估与认定时,要考虑基本技术平台是否发生变化以及潜在的变化趋势,以及是否发生价值贬损。

4. 土地使用权出资

我国的土地归国家或集体所有,能用于出资的仅是土地使用权。出资的土地使用权应为出资人所拥有,在出资后要向企业转移。

5. 其他财产权利出资

经投资者协商同意,投资人也可按规定以其他财产权利作为出资,如净资产、房屋使用权、融资租入设备、债权等。

以上实物、知识产权、非专利技术和土地使用权等资产价值应当经各出资者认可,并获得书面文件。

(三)出资期限

企业应当按法律、法规和合同、章程的规定,及时取得资本,以保证企业的正常开业。企业的资本一般应当一次性出资。当然,法律允许的,也可以分期出资。

《上海市工商局关于促进本市小企业发展的具体实施意见》认为:允许公司直销企业注册资本分期注入。凡公司制小企业在设立时,注册资本金在50万元以下(含50万元)的,资本金可分期到位。首期出资额为:①以生产经营为主的公司,人民币5万元以上。②以商业批发为主的公司,人民币5万元以上。③以商业零售为主的公司,人民币3万元以上。④科技开发、咨询、服务性公司,人民币3万元以上。

注册资本分期到位按照以下程序办理:

(1)企业在开业登记时,应递交实缴资本的验资证明、承诺书及工商登记须提供的其他有关资料。工商行政管理部门对符合条件的企业核发营业执照,并在营业执照上同时注明注册资本和实缴资本。经营期限为企业成立起1年。

(2)企业成立起1年内,实缴注册资本须追加至50%以上,并应递交追加资本的验资证明。工商行政管理部门据此作变更登记并换发营业执照,营业执照仍应注明实缴资本,经营期限为企业成立3年。

(3)企业成立起3年内,其注册资本应全部到位,对追加的资本金应递交验资证明,对符合条件的企业作变更登记并换发营业执照,在营业执照上按实际情况注明注册资本和经营期限。

(4)企业在申请开业登记时递交的承诺书应载明:在规定时间内实缴资本不能达到注册资本数额的,视同预先自动申请歇业;企业按注册资本额由每位股东根据出资比例,对债务承担连带责任。

在规定期限内实缴资本达不到注册资本分期到位要求的,工商行政管理部门依其承诺书的预先自动申请对其注销登记。

三、小企业筹资规模

小企业的筹资规模是指一定时期内企业的筹资总额。确定筹资规模是制定筹资策略的主要内容,同时也是确定筹资方式的基本依据。

(一)筹资的法律依据

1. 对注册资本限制的依据

2014年颁布的我国新《公司法》,取消了按照公司经营内容区分最低注册资本额的规定。同时,由于各种原因,虽然最终没有采纳授权资本制,但却允许两种公司的资本都可以分期缴纳,而不必一次性缴足,只是要求全体股东的首次出资额不得低于注册资本的20%,而其余部分必须在2年内缴足,其中投资公司可以在5年内缴足。

出资比例结构方面,一是将工业产权扩大到整个知识产权。二是取消了无形资产出资比例的限制,而只是规定货币出资的金额不得低于注册资本的30%,更为重要的修改是,根本改变了对股东出资的立法方式,以一个富有弹性的抽象标准"可以用货币估价并可以依法转让的非货币财产"取代了原来机械、固化的全面列举式的规定,不仅实质性地扩大了股东出资的范围,而且充分地利用了各种投资资源和社会财富,最大限度地满足股东和公司的投资需求。

2. 对企业负债额度限制的依据

现代企业的基本特征是有限责任,作为承担有限责任主体的法人,只能以其完整的法人财产权为担保,开展对外负债。为了保护债权人的权益,法律从各方面对企业的负债能力进行约束,如限制公司债券的发行额度,要求特定行业的企业进行资产负债管理,有的借款需要抵押担保,等等。

(二)投资规模依据

投资规模是根据企业经营目标、市场容量及份额、产业政策以及企业自身的其他素质等因素确定的,它是企业生产经营的客观需要,包括固定资产投资和流动资产投资两方面。投资规模是决定筹资规模的主要依据,它对筹资的影响主要包括:①投资总量决定筹资总量,或者说,只有先确定投资规模,方可确定筹资总量。②投资项目决定所筹资金的期限,固定资产投资项目要求所筹的资金占用期限长;相反,流动资产投资项目要求所筹的资金占用期限短。因此,作为投资运作的起点,企业在筹资时,应当是以"投"定"筹"。

(三)筹资规模特征

1. 筹资的层次性

企业资金包括权益资本与负债两部分。一般情况下,进行投资时,总是先考虑企业已拥有的权益资本,在权益资本不足时才考虑对外筹资,如对外借债或追加资本。因此,正确确定筹资规模,必须涉及三个规模层次:①筹资总规模。②权益资本规模。③企业外部筹资规模。其中,筹资总规模直接制约于投资总规模;权益资本规模则包括企业资本金规模与留存收益规模,它具有相对稳定性;对外筹资规模是筹资总规模减去权益资本规模之后的差额。因此,在假定投资总规模已经确定的前提下,筹资规模的确定直接表现为对外筹资规模的确定。

2. 筹资的对应性

为了保持财务结构的稳健和提高资产运营的效率,一般情况下,应保持资金来源与资产占用的对应关系。

(1)为维持正常生产经营而需要的最低数额的现金、原材料的保险储备、必要的成品或商品储备,以及固定资产等长期稳定占用的资产,应与企业的长期稳定的资金来源相对应,即应与企业的权益资本和长期负债等筹资方式所筹集的资金的规模相对应。从其与企业业务量的关系看,这类筹资需用量可称之为不变资金规模。

(2) 对于随业务量变动的资金占用,如最低储备以外的现金、存货、应收账款等波动的资产,则应与企业临时采用的筹资方式所筹集的资金规模相对应。这类筹资需用量规模从其与企业业务量的关系看可称之为变动资金规模。

将筹资规模按其与业务量的习性关系分为不变资本规模与变动资本规模,有利于企业按照量、本、利模型,对筹资规模作出正确的预测。

3. 筹资的时间性

企业筹资规模还应与投资需求时间对应。由于企业投资常常是分阶段进行的,因此筹资也相应地要求分几个阶段。企业在一定时期内可能同时有几项投资活动进行,它们所需要的资金会一次或分次筹措,因此,确定筹资规模时,必须弄清总体投资需要和某一年度(季度、月度)的筹资额。只有明确了筹资的时间要求,才能准确把握某一时期内的筹资需用量。

四、筹资分类与资金特性

小企业从不同渠道、利用不同筹资方式筹集的资金,由于具体的来源、方式、期限、用途等的不同,形成不同的筹资类型。不同类型资本的结合构成公司具体的筹资组合。公司的全部资本来源,从不同的视角,依据不同的标准,通常可区分为权益资本与借入资本、长期资本与短期资本、内部资本与外部资本、直接筹资与间接筹资等类型。

(一) 权益资本与借入资本

按照资本性质的不同,划分为权益资本与借入资本。

权益资本和借入资本构成全部资本的所有权结构。合理安排权益资本与借入资本的比例关系是公司筹资理财的一个核心问题。

☞ 权益资本是指公司依法筹集(公司投资者投入)并长期拥有、自主调配运用的资本。根据我国的新财务制度,公司权益资本包括投资人投入的资本金、资本公积金、盈余公积金和未分配利润。按照国际惯例,一般划分为实收资本(或股本)和留存收益两部分。公司权益资本所有权属于投资人,但公司在经营期内可长期自主使用,不需要归还。正是在这个意义上,权益资本被视为"永久性资本"。由于权益资本具有数额稳定、使用期限长及无须还本付息等特点,因此,它是体现公司经济实力、扩大公司资本自主权、增加公司抵御经营风险的能力以及降低财务风险最重要的资本来源。

权益资本一般具有以下特征:

(1) 权益资本的所有权归属企业投资者。投资者凭其所有权参与企业经营管理和利润分配,并对企业的经营状况承担有限责任。

(2) 企业对权益资金依法享有经营权,在企业存续期内,投资者除依法转让外,不得以任何方式抽回其投入的资本,因而权益资本被视为"永久性资本"。

(3)企业的权益资金是通过国家财政资金、其他企业资金、民间资金、外商资金等渠道,采用吸收直接投资、发行股票、留用利润等方式筹措形成的。

☞ 借入资本也称债务资本,是公司依法筹措并依约使用、按期还本付息的资本来源。公司借入资本形成公司的各种负债,即公司将在一定条件下以其资产或劳务偿还的债务。公司借入资本包括各种借款、应付债务、应付票据等。这些债务资本要还本付息,因此其风险较大,但由于债务利息能在税前列支,因此其成本也相对较低。

借入资本一般具有以下特征:

(1)借入资本体现企业与债权人的债权、债务关系,属于企业的债务,债权人的债权。

(2)企业的债权人有权按期索取本息,因无权参与企业的经营管理,对企业的经营状况不承担责任。

(3)企业对借款人资金在约定的期限内享有使用权,承担按期还本付息的义务。

(4)企业的借入资本是通过银行、非银行金融机构、民间等渠道,采用银行借款、发行债券、发行融资券、商业信用、融资租赁等方式筹措取得的。

借入资本有的可按规定的程序转化为企业权益资本。例如,发行可转换为股票的公司债券,银行与企业之间实施债转股方案等。

(二)长期资本与短期资本

按照资本使用期限的长短,筹措资本可以划分为长期资本和短期资本。

长期资本和短期资本合理安排构成公司的期限结构。合理安排公司资本的期限结构有利于实现公司资本的最佳配置和筹资组合。

☞ 长期资本是指使用期限在1年以上的资本。广义的长期资本还可以具体划分为中期资本和长期资本。中期资本使用期限在1年以上,5年以内;长期资本使用期限通常在5年以上。长期资本具有使用期限长、周转速度慢、筹资成本高等特点。公司的长期资本通常采用吸收直接投资、发行股票、发行债券、长期借款、融资租赁等方式来筹措。

☞ 短期资本是指使用期限在1年以内的资本。公司生产经营活动中资本流入与资本流出的非规则变动特征,致使任何一个公司在任何时候都需要大量的短期资本,以满足公司正常生产经营的需要。公司短期资本一般是通过银行短期借款、发行融资券、商业信用等方式予以筹集,具有使用期限短、周转速度快、筹资成本低等特点。

(三)内部资本与外部资本

按照资本的来源不同,筹措资本可以分为内部资本与外部资本两大渠道。

☞ 内部资本是指在公司生产经营过程中形成或增加的资本来源,它由两部分构成:通过计提折旧形成的资本来源和通过留存利润形成的资本来源。提取折旧并不增加公司的资本规模,只是公司资本在不同时期的形态转化,从而为公司当前的资本需求提供了一种渠道;而留存利润会增加公司的资本规模,其数量取决于公司目前可分配利润的总量和公司的利润分配政策或股利政策。内部筹资是在公司内部"自然而然"形成的,因此被习惯地称为"自动化的资本来源"。它的筹集往往不用花费筹资费用,因而成本相对较低,但其筹资数量往往有限,而且也并不是在公司发展变化的任何时候都可以随意采用的筹资渠道。公司应当将该渠道与公司股利政策有机地结合起来考虑,巧妙地运用股利政策,灵活地开辟并利用内部渠道来筹集资本,以更好地满足公司资本的需求。

☞ 外部资本是指在公司内部的资金不能满足需要的时候,向公司外部筹集的资金。外部筹资是公司在市场经济条件下筹措资本的一个主要渠道。绝大多数公司在生产经营活动的各个阶段,都必须重视外部筹资工作,都要不失时机地开展大规模的外部筹资活动。公司外部筹资的渠道和方式很多。

(四)直接筹资和间接筹资

按照公司是否以金融机构为中介开展筹资活动划分,筹措资本可以分为直接筹资与间接筹资。

☞ 间接筹资是指公司借助于银行或非银行金融机构所进行的筹资活动。它是传统的筹资方式。在这种方式下,银行或非银行金融机构发挥着中介作用,将它预先聚集起来的闲散资本,提供给需要资金的公司。例如,银行借款就是我国公司经常所采用的一种间接筹资方式,是借入资本的主要来源。间接筹资的优点是:筹资成本相对较低,筹资数额、使用时间和还本付息等比较灵活。其缺点是筹资数量有限,且容易受到金融政策的影响。

☞ 直接筹资与间接筹资相反,它不需要经过银行或非银行金融机构,而是直接与资金供应者达成协议而筹措资本的方式,如发行股票、发行债券等。直接筹资是现代的、不断发展壮大的筹资形式。在直接筹资过程中,资本供给双方借助于现代金融手段直接实现资本的转移,而不需要银行或非银行金融机构作为中介。直接筹资可以将社会闲散资金迅速转化为生产资金,筹资数额大,资金使用时间长,但筹资成本高。

直接筹资与间接筹资的区别。直接筹资与间接筹资相比,两者有明显的差别,主要表现在以下几个方面:

(1) 筹资机构不同。直接筹资依赖于资金市场机构,以及各种证券作为载体;而间接筹资则依赖于银行或非银行金融机构。

(2) 筹资范围不同。直接筹资具有广阔的领域,可利用的筹资渠道和方式较多;而间接筹资的范围比较窄,筹资渠道和方式比较单一。

(3) 筹资效率和费用高低不同。直接筹资的手段较为繁杂,所需文件较多,准备时间较长,故筹资效率较低,筹资费用较高;而间接筹资手续比较简便,如银行借款只需通过申请,签订贷款合同和办理借款手续等即可,故筹资效率较高,筹资费用较低。

(4) 筹资的意义不同。直接筹资能使企业最大限度地利用社会资金,提高企业的知名度与资信度,改善企业的资本结构;而间接筹资主要是满足企业资金周转的需要。

五、筹资渠道与筹资方式

(一) 筹资渠道

☞ 筹资渠道,又称资金来源渠道,是指筹措资金来源的方向与通道,体现着资金的源泉和流量。认识筹资渠道的种类和每种筹资渠道的特点,有利于企业充分开拓和正确利用筹资渠道。

我国企业目前的筹资渠道主要有以下几种。

1. 国家财政资金

国家对企业的投资,历来是国有企业,包括国有独资公司特别是大型骨干企业的主要资金来源,现有国有企业的资金来源大部分是过去由国家以拨款方式投资形成的。国家财政资金基础坚固,来源充沛,为大中型企业的生产经营活动提供了可靠的保证,再加上国家不断加大扶持基础性产业和公益性产业的长远发展战略,决定了国家财政资金具有广阔的源泉和稳固的基础,今后仍然是国有企业筹集资本的重要渠道。

2. 银行信贷资金

银行对企业的各种贷款,是各类企业重要的资金来源。银行信贷资金有居民储蓄、单位存款等经常性的资金源泉,贷款方式灵活多样,可以适应各类企业的多种资金需求。银行信贷资金分为商业性银行贷款和政策性银行贷款。商业银行是以营利为目的,从事信贷资金投放的金融机构,主要为企业提供各种商业贷款。政策性银行为各种企业,尤其是为小微企业提供政策性贷款。改革开放以前,国有企业基本都是靠财政拨款解决资本金问题。在改革开放中,曾经广泛地推行"拨改贷"的改革,于是原先由财政拨付资本金的局面大为改观,国有企业普遍出现了资产负债率偏高的现象。有的甚至高达90%以上。但从总体上讲,银行信贷资金不会超过商业银行认定的可以接受的资产负债率的上限。只要工商企业贷款资金没有超过上限,是有空间的;而一旦超过上限,便没有空间。

3. 非银行金融机构资金

非银行金融机构主要有信托投资公司、租赁公司、保险公司、证券公司、企业集团的财务公司等。它们可以为企业直接提供资金,或者为企业筹资提供服务。非银行金融机构资金供应灵活,并且服务形式多样,虽然财力不及商业银行,但是却有着广阔的发展前景。

4. 其他企业资金

企业在生产经营过程中,往往形成一部分暂时闲置的资金,同时为了一定的目的也需要相互投资,这都为筹资企业提供了资金来源。

5. 民间资金(职工和居民资金)

☞ 民间资金(职工和居民资金)是指企业职工和城乡居民闲置的结余资金。

这种资金游离于银行以及非银行金融机构之外,公司可以通过发行股票、债券等方式,将这部分资金筹集起来,用于企业的生产经营。这是企业筹资不可忽视的渠道。随着市场经济体制的进一步深入和普及,人民生活水平的逐步提高,这种筹资渠道的地位将显得越来越突出,其作用和地位也会越来越重要,这部分资金的利用空间会越来越大。

6. 公司自留资金(留存收益)

公司自留资金(留存收益)是指在公司内部形成的资金,也称为公司内部积累或内生资金。主要由公司留存利润转化而成的公司生产经营资金,包括计提的折旧、提取的公积金和未分配利润等。与其他筹资渠道相比,自留资金的重要特征便是直接由公司内部自动生成或转移而来,是公司"自动化"的筹资渠道。公司对这部分资金的利用,简便易行,不受太多来自政府公权力当局的限制。随着经济的发展,公司自留资金的数额将会日益增多,并不断成为公司的一个重要筹资渠道。

7. 外商资金

外商资金是指国外及中国香港、澳门和台湾地区投资者投入的资金。引进外资恰好就是发展中国家在发展民族经济、实现复兴和崛起的过程中,对这一部分资本的有效利用。毫无疑问,对于促进本土企业的不断发展壮大,推动经济迅速发展具有重要意义,也是我国外商投资企业的重要资金来源。

知识拓展

我国引进外资的发展历程

我国在吸引外资的近30年间,一个总体趋势是外资持续、大量地进入中国,投资规模不断扩大,并保持着较快的增长速度。从1979年到2007年,我国累计吸收外商直接投资9 546亿美元,已成为世界上第二大吸收外资国。随着国内经济环境的变迁及对外经济政策的调整,明显呈现出以下四个发展阶段:

第一阶段(1979—1986年),属于起步阶段。影响事件:改革开放。发展特点:中国基本上形成了引进外资的政策框架,初步形成了沿海、沿江全面对外开放的发展格局。

第二阶段(1987—1991年),属于稳定发展阶段。影响事件:1986年10月,国务院颁布了《关于鼓励外商投资的规定》。发展特点:由于国家针对外商投资的政策逐渐宽松,投资环境得到进一步改善,外商在中国的投资速度逐步加快。

第三阶段(1992—1997年),属于高速增长阶段。影响事件:1992年春,邓小平同志的南方讲话为进一步加快改革开放和更多地利用外商直接投资扫除了障碍,此后中国吸引外商直接投资政策进入全面深化阶段。发展特点：外商对中国直接投资所涉及的领域进一步扩大，投资结构更趋优化。

第四阶段（1998—2007年年底），属于调整阶段。影响事件：从1995年下半年开始，中国对引进外资政策进行了重大的战略调整，利用外商直接投资的重点从注重数量向注重质量、效益和优化结构方向转变。与中国外资政策调整相适应，外商对华直接投资进入了调整和低速稳步发展时期。由于部分优惠政策的取消，1996年，外商对华投资项目数和合同外资金额出现较大幅度的下降。受亚洲金融危机后东南亚国家外资政策调整的影响，1999年中国实际利用外商投资再次出现了下降。2001年，中国加入WTO。发展特点：政策调整后的外商直接投资出现了质量和效益明显提高、结构更趋合理的发展趋势。

（二）筹资方式

筹资方式是指公司筹措资金所采用的具体形式。如果说筹资渠道是客观存在的，那么筹资方式则属于公司的主观行为。对于客观存在的各种渠道的资金，公司可以采取不同的方式予以筹集。正确认识筹资方式的种类以及每种筹资方式的资本属性，有利于公司理财人员选择适宜的筹资方式，实现最佳的资本组合。筹资方式不仅与国家经济管理体制、财务管理体制等直接相关，而且还取决于资金市场的发展和完善状况。目前我国企业筹资方式主要有以下几种。

1. 吸收直接投资

吸收直接投资是指企业按照"共同投资、共同经营、共担风险、共享利润"的原则直接吸收国家、法人、个人投入资金的一种筹资方式。吸收直接投资有利于尽快形成生产能力，增强企业信誉，降低财务风险；但资本成本较高，容易分散控制权。

吸收直接投资的种类：

按照其所形成公司资本的构成要素分类，可以分为吸收国家直接投资、吸收其他法人直接投资、吸收个人投资和吸收外国直接投资等几种。国家直接投资是指有权代表国家投资的政府部门或者机构以国有资产投入企业，这种情况下形成的资本叫国家资本。其特点表现在：首先，产权归国家；其次，资本数额较大；第三，在国有企业中采用比较广泛。法人直接投资是指法人单位以其依法可以支配的资产投入企业，这种情况下形成的资本叫法人资本。其一般具有如下特点：首先，发生在法人单位之间；其次，以参与企业利润分配为目的；第三，出资方式灵活多样。个人投资是指社会个人或本企业内部职工以个人合法财产投入企业，这种情况下形成的资本叫个人资本。其一般具有如下特点：首先，参加投资的人员较多；其次，每人投资的数额相对较少；第三，以参与企业利润分配为目的。外商直接投资是指外国投资者以及我国香港、澳门、台湾地区投资者把资金投入到企业,这种情形下形成的资本叫外商资本。其一般具有如下特点:首先,可以筹集外汇资金;其次,出资方式比较灵活;第三,一般只有中外合资(或中外合作)经营企业才能采用。

按照投资者的出资方式分类,可以分为吸收现金投资和吸收非现金投资两大类。吸收现金投资是公司吸收直接投资最乐于采用的形式。而吸收非现金投资包括两类:一种是吸收实物资产投资,即投资者以房屋、建筑物、设备等固定资产和原材料、燃料、产品等流动资产投资;而另一种是吸收无形资产投资,即投资者直接以专利权、商标权、商誉、非专利技术、土地使用权等无形资产投资。

吸收直接投资的优缺点:

吸收直接投资是我国企业筹资中最早采用的一种方式,也曾是我国国有企业、集体企业、合资或联营企业普遍采用的筹资方式。

(1) 吸收直接投资的优点。①吸收直接投资所筹的资本属于自有资本,有利于增强企业的信誉,对企业扩大经营规模、壮大实力有重要作用。②吸收直接投资不仅可以筹集现金,而且能直接取得所需的先进设备和技术,有利于尽快形成生产能力,尽快开拓市场,打开销路。③吸收直接投资方式与股票筹资方式相比,其履行的法律程序相对简单,从而筹资速度较快。

(2) 吸收直接投资的缺点。①吸收直接投资的成本较高。吸收直接投资向投资者支付的报酬是根据其出资数额和企业实现的利润来分配的,由于出资者承担较高的风险,因此,要求的报酬率也比较高,特别是在企业经营状况良好的情况下,更显得成本高。②企业的控制权容易分散。由于投资者一般都要求取得与投资数量相适应的经营管理权,因此,企业的控制权容易分散,在不同投资者之间有可能出现争议。

2. 发行股票①

股票是股份公司为筹集权益资本而发行的有价证券,是股份公司发行的证明股东所持股份的凭证。股票的持有者即为该公司的股东,股东借以取得股利,对股份公司财产有要求权。

盘点排名前十的
私募基金

按股东所享有的权利,股票可分为普通股和优先股。普通股是最常见、最重要的一种股份投资,持有者享有公司管理权、盈余分配权、优先认股权、股份转让权和剩余财产要求权等,但其收益率并不固定,而是取决于公司的经营状况。优先股是股份公司依法发行的具有一定优先权的股票,它与普通股有许多相似之处,也具有债券的性质。但在实践中,发行优先股的企业较少。

根据投资主体不同,股票可以分为国家股、法人股和个人股。国家股是指有权代表国家投资的政府部门或机构以国有资产投入公司形成的股份。法人股是企业法人或具有法人资格的事业单位和社会团体以国家许可经营的资产向公司投资形成的股份。个人股是指个人和公司内部职工以个人合法财产投

---

① 需要说明的是,小微企业在设立过程的初期,难以通过发行股票筹集资本。

入公司而形成的股份。

按投资者是以人民币认购和买卖股票还是以外币认购和买卖股票划分,股票可以分为内资股和外资股。内资股一般是由境内人士或机构以人民币认购和买卖的股票,外资股一般是以外币认购和买卖的股票。外资股一般包括境内上市外资股和境外上市的外资股,境内上市的外资股称为B股,境外上市外资股包括在香港上市的H股、在纽约上市的N股,在伦敦上市的L股以及在新加坡上市的S股等。

知识拓展

主要境外资本市场上市条件比较

国别	主要交易市场	主要上市条件
美国	纽约证券交易所（NYSE）	过去3年税前盈利达1亿美元且最近2年每年税前盈利不少于2 500万美元
	纳斯达克（NASDAQ）	股东权益从数百万美元至数千万美元,具体交易市场标准不同
中国香港	主板	连续营运3年:前2年3 000万港元,最近1年2 000万港元
	创业板	连续运营24个月
新加坡	主板	过去3年税前盈利总计750万新元
	SESDAQ	无特别盈利要求
英国	伦敦证券交易所	市值不少于700万英镑
	AIM	无特别盈利要求
德国	初级市场	符合公司最少运营1年年限
	一般市场及高级市场	连续运营3年,发行时欧元市值至少125万欧元

按记名与否,股票可以分为记名股票与无记名股票。记名股票要在股票和公司股东名册上记载股票持有人姓名或名称。这种股票除了股票上所记载的股东外,其他人不得行使其股权,并且股票的转让有严格的法律程序与手续,需要办理过户。无记名股票不记载股东姓名或名称,可以任意转让,只要持有股票,即取得股东身份,并可以行使股东权利。

按是否标明面值,股票可以分为面值股票与无面值股票。面值股票是在票面上标有一定金额的股票,无面值股票是不在票面上标明金额,只载明所占公司股本总额的比例或者股份数的股票。

发行股票由于筹集的是永久性的资金,没有到期日,除优先股股利以外,没有固定的股利负担,筹资风险小,能增强公司的信誉;但资本成本较高,容易导致控制权的分散。

股票有公开间接发行和不公开直接发行两种方式。

知识拓展

新《公司法》关于股份发行的若干条款

第一百二十五条　股份有限公司的资本划分为股份,每一股的金额相等。

公司的股份采取股票的形式。股票是公司签发的证明股东所持股份的凭证。

第一百二十六条　股份的发行,实行公平、公正的原则,同种类的每一股份应当具有同等权利。

同次发行的同种类股票,每股的发行条件和价格应当相同;任何单位或者个人所认购的股份,每股应当支付相同价额。

第一百二十七条　股票发行价格可以按票面金额,也可以超过票面金额,但不得低于票面金额。

第一百二十八条　股票采用纸面形式或者国务院证券监督管理机构规定的其他形式。

股票应当载明下列主要事项:

(一)公司名称

(二)公司成立日期

(三)股票种类、票面金额及代表的股份数

(四)股票的编号

股票由法定代表人签名,公司盖章。

发起人的股票,应当标明发起人股票字样。

第一百二十九条　公司发行的股票,可以为记名股票,也可以为无记名股票。

公司向发起人、法人发行的股票,应当为记名股票,并应当记载该发起人、法人的名称或者姓名,不得另立户名或者以代表人姓名记名。

3. 发行债券

债券是企业依照法定程序发行的,约定在一定期限还本付息的有价证券。相对股票而言,债券的资本成本较低,能保证控制权,可以发挥财务杠杆的作用;但筹资风险高,限制条件多,筹资额有限。

可转换债券是发行人依照法定程序发行,在一定期限内依据约定可以转化成股票的公司债券。

知识拓展

债券发行的条件

按照国际惯例,发行债券必须符合一定的条件。我国的债券发行主要受《公司法》和国务院 1993 年 8 月发布的《企业债券管理条例》的约束。公司发行可转换债券,则主要受国务院 1997 年 7 月发布的《可转换公司债券管理暂行办法》的约束。

按照我国《公司法》的规定,发行公司债券,必须符合下列要求:

① 股份有限公司的净资产额不低于人民币 3 000 万元,有限责任公司的净资产额不低于人民币 600 万元。

② 累计债权总额不超过公司净资产的 40%。

③ 最近 3 年的平均可分配利润足以支付公司债券 1 年的利息。

④ 筹集的资金投向符合国家产业政策。

⑤ 债券的利率不得超过国务院规定的利率水平。

⑥ 国务院规定的其他条件。

按照国际上知名的债券评级机构穆迪和国际标准普尔公司的评级标准,公司债券从优到劣可以分为三等九级。其具体级别分类及含义,如表 5-1 所示。

表 5-1

债券信用等级分类及含义

级别等级	级别分类	符号表示	含 义
一等	高质量等级	AAA	具有极高的还本付息能力,投资者没有风险
	高级	AA	还本付息能力很高,投资者的风险很小
	中上级	A	具有一定的还本付息能力,投资者风险较低
二等	中级	BBB	具有一定的还本付息能力,但通常需要一定的保护措施,投资者要承受一定的风险
	中下级	BB	被判断为有投机性质的因素,还本付息能力低,投资者风险较大
	下级	B	不具备理想的投资条件,还本付息能力低,投资风险很大
三等	完全投机级	CCC	还本付息能力很低,有可能违约,投资风险极大
	最大投机级	CC	还本付息能力极低,投资风险最大
	最低等级	C	没有还本付息能力,投资者面临绝对风险

4. 银行借款

银行借款就是由企业根据借款合同从有关银行或非银行金融机构借入所需资金的一种筹资方式。银行借款的筹资速度快,筹资成本低,借款弹性好;但财务风险较大,限制条件较多,筹资数额有限。

1) 借款的种类

中国人民银行《贷款通则》规定,银行借款从时期上分为短期、中期和长期三种。

(1) 短期借款。短期借款是指借款期限在1年以内(含1年)的借款,主要解决企业流动资金的需求。

(2) 中期借款。中期借款就是指借款期限在1年以上5年以下(含5年)的借款,主要解决企业长期资产占有的资金和部分固定资产占有的资金。

(3) 长期借款。长期借款是指借款期限在5年以上的借款,主要解决长期投资中该资产的资金需求。

根据借款人获得借款时是否提供担保,分为信用贷款和抵押贷款。信用贷款是指以借款人的信誉发放的贷款。企业取得这种借款无需以财产作抵押。抵押借款是指企业以抵押品作为担保的贷款。长期贷款的抵押品通常是房屋、建筑物、机器设备、股票、债券等。

根据提供贷款的机构,可分为政策性贷款、商业银行贷款和其他金融机构贷款。政策性贷款是指执行国家政策性贷款业务的银行提供的贷款,通常为长期贷款,且一般只贷给国有企业。我国的国家开发银行、进出口银行和农业发展银行等就属于政策性银行。商业银行贷款是指商业银行出于盈利目的的而提供的贷款,主要满足企业建设竞争性项目的需要。其他金融机构贷款是指除商业银行外其他可从事贷款业务的金融机构提供的贷款,如信托投资公司、保险公司、企业集团财务公司等机构提供的贷款。

2) 借款的条件

借款人应当是经工商行政管理部门核准登记的企(事)业法人、其他经济组织、个体工商户或具有中华人民共和国国籍的具有完全民事行为能力的自然人。借款人的资产负债率应该符合贷款人的要求。借款人应当接受贷款人对其使用信贷资金情况和有关生产经营、财务活动的监督;应当按借款合同约定的用途使用贷款;应当按借款合同的约定及时清偿贷款本息;借款人将债务的全部或部分转让给第三人的,应当取得贷款人的同意。

贷款人必须是经中国人民银行和中国银行监督管理委员会批准经营贷款业务的金融机构。贷款人应当公布所经营的贷款的种类、期限和利率,并向借款人提供咨询;贷款人应当对借款人的债务、财务、生产、经营情况保密。贷款人可以要求借款人提供与借款有关的资料,根据借款人的条件,决定贷与不贷、贷款金额、期限和利率等;借款人未能履行借款合同规定义务的,贷款人有权依合同约定要求借款人提前归还贷款或停止支付借款人尚未使用的贷款。

3）借款的程序

小企业向银行借款,基本程序有以下几步:①企业提出借款申请需要填写。②银行审核企业的借款申请。③贷款审批。④签订借款合同。⑤银行发放贷款、企业取得贷款。⑥借款归还。

4）银行借款的信用条件

(1) 信贷额度。信贷额度是借款人与银行在协议中规定的允许借款人借款的最高限额。如果借款人超过规定期限继续向银行借款,则银行停止办理。此外,如果企业信誉恶化,即使银行曾经同意按信贷额度提供贷款,企业也可能得不到借款,这时,银行不会承担法律责任。

(2) 周转信贷协定。周转信贷协定是银行具有法律义务地承诺提供不超过某一最高限额的贷款协定。在协定的有效期内,只要企业借款总额没有超过最高限额,银行就必须满足企业任何时候提出的借款要求。企业享用周转信贷协定,通常要对贷款限额的未使用部分支付给银行一笔承诺费。

【例5-1】 东海实业有限公司与商业银行商定的周转信贷额为2 000万元,承诺费为0.8%,企业年度内使用了1 500万元,余额为500万元,企业应该向银行支付的承诺费为4万元(500×0.8%)。

(3) 补偿性余额。补偿性余额是银行要求借款人在银行中保持按贷款限额或实际借用额的一定百分比(通常为10%~20%)计算的最低存款余额。补偿性余额有助于银行降低贷款风险,补偿其可能遭受的风险,但对企业来说,加重了企业的实际利息负担。

$$\text{补偿性余额贷款实际利率} = \frac{\text{名义利率}}{1 - \text{补偿性余额比率}} \times 100\% \quad \text{(公式5-1)}$$

【例5-2】 东海实业有限公司按年利率6%向银行借款2 000万元,银行要求保留20%的补偿性余额,那么,企业可以实际动用的借款只有80%,则该企业的贷款的实际利率为:

$$\text{补偿性余额贷款实际利率} = \frac{\text{名义利率}}{1 - \text{补偿性余额比率}} \times 100\%$$

$$= \frac{6\%}{1 - 20\%} \times 100\% = 7.5\%$$

(4) 借款抵押。银行向财务风险较大的企业或对其信誉没有把握的企业发放贷款,有时需要有抵押品担保,以减少自己蒙受损失的风险。抵押贷款的利率要高于非抵押贷款的利率,这是因为银行把抵押贷款看成是一种风险投资,因此,收取较高的利率;同时,管理抵押贷款要比管理非抵押贷款难,为此往往需另外收取手续费。

(5) 偿还条件。银行的偿还有到期一次偿还和在贷款期内定期(每月、季)等额偿还两种方式。分期等额偿还借款会加大贷款的实际利率,因此,企业不希望采用这种方式,而银行愿意采用这种方式。目前对私人按揭买房的具体操作,就采用了定期等额偿还的方式。

(6) 其他承诺。银行有时还要求企业为取得借款而作出其他承诺,如及时提供财务报表、保持适当的水平(如特定的流动比率)等。如果企业违反作出的承诺,银行可以要求企业立即偿还全部贷款。

5) 借款的利息及偿还方法

长期借款的利息率一般高于短期借款,但信誉好或抵押品流动性强的借款企业,仍然可以争取到较低的长期借款利率。长期借款利率由固定利率和浮动利率两种。浮动利率通常有最高、最低限,并在借款合同中明确。对于借款企业来讲,若预测市场利率将上升,应与银行签订固定利率合同;反之,则应签订浮动利率合同。

除了利息之外,银行会向借款企业收取其他费用,如实际周转信贷协议收取的承诺费、要求借款企业在本银行中保持补偿性余额所形成的间接费用。这些费用会加大借款的成本。

一般来讲,企业可以用以下三种方法偿还银行贷款利息:

(1) 收款法。收款法是在借款到期时再向银行支付利息的方法。银行向工商企业发放的贷款大部分都采用这种形式。采用这种方法,实际利率等于名义利率。

(2) 贴现法。贴现法是银行先从本金中扣除利息部分,而到期时企业则要归还全部本金和利息的一种方法。采用这种方法,实际利率高于名义利率。

【例 5-3】 东海实业有限公司按年利率 10% 向银行借款 100 000 元,期限为 1 年,利息为 10 000 元,按照贴现法计算企业可利用的贷款为 90 000 元(100 000－10 000),则该企业的借款实际利率为:

$$\frac{10\ 000}{100\ 000 - 10\ 000} \times 100\% = 11.11\%$$

(3) 加息法。加息法是银行发放分期等额偿还贷款时采用的利息收取方法。由于贷款分期均衡偿还,企业实际只平均使用了贷款本金的半数,因此,采用这种方法,实际利率是名义利率的 2 倍。

【例 5-4】 东海实业有限公司按年利率 10% 向银行借款 100 000 元,期限为 1 年,利息为 10 000 元,按照加息法计算该企业的借款实际利率为:

$$\frac{100\ 000 \times 10\%}{10\ 000 \div 2} \times 100\% = 20\%$$

6) 银行借款筹资的优缺点

(1) 银行借款筹资的优点。①筹资速度较快。与发行股票、债券相比,银行借款筹资不需做证券发行前的准备、印刷等程序,一般所需的时间较短,程序较为简单,可以迅速获得资金。②借款成本较低。利用长期借款筹资,利息可以在税前支付,可以减少公司实际负担的利息费用,因此,该方法比股票筹资方法的成本要低得多;与债券相比,借款利率通常低于债券利率;此外,由于借款是在公司和银行之间直接商定的,因而可以大大减少交易成本。③借款弹性大。在借款前,公司根据当前资本的需要与银行直接商定贷款的时间、数量和条件。在借款期间,若公司财务状况发生某些变化,也可以与银行进行再协商,变更借款条件。因此,借款筹资对公司具有较大的灵活性。④利用借款筹资,可以发挥财务杠杆作用。无论公司的盈利多少,银行只收取固定的利息,而更多的收益则为借款公司所拥有。

(2) 借款筹资的缺点。①筹资风险高。借款通常有固定的利息负担和固定的偿付期限,在公司经营不佳时,可能产生不能偿付的风险,甚至引起破产。②限制条件较多。这些条款可能会限制公司的经营活动,影响公司今后的筹资和投资能力。③筹资数量有限。银行借款一般不能像债券、股票那样一次筹集到大笔资本,无法满足公司生产经营活动大规模的范围调整。

5. 商业信用

☞ 商业信用是指在商品交易中的延期付款和延期交货所形成的借贷关系,是企业之间的一种直接信用关系,是一种自发的融资渠道。其主要的表现形式是赊购商品形成的应付账款、应付票据和预收货款。利用商业信用筹资便利,筹资成本低,限制条件少;但一般期限较短,如果放弃现金折扣,需要付出较高的资金成本。

在商业信用普遍存在的信用经济中,与应收账款相对应的,应付账款也有付款期和现金折扣等信用条件。企业理财应当善于利用现金流转不同步或不同量的不平衡现象,充分享受客户提供的免费的信用,如在信用期末付款,或者在折扣期内享受现金折扣。

【例 5-5】 东海实业有限公司以"3/10,N/30"的信用条件购进一批商品,这一信用条件意味着公司如在 10 天内付款,可享受 3% 的现金折扣;若不享受现金折扣,货款应在 30 天以内付清。当面临可供选择的有多个提供信用条件的卖方的时候,如果你想享受现金折扣的话,应选择机会成本高的方案,如果你打算放弃享受现金折扣的话,应选择机会成本低的方案。放弃现金折扣的机会成本的计算公式如下:

$$放弃现金折扣成本 = \frac{折扣百分比}{1-折扣百分比} \times \frac{360}{信用期-折扣期} \quad (公式5-2)$$

运用上述公式计算东海实业有限公司的现金折扣的机会成本如下:

$$放弃现金折扣成本 = \frac{3\%}{1-3\%} \times \frac{360}{30-10} = 55.67\%$$

6. 融资租赁

☞ 融资租赁是指出租人按照签订的租赁协议或合同,购置承租人需用的资产,并将其租赁给承租人长期使用,承租人可在较长时期内获得资产的使用权,最后又可获取所租资产所有权的一种特殊筹资方式。

融资租赁有直接租赁、售后回租、杠杆租赁等形式。

☞ 直接租赁,又称资本租赁,是由出租人按照承租人的要求融资购买设备,并在契约或合同规定的较长期限内提供给承租人使用的信用性业务。

☞ 售后回租则是在公司出售某项设备后，立即按照特定条款从购买者手中租回该项设备的业务。一方面可以使公司取得出售设备的现金收入，另一方面又可以继续使用该项设备，因此它具有融资租赁的基本特征。

☞ 杠杆租赁又称减税优惠租赁，在这一租赁方式中，出租人在购买价格昂贵的设备时，只需自筹该设备所需资本的一部分，通常为20%～40%，其余的60%～80%的资本，则通过将该设备作为抵押物向金融机构贷款，然后将购进的设备出租给承租人。承租人支付的租赁费用首先用于偿还贷款人的本息，剩余部分是出租人的投资报酬。

融资租赁筹资速度较快，限制条件较少，设备淘汰风险较小，租金可以在税前列支，到期还本付息负担较轻；但其资本成本一般较高。

融资租赁的应付租金一般有以下几项构成：

（1）租赁设备的购置成本。包括设备买价、运杂费和途中保险费等。如要考虑预计设备的残值，可作为租金构成的减项。

（2）利息。即出租人为承租人购置设备融资而应计的利息。

（3）手续费。即出租人办理租赁设备的营业费用。在实务中，出租人通过租赁业务应取得的正常利润也包含在手续费里。

融资租赁的租金通常按年支付，有等额支付（年金计算法）与不等额支付（均等分偿法）两种形式。

【例5-6】 东海实业有限公司在某年1月份从设备租赁公司融资租入专用设备1台。按合同约定，该设备应付款为80 000元，每年年末付一次租金，分4年付清。该公司在付租金时，同时按租金余额的10%支付利息，并按每期应付租金余额的10%支付利息，并按每期应付租金的3%支付手续费。第4季度末其所有权同时归承租方所有。按有关规定，设备折旧年限规定为10年。预计残值率为5%。采用不等额支付形式支付租金。

根据上述资料，编制融资租赁固定资产付款计划表，如表5-2所示。

表5-2

融资租赁固定资产付款计划表　　　　　　　单位：元

期数	每期租金	每期利息	手续费	付款合计	租金余额
0					80 000
1	20 000	8 000	600	28 600	60 000
2	20 000	6 000	600	26 600	40 000
3	20 000	4 000	600	24 600	20 000
4	20 000	2 000	600	22 600	0
合计	80 000	20 000	2 400	102 400	

小企业应当根据付款计划，按时间分步骤进行账户处理。在融资租赁的

情况下,企业不仅拥有租入固定资产的使用权,而且要对融资租入的固定资产视同自有资产进行管理。因此,在进行固定资产核算时,企业应在"固定资产"账户下设"融资租入固定资产"明细账户进行核算。

7. 利用留存收益

增加的留存收益包括盈余公积和未分配利润,形成企业自有资金来源。

六、加强筹资管理与控制

(一)健全筹资内部控制

小企业应当加强对筹资活动的内部控制,合理确定筹资规模和筹资结构,选择筹资方式,降低资金成本,防范和控制财务风险,确保筹措资金的合理、有效使用。

在筹资业务实施过程中,应实行职务分离,以利于互相牵制:

(1)筹资计划编制人员与审批人员适当分离,重大筹资必须由独立于审批人之外的人员审核并提出意见,必要时可聘请外部财务顾问,以利于审批人从独立的立场来评价计划的优劣。

(2)经办人员不能接触会计记录,通常由独立的机构代理发行债券和股票。

(3)会计记录人员与负责收付宽带人员相分离,有条件的应聘请独立的机构负责支付业务。

(4)证券保管人员与会计记录人员分离。

(二)实行预算管理,进行事前控制

小企业应根据生产经营发展计划,确定资金需用量及资金筹措方式,并编制年度筹资预算。企业应通过比较各种资金筹措方式的优劣和筹措成本的大小,决定本年度所需资金如何筹集。企业在编制筹资预算、作出筹资决算时,应考虑资产负债表、流动比率等财务指标安排。

年度中间若资金需用量突破预算,应考虑增加资金的筹措量,调整年度预算。年度终了,企业应检查全年的筹资工作,是否既满足了生产经营发展的需要,又使所筹资金有效地发挥了作用,创造了收益,并尽可能地降低了企业总体资金成本。

(三)按权限管理筹资活动

筹资预算一般需经企业最高管理当局直接批准。发生预算外筹资,先调整预算,然后由企业管理当局批准。有关筹资合同、协议或决议等法律文件必须经企业最高管理当局批准。企业可授权有关人员(或外部专家)对上述文件进行审核,提出意见,在决策时作为参考。

小企业应授权财务部门具体负责筹资事宜,财务部门在其授权范围内办理筹资业务,未经企业最高管理当局授权,任何人不得擅自对外筹措资金。

银行借款的申请一般由财务部门根据预算提出,并经企业最高管理当局或其授权人批准。属于抵押借款或附加条件借款,需经企业最高管理当局直

接批准后,方可实施。必要时,小企业应就借款合同咨询法律顾问。

小企业应按借款合同约定使用借入资金,根据借款合同按期支付借款利息。企业财务部门根据企业资金状况提出提前归还借款、按期还款或借款展期的申请,经企业最高管理当局批准后予以还款或与银行洽谈展期事宜。

发生借款展期情况时,财务部门应向企业最高管理当局报告不能按期归还借款的原因,必要时提请企业最高管理当局关注资金状况。

若发生资金状况恶化,银行不予贷款展期,企业应及时调整资产结构,变现部分资产,归还借款。

(四) 规范权益性筹资

小企业根据发展需要可由董事会提出权益性筹资方案(包括现有股东增资、利润转增资本、扩股增资等),经股东会批准后,属于利润转增资本的,由财务部门依股东会决议转账。属于新投入资本的,如投入货币资金的,则按银行进账单、对账单、询证函和验资报告确认增资完毕;如投入实物、无形资产的,则应注意办妥权属转移手续。

未经法定程序与手续,股东投资企业的资本不得抽走。

企业最高管理当局根据股东会批准的利润分配方案,授权财务部门安排资金,支付股利。会计人员编制支付股利清单应与股东名册核对一致,并经专人复核。出纳人员必须依据经复核后的清单,开具支票,支付股利。

第2节 资 本 成 本

一、资本成本的含义、作用、种类和影响因素

(一) 资本成本的含义

企业从不同渠道和采用各种方式筹集的资金,都要付出一定的代价,不能无偿使用。资本成本是指企业为筹措和使用资本而付出的代价,是资金使用者向资金所有者和中介人支付的占用费和筹集费用。资本成本有时也称资金成本,这里的资本是指所筹集的长期资金,包括权益资本和借入的长期资本。

资本成本包括资金占用费和筹资费用两个部分。

1. 资金占用费

☞ 资金占用费是指企业在生产经营、投资过程中因使用资本而付出的费用,如股票的股息、银行借款、发行债券的利息等,这是资本成本的主要内容。长期资金的用资费用因使用资金数量的多少和时期的长短而变动,属于变动性费用。

2. 筹资费用

☞ 筹资费用是指企业在资金筹集过程中支付的各项费用,如发行股票、债券支付的印刷费用及发行手续费、律师费、资信评估费、公证费、担保费、广告

费等,它在发行时一次性支出。例如,向银行支付的借款手续费,因发行股票、债券而支付发行费用等。筹资费用与用资费用不同,它通常是在筹措资金时一次性支付的,在用资过程中不再发生。因此,筹资费用属于固定性费用,可视为筹资数额的一项扣除。

> **知识拓展**
>
> **中小企业境内发行上市需要承担的费用**
>
> 中小企业在境内发行上市,涉及的成本费用主要包括中介机构费用、交易所费用和推广辅助费用三部分。
>
> 其中,中介机构费用包括改制设立财务顾问费用、保荐与证券承销费用、会计师费用、律师费用、资产评估费用等;交易所费用主要包括交易所上市初费和年费等;推广辅助费用包括印刷费、媒体及路演的宣传推介费等。上述三项费用中,中介机构的费用是发行上市成本高低的主要决定因素,其金额变化直接决定上市成本的高低,其余两项费用在整个上市成本中所占的比例不大。

资金占用费用与筹集资金额、资金占用期有直接联系,可视为资本成本的变动费用。资金筹集费用与筹集资金额、资金占用期一般无直接联系,可视为资本成本的固定费用。企业在不同条件下筹集资金的成本并不相同,为了便于分析、比较,资本成本通常以相对数表示。企业筹集使用资金所担负的费用与筹集资金的净额的比,称为资金成本率(通常也叫资金成本)。资本成本和筹集总额、资金筹集费用和资金占用费用之间的关系式为:

$$K = \frac{D}{P-F} \quad \text{或} \quad K = \frac{D}{P(1-f)} \qquad \text{(公式5-3)}$$

式中:

K——资本成本。

D——资金占用费。

F——资金筹集费用。

f——资金筹集费用率,指资金筹集费用与筹集资金总额的比率。

在上述公式中,分母 $P-F$ 至少有三层含义:

(1)筹资费用是一次性费用,不同于经常性的用资费用,因此,不能用 $\frac{D+F}{P}$ 来代替 $\frac{D}{P-F}$。

(2)筹资费用是在筹资时支付的,可视为筹资数量的扣除额,即筹资净额为 $P-F$。

(3)用分式 $\frac{D}{P-F}$ 而不用 $\frac{D}{P}$,表明资本成本与利息率或股利在含义上和数量上是具有差别的。

资本成本有多种形式,在比较各种筹资方式时,可以使用个别资本成本,成本、债券成本、股票成本等;在企业进行资本结构决策时,可以使用综合资本成本;在追加筹资决策时,可以使用边际资本成本。

(二)资本成本的作用

资本成本是企业财务管理的一个重要概念,国际上将其列为一项财务标准。资本成本对于企业筹资管理、投资管理乃至整个经营管理都具有重要意义。

1. 资本成本是选择资金来源、确定筹资方案的依据

资本成本是小企业进行筹资决策的一个重要因素。具体表现在:

(1)个别资本成本是比较各种筹资方式优劣的一个尺度。企业筹集长期资本一般有多种方式可供选择,可以发行股票,发行债券。筹资决策时很重要的一点就是比较不同方式的资本成本,尽量选择资本成本最低的筹资方案,以提高企业的经济效益。

(2)综合资本成本(也称加权平均资本成本)是企业进行资本结构决策的基本依据。企业的全部长期资金通常是采用多种方式筹资组合构成的,这种长期筹资组合有多个方案可供选择。综合资本成本的高低是比较各个筹资组合方案,作出资金结构决策的基本依据。

(3)边际资本成本是比较选择追加筹资方案的重要依据。企业为了扩大生产经营规模,增加经营所需资产或追加对外投资,往往需要追加筹集资金。在这种情况下,边际资本成本是比较选择各个追加筹资方案的重要依据。

2. 资本成本是评价投资项目、决定投资取舍的标准

筹资总是直接为投资服务的,因此,项目的投资报酬率必须大于筹资的资本成本。一般而言,一个投资项目只有在其投资效益率高于其资本成本率时,在经济上才是合理的;否则,该投资项目将无利可图,甚至会发生亏损。

在企业预测分析与价值分析中,资本成本还可以作为贴现率,用以计算各投资方案的现金流量现值、净现值和现值指数,用以比较不同方案的优劣。

3. 资本成本是确定最优资金结构的主要尺度

不同的资本结构会影响企业的价值。在确定最优资本结构时要考虑的主要因素有资本成本和财务风险。最优资本结构的一项判断标准就是资本成本最小。资本成本直接关系到企业的经济效益,是确定企业选择何种资本结构的一个关键问题。

4. 资本成本可以作为衡量整个企业经营业绩的基准

在这个方面,可以将企业实际的资本成本率与相应的利润率相比较。如果利润率高于资本成本率,可以认为经营有利;反之,如果利润率低于资本成本率,则可认为企业经营不利、业绩不佳,需要改善经营管理,提高利润率,降低资本成本率。

(三)资本成本的种类

资本成本按用途,可分为个别资本成本、综合资本成本和边际资本成本。

1. 个别资本成本

☞ 个别资本成本是单独筹资方式的资本成本,包括长期借款资本成本、长期债券资本成本、优先股资本成本、普通股资本成本、留存收益资本成本。其中,前两种称为债务资本成本,后三种称为权益资本成本或自有资本成本。个别资本成本一般用于比较和评价各种筹资方式。

2. 综合资本成本

☞ 综合资本成本是对个别资本成本进行加权平均而得到的结果,其权重可以在账面价值、市场价值和目标价值之间进行选择。综合资本成本一般用于资本结构决策。

3. 边际资本成本

☞ 边际资本成本是指新筹集部分资本的成本,在计算时,也需要进行加权平均。边际资本成本一般用于追加筹资决策。

上述三种资本成本之间存在着密切的关系。个别资本成本是综合资本成本和边际资本成本的基础,综合资本成本和边际资本成本都是对个别资本成本的加权平均。三者都与资本结构紧密相关,但具体关系有所不同。

(四)资本成本的影响因素

资本筹集费用、资本占用费和筹集资本金额决定了资本成本的高低。还有一些影响资本成本的因素也不容忽视,具体包括总体经济环境、证券市场条件、企业内部的经营和融资状况、企业筹资规模。

1. 总体经济环境

总体经济环境决定了整个经济中资金的供给和需求,以及预期通货膨胀的水平。如果总体经济环境发生变化,投资者也会相应改变所要求的收益率,从而影响资本成本。如果资本供大于求,投资者便会降低投资收益率,资本成本就会降低;如果预期通货膨胀率水平上升,则货币购买力会下降,投资者就会提出更高的收益率来补偿预期的投资损失,那么,资本成本就会上升。

2. 证券市场条件

证券市场条件包括证券的市场流通难易程度和价格波动程度。如果某种证券的流动性不好,投资者买进或卖出证券相当困难,变现风险大,要求的收益率就会提高;或者,如果某一证券的价格波动较大,那么,投资者的投资风险就会比较大,要求的收益率也会提高。

3. 企业内部的经营和融资状况

企业内部的经营和融资状况是指企业的经营风险和财务风险的大小。如果企业的经营风险和财务风险比较大,投资者的投资风险也会比较大,便会要求有较高的收益率,从而使筹资的资金成本较高。

4. 企业筹资规模

资本成本的大小还与筹资规模有关,筹资规模大,资本成本也较高。如果发行的证券金额很大,那么,随着筹资金额的上升,资本筹集费用和资本占用费会上升,而且为了吸引足够的投资者购买债券,发行者还会提高利率,因此,会增加企业的发行成本。

二、资本成本的计算

(一) 个别资本成本

1. 银行借款资本

由于借款的利息允许税前列支,相应减少了借款企业的应纳税所得额,具有抵税效应,减少了企业应缴纳的所得税金额。从而,间接影响了银行借款的资本成本。其计算公式如下:

$$K_l = \frac{I(1-T)}{L(1-f)} = \frac{i \times L(1-T)}{L \times (1-f)} = \frac{i(1-T)}{(1-f)} \quad \text{(公式 5-4)}$$

式中:

K_l——银行借款成本。

I——银行借款年利息。

T——企业所得税税率。

L——银行借款筹资额,即借款本金。

f——银行借款筹资费用率。

i——借款年利率。

如果银行借款的手续费很低,f 也可以忽略不计,上述公式还可写成如下形式:

$$K_l = i(1-T)$$

【例 5-7】 东海实业有限公司取得长期借款 100 万元,年利率为 6.8%,期限 3 年,每年付息一次,到期一次还本。筹措这笔借款的费用率为 0.2%。企业所得税税率为 25%。这笔长期借款的成本计算如下:

$$K_l = \frac{100 \times 6.8\% \times (1-25\%)}{100 \times (1-0.2\%)} = 5.11\%$$

2. 债券成本

由于债券的利息允许税前列支,在一定程度上减少了发行企业的应纳税所得额,具有抵税效应。从而,间接地降低了债券融资手段的资本成本。从这个意义上说,债券资本成本较低。其计算公式如下:

$$K_b = \frac{I(1-T)}{B_0(1-f)} = \frac{B \times i(1-T)}{B_0(1-f)} \quad \text{(公式 5-5)}$$

式中:

K_b——债券成本。

I——债券年利息。

i——债券票面利息率。

T——企业所得税税率。

B——债券面值。

B_0——债券筹资额,按债券发行价格确定。

f——债券筹资费用率。

【例 5-8】 东海实业有限公司发行总额为 1 000 万元的债券,采用溢价发行,价格为 1 200 万元,票面利率为 10%,发行费用占发行价格的 5%,公司所得税税率为 25%。则该债券成本计算如下:

$$K_b = \frac{1\,000 \times 10\% \times (1-25\%)}{1\,200 \times (1-5\%)} \approx 6.58\%$$

若采用等价发行,则该债券的资本成本为:

$$K_b = \frac{10\% \times (1-25\%)}{1-5\%} \approx 7.89\%$$

若采用折价发行,总价为 800 万元,则该债券的资本成本为:

$$K_b = \frac{1\,000 \times 10\% \times (1-25\%)}{800 \times (1-5\%)} \approx 9.87\%$$

由此可见,在其他条件相同并且不变的情况下,债券采用溢价发行方式融资,其资本成本最低;采用折价发行方式融资,其资本成本最高;采用等价发行方式融资,其资本成本中等。

3. 优先股股票成本

优先股股票成本的计算公式如下:

$$K_p = \frac{D}{P_0(1-f)} \qquad (公式 5-6)$$

式中:

K_p——优先股成本。

D——优先股年股利。

P_0——优先股筹资额(发行价或市价)。

f——优先股筹资费用率。

【例 5-9】 东海股份有限公司发行优先股股票 125 万股,每股 1 元,总价为 125 万元,筹资费用率为 4%,每股固定支付股利每年 0.14 元。优先股成本计算如下:

$$K_p = \frac{125 \times 0.14}{125 \times (1-4\%)} = 14.58\%$$

4. 普通股股票成本

普通股股票的成本可以是投资者已实现的或要求达到的报酬率,也可以在债券收益率的基础上加权益风险报酬率,还可以根据资本资产定价模型计算,如果是属于股利增长模型的普通股,其计算公式如下:

$$K_s = \frac{D_1}{V_0(1-f)} + g \qquad \text{(公式 5-7)}$$

式中：

K_s——普通股股票成本。

D_1——第1年的普通股股利。

V_0——普通股股票筹资额（发行价或市价）。

f——普通股股票筹资费用率。

g——普通股股利年增长率。

【例 5-10】 东海股份有限公司发行普通股股票总价格为 1 000 万元，筹资费用率为 4%。第 1 年股利率为 12%，以后每年增长 5%。普通股股票成本为：

$$K_s = \frac{1\,000 \times 12\%}{1\,000 \times (1-4\%)} + 5\% = 17.5\%$$

5. 留存收益成本

公司的留存收益是由公司税后净利形成的，它属于普通股股东。从表面看，公司使用留存收益似乎不花费什么成本。实际上，股东愿意将其留存公司而不作为股利分配取出投资于别处，股东对其总是有一种期望的报酬率。因此，留用利润也有成本，这是一种机会成本。留存收益成本一般不考虑筹资费用。其计算公式如下：

$$K_e = \frac{D_1}{V_0} + g \qquad \text{(公式 5-8)}$$

式中：K_e——留存收益成本。

个别资本成本从低到高排序为：长期借款＜债券＜优先股＜留存收益＜普通股。

（二）加权平均资本成本

加权平均资本成本是指企业全部长期资本的总成本，通常是以各种资本占全部资本的比重为权数，对个别资本成本进行加权平均确定的。综合资本成本是由个别成本和加权平均数两个因素所决定的，其计算公式如下：

$$K_w = \sum_{i=1}^{n} K_i \cdot W_i \qquad \text{(公式 5-9)}$$

式中：

K_w——资本成本，即综合资本成本。

K_i——第 i 种个别资本成本。

W_i——第 i 种个别资本占全部资本的比重，即权数。

在已确定个别资本成本的情况下，取得企业各种资本占全部资本的比重后，即可计算企业的综合资本成本。

【例 5-11】 东海股份有限公司共有长期资本(账面价值)1 000 万元,其中长期借款 150 万元、债券 200 万元、优先股股票 100 万元、普通股股票 300 万元、留存收益 250 万元,其成本分别为 5.64%、6.25%、10.50%、15.70%、15.00%。该公司的加权平均资本成本可分两步计算如下:

第一步,计算各种资本占全部资本的比重。

$$长期借款权重 W_l = \frac{150}{1\,000} \times 100\% = 15\%$$

$$债券的权重 W_b = \frac{200}{1\,000} \times 100\% = 20\%$$

$$优先股股票的权重 W_p = \frac{100}{1\,000} \times 100\% = 10\%$$

$$普通股股票的权重 W_s = \frac{300}{1\,000} \times 100\% = 30\%$$

$$留存收益的权重 W_e = \frac{250}{1\,000} \times 100\% = 25\%$$

第二步,计算加权平均资本成本。

$$K_w = 5.64\% \times 15\% + 6.25\% \times 20\% + 10.50\% \times 10\% + 15.70\% \times 30\% + 15.00\% \times 25\%$$
$$= 0.85\% + 1.25\% + 1.05\% + 4.71\% + 3.75\% = 11.61\%$$

(三)比较资本成本法

比较资本成本法是计算不同资本结构(或筹资方案)的加权平均资本成本,并以此为标准相互比较进行资本结构决策的方法。

小企业的资本结构决策,分为初次筹资和追加筹资两种情况。初次筹资可称为初始资本结构决策,追加筹资可称为追加资本结构决策。

通常,一个企业对拟定的筹资总额,可以采用多种筹资方式来筹集,同时每种筹资方式的筹资数额也可有不同安排,由此形成若干资本结构(或筹资方案)可供选择。在其他有关因素大体相同的条件下,将以上各筹资方案的加权平均资本成本相比较,最低的是最好的筹资方案,其形成的资本结构可确定为最佳资本结构。

企业在持续的生产经营过程中,由于扩大业务或对外投资的需要,有时会增加筹集新的资金,即追加筹资。因追加筹资以及筹资环境的变化,企业原有的资本结构就会发生变化,而原定的最佳资本结构也未必仍是最优的。因此,企业应在资本结构不断变化中寻求最佳结构,保持资本结构的最优化。

按照最佳资本结构的要求,选择追加筹资方案可有两种方法:一种方法是直接测算比较各备选追加筹资方案的边际资本成本,从中选择最优追加筹资方案;另一种方法是将备选追加筹资方案与原有的最优资本结构汇总,测算各追加筹资条件下汇总资本结构的综合资本成本,以比较确定最优追加筹资方案。

第 3 节　资本结构概述

一、资本结构及其对应关系

中外财务管理的实践证明,合理的资本结构有利于企业的健康发展,而不合理的资本结构可能导致企业的财务危机。

☞ 资本结构(Capital Structure)也称资金结构,是指企业各种资本的来源及其比例关系。资本结构是企业筹资决策的核心问题。企业应综合考虑有关影响因素。广义的资本结构是指全部资本的结构,列示在资产负债表的右侧。狭义的资本结构是指长期资本的结构。无论是全部资本,还是长期资本,都包含了负债资本和权益资本两种。合理安排资本结构涉及两种比例关系:一是权益资本和债务资本的比例;二是权益资本构成比例关系。

就资本的属性而言,资本结构通常分成债权资本与股权资本两大类。前者属于公司借入的资本,是需偿还的;后者属于所有者权益资本,属公司占有和处置的资本,是无需偿还的。这两大类不同属性的资本就构成了公司资本的属性结构。

【例 5-12】　东海实业有限公司总资本 1 000 万元,其中权益资本 400 万元,债务资本 600 万元,则公司资本的属性结构可用负债权益比率表达,为 150%。不同的公司,或者同一公司的不同发展时期,资本的属性结构都不尽相同。

就资本的期限结构而言,资本结构通常分成长期资本与短期资本两大类。前者是公司借入的超过1年以上的资本和所有者权益资本,后者是公司借入的 1 年以内的资本。假定某公司总资本 1 000 万元,1 年以内的各种借款及应付款是 400 万元,其余均为长期借款和所有者权益,则该公司资本的期限结构是 3∶2。

小企业的资本结构是由于采用各种筹资方式筹集资本而形成的。各种筹资方式的不同组合会导致资本结构及其变化,而这种变化的结果最终都会客观地反映在资产负债表上。

(1) 长期资产一般需要有长期融资来源作为保证。如果企业以短期融资来支持长期资产,会有不断的偿债压力,以至于有可能到期不能偿债,从而陷入财务困境。当然,企业可以用不断地借新债还旧债的方法,以短期融资来支持长期资产,这时可获得低融资成本的好处。企业一般不会以短期融资来支持长期资产。长期资产适合率是指长期融资应大于长期资产,这时候,营运资本就有其相应的资金来源了。

(2) 短期资产一般需要由短期融资来保证。短期资产能在很短时间实现、转移、摊销其价值,也就能保证短期融资的清欠和退还在时间上的要求。

所以说，企业可以用短期资产来保证短期融资，而一般不能用长期资产来作保证。

（3）短期资产也可以由长期融资来支持。从理论上讲，短期资产由长期融资来支持是一种最保险的方法，但也是一种成本最高的方法。一般来说，企业不会作出短期资产全部或大部分由长期融资来支持这种抉择。

（4）长期债务一般不应超过营运资金。长期债务如果超过营运资金的话，营运资金就有可能失去其来源了。

二、资本结构的意义

研究小企业资本结构的实质，就是研究负债资本和权益资本的比率，即长期负债总额与所有者权益总额的比率问题。合理确定负债比例对小企业来说至关重要。

（一）适度负债能降低公司的资本成本

企业利用负债资金，要定期支付利息并按时还本，企业利用债务集资所支付的利息率可略低于支付给股东的股利率。另外，债务利息从税前支付，可减少缴纳所得税的数额。上述结果，使得债务的资本成本明显低于权益资本的成本。在一定的限度内增加债务，就可降低企业加权平均资本成本。

（二）适度负债具有财务杠杆效应

不论企业利润多少，债务的利息通常都是固定不变的。息税前盈余增大时，每1元盈余所负担的固定利息就会相对地减少，这能给普通股带来更多的收益，这就是财务杠杆效应。因此，在公司息税前盈余较多，或增长幅度较大时，适当地利用和增加债务资本可发挥财务杠杆的作用，从而增加每股盈利。

（三）适度负债可增加公司的价值

公司的价值是全部资本所创造的市场价值之和。如果公司全部是权益资本，则其总资本是有限的。所创造的权益资本的市场价值也是有限的，因而公司的价值也是一定的、有限的。随着负债可能创造出高于负债成本的市场价值，这样适度的负债完全可以增加公司的价值，公司价值的增加与公司股东财富的增加是一致的。

温馨提醒

如果小企业不是适度负债，而是一味追求高负债，则完全可能增加公司的财务风险，不仅会抵销负债获取的种种好处，而且会大大降低公司的价值，减少股东的财富，甚至因不能偿还固定的利息即本金，而使小企业被迫破产清算。

三、资本结构类型

资本结构管理的重点应是控制财务风险，降低资本成本。不同的资本结构有着不同的财务风险和相应的资本成本。小企业现有资本结构的状况以及对具有不同风险的融资种类的偏好，反映出对融资风险的态度。由于这种态度的不同，形成了不同的资本风险态度。

（一）保守型的资本结构

保守型的资本结构是指在资本结构中，全部采用权益资本融资，或主要采用权益资本融资，即使有负债融资，又以长期负债融资为主。显然，在这种资本结构中，企业避免使用偿付压力较大的短期（流动）负债融资，也就是尽可能避免风险性融资而采用无风险或风险较小的权益性融资和长期负债融资，资本结构向无风险融资倾斜。同时，营运资本有其相应稳定的来源。这是一种资本成本相对较高、风险性和收益性相对较低的资本结构，如表5-3所示。

表 5-3

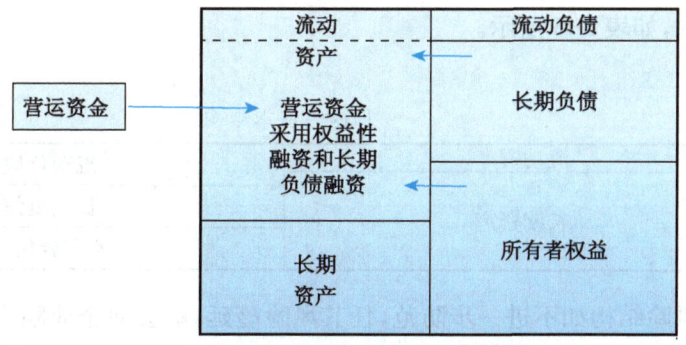

保守型资本结构

（二）中庸型的资本结构

中庸型的资本结构是指在资本结构中，权益性融资和负债融资的比重主要根据资金使用率的用途来确定。通常，用于长期资产的资金由权益性融资和长期负债提供，用于流动资产特别是用于期中经常的或固定需要的以及特殊需要的流动资产所占用的资金由流动负债提供。而且，权益性融资和负债融资的比重也保持在合理的水平或具有中庸性。所谓经常或固定的流动资产需要，是指企业正常稳定经营情况下的流动资金需要；特殊的流动资产需要是指企业为应付临时性集中到货或突发性事件，如突发性通货膨胀而引起产品原材料价格上升，不可预测的自然灾害给企业带来损失等的流动资金需要。

在中庸型的资本结构中，企业既运用权益资本融资，也使用负债融资，并不对某种融资有特殊偏好，而是根据资金需要，确定融资种类。同时，营运资金有其相应的来源。处于这种资本结构的企业，对于各种融资具有稳健的态度，即所谓中庸之道，如表5-4所示。

表 5-4

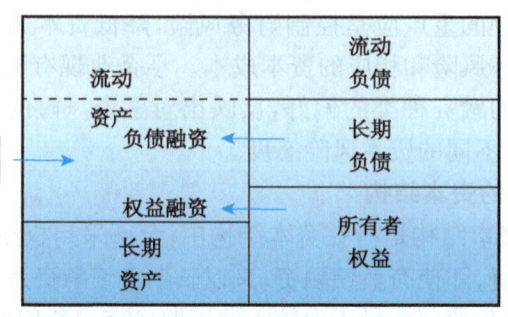

中庸性资本结构

资本结构失衡和破产风险

（三）风险型的资本结构

风险型的资本结构是指在资本结构中，基本采用负债融资，或主要采用负债融资，并且流动负债融资超出流动资产的需要，被长期资产占用，这时营运资金短缺。与保守型的融资风险结构恰好相反，风险型的融资企业尽可能多地使用短期（流动）负债融资，也就是尽可能采用风险性融资，资本结构向风险结构融资倾斜。这是一种资本成本相对较弱、风险性和收益性相对较高的资本结构，如表 5-5 所示。

表 5-5

风险性资本结构

流动资产	流动负债
长期资产	长期负债
	所有者权益

风险结构如不进一步防范，任其风险蔓延，就会使企业陷入财务危机的困境。分析一张资产负债表所揭示的财务危机，往往是联系经营收益（表现为长期亏损）进行评价的。财务危机往往涉及一个企业出现亏损，致使企业出现无法经营下去的局面。

如果一张资产负债表已经显示，亏损将一部分净资产（所有者权益）吃掉了，那么在资产负债表中的未分配利润则显示为累计结余红字，它将净资产递减了一部分。由于在总资本中，净资产的比重大幅度降低，甚至接近于零，因此可以认为，具有这种类型的资产负债表的企业正处于财务危机状态，如表 5-6 所示。

盘点不同行业的资产负债率

表 5-6

危机型资本结构图示——亏损型

流动资产	流动负债
长期资产	长期负债
	……
	亏损

如果一张资产负债表结构已经表明,亏损不仅吃掉了全部净资产,而且把债务的一部分也给吃掉了,那么,随着亏损的越陷越深,资产的规模越来越小,质量也越来越差,可用于偿债的资产也越来越少,这时企业已经处于严重资不抵债的境地。事实上,许多陷入破产境地企业的资产负债表就是这样糟糕的资本结构,如表 5-7 所示。

表 5-7

危机型资本结构表

流动资产	流动负债
	长期负债
长期资产	……
	亏损

四、影响资本结构的因素

(一) 所有者和经营者的态度

如果企业的所有者和管理人员不愿使企业的控制权旁落他人,则尽可能采用债务筹资的方式来增加资本。与此相反,如果企业不愿多承担财务风险,就可能较少利用财务杠杆,尽量减低债务资本的比例。

(二) 贷款银行和信用评级机构的态度

在涉及较大规模的债务筹资时,贷款银行和信用评级机构的实际上往往成为决定企业财务结构的关键因素。通常情况下,企业决定资本结构并付诸实施之前,会向贷款银行和信用评级机构咨询,并对他们提出的意见予以充分重视。如果企业过高地安排债务筹资,贷款银行未必会接受大额贷款的要求,或者只有在抵押担保或相当高的利率条件下才同意增加贷款。

(三) 资本成本的高低

资本结构的变动之所以会引起资本成本(也称融资成本)的变动,主要在于不同种类融资的成本是不同的。一般情况下,权益性融资的成本高于长期负债,而长期负债的成本高于流动负债成本。当然,当企业经营不景气时,也可能会出现负债成本高于权益资本成本的情况。尽管如此,不同融资的成本差别仍然存在,因而资本结构的调整或变化也会带来融资成本的变化。只有在各种融资的成本完全相同时,资本结构的变化才不会引起融资成本的变化,而这在现实中是几乎不可能发生的。

(四) 企业的获利能力

企业的息税前利润最低应满足债务利息的要求,否则不可能运用财务杠杆。在实际工作中,获利水平相当高的企业往往并不使用大量的债务资本,因为其他可以利用较多留用利润来满足增资的需要。

(五) 企业的现金流量状况

债务的利息和本金必然以现金支付,这就要涉及企业现金流量问题。企业现金流入量越大,举债筹资能力就越强。因此,企业产生现金流量的能力,对提高全部资本结构中债务资本比率有着重要的作用。

(六) 企业的增长率

在其他因素相同的条件下,企业的发展速度较低,可能只通过留用利润来补充资本;而发展较快的企业会在很大程度上依赖于外部筹资,倾向于使用更多的债务资本。但资本金的积累是一个渐进的过程,而且还应当保持与债务之间合理的比例,所以企业一般不可能超速增长。

(七) 利息水平及其变动趋势

企业实际承担的利息水平及其变动的趋势会影响到资本结构及其变动。如果公司认为目前利息水平较低,但不久的将来有可能上升的话,便会大幅度举借长期负债,从而在若干年内把利率固定在较低的水平上。

(八) 税收因素

债务的利息可以减税,而股票的股利不能减税。因此,一般而言,企业所得税税率越高,借款举债的好处就越大。税收实际上是对负债资本的安排产生一种刺激作用。

(九) 行业差别

不同行业以及同一行业的不同企业在运用债务筹资的策略和方法上大不相同,从而也会使资本结构产生差别。在资本结构决策中,应掌握本企业所处行业资本结构的一般水准,以其作为确定本企业资本结构的参照,分析本企业与同行业其他企业的差别,以便决定本企业的资本结构比例。同时还必须认识到,资本结构不会停留在一个固定的水准上,随着时间的推移,情况的发展变化,资本结构也会发生一定的变动,这就需要根据具体情况进行合理的调整。

(十) 企业的社会责任

与人们社会生活密切相关的企业,有责任持续地向社会提供产品和服务,因此,它们在制定资本结构决策时,对财务杠杆的运用,必须确保不影响其长期的稳定经营。

第 4 节 资本结构决策

一、资本结构调整的原因

影响资本结构变动的因素既有主观的,也有客观的,但就某一具体企业来讲,影响资本结构变动或调整的直接原因可归纳如下。

（一）成本过高

原有资本结构的加权平均资本成本过高,从而使利润下降。它是资本结构调整的主要原因之一。

（二）风险过大

虽然负债筹资能降低成本,提高利润,但风险较大。如果筹资风险过大,以至于企业无法承担,则破产成本会直接抵减因负债筹资而取得的杠杆收益,企业因此也需要进行资本结构调整。

（三）弹性不足

☞ 所谓弹性,是指企业在进行资本结构调整时原有结构应有的灵活性,包括筹资期限弹性、各筹资方式间的转换弹性等。其中,期限弹性针对负债筹资方式是否具有展期性、提前收兑性等而言;转换弹性针对负债与负债间、负债与资本间、资本与资本间是否具有可转换性而言。弹性不足时,企业要调整资本结构也很难;反过来,也正是由于弹性不足而促使企业要进行资本结构的调整。弹性大小是判断企业资本结构是否健全的标志之一。

（四）约束过严

在不同的筹资方式下,投资者对筹资方式的使用约束是不同的,约束过严,有损于企业的财务自主权,有损于企业的灵活调度与使用资金。正因为如此,有时企业宁愿承担较高的代价而选择那些使用约束相对较宽的筹资方式。这也是促使企业进行结构调整的动因之一。

二、资本结构调整的方式

（一）存量调整

☞ 存量调整是指在不改变现有的资产规模的基础上,根据目标资本结构要求,对现有资本结构进行必要的调整。具体方式如下:

(1) 在债务资本过高时,将部分债务资本转化为权益资本。例如,实施债转股方案,或将可转化债券转变为普通股股票等。

☞ 债转股是债权转为股权的简称,即按一定的方法将债权人与债务企业的债权债务关系转变为股东与接受投资企业之间持股与被持股关系的过程。实施债转股可以改变股权结构,降低资产负债率,提高企业融资能力,但债转股并非是一种筹资手段,因为它没有给企业带来增量的现金流。

☞ 可转换债券是指发行人依据法定程序发行,在一定期间内依据约定的条件可以转换成股份的公司债券。可转换债券发行时,明确以怎样的价格转化为普通股,这一规定的价格就是可转化债券的转化价格。

$$债券面值 \div 转换价格 = 转换比率$$

可转换债券筹资的优点是筹资成本较低,便于筹集资金,并且有利于稳定股票价格和减少对每股收益的稀释。

(2) 在债务资本过高时,将长期债务收兑或提前归还,而筹集相应的权益资本额。

(3) 在权益资本过高时,通过减资并增加相应的负债额来调整资本结构。

(二) 增量调整

☞ 增量调整是指企业通过追加筹资量,从而增加总资产的方式来调整资本结构。具体方式如下:

(1) 在债务资本过高时,通过追加权益资本投资来改善资本结构,如直接增资等。

(2) 在债务资本过低时,通过追加负债筹资规模来提高负责筹资比重。

(3) 在权益资本过低时,通过筹资权益资本来扩大投资,提高权益资本比重。

(三) 减量调整

☞ 减量调整是指企业通过减少资本总额的方式来调整资本结构。具体方式如下:

(1) 在权益资本过高时,通过减资来降低其比重。例如,股份公司可回购部分普通股股票等。

(2) 在债务资本过高时,可归还债务,以减少总资产,并相应减少债务比重。

企业改变资本结构的目的是尽可能地调整企业面临的财务风险,并与利益相对称。如果资本结构调整的结果使财务风险增大,那么,资本成本应相应降低才是合理的、可行的;如果资本结构调整的结果使财务风险降低,那么,融资成本将会相应地趋于上升。所以,在进行资本结构调整时,必须进一步分析资本结构调整后的资本成本是否降低,或是否会导致资本净利润率的上升。

【例 5-13】 东海实业有限公司融资总额 100 万元,假定企业实际承担的平均借款利息率为 5%,企业预期资本净利润率为 10%。

当权益性融资为 60%,负债融资为 40%时,该公司的融资总成本为 8 万元(60×10%+40×5%),融资成本率为 8%(8÷100×100%)。

如果调整资本结构,权益性融资为 40%,负债融资为 60%时,该公司的融资总成本为 7 万元(60×5%+40×10%),融资成本率为 7%(7÷100×100%)。

资本结构调整后带来的利益或节约的融资成本为 1 万元(8-7)。实际上,该利益将增加企业所有者的收益,即相对节约融资成本而给企业所有者带来的利益。

假定企业实际承担的平均借款利息为 10%,而企业的资本净利润率为 5%。当权益性融资为 60%,负债融资为 40%时,该公司融资总成本为 7 万元(60×5%+40×10%),融资成本率为 7%(7÷100×100%)。

当权益性融资为 40%,负债融资为 60%时,该公司的融资总成本为 8 万元(40×5%+60×10%),融资成本率为 8%(8÷100×100%)。

由于这时资本净利润率小于借款利息率,所以,资本结构调整对融资成本影响的结果是增加了 1 万元的融资成本。

综上所述,当资本净利润率大于实际借款利率时,增加负债融资的比重可以相对降低融资资本,而增加权益性融资的比重会相对增加融资成本;当实际借款利息率大于资本净利润率时,增加负债融资的比重将会增加融资成本,而增加权益性融资的比重将会相对降低融资成本。

☞ 融资总额不变,仅调整其内部资本结构的情形,称之为存量结构调整。增加融资总量,并相应导致原资本结构改变,称之为增量结构变动。同理,减少融资总量,并相应导致原资本结构改变,称之为减量结构变动。由于增量融资总是要选择某一具体的融资形式或增量资本结构,这就会导致原资本结构的改变。在不同的融资方式下,存在着不同的融资成本,这种改变也会引起融资成本相对节约或浪费。无论是存量资本结构调整还是增量资本结构变动,对融资成本的影响最终都体现在增大负债或权益性融资的比重上,或会体现在相对增加和减少融资成本上。而企业资本结构的变动,实质是根源于资本结构中负债融资的扩张和收缩所引起的融资成本的相对节约或浪费,这一节约或浪费最终体现在资本成本的上升或下降。所以,分析资本结构变动与融资成本的关系,也可以从分析资本结构与资本净利润率的关系来进行,即由于调整资本结构,企业的所有者从中得到了多少好处。在前例中,当资本净利润率大于借款利率时,如果将公司权益性融资与负债融资之比改为3∶7,总融资量改为200万元,则调整后的融资总成本为13万元(60×10%+140×5%),融资成本率为6.5%(13÷200×100%),相对给所有者带来了更多的收益。

由于各种融资成本不同,调整资本结构必然引起融资总成本的变化,包括调整负债与所有者(股东)权益结构,长期负债与流动(短期)负债结构,以及普通股和优先股结构等。当资本结构的调整向融资成本较高的融资种类倾斜时,必然使融资总成本相对增加;当资本结构的调整向融资成本较低的融资种类倾斜时,必然使融资总成本相对减少。资本结构调整和变动的直接结果,一方面是财务风险发生变动,另一方面则是企业所有者的收益率发生变动。其中,资本(或股本)收益率的变动并不是企业经营利润增加或减少的结果,而是因资本结构调整或变动而引起的融资成本增减变动的结果,它属于一种典型的理财收益,并在实质上体现为融资成本的节约或浪费,从而必然引起资本净利润率的上升或下降。

第5节　杠杆利益与风险的衡量

☞ "杠杆"本是物理学用语,意思是指在力的作用下能够绕固定支点转动,可以产生一个更大额度的作用力。改变支点和力点的距离,可以产生大小不同的力矩,这就是杠杆作用。财务管理中说的杠杆是无形的,通常指杠杆作用,反映的是不同经济变量的相互关系。杠杆价值是指企业的固定成本和债务资金所带来的价值放大,这种放大作用类似力学中的杠杆原理,故称这类价值放大的好处为杠杆价值。但是,存在杠杆价值的同时,也存在着相关的风险。

杠杆和止损

☛ 经营杠杆是指由于固定成本的存在而使得企业的息前税前利润（或简称息税前利润）的变动幅度大于销售额（量）的变动幅度。财务杠杆反映的是普通股每股的收益与息税前利润的关系，是指由于债务利息、优先股股息等固定资本成本的存在，犹如杠杆的支点，使得每股收益的变动幅度大于息税前利润的变动幅度。上述两个杠杆既可以各自发挥作用，也可以综合发挥作用。综合杠杆就是用来反映财务杠杆和经营杠杆综合发挥作用的，即研究每股收益变动与销售额（量）变动的关系。杠杆效应具有双面性，既可以产生杠杆利益，也可能带来杠杆风险。

杠杆价值是现代企业资本结构决策的一个重要因素。资本结构决策需要在杠杆价值与其相关风险之间进行合理的权衡。常见的杠杆有经营杠杆、财务杠杆和综合杠杆。

一、经营杠杆

（一）经营杠杆价值

☛ 经营杠杆是指企业经营中固定成本的杠杆作用。由于固定成本的存在，企业能够获得一定的经营杠杆价值，同时也承担相应的经营风险。

企业的总成本分为固定成本和变动成本两个部分。在同等营业额条件下，固定成本比重越高的企业，其经营杠杆程度越高，同时经营风险也越大。在扩大营业额条件下，经营成本中固定成本这个可以带来更大的经营利润，称为经营杠杆价值。

之所以如此，是因为在一定的产销规模内，固定成本总额固定，由于固定成本并不随产品销售量的增长而增加，而随着销售量的增长，单位产品所负担的固定成本会相对减少，从而为企业带来额外的收益，而且这种额外收益会随着销售量的增长而以更快的速度增长。或者可以这样来描述：由于固定成本的存在，企业经营利润的增长幅度会始终大于销售量的增长幅度。

☛ 经营杠杆价值是指在扩大营业额条件下，经营成本中固定成本这个杠杆所带来的增长幅度更大的经营利润（一般用息税前利润表示经营利润）。

【例5-14】 东海实业有限公司产销玩具，目前最大产销能力为年产5亿元玩具，固定成本为3 000万元，变动成本率为30%。当年产销玩具1亿元时，变动成本为3 000万元，固定成本为3 000万元，息税前利润为4 000万元（10 000×70%－3 000）。当年产销玩具2亿元时，变动成本为6 000万元，固定成本为3 000万元，息税前利润为11 000万元（20 000×70%－3 000）。可以看出，当该公司的产销量增长为100%时，息税前利润增长175%，后者大于前者，这样就产生了一个杠杆作用。

（二）经营风险

从选择筹资方式及降低资金成本角度看，筹资的企业随时面临三大风险，即经营风险、财务风险和市场风险。任何一种风险的增大或减少都会制约企业筹资方式的选择、支付本息能力的强弱和资本成本的高低。其中，经营杠杆风险是经营杠杆所带来的负面效应,它是指由于固定成本的存在,使得企业经营利润的下降幅度大于产销量的下降幅度。它是企业因经营状况及环境变化而影响其按时支付本息能力的风险。企业经营状况及环境的变动越大,经营风险也越大,资金成本相应越高。

企业要获得经营杠杆利益,就需要承担由此引起的经营杠杆风险,因此,必须在这种杠杆价值与杠杆风险之间作出权衡。影响企业风险的因素主要有以下几点:

(1) 产品销售价格的变动。
(2) 产品需求的变动。
(3) 单位产品变动成本的变动。
(4) 固定成本的比重。
(5) 经营杠杆。
(6) 企业经营管理能力等。

在以上因素中,经营杠杆对经营风险的影响最大。企业一般可以通过增加销售额、提高产品价格、降低单位产品变动成本、降低固定成本的比重等措施使经营杠杆系数下降,从而降低经营风险。

(三) 经营杠杆系数

为了反映经营杠杆的作用程度,估计经营杠杆价值的大小,评价经营杠杆风险的高低,需要测算经营杠杆系数。

👉 经营杠杆系数也称经营杠杆程度,是企业息税前利润随着销售额(量)的变化而变化的幅度。一般来说,在其他因素不变的条件下,固定成本越高,经营杠杆系数越大,经营风险越大。这可由以下计算公式可知:

$$\text{经营杠杆系数 } DOL = \frac{\text{息税前利润变动率}}{\text{销售额变动率}} = \frac{\Delta EBIT/EBIT}{\Delta S/S} \quad (\text{公式 5-10})$$

其中:

$$EBIT = \text{销售额} - \text{总成本} = PQ - (VQ + F) = (P-V)Q - F$$
$$\Delta EBIT = (P-V)\Delta Q$$

于是:

$$\text{经营杠杆系数 } DOL = \frac{\Delta EBIT/EBIT}{\Delta S/S}$$
$$= \frac{(P-V)\Delta Q}{(P-V) \times Q - F} \times \frac{S}{\Delta S} = \frac{\Delta Q(P-V)}{(P-V) \times Q - F} \times \frac{Q}{\Delta Q}$$

其中:

$$\frac{\Delta S}{S} = \frac{(P-V) \times \Delta Q}{Q(P-V)} = \frac{\Delta Q}{Q}$$

式中:S——销售额。

Q——产品销售量。

P——产品销售价格。
F——固定成本。
V——单位变动成本。

简化,可得出:

$$DOL = \frac{Q(P-V)}{Q(P-V)-F} \quad \text{(公式 5-11)}$$

或

$$DOL = \frac{S-VC}{S-VC-F} \quad \text{(公式 5-12)}$$

式中:VC——变动成本总额。

其中,$Q(P-V)$是企业息税前利润和固定成本的总和。因此:

$$经营杠杆系数 = \frac{息税前利润 + 固定成本}{息税前利润} \quad \text{(公式 5-13)}$$

上式表明,经营杠杆系数将随固定成本的变化呈同方向变化,与单价呈同方向变化,与单位变动成本呈反方向变化。当息税前利润刚好足以弥补固定成本时,企业不盈不亏,处于盈亏临界点。假设其他条件不变,销售量超过盈亏临界点以后,销售量越大,经营杠杆系数越小。

(四)计算及意义说明

【例 5-15】 东海实业有限公司生产 A 产品,固定成本为 60 万元,变动成本率为 40%,当企业的销售额分别为 400 万元、200 万元和 100 万元时,计算经营杠杆系数,并说明其意义。

解:当销售额为 400 万元时,

$$DOL_1 = \frac{400 - 400 \times 40\%}{400 - 400 \times 40\% - 60} = 1.33$$

当销售额为 200 万元时,

$$DOL_2 = \frac{200 - 200 \times 40\%}{200 - 200 \times 40\% - 60} = 2$$

当销售额为 100 万元时,

$$DOL_3 = \frac{100 - 100 \times 40\%}{100 - 100 \times 40\% - 60} \to \infty$$

通过计算,我们可以看出:

(1)在固定成本不变的情况下,经营杠杆系数说明了销售额变化所引起的利润变化的幅度。如果经营杠杆系数等于 1.33,表明产销业务量变动 1 倍,息税前利润会变动 1.33 倍;如果产销业务量次年会增长 10%,那么,息税前利润会增长 13.3%,一旦次年的产销业务下降 1 倍,息税前利润也会下降 1.33 倍。

(2)在固定成本不变的情况下,不同的销售额对应了不同的经营杠杆系数,销售额越大,经营杠杆系数越小,经营风险也越小;反之,则经营杠杆系数越大,经营风险也越大。

(3)当销售额达到盈亏平衡点时,经营杠杆就趋于无穷大,此时,企业经营只能保本。企业往往可以通过增加销售额、降低单位产品变动成本、降低固定成本等措施,使经营杠杆系数下降,降低经营风险。

二、财务杠杆

(一)财务杠杆价值

财务杠杆是指企业财务中由于存在固定的利息费用而产生的杠杆作用。由于利息费用的存在,企业能够获得一定的财务杠杆价值,同时也承担相应的财务风险。在企业资本结构一定的条件下,企业从息税前利润中支付债务利息是相对固定的,从而当息税前利润增加时,每1元息税前利润所负担的利息费用就会相应降低,扣除所得税后,可分配给所有者的利润就会增加,从而为企业所有者带来了额外的收益。

只要在企业的筹资方式中有固定财务支出的债务和优先股,就会存在财务杠杆效应。由于存在固定的利息和优先股股息,使得每股利润的变动幅度超过息税前利润的变动幅度。当利息和优先股股息固定时,企业在不增加权益资本投资的情况下,获得更多利润,从而相应提高企业权益资本的利润率。因为将借入资金所得的投资利润扣除了较低的借款利息后的利润部分,由企业权益者分享,这样便可大大提高企业权益资本利润率。在股份制企业中,则可提高企业每股普通股的利润额。这种债务对投资者收益的正面影响,称之为财务杠杆价值。

(二)财务风险

财务风险是指全部资本中由债务资本比率的变化带来的风险。债务比率与财务风险成正比。当息税前利润减少时,会导致税前利润以更快的速度下降,从而给企业带来偿还债务的风险,增加了企业破产机会或普通股利润大幅度变动所带来的风险。利息和优先股股息越高,财务杠杆系数越大,每股收益变动幅度会大于息税变动幅度,并且波动也越大,这就是财务风险。

(三)财务杠杆系数

财务杠杆系数是普通股每股收益(或利润)的变动率相当于息税前利润变动率的倍数。它可以用来反映财务杠杆的作用程度,估计财务杠杆利益的大小,评价财务风险的高低。

要计算和分析企业财务杠杆系数,就必须了解企业各种筹资方式下普通股每股收益(Earnings Per Share,EPS)对企业息税前利润(EBIT)反映的灵敏程度。企业息税前利润的大小并不取决于企业财务杠杆的程度,而取决于企业资金占有量的大小和投资报酬率的高低,它与企业经营风险有关,是企业一定时期的经营结果。而这里要研究的问题是企业在运用一定时期杠杆进行各种方式筹资的情况下,当息税前盈余发生变动时,每股净收益将会出现什么样的变化。

$$财务杠杆系数 DFL = \frac{普通股每股收益变动率}{息税前利润变动率} = \frac{\Delta EPS/EPS}{\Delta EBIT/EBIT}$$

(公式 5-14)

其中：
$$EPS = (1-T)[EBIT - I - D/(1-T)]/N$$
$$\Delta EPS = (1-T)\Delta EBIT/N$$

式中：I——利息。
$\quad\quad D$——优先股股息。
$\quad\quad N$——流通股数量。

财务杠杆系数等于 2，表明如果次年息税前利润变动 1 倍，每股收益将变动 2 倍；而财务杠杆系数等于 3，表明未来息税前利润增长 1 倍，每股收益增长 3 倍，一旦息税前利润下降 1 倍，则每股收益就会下降 3 倍。

将 EPS、ΔEPS 代入（公式 5-14），有：

$$财务杠杆系数 DFL = \frac{\Delta EPS/EPS}{\Delta EBIT/EBIT}$$
$$= \frac{(1-T)\Delta EBIT/N}{(1-T)[EBIT - I - D/(1-T)]/N} \times \frac{EBIT}{\Delta EBIT}$$

(公式 5-15)

简化后，得到下式：

$$DFL = \frac{EBIT}{EBIT - I - D/(1-T)}$$

(公式 5-16)

通过（公式 5-16）可以看到，假如利息 I 和优先股股息 D 同时为零，那么，财务杠杆系数就是 1，没有财务杠杆作用，每股利润变动率等于息税前利润变动率；但是，如果存在利息、优先股股息，这时分子要比分母大，则表明每股利润的变动幅度会超过息税前利润的变动幅度。

(四) 计算及意义说明

【例 5-16】 已知东海实业有限公司的有关部分资产负债表和损益表的信息如表 5-8 所示。

表 5-8

某企业财务数据信息　　　　　　　金额单位：万元

项目	金额
总资产	2 400
负债	1 200
利息支付	120
优先股股息	14
企业税率	30%
总股数（万股）	40
息税前利润	300

试用两种不同的方法计算该企业的财务杠杆系数 DFL。

解：(1)

$$DFL = \frac{EBIT}{EBIT - I - D/(1-T)}$$

$$= \frac{300}{300 - 120 - 14/0.7} = 1.875$$

(2) 若假定 $EBIT$ 变动 10%，即息税前利润由 300 万元变为 330 万元，计算现考察由此引起的 EPS 变动程度。分别计算 $EBIT$ 在 300 万元和 330 万元时的 EPS，具体如下：

$$EPS_1 = \frac{(1-T) \times [EBIT - I - D/(1-T)]}{N}$$

$$= \frac{0.7 \times (300 - 120 - 14/0.7)}{40} = 2.8(万元)$$

$$EPS_2 = \frac{(1-T) \times [EBIT - I - D/(1-T)]}{N}$$

$$= \frac{0.7 \times (300 - 120 - 14/0.7)}{40} = 3.325(万元)$$

$$EPS \text{变化百分比} = \frac{3.325 - 2.8}{2.8} \times 100\% = 18.75\%$$

$$DFL = \frac{18.75\%}{10\%} = 1.875$$

该企业的财务杠杆系数等于 1.875，表明如果次年的息税前利润变动 1 倍，每股收益将变动 1.875 倍。

三、综合杠杆

(一) 综合杠杆价值

在前面讨论财务杠杆时，是假定经营杠杆不变，即不会因财务杠杆的变动引起的经营杠杆变动。同样，在讨论经营杠杆时，也假定财务杠杆不变，即不会因经营杠杆的变动引起财务杠杆变动。其实，这两种杠杆的作用是相互影响和有关联的。如果企业在一定时期为了某种财务管理目的而降低其经营杠杆，那么，它便很可能会适当地增加其财务杠杆的作用。反之，如果企业要使用较小的财务杠杆，那么，其在资金结构决策中可能会降低负债比例，而增加经营杠杆的作用，等等。因此，企业的中介机构决策要综合地考虑企业经营杠杆和财务杠杆的作用。

如前所述，经营杠杆是通过销售额的变动，从而引起 $EBIT$ 的变动，而财务杠杆则是通过扩大 $EBIT$ 来引起 EPS 的变化，两者最终都会影响企业普通股利润和每股盈余数，从而产生综合杠杆价值。

因此，如果企业充分使用经营杠杆和财务杠杆的作用，那么，即便是销售额细小的变化，最终也会引起 EPS 较大幅度的变动。所以，可以将经营杠杆和财务杠杆结合在一起,综合地讨论销售额(量)变动对每股净收益的影响。

(二)复合风险

由综合杠杆作用使每股收益的幅度发生波动而造成的风险,可以称为复合风险。复合风险直接反映企业的总体风险。经营杠杆和财务杠杆可以有许多不同的方式相结合,以达到符合企业理财目的要求的复合杠杆系数和总风险水平。通过复合杠杆系数的测定,财务人员对较大的经营风险,能用较小的财务风险来抵消,反之亦然。这样就能使企业管理层运用适当的杠杆系数,在企业负担的风险与预期收益之间进行权衡,使企业总风险降到适当的期望水平。

(三)综合杠杆系数

经营杠杆和财务杠杆复合的结果,称为综合杠杆,对综合杠杆进行计量的常用指标是在综合杠杆系数,即每股收益变动率相当于销售额(量)变动率的倍数,它实际上是经营杠杆与财务杠杆的乘积。

$$综合杠杆系数 = \frac{每股收益变动率}{销售额(量)变动率} \quad (公式5\text{-}17)$$

$$\begin{aligned}
DTL &= \frac{每股收益变动率}{销售额(量)变动率} = \frac{\Delta EPS/EPS}{\Delta S/S(\Delta Q/Q)} \\
&= \frac{\Delta EBIT/EBIT}{\Delta S/S} \times \frac{\Delta EPS/EPS}{\Delta EBIT/EBIT} \\
&= DOL \times DFL \\
&= \frac{Q(P-V)}{Q(P-V)-F} \times \frac{EBIT}{EBIT-I-D/(1-T)} \\
&= \frac{Q(P-V)}{EBIT-I-D/(1-T)} = \frac{Q(P-V)}{Q[P-V-F-I-D/(1-T)]}
\end{aligned}$$

$$(公式5\text{-}18)$$

(四)计算及意义说明

【例5-17】 东海实业有限公司的经营杠杆系数为2,财务杠杆系数为1.5,综合杠杆系数即为3(2×1.5)。

综合杠杆系数为3,表明企业的销售额(量)每变动1%,企业的每股收益变动为3%。同时,企业还可以通过经营杠杆与财务杠杆的不同组合,来实现某一特定的综合杠杆作用。在其他因素不变的情况下,综合杠杆系数越大,复合风险越大;综合杠杆系数越小,复合风险越小。

微课:金融工具有哪些

1. 设立企业之初,或者企业成立以后持续的生产经营活动,会因扩张动机、偿债动机和混合动机而产生对资金的需求,需要筹措和集中资金。
2. 设立企业是指组建企业并使之取得合法的生产经营资格,非法人企业是指不具有法人资格的企业,最常见的组织形式是独资和合伙制企业。

3. 小企业从不同渠道、利用不同筹资方式筹集的资金,由于具体的来源、方式、期限、用途等的不同,形成不同的筹资类型。筹资渠道是指筹措资金来源的方向与通道,体现着资金的源泉和流量。而筹资方式是指公司筹措资金所采用的具体形式。

4. 资本成本是指企业为筹措和使用资本而付出的代价,是资本使用者向资金所有者和中介人支付的占用费和筹资费用。个别资本成本是单独筹资方式的资本成本;综合资本成本是对个别资本成本加权平均而得到的结果,其权重可以在账面价值、市场价值和目标价值之间进行选择;边际资本成本是指新筹集部分资本的成本,在计算时,也需要进行加权平均。

5. 资本结构是指企业各种资本的来源及其比例关系。

6. 杠杆价值是指企业的固定成本和债务资本金所带来的价值放大,这种放大作用类似于力学中的杠杆原理。存在杠杆价值的同时,也存在着相关的风险。经营杠杆是指由于固定成本的存在而使得企业的息税前利润的变动幅度大于销售额变动的幅度。财务杠杆反映的是普通股每股的收益与息税前利润的关系,由于债务利息、优先股股息等固定资本成本的存在,使每股收益的变动幅度大于息税前利润的变动幅度。综合杠杆就是用来反映财务杠杆和经营杠杆综合发挥作用的变动关系。杠杆效应具有双面性,既可以产生杠杆利益,也可能带来杠杆风险。

一、单项选择题

1. ( )属于其他财产权利。
   A. 专利权 B. 商标权 C. 秘密技术 D. 房屋使用权
2. 按照资本的( )不同,可划分为权益资本与借入资本。
   A. 性质 B. 使用期限
   C. 来源 D. 以金融机构为中介
3. 按照资本的( )不同,可划分为内部资本与外部资本。
   A. 性质 B. 使用期限
   C. 来源 D. 以金融机构为中介
4. ( )是公司"自然而然"形成的,因此被习惯地称为"自动化的资本来源"。
   A. 直接筹资 B. 间接筹资 C. 内部资本 D. 外部筹资
5. 在其他条件不变的情况下,采用折价发行的债券融资方式,其资本成本( )。
   A. 最高 B. 中等 C. 最低 D. 无法比较
6. 个别资本成本从低到高的正确排列顺序为( )。
   A. 银行借款<债券<优先股<留存收益<普通股
   B. 债券<银行借款<优先股<留存收益<普通股
   C. 优先股<债券<银行借款<留存收益<普通股
   D. 普通股<留存收益<银行借款<债券<优先股
7. ( )筹资方式成本高,而财务风险一般。

A. 债券　　　　　B. 股票　　　　　C. 银行借款　　　　D. 商业信用
8. 下列各项中,不属于商业信用的是(　　)。
   A. 应付工资　　　B. 应付账款　　　C. 应付票据　　　　D. 预收账款
9. 进行追加筹资时所使用的决策指标是(　　)。
   A. 个别资本成本　　　　　　　　　B. 综合资本成本
   C. 边际资本成本　　　　　　　　　D. 权益资本成本

二、多项选择题

1. 按照我国法律、法规的规定,法人企业设立时应当具备的条件有(　　)。
   A. 具备企业名称　　　　　　　　　B. 具有健全的组织机构
   C. 具有企业章程　　　　　　　　　D. 具有自己的财产
   E. 有确定的经营范围、场所和设施
2. 出资入股的高新技术成果应当符合下列条件的有(　　)。
   A. 属于国家科技部颁布的高新技术范围
   B. 为公司主营产品的核心技术
   C. 技术成果的出资者对该项技术合法享有出资入股的处分权利
   D. 已经通过国家科委或省级科技管理部门的认定
3. 按照资本使用期限的长短,筹借资本可以划分为(　　)。
   A. 权益资本　　　B. 借入资本　　　C. 长期资本　　　　D. 短期资本
4. 按照公司是否以金融机构为中介开展筹资活动划分,筹措资本可以分为(　　)。
   A. 直接筹资　　　B. 间接筹资　　　C. 内部资本　　　　D. 外部筹资
5. (　　)属于短期资本。
   A. 发行融资券　　B. 商业信用　　　C. 吸收直接投资　　D. 融资租赁
6. (　　)属于非银行金融机构。
   A. 信托投资公司　B. 租赁公司　　　C. 保险公司　　　　D. 证券公司
7. 小企业加强筹资管理与控制的措施包括(　　)。
   A. 健全筹资内部控制　　　　　　　B. 实行预算管理,进行事前控制
   C. 按权限管理筹资活动　　　　　　D. 规范权益性筹资
8. 影响资本成本的因素包括(　　)。
   A. 总体经济环境　　　　　　　　　B. 证券市场条件
   C. 企业内部的经营和融资状况　　　D. 企业筹资规模
9. 影响资本结构变动或调整的直接原因包括(　　)。
   A. 成本过高　　　B. 风险过大　　　C. 弹性不足　　　　D. 约束过严
10. 当销售额达到盈亏平衡点时,企业往往可以通过采取(　　)措施以改善经营管理水平,增加经营杠杆。
    A. 增加销售额　　　　　　　　　　B. 降低单位产品变动成本
    C. 降低固定成本　　　　　　　　　D. 向银行融资
11. 下列各项中,属于融资活动的有(　　)。
    A. 发行债券　　　B. 取得借款　　　C. 赊购　　　　　　D. 发行股票

12. 长期借款筹资的优点包括（　　）。
    A. 限制条件较多　　　　　　　　B. 筹资数量有限
    C. 筹资效率较高　　　　　　　　D. 借款成本较低

三、判断题

1. 无形资产出资作价金额一般不得超过企业注册资本的20%。（　　）
2. 以高新技术成果出资入股，作价金额可以超过公司注册资本的20%，但不得超过35%。（　　）
3. 间接筹资的优点是筹资成本相对较低，筹资数额、使用时间和还本付息等缺乏灵活性。（　　）
4. 外部筹资是公司在市场经济条件下筹措资本的一个主要渠道。（　　）
5. 短期资本具有使用期限短、周转速度快、筹资成本低等特点。（　　）
6. 银行信贷资金历来是国有企业的主要资金来源。（　　）
7. 公司对自留资金（留存收益）的利用，简便易行，不受太多来自政府公权力当局的限制。（　　）
8. 港、澳、台地区投资者投入的资金不属于外资。（　　）
9. 吸收直接投资成本较高，容易分散控制权。（　　）
10. 个别资本成本一般用于比较和评价各种筹资方式。（　　）
11. 合理的资本结构有利于企业的健康发展，而不合理的资本结构可能导致企业的财务危机。（　　）
12. 当息税前利润刚好足以弥补固定成本时，企业不盈不亏，处于盈亏临界点。（　　）
13. 经营杠杆系数将随固定成本的变化呈同方向变化，与单价呈同方向变化，与单位变动成本呈反方向变化。（　　）
14. 假如利息 I 和优先股股息 D 同时为零，那么，财务杠杆系数就是1，没有财务杠杆作用，每股利润变动率等于息税前利润变动率。（　　）
15. 债权利息可在税前扣除，优先股股利只能在税后支付。（　　）
16. 与长期负债融资相比，短期负债融资更具有弹性。（　　）

业 务 题 一

1. 某企业向银行贷款200万元，借款利息率为12%，所得税税率为25%，筹资费用率为1%。要求：计算贷款的资本成本。
2. 设某企业通过发行普通股筹集资金，发行量为1 000万股，每股票面额为100元，采用平价发行，筹资费用率为5%，当期每股股利为10元，预计以后每年增长4%。
   要求：计算普通股的资本成本。
3. 某企业发行总面额为500万元的10年期债券，筹资总额为510万元，票面利率为12%，发行费用率为8%，企业所得税税率为25%。

要求：计算该债券的资本成本。

4. 某企业用发行股票、发行债券、银行借款三种方式筹集资金。计划筹集资金1 000万元，三种方式的比例分别为20%、30%和50%，三种方式的资本成本率分别为10%、8%和5%。

要求：计算这项筹集资本计划的综合成本率和综合成本额。

业 务 题 二

某企业2003年的资产总额是1 000万元，资产负债率是40%，负债的平均利息率是5%，实现的销售收入是1 000万元，全部的固定成本和费用总共是220万元，变动成本率为30%。

要求：计算2003年的经营杠杆系数、财务杠杆系数和综合杠杆系数。

课后习题答案

小企业营运资本管理

通过本章你可以学到：
- 营运资金管理
- 现金管理
- 应收账款管理
- 存货管理

> **案例导入**
>
> 华盟公司各部门目前都存在一定的怨言,主要是:
>
> 采购部门的人抱怨:财务部门特别抠门,每次采购资金都不能足额及时提供,导致不能进行大批量采购,供应商给的数量折扣很难享受到,而且每次还得和供应商谈谈能不能给点赊购。再看看别的企业采购人员,每次采购的数量不仅多,还是付现款,供应商可把他们当上帝看了。
>
> 仓储部门抱怨:生产这么多产品,已经库存近半年了,每个月管理费用都不得了。
>
> 销售部门抱怨:生产部门总是让人担心,每次交货都是快到合同期了。一旦哪次没有及时完成生产,订单就的泡汤,还得造成客户不信任。
>
> 生产部门抱怨:仓库每次都不能及时发料。
>
> 财务部门抱怨:销售总是回款太慢,有些应收账款,都逾期快半年了,销售部门也不管,反正我们是没有时间和人去收。
>
> 问题:
>
> (1) 针对公司以上各部门存在的抱怨,请分析公司日常营运管理存在哪些问题?
>
> (2) 如果你作为公司财务经理,你会向公司提供什么样的管理建议?

第1节 营运资金管理概述

一、营运资金的含义

☞ 营运资金又称营运资本,是指不受流动负债牵连的企业可以自由支配的资金,在数量上等于流动资产减去流动负债后的差额。

营运资金有广义和狭义之分。广义的营运资金又称毛营运资金(Gross Working Capital)是指企业流动资金总额。狭义的营运资金又称净营运资金(Net Working Capital)是指流动资产减去流动负债后的余额。用公式表示为:

$$营运资金 = 流动资产 - 流动负债 \qquad (公式6-1)$$

这里所说的流动资产是指可以在1年内或者超过1年的一个营业周期内变现或者动用的资产,包括货币资产、短期投资、应收及预付款项、存货等。与固定资产相比,流动资产投资具有回收期短、流动性较强、具有并存性和具有波动性等特点。管好、用好流动资产，对于促进企业资金运动的良性循环和提高营运资金的质量等都是具有重要的意义。流动资产按用途分类可分为临时性流动资产和永久性流动资产。临时性流动资产是指受季节性或周期性影响的流动资产，如季节性存货、销售高峰期增加的应收账款等；永久性流动资产是指为了满足公司长期稳定的资金需要，即使处于经营低谷时也必须保留的流动资产。

而流动负债则是指在1年内或者超过1年的营业周期内偿还的现实债务，如应付账款、应付职工薪酬、应交税费等。与长期负债相比，流动负债具有速度快、弹性大、成本低以及风险大的特点。流动负债按应付金额是否确定为标准，可以分为应付金额确定的流动负债和应付金额不确定的流动负债。应付金额不确定的流动负债是指那些要根据公司生产经营状况，到一定时期才能确定的流动负债或应付金额需要估计的流动负债，如应交税费、应交利润等。按流动负债的形成情况为标准，可以把流动负债分成自发性流动负债和临时性流动负债。自发性流动负债是指产生于公司正常的持续经营活动中，不需要正式安排，由于结算程序的原因自然形成的那部分流动负债。在公司生产经营过程中，由于法定结算程序的原因，使一部分应付款项的支付晚于形成时间，把这一部分已经形成但尚未支付的款项变成为公司的临时性流动负债。

营运资金可以反映出企业短期的财务实力和偿债能力，它是理财活动中的一项重要的财务指标。流动资产的质量高，其营运资金的质量也就高。

二、营运资金的特点

营运资金一般具有如下一些特点。

（一）周转快

流动资产和流动负债在一个正常运转经营的公司中，周转循环的时间都较短，如果营运资金周转很慢，那么公司的日常经营很可能是出现了问题。

（二）易变现

现金和银行存款项目在一般情况下可以随时供公司支配，不存在变现的问题。其他的非现金形态的营运资金，如存货、应收账款、短期有价证券等，相对固定资产等长期资产来说也比较容易变现，这一点对公司应付临时性、突发性的资金需求有重要意义。

（三）常波动

流动资产或流动负债项目容易受到公司内外条件的影响，数量的波动往往很大，公司必须能够有效地预测和控制这种波动，防止其影响正常的生产经营活动。

（四）多样化

营运资金的来源渠道多种多样。营运资金的需求问题既可通过长期筹资方式解决，也可通过短期筹资方式解决，仅短期筹资就有银行借款、商业信用等多种方式。

微课：现金未必处处王

三、营运资金的周转

营运资金周转是指企业的营运资金从现金投入生产经营开始,到最终转化为现金为止的过程。营运资金周转通常与现金周转密切相关,现金的周转过程一般包括:存货周转期(即将原材料转化成产成品并出售所需要的时间)、应收账款周转期(即将应收账款转换为现金所需要的时间)和应付账款周转期(即从收到尚未付款的原材料开始到支付现金之间所用的时间)等三个组成部分。

而现金循环周期的变化会直接影响所需营运资金的数额。一般来说,存货周转期和应收账款周转期越长,应付账款周转期越短,营运资金数额就越大;相反,存货周转期和应收账款期越短,应付账款周转期越长,营运资金数额就越小。此外,营运资金周转的数额还受到偿债风险、收益要求和成本约束等因素的影响和制约。为了提高营运资金周转效率,企业的营运资金应维持在既没有过度资本化又没有过量交易的水平上。过度资本化是指一个企业的营运资金远远超过其经营规模实际需要的营运资金水平。过量交易是指企业投放在营运资金上的长期资金数量不足,只能依靠扩大流动负债来支持其存货和应收账款的情况。

小企业应当有计划地控制营运的持有数量,既要防止营运资金的不足,也要避免营运资金过多。由于资金的流动性与收益性呈反比,营运资金越大,风险越小,但收益率也越低;相反,营运资金越小,风险越大,但收益率也越高。企业需要在风险和收益率之间进行权衡,从而将营运资金的数量控制在一定范围之内。

四、严控营运资金的使用代价——机会成本

小企业日常经营活动运作的主要是营运资金。而营运资金一般只能来源于长期负债和所有者权益(净资产)。所以说,营运资金的使用是有代价的,其机会成本是比较高的。机会成本是指当我们将一定的经济资源用于生产某种产品时所放弃的生产另一些产品所能获得的最大的收益。机会成本是经济学原理中一个重要的概念。在制定国家经济计划中,在新投资项目的可行性研究中,在新产品开发中,乃至在工人选择工作中,都存在着机会成本。机会成本为正确合理的选择提供了逻辑严谨、论据有力的答案。在进行选择时,力求机会成本小一些,是经济活动行为方式的最重要的准则之一,如表6-1所示。这就意味着,营运资金不可以没有,但也不意味着多多益善,否则就会导致机会成本居高不下,影响资本使用效率。

有些小企业的所有者权益≤长期资产,那么,其营运资金也有可能只是来源于长期负债,这是因为该企业的权益资本来源都沉淀在长期资产上了。应当看到,长期负债的利息是比较高的,是一种较高的机会成本。请参见表6-2。因而,营运资金一定要由权益资本提供,这样可以确保企业,尤其是确保小企业在商业淡季的时候,能够以较低成本维持低调运行。

表 6-1

营运资金来源图示(一)

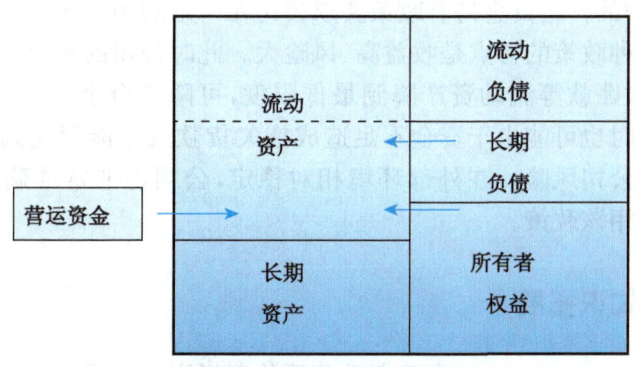

表 6-2

营运资金来源图示(二)

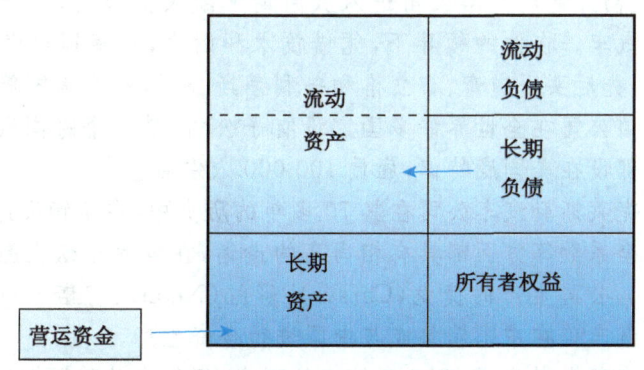

营运资金来源于长期负债的事实已经直接告诉我们,企业在经营活动中使用的资金都是有代价的,任何资金的占用都必须有付出。所以,管好、用好营运资金就显得十分必要了。

五、营运资金持有政策

(一) 宽松的营运资金持有政策

宽松的营运资金持有政策要求公司在一定的销售水平上保持较多的流动资产,这种政策的特点是收益低、风险小。在该政策下公司拥有较多的现金、短期有价证券和存货,能按期支付到期债务,并且为应付不确定情况保留了大量现金,使风险大大减少。但由于现金、短期有价证券投资收益较低,存货占用使资金营运效率低,从而降低了公司的盈利水平。

(二) 适中的营运资金持有政策

适中的营运资金持有政策要求公司在一定的销售水平上保持适中的流动资产,既不过高又不过低,流入的现金恰好满足支付的需要,存货也恰好满足生产和销售所用。这种政策的特点是收益和风险达到平衡。在公司能够比较准确地预测未来各种经济情况下,可采用该政策。

(三)紧缩的营运资金持有政策

紧缩的营运资金持有政策要求公司在一定的销售水平上保持较低的流动资产,这种政策的特点是收益高、风险大。此时公司的现金、短期有价证券、存货和应收账款等流动资产降到最低限度,可降低资金占用成本,增加公司收益;但同时也可能由于资金不足造成拖欠货款或不能偿还到期债务等不良情况,加剧公司风险。在外部环境相对稳定,公司能非常准确预测未来的情况下,可采用该政策。

知识拓展

克莱斯勒公司的营运资金管理

克莱斯勒汽车公司创建于1925年,创始人名叫沃尔特·克莱斯勒,他离开通用汽车公司进入威廉斯·欧夫兰公司,开始生产克莱斯勒牌汽车。在他的领导下,凭借技术和财力,克莱斯勒汽车公司发展迅速,先后买下道奇、布立格和普利茅斯公司,成为美国第三大汽车公司。该公司在全世界许多国家设有子公司,是一个跨国汽车公司。公司总部设在美国底特律,雇员100 000人左右。

克莱斯勒汽车公司在其70多年的历史中,在车辆设计、制造、装配和安全系数等方面都具有相当高的造诣,在世界车坛上赢得了一流的声誉。公司生产的捷龙(Caravr)、彩虹(Neon)、切诺基(Cherokee)等数款汽车曾在中国销售或与中国进行合资生产。

克莱斯勒公司1996年持有的现金、银行存款和短期债券达到了空前的87亿美元,这些资金项目的报酬率在税后仅有3%。克莱斯勒公司之所以如此谨慎地对待现金项目,很大一部分原因是因为1991—1992年的萧条期间,公司产生的40亿美元的现金赤字,给公司造成了很大的难题。所以,克莱斯勒公司的管理层认为,该年度的高额现金持有量可以为下一个经济衰退做好准备。但是克莱斯勒的一些股东却对这种过于谨慎的管理政策提出了质疑。他们认为,现金持有量保持在20亿美元就已经足够了,过多的现金存量会损失其他更高回报的投资机会。他们还认为,如果出现现金短缺问题,克莱斯勒可以通过借款等其他筹资方式取得所需资金,而不需要保证一个如此之高的现金持有量,多余的67亿美元可以用来投资其他项目,为股东赢得更多回报。

营运资金管理的重点应当是现金、应收账款与存货。

第2节 现金管理

一、现金管理的意义

现金是指在生产过程中暂时停留在货币形态的资金,包括库存现金、银行存款、银行本票和银行汇票等其他货币资金。

现金是变现能力最强的资产,可以用来满足生产经营开支的各种需求,也是还本付息和履行纳税义务的保证。因此,拥有足够的现金对于降低企业的风险、增强企业资产的流动性和债务的可清偿性有着重要的意义。但是,现金属于非盈利资产,即使是银行存款,其存款的利率也非常低。现金持有量过多,它所提供的流动性边际效益便会随之下降,进而导致企业的收益水平降低。因此,企业应当合理确定现金持有量,使现金收支不但在数量上,而且在时间上互相衔接,以便在保证企业经营活动所需现金的同时,尽量减少企业闲置的现金数量,提高现金收益率。

现金管理的小故事:富豪和乞丐

公司持有现金的动机往往是出于以下考虑。

(一)交易动机

在公司的日常经营中,为了正常的生产销售周转必须保持一定的现金余额。销售产品所得收入往往不能马上收到现金,而采购原材料、支付工资等则需要现金支持。为了进一步的生产交易需要一定的现金余额。所以,这种基于公司购、产、销行为需要的现金,就是交易动机要求的现金持有。

(二)补偿动机

银行为公司提供服务时,往往需要公司在银行中保留存款余额来补偿服务费用。同时,银行贷给公司款项也需要公司在银行中有存款以保证银行的资金安全。这种出于银行要求而保留在公司银行账中的存款就是补偿动机要求的现金持有。

(三)谨慎动机

现金的流入和流出经常是不确定的,这种不确定性取决于公司所处的外部环境和自身经营条件的好坏。为了应付一些突发事件和偶然情况,公司必须持有一定现金余额来保证生产经营的安全顺利进行,这就是谨慎动机要求的现金持有。

(四)投资动机

公司在保证生产经营正常进行的基础上,还希望有一些可用现金以便能够抓住回报率较高的投资机会,这就是投资动机要求的现金持有。

大多数公司持有现金余额都是出于以上四个方面的考虑。但是,由于各种条件的变化,每一种动机需要的现金数量都是很难确定的,而且往往一笔现金余额可以服务于多个动机,所以,公司必须综合考虑多方面因素,合理分析公司的现金状况。

二、现金管理成本

(一) 持有成本

☞ 现金的持有成本是指企业因保留一定现金余额而增加的管理费用及丧失的再投资收益。

企业保留现金,对现金进行管理,会发生一定的管理费用,如管理人员工资及必要的安全措施费等。这部分费用具有固定成本的性质,它在一定范围内与现金持有量的多少关系不大,属于决策无关成本。

再投资收益是企业不能同时用该现金进行的有价证券投资所产生的机会成本,这种成本在数额上等同于资本成本。放弃的再投资收益即机会成本属于变动成本,它与现金持有量成正比例关系。

(二) 转换成本

☞ 转换成本是指企业用现金购入有价证券以及转让有价证券换取现金时付出的交易费用,即现金与有价证券之间相互转换的成本,如委托买卖佣金、委托手续费、证券过户费、实物交割手续费等。

具有变动成本性质的转换成本,通常是按照委托成交的金额计算的,如委托买卖佣金或手续费。这些费用,在证券总额既定的条件下,无论变现次数怎样变动,所需支付的委托成交金额是相同的。因此,那些依据委托成交额计算的转换成本与证券变现次数关系不大,属于决策无关成本。

☞ 与证券变现次数密切相关的转换成本是指固定性交易费用,如证券过户费、实物交割手续费等。固定性转换成本与现金持有量呈反比例关系。

(三) 短缺成本

☞ 现金短缺成本是指在现金持有量不足而无法及时通过有价证券变现加以补充而给企业造成的损失,包括直接损失与间接损失。现金的短缺成本与现金持有量呈反方向变动关系。

分析现金管理成本及其各自的特性的目的在于从成本最低的角度出发确定最佳现金持有量。

三、最佳现金持有量

(一) 成本分析模式

成本分析模式是根据现金有关成本,分析预测其总成本最低时现金持有量的一种方法。

运用成本分析模式确定最佳现金持有量,只考虑因持有一定量的现金而产生的机会成本及短缺成本,而不予考虑管理费用和转换成本。机会成本即为因持有现金而丧失的再投资收益,与现金持有量呈正比例变动关系,用公式表示如下:

$$机会成本 = 现金持有量 \times 有价证券利率(或报酬率) \quad (公式6-2)$$

短缺成本与现金持有量呈反方向变动关系,即现金持有量越多,短缺机会越少,短缺成本越小。

成本分析模式是基于上述原理来确定最佳现金持有量的。在这种模式下,最佳现金持有量,就是持有现金而产生的机会成本与短缺成本之和最小时的现金持有量。

【例 6-1】 东海实业有限公司现有甲、乙、丙三种现金持有方案,有关成本资料,如表 6-3 所示。

表 6-3

现金持有量备选方案表　　　　　　　　　　　　　　　单位:元

项目	甲方案	乙方案	丙方案
现金持有量	10 000	20 000	30 000
机会成本率	4%	4%	4%
短缺成本	300	200	100

根据表 6-3,编制该公司最佳现金持有量测算表,如表 6-4 所示。

表 6-4

现金持有量备选方案表　　　　　　　　　　　　　　　单位:元

方案及现金持有量	机会成本	短缺成本	相关总成本
甲方案(10 000)	400	300	700
乙方案(20 000)	800	200	1 000
丙方案(30 000)	1 200	100	1 300

通过分析比较表 6-4 中各方案的总成本可知,甲方案的相关总成本最低,因此企业持有 10 000 元的现金为最佳持有量。

(二) 存货模式

运用存货模式确定最佳现金持有量时,是以下列假设为前提的:

(1) 企业所需要的现金可通过证券变现取得,且证券变现的不确定性很小。

(2) 企业预算期内现金需要总量可以预测。

(3) 现金的支出过程比较稳定,波动较小,而且每当现金余额降至零时,均可通过部分证券变现得以补足。

(4) 证券的利率或报酬率以及每次固定性交易费用可以获悉。

如果上述条件能够得到满足,企业便可以利用存货模式来确定最佳现金持有量。

在存货模式中,只对机会成本和固定性转换成本予以考虑。机会成本和固定性转换成本随着现金持有量的变动而呈现出相反的变动趋向,这就要求企业必须对现金与有价证券的分割比例进行合理的安排,从而使机会成本与固定性转换成本保持最佳组合。能够使现金管理的机会成本与固定性转换成本之和保持最低的现金持有量,这个最低的现金持有量即为最佳现金持有量。

这既是存货模式的着眼点,同时也是现金相关总成本最低点。

由于管理费用相对稳定不变,与现金持有量的多少关系不大,因此在存货模式中将其视为决策无关成本。

由于现金是否会发生短缺、短缺多少、概率多大以及各种短缺情形发生时可能会有的损失,都存在很大的不确定性和无法计量性,因而在利用存货模式计算最佳现金持有量时,对短缺成本也不予考虑。

设 T 为一个周期内现金总需求量,F 为每次转换有价证券的固定成本,Q 为最佳现金持有量(每次证券变现的数量),K 为有价证券利息率(机会成本率),TC 为现金管理相关总成本,其计算公式如下:

$$现金管理相关总成本 = 持有机会成本 + 固定性转换成本 \quad (公式6-3)$$
$$TC = (Q \div 2) \times K + (T \div Q) \times F$$

持有现金的机会成本与证券变现的交易成本相等时,现金管理的相关总成本最低,此时的现金持有量为最佳现金持有量,即:

$$Q = \sqrt{2TF \div k} \quad (公式6-4)$$

将(公式6-4)代入(公式6-3)得:

$$最低现金管理相关总成本(TC) = \sqrt{2TFK} \quad (公式6-5)$$

【例6-2】 东海实业有限公司现金收支状况比较稳定,预计全年(按360天计算)需要现金250 000元,现金与有价证券的转换成本为每次500元,有价证券的年利率为10%,则:

最佳现金持有量 $Q = \sqrt{2 \times 250\,000 \times 500 \div 10\%} = 50\,000(元)$

最低现金管理相关总成本 $TC = \sqrt{2 \times 250\,000 \times 500 \times 10\%} = 5\,000(元)$

其中:

固定性转换成本 $= (T \div Q) \times F = (250\,000 \div 50\,000) \times 500 = 2\,500(元)$
持有机会成本 $= (Q \div 2) \times K = (50\,000 \div 2) \times 10\% = 2\,500(元)$
有价证券交易次数 $= (T \div Q) = 250\,000 \div 50\,000 = 5(次)$
有价证券交易间隔期 $= 360 \div 5 = 72(天)$

在现金需求量难以预期的情况下,企业也可以采用随机模型等方式来控制现金持有量。

现金是流通手段,是企业流动资金中最活跃的部分。在生产经营中现金变为非现金资产,非现金资产又变为现金,这种周而复始的流转过程称为现金循环。现金循环与其他业务循环存在着直接或间接的联系,其他业务循环是否畅通,是否发生障碍,是否存在弊端和漏洞,都会对现金循环产生影响。企业应严格遵守国家有关现金管理制度,正确进行现金收支的核算,加强现金的管理和控制,监督现金使用的合法性与合理性,降低现金使用成本和财务风险,提高现金的使用效益,保护现金的安全完整。

四、现金管理方法

(一) 现金流动同步化

公司的现金流入与流出一般来说是很难准确预测的,为了应付这种不确定性可能带来的问题,公司往往需要保留比最佳现金持有量要多的现金余额。为了尽量减少公司持有现金带来的成本增加和盈利减少,公司财务人员需要提高预测和管理能力,使现金流入和流出能够合理匹配,实现同步化的理想效果。现金流动同步化的实现可以使公司的现金余额减少到最小,从而减少持有成本,提高公司的盈利水平。

(二) 合理估计"浮存"

所谓"浮存"是指公司账簿中的现金余额与银行记录中的现金余额的差。由于公司支付、收款与银行转账业务之间存在时滞,这会使本应显示同一余额的公司账簿和银行记录之间存在差异。为了保证公司的安全运转,财务人员必须对这个差异有清楚的了解,以正确判断公司的现金持有情况,避免出现高估或低估公司现金余额的错误。也可以结合编制银行存款余额调节表,借助于该调节表的第三余额加以判断。

(三) 加速应收账款的收现

当公司的销售实现时,并不意味着已经得到了可以自由支配的现金收入,因为经济生活中很多交易都是通过支票、汇票或其他银行转账方式实现的。由于这些步骤的存在,使公司无法立即动用销售收入,从而可能会使公司陷入现金短缺的被动局面。应收账款收现延迟的一部分原因是公司无法控制的,比如银行的操作、邮局的效率等,但有一部分原因是公司应该注意和妥善处理的,如开户银行的选择、应收账款的信用政策,等等。公司应该从各个方面努力加速应收账款的收现。

第3节 应收账款管理

一、应收账款管理的意义

应收账款是企业因对外赊销产品,供应劳务等而应向购货或接受劳务的单位收取款项。

应收账款是把双刃剑

在市场竞争面前,应收账款对于扩大销售、增加收益、节约存货资金占用,以及降低存货管理成本方面有一定的作用,但也可能是经营者片面追求高收入、或管理不当所造成的,而且相对于现销方式,赊销商品毕竟意味着应计现金流入量与实际现金流入量在时间上的不一致,所以产生拖欠甚至坏账损失的可能性自然也比较高。所以说,应收账款的增加,是为了满足扩大市场占有率、提高市场营销业绩、降低存货对流动资金的占用以及由此产生的机会成本,同时稳定忠诚客户队伍。为此,企业应在发挥应收账款强化竞争、扩大销货功能的同时,尽可能降低应收账款投资的机会成本,减少坏账损失与管理成本,提高应收账款投资的收益率。只有当应收账款所增加的盈利超过所增加的成本时,才应当实行应收账款赊销;如果应收账款赊销有着良好的盈利前景,就应当放宽信用条件增加赊销量。

二、应收账款管理的成本

(一) 机会成本

增加应收账款的资金占用,不仅可能会虚增资产与利润,而且会降低资金的使用效益。因资金投放在应收账款上而丧失的机会收益是一种代价,这种代价的大小通常与企业维持赊销业务所需的资金数量(即应收账款投资额)和资金成本率有关。其计算公式为:

$$应收账款机会成本 = 维持赊销业务所需要的资金数量 \times 资金成本率$$

(公式 6-6)

式中,资金成本率一般可按有价证券利息率计算;维持赊销业务所需的资金数量可按下列步骤计算。

1. 计算应收账款平均赊销额

$$应收账款平均赊销额 = \frac{年赊销额}{360} \times 平均收账天数$$

(公式 6-7)

$$= 平均每日赊销额 \times 平均收账天数$$

2. 计算维持赊销业务所需要的资金数量

$$维持赊销业务所需要的资金数量 = 应收账款平均余额 \times \frac{变动成本}{销售收入}$$

$$= 应收账款平均余额 \times 变动成本率$$

(公式 6-8)

在上述分析中,假设企业的成本水平保持不变(即单位变动成本不变,固定成本总额不变),则随着赊销业务的扩大,只有变动成本随之上升。

【例 6-3】 东海实业有限公司预测的某年度赊销额为 600 000 元,应收账款平均的收账天数为 90 天,变动成本率为 60%,资金成本率为 5%,则应收账款机会成本可计算如下:

$$应收账款平均赊销额 = \frac{600\ 000}{360} \times 90 = 150\ 000(元)$$

$$维持赊销业务所需要的资金数量 = 150\ 000 \times 60\% = 90\ 000(元)$$

$$应收账款机会成本 = 90\ 000 \times 5\% = 4\ 500(元)$$

在正常情况下,应收账款收账天数越少,一定数量资金所维持的赊销额就越大;应收账款收账天数越多,维持相同赊销额所需要的资金数量就越大。应收账款机会成本在很大程度上取决于企业维持赊销业务所需要资金量的多少。

（二）管理成本

应收账款的管理成本是指企业对应收账款进行管理而耗费的开支，主要包括对客户的资信调查费用、收账费用和其他费用。

（三）坏账成本

应收账款基于商业信用而产生，存在无法收回的可能性，由此而给应收账款持有企业带来的损失，即为坏账成本。这一成本一般与应收账款数量同方向变动，即应收账款越多，坏账成本也越多。为规避发生坏账成本给企业生产经营活动的稳定性带来不利影响，小企业应合理提取坏账准备金。

三、应收账款管理的政策

市场经济是信用经济，管理应收账款政策即信用政策。信用是指在商品交换过程中，交易一方以将来偿还的方式获得另一方的财、物或服务的能力。信用的根据是获得财、物或服务的一方所作出的给付承诺。由此可见，信用是受信方和授信方的双方约定，发生在两者之间。在市场上，受信方往往是赊购者或者接受信贷者，授信方一般是采用赊销方式的企业或提供信贷的金融机构。信用包括两个重要因素：一是受信方必须在一定的时间期限内为获得财、物或服务而付款或还款，而且时间期限必须得到授信方的认可；二是授信方对受信方的付款承诺必须相信，而且对信用风险作出了判断。

信用政策是指授信方制定的应收账款的管理政策，即对应收账款投资进行规划与控制而确立的基本原则与行为规范，包括信用标准、信用条件和收账政策三部分内容。制定合理的信用政策，是加强应收账款管理、提高应收账款投资效益的重要前提。

（一）信用标准

信用标准是企业评价客户等级，决定给予或拒绝客户信用的依据。如果企业把信用标准定得过高，将使许多客户因信用品质达不到所设的标准而被企业拒之门外，其结果尽管有利于降低违约风险及收账费用，但不利于企业市场竞争能力的提高和销售收入的扩大。相反，如果企业接受较低的信用标准，虽然有利于企业扩大销售，提高市场竞争力和占有率，但同时也会导致坏账损失风险加大和收账费用增加。

1. 分析影响信用标准的因素

1）同行业竞争对手的情况。面对竞争对手，企业首先考虑的是如何在竞争中处于优势地位，保持并不断扩大市场占有率。如果对手实力很强，企业欲取得或保持优势地位，就需采取较低（相对于竞争对手）的信用标准；反之，其信用标准可以相应严格一些。

2）企业承担违约风险的能力。企业承担违约风险能力的强弱，对信用标准的选择也有着重要的影响。当企业具有较强的违约风险承担能力时，就可以以较低的信用标准提高竞争力，争取客户，扩大销售；反之，如果企业承担违约风险的能力比较脆弱，就只能选择严格的信用标准以尽可能降低违约风险的程度。

3) 客户的资信程度。企业在制定信用标准时,必须对客户的资信程度进行调查、分析,然后在此基础上,判断客户的信用等级并决定是否给予客户信用优惠。

(1) 信用品质(character)。信用品质是指客户履约或赖账的可能性,这是决定是否给予客户信用的首要因素,主要通过了解客户以往情况与付款履约记录进行评价,包括了解企业的基本情况、企业历史、经营者情况、企业经营方针、内部管理、组织形式、银行往来和信用评价等。

(2) 偿付能力(capacity)。客户偿付能力的高低,与经营者能力、基础设施条件、规模和设备条件、员工能力、生产能力、销售能力有关,并取决于资产尤其是流动资产的数量、质量(变现能力)及其与流动负债的比率关系。一般而言,企业流动资产的数量越多,质量越高,流动比率越大,表明其偿付债务的物质保证越雄厚;反之,则偿债能力越差。当然,资产的变现能力越大,企业的偿债能力就越强;相反,负债的流动性越大,企业的偿债能力也就越小。

(3) 资本(capital)。资本反映了客户的经济实力,是客户偿付债务的最终保证,包括资本构成、资本关系、增资能力与财务状况的现状等。

(4) 抵押品(collateral)。抵押品即客户提供的可作为资信安全保证的资产。能够作为信用担保的抵押财产,必须为客户实际所有,并且应具有较高的市场性,即变现能力。对于不知底细或信用状况有争议的客户,只有提供足够的高质量的抵押财产(最好经过投保),企业才能向他们提供相应的商业信用。

(5) 经济状况(conditions)。这是指不利经济环境对客户偿付能力的影响及客户是否具有较强的应变能力,包括所在行业是否得到政府的鼓励或限制、同业状况、供需状况、地位状况、竞争状况等。

(6) 保险(coverage insurance)。凡是涉及债权保险方面的作业方式和业务都可以称之为广义的保险。保险状况与承保现状与客户的信用有关。保险比担保品更能体现出现代经济贸易的特点。

2. 对信用标准进行评估

信用经济伴随着市场经济产生与发展。市场经济越发展,信用经济与信用评估越重要。对信用标准进行定量分析与评估,旨在解决两个问题:一是确定客户拒付账款的风险,即坏账损失率。信用标准一般是客户获得企业商业信用所具备的最低条件,通常以预期的坏账损失率表示。二是根据对客户信用资料的调查分析,根据评价信用优劣的数量标准等,具体确定客户的信用等级,以此作为给予或拒绝信用的依据。

(二) 信用条件

☞ 信用条件就是指企业接受客户信用定单时所提出的付款要求,主要包括信用期限、折扣期限及现金折扣率等。信用条件的基本表现方式如"1/10, n/30",它表示:如客户能在发票开出后的 10 日内付款,可以享受 1% 的现金折扣;如果放弃折扣优惠,则全部款项必须在 30 日内付清。30 天为信用期限,10 日为折扣期限,1% 为现金折扣率。

1. 信用期限

信用期限是指企业允许客户从购货到支付货款的时间间隔。企业产品销售量与信用期限之间存在着一定的依存关系。通常,延长信用期限,可以在一定程度上扩大销售量,从而增加毛利。但不适当地延长信用期限,会给企业带来不良后果:一是使平均收账期延后,占用在应收账款上的资金相应增加,引起机会成本增加;二是引起坏账损失和收账费用的增加。因此,企业是否给客户延长信用期限,应视延长信用期限增加的边际收入是否大于增加的边际成本而定。

2. 现金折扣和折扣期限

延长信用期限会增加应收账款占用的时间和金额。许多企业为了加速资金周转,及时收回货款,减少坏账损失,往往在延长信用期限的同时,采用一定的优惠措施。即在规定的时间内提前偿付货款的客户可按销售收入的一定比率享受折扣。现金折扣实际上是对现金收入的扣减,企业决定是否提供以及提供多大程度的现金折扣,着重考虑的是提供折扣后所得的收益是否大于现金折扣的成本。

企业究竟应当核定多长的现金折扣期限,以及给予客户多大程度的现金折扣优惠,必须将信用期限及加速收款所得到的收入与付出的现金折扣成本结合起来考察。与延长信用期限一样,采取现金折扣方式在有利于刺激销售的同时,也需要付出一定的成本代价,即给予现金折扣造成的损失。如果加速收款带来的机会收益能够绰绰有余地补偿现金折扣方式的成本,现金优惠条件便被认为是不恰当的。

除上述表述的信用条件外,企业还可以根据需要,采取阶段性的现金折扣期与不同的现金折扣率。例如,"3/10,2/30,n/60",即给予客户 60 天的信用期限;客户若能在开票后的 10 日内付款,便可以得到 3% 的现金折扣;超过 10 日而能在 30 日内付款的,也可以得到 2% 的现金折扣;否则,只能全额支付账面款项。

3. 对信用条件备选方案进行评价与决策

【**例 6-4**】 东海实业有限公司预测 2004 年度赊销额为 3 600 万元,其信用条件是 n/30,变动成本率为 70%,资金成本率为 10%。假设企业收账政策不变,固定成本总额不变。该企业准备了三个信用条件的备选方案:A 方案维持原 n/30 的信用条件不变;B 方案是将信用条件放宽到 n/40;C 方案是将信用条件放宽到 n/50。有关三个备选方案估计的赊销水平、坏账百分比和收账费用等有关数据如表 6-5 所示。

表 6-5

信用条件备选方案资料表　　　　　　　单位:万元

方案 信用条件 项目	A	B	C
	n/30	n/40	n/50
年赊销额	3 600	4 320	5 040
应收账款平均收账天数	30	40	50

(续表)

项目 \ 方案信用条件	A n/30	B n/40	C n/50
应收账款平均余额	3 600÷360×30=300	4 320÷360×40=480	5 040÷360×50=700
维持赊销业务所需资金	300×70%=210	480×70%=366	700×70%=490
坏账损失/年赊销额	3%	4%	5%
坏账损失	3 600×3%=108	4 320×4%=172.8	5 040×5%=252
收账费用	100	150	200

根据以上资料，可计算下列数据，如表6-6所示。

表6-6

信用条件分析评价表 单位：万元

项目 \ 方案信用条件	A n/30	B n/40	C n/50
年赊销额	3 600.00	4 320.00	5 040.00
变动成本	2 520.00	3 024.00	3 528.00
信用成本之前收益	1 080.00	1 296.00	1 512.00
信用成本：			
应收账款机会成本	210×10%=21.00	366×10%=36.60	490×10%=49.00
坏账损失	108.00	172.80	252.00
收账费用	100.00	150.00	200.00
小计	229.00	359.40	501.00
信用成本之后收益	851.00	936.60	1 011.00

根据表6-4中的资料可知，在这三种方案中，C方案(n/50)的获利最大，它比A方案(n/30)增加收益160万元(1 011－851)，比B方案(n/40)增加收益74.4万元(1 011－936.6)。因此，在其他条件不变的情况下，应选择C方案。

【例6-5】 接上例，如果东海实业有限公司选择了C方案以后，但为了加速应收账款的回收，决定将赊销条件改为"2/10,1/20,n/60"(D方案)，估计约有50%的客户(按赊销额计算)会享受2%的现金折扣，30%的客户将享受1%的现金折扣。坏账损失率降为2%，收账费用降为50万元，其他条件不变。根据上述资料，有关指标可计算如下：

应收账款平均收账天数 = 50%×10＋30%×20＋20%×60 = 5＋6＋12 = 23(天)
应收账款平均赊销额 = 5 040÷360×23 = 322(万元)
维持赊销业务所需要的资金 = 322×70% = 225.40(万元)

应收账款机会成本 ＝ 225.4×10％ ＝ 22.54(万元)
坏账损失 ＝ 5 040×2％ ＝ 100.8(万元)
现金折扣 ＝ 5 040×(2％×50％＋1％×30％) ＝ 65.52(万元)

根据以上资料可编制信用条件分析评价表，如表 6-7 所示。

表 6-7

信用条件分析评价表　　　　　　　　　单位：万元

方案 信用条件 项目	C n/50	D 2/10, 1/20, n/60
年赊销额	5 040.00	5 040.00
减：现金折扣	—	65.52
年赊销净额	5 040.00	4 974.48
减：变动成本	3 528.00	3 528.00
信用成本的收益	1 512.00	1 446.48
减：信用成本		
应收账款机会成本	49.00	22.54
坏账损失	252.00	100.80
收账费用	200.00	50.00
小计	501.00	173.34
信用成本后收益	1 011.00	1 273.14

表 6-5 计算结果表明，实行现金折扣以后，企业的收益增加 262.14 万元（1 273.14－1 011.00），因此，应当选择 D 方案(2/10, 1/20, n/60)作为最佳方案。

（三）收账政策

在企业向客户提供商业信用时，必须考虑客户是否会拖欠或拒付账款，怎样才能最大限度地防止客户拖欠账款以及一旦账款遭到拖欠甚至拒付时应采取怎样的对策呢？收账政策就是指当客户违反信用条件，拖欠甚至拒付账款时企业所采取的收账策略与措施。

企业为了扩大销售，增强竞争能力，往往对客户的逾期未付款项规定一个允许的拖欠期限，超过规定的期限，企业就应当采取各种形式进行催收。如果企业制定的收款政策过宽，会导致逾期未付款项的客户拖延时间更长，对企业不利；收账政策过严，催收过急，又可能伤害无意拖欠的客户，影响企业未来的销售和利润。因此，企业在制定收账政策时，要权衡利弊，掌握好宽严界限。

企业对拖欠的应收账款，无论采用何种方式进行催收，都会发生一定的收账费用，如收款所花的邮电通讯费、派专人收款的差旅费和法律诉讼费等。一般而言，企业加强收账管理，及早收回货款，可以减少坏账损失，减少应收账款上的资金占用，但会增加收账费用。因此，制定收账政策就是要在增加收账费用与减少坏账损失、减少应收账款机会成本之间进行权衡，若前者小于后者，则说明制定的收账政策是可取的。

知识拓展

应收账款回收情况的监督

企业已发生的应收账款时间有长有短，有的尚未超过收款期，有的则超过了收款期。一般来讲，拖欠时间越长，款项收回的可能性越小，形成坏账的可能性越大。对此，企业应实施严密的监督，随时掌握回收的情况。实施对应收账款回收情况的监督，可以通过编制账龄分析表进行。

账龄分析表（Aging Schedule）是用来将应收账款的时间列示在表格中，形成的能显示应收账款在外天数的（账龄）长短的报告，如表6-8所示。

表6-8

账龄分析表

应收账款账龄	账户数量（户）	金额（万元）	百分率
信用期内	200	8	40%
超过信用期1~20天	100	4	20%
超过信用期21~40天	50	2	10%
超过信用期41~60天	30	2	10%
超过信用期61~80天	20	2	10%
超过信用期81~100天	15	1	5%
超过信用期100天以上	5	1	5%
合　　计	420	20	100%

利用账龄分析表，企业可以了解到下列情况：

（1）有多少欠款尚在信用期内。如表6-6所示，有价值80 000元的应收账款在信用期内，占全部应收账款的40%。这些款项未到偿付期，欠款是正常的；但到期后能否收回，还要待时再定，故及时的监督仍是必要的。

（2）有多少欠款超过了信用期，超过时间长短的款项各占多少，有多少欠款会因拖欠时间太久而可能成为坏账。如表6-6所示，有价值120 000元的应收账款已超过了信用期，占全部应收账款的60%。这部分欠款有可能成为坏账。对不同拖欠时间的欠款，企业应采取不同的收账方法，制定出经济、可行的收账政策；对可能发生的坏账损失，则应提前做好准备，充分估计这一因素对损益的影响。

【例6-6】　东海实业有限公司应收账款原有的收账政策和拟改变的收账政策如表6-9所示。

表 6-9

收账政策备选方案资料表

项　　目	现行收账政策	拟改变的收账政策
年收账费用(万元)	5	10
平均收账天数(天)	60	30
坏账损失占赊销额的百分比	4%	2%
赊销额(万元)	540	540
变动成本率	70%	70%

假设资金利润率为10%，根据图表6-8中的资料，计算两种方案的收账总成本如表6-10所示。

表 6-10

收账政策分析评价表　　　　　金额单位：万元

项　　目	现行收账政策	拟改变的收账政策
赊销额	540.00	540.00
应收账款平均收账天数(天)	60	30
应收账款平均赊销额	540÷360×60＝90.00	540÷360×30＝45.00
应收账款占用的资金	90×70%＝63.00	45×70%＝31.50
收账成本：		
应收账款机会成本	63×10%＝6.30	31.50×10%＝3.15
坏账损失	540×4%＝21.60	540×2%＝10.80
年收账费用	5.00	10.00
收账总成本	32.00	23.95

根据表6-10的计算结果表明，拟改变的收账政策的相关收账成本低于现行收账政策的相关收账成本，因此，改变收账政策的方案是可以接受的。

第4节　存　货　管　理

一、存货管理的意义

(一) 存货的定义

☞　存货是指企业在日常生产经营过程中为生产或销售而储备的物资。企业拥有充足的存货，大批量购货，不仅有助于降低购货成本，有利于节约采购费用与生产时间，防止停工待料、保证生产过程的顺利进行，而且能够迅速地满足客户各种订货的需要,从而为企业的生产与销售提供较大的机动性,避免因存货不足带来的机会损失。然而,存货的增加必然要占用更多的资金,其储存成本和管理费用也会增加,影响企业获利能力的提高。因此,如何在存货的功能与成本之间进行利弊权衡,在充分发挥存货功能的同时降低成本、增加收益,实现它们的最佳组合,成为存货管理的基本目标。

(二)存货的分类

存货可按照不同的标准进行分类:

一是按照存货的经济内容,可分为商品、产成品、自制半成品、在产品、材料、包装物和低值易耗品。

二是按照存货的存放地点,可分为库存存货、在途存货、在制存货、寄存存货、委托外单位代销存货。

三是按照存货的取得来源,可分为外购的存货、自制的存货、委托加工的存货、投资者投入的存货、接受捐赠的存货、接受抵债取得的存货、非货币性交易换入的存货和盘盈的存货等。

(三)存货的功能

企业持有存货的主要功能是:

第一,防止停工待料。适量的存货能有效防止停工待料事件的发生,维持生产的连续性。

第二,适应市场变化。存货储备能增强企业在生产和销售方面的机动性以及适应市场变化的能力。

第三,降低进货成本。企业采取大批量购货方式,可获得较多的商业折扣,同时可以减少购货次数,降低采购费用支出,有助于降低购货成本,只要购货成本的降低额大于因存货增加而导致的储存等各项费用的增加额,就是可行的。

第四,维持均衡生产。对于那些属于季节性生产的产品,企业生产所需材料的供应具有季节性,为实行均衡生产,降低生产成本,就必须适当储备一定的半成品存货或保持一定的原材料存货,以缓冲生产水平的高低变化对企业生产活动及获利能力的影响。

二、存货管理的成本

(一)进货成本

☞ 进货成本是指存货的取得成本,主要由存货的进价成本和进货费用两个方面构成。

☞ 进价成本又称购置成本,是指存货本身的价值,等于采购单价与采购数量的乘积。在一定时期进货总量既定的条件下,并假设物价不变且无采购数量折扣的情况下,无论企业采购次数如何变动,存货的进价成本通常是保持相对稳定的,因而属于决策无关成本。

☞ 进货费用又称订货成本,是指企业为组织进货而开支的费用,如与材料采购有关的办公费差旅费、邮资、电话电报费、运输费、检验费、入库搬运费等支出。进货费用可以按照与订货次数的关系分为变动性进货费用和固定性进货费用两类。

变动性进货费用与订货次数的多少有关,如差旅费、邮资、电话、电报费等费用与进货次数呈正比例变动,属于决策的相关成本。

固定性进货费用与订货次数的多少无关,如专设采购机构的基本开支等,属于决策的无关成本。

(二) 储存成本

☞ 存货的储存成本是指企业为持有存货而发生的额外费用,主要包括存货资金占用费或机会成本、仓储费用、保险费用、存货残损霉变损失等。储存成本可以按照与存储数额的关系分为变动性储存成本和固定性储存成本两类。

☞ 固定性储存是指与存货储存数额的多少没有直接的联系,如仓库折旧费、仓库职工的固定月工资等,这类成本属于决策的无关成本。

☞ 变动性存货成本是指随着存货储存数额的增减呈正比例变动关系,如存货资金的应计利息、存货残损和变质损失、存货的保险费用等,这类成本属于决策的相关成本。

(三) 缺货成本

☞ 缺货成本是因存货不足而给企业造成的损失,包括由于材料供应中断造成的停工损失、成品供应中断导致延误发货的信誉损失及丧失销售机会的损失等。如果生产企业能够以替代材料解决库存材料供应中断之急的话,缺货成本便表现为替代材料紧急采购的额外开支。缺货成本能否作为决策的相关成本,应视企业是否允许出现存货短缺的不同情形而定。若允许缺货,则缺货成本便与存货数量反向相关,即属于决策相关成本;反之,若企业不允许发生缺货情形,此时的缺货成本假设为零,也就无需加以考虑。

虽然存货的总成本是上述存货的进货成本、储存成本、缺货成本之和,但其中与决策相关的成本却因存货决策模型而有所区别。例如,存货的经济进货批量是指能够使一定时期存货的相关总成本达到最低点的进货数量。通过上述对存货成本的分析可知,决定存货经济进货批量的成本因素主要包括变动性进货费用(简称进货费用)、变动性储存成本(简称储存成本)以及允许缺货时的缺货成本。

不同的成本项目与进货批量呈现着不同的变动关系。减少进货批量,增加进货次数,在影响储存成本降低的同时,也会导致进货费用与缺货成本的提高;相反,增加进货批量,减少进货次数,尽管有利于降低进货费用与缺货成本,但同时会影响储存成本的提高。因此,如何协调各项成本间的关系,使其总和保持最低水平,是企业组织进货过程需解决的主要问题。又如,在实际采购过程中,通常还存在着数量优惠(即商业折扣或称价格折扣)等情形,企业必须同时结合价格折扣等不同的情况具体分析,灵活运用既经济进货批量模式。总之,能够使一定时期存货的相关总成本达到最低点时的进货数量应当是最佳的。

三、存货经济批量模型

(一) 经济进货批量基本模式

(1) 企业一定时期的进货总量可以较为准确地予以预测。

(2) 存货的耗用或者销售比较均衡。

(3) 存货的价格稳定,且不存在数量折扣,进货日期完全由企业自行决定,并且每当存货量降为零时,下一批存货均能马上一次到位。

(4) 仓储条件及所需现金不受限制。

(5) 不允许出现存货情形。

(6) 所需存货市场供应充足,不会因买不到所需存货而影响其他方面。

由于企业不允许缺货,即每当存货数量降至零时,下一批订货便会随即全部购入,故不存在缺货成本。根据以上几个方面的基本假设可以看出,经济进货批量基本模式下与存货订购批量、批次直接相关的就只有相关的进货费用和储存成本两项。计算公式如下:

$$
\begin{aligned}
存货决策相关总成本 &= 相关进货费用 + 相关储存成本 \\
&= \frac{存货全年计划进货总量}{每次进货批量} \times 每次进货费用 + \frac{每次进货批量}{2} \\
&\quad \times 单位存货储存成本
\end{aligned}
$$

(公式 6-9)

当相关进货费用与相关储存成本相等时,存货相关总成本最低,此时的进货批量就是经济进货批量。

设 Q 为经济进货批量,A 为某种存货年度计划进货总量,B 为平均每次进货费用,C 为单位存货年度单位储存成本,P 为进货单价。上述公式可简化如下:

经济进货批量 $Q = \sqrt{2AB/C}$ (公式 6-10)

经济进货批量有关的存货相关总成本 $Tc = \sqrt{2ABC}$ (公式 6-11)

经济进货批量平均占用资金 $W = PQ/2 = P\sqrt{AB/2C}$ (公式 6-12)

年度最佳进货批次 $N = A/Q = \sqrt{AC/2B}$ (公式 6-13)

年度最佳订货周期 $T = 1/N$ (公式 6-14)

【例 6-7】 东海实业有限公司每年需耗用特种钢材 2 880 千克,该材料的每千克采购成本为 20 元,单位储存成本为 40 元,平均每次进货费用为 400 元,则:

$$Q = \sqrt{2AB/C} = \sqrt{2 \times 2\,880 \times 400/40} = 240(千克)$$

$$Tc = \sqrt{2ABC} = \sqrt{2 \times 2\,880 \times 400 \times 40} = 9\,600(元)$$

其中:

相关进货费用 = 2 880 ÷ 240 × 400 = 4 800(元)
相关存储成本 = 240 ÷ 2 × 40 = 4 800(元)
$W = PQ/2 = 240 × 20/2 = 2\ 400$(元)
$N = A/Q = 2\ 880/240 = 12$(次)
$T = 1/12$(年) $= 1$ 个月

上述计算表明,当进货批量为 240 千克时,进货费用与存储成本总额最低。

(二) 提前订货期模型

一般情况下,企业存货的供应需要有一个间隔期,如订货天数、运输天数、结算天数、整理准备天数等,在有交货时间的供应情况下,企业的存货不能等到用完了才去订货,而需要在还没有用完之前就提前订货。在能够做到提前订货的情况下,企业再次发出订货单时,尚有存货库存量,这称之为再订货点,即采购时点储备量,用 R 来表示,它等于交货时间(L)和每日平均需用量(d)的乘积。

【例 6-8】 东海实业有限公司某种材料从发出订单开始到送货上门验收入库为止的时间为 6 天,该材料预计全年需用量为 5 400 千克,那么,提前订货点计算如下:

$$R = 6 × (5\ 400 ÷ 360) = 6 × 15 = 90(千克)$$

为了防止供货中断和需求变化引起的缺货损失,企业往往需要设立一个保险储备量。如果保险储备量(B)已经可以预测得知,上述提前订货点的公式可变化如下:

$$R = L × d + B \qquad (公式 6-15)$$

【例 6-9】 承[例 6-8],该企业已经确定该种材料的保险储备量为 60 千克,那么,该种材料的订货点应为:

$$R = 6 × 15 + 60 = 150(千克)$$

提前订货点的计算对经济进货批量基本模式并没有影响,只是要求在实际安排采购工作时考虑到采购时点储备量,在提前订货点发出订单就可以了。

(三) 实行数量折扣的经济进货批量模式

为了鼓励客户购买更多的商品,销售企业通常会给予不同程度的价格优惠,即实行商业折扣或称价格折扣。购买得越多,所获得的价格优惠越大。此时,进货企业对经济进货批量的确定,除了考虑进货费用与储存成本外,还应考虑存货的进价成本,因为此时的存货进价成本已经与进货数量的大小有了直接的联系,属于决策的相关成本。

存在数量折扣时的存货相关总成本可按下列公式计算:

存货相关总成本 = 进货成本 + 相关进货费用 + 相关存储成本

(公式 6-16)

上述存货相关总成本最低点时所对应的采购批量应该是最佳的。实行数量折扣的经济进货批量具体确定步骤如下：

1）按照基本经济进货批量模式确定经济进货批量。

2）计算按经济进货批量进货时的存货相关总成本。

3）计算按给予数量折扣的进货批量进货时的存货相关总成本。如果给予数量折扣的进货批量是一个范围，如进货数量在100～199千克之间可享受3％的价格优惠，以后每递增100千克可增加1％的优惠待遇时，一般应按给予数量折扣的最低进货批量即100千克计算存货相关总成本。以此类推，如按200千克计算的相关总成本，按300千克计算的相关总成本，按400千克计算的相关总成本，按500千克计算的相关总成本，等等。因为在给予数量折扣的进货批量范围内，无论进货量是多少，进货进价成本总额都是相同的，而相关总成本的变动规律是：进货批量越小，相关总成本就越低。

4）比较不同进货批量的存货相关总成本，最低存货相关总成本对应的进货批量，就是实行数量折扣的最佳经济进货批量。

【例6-10】 东海实业有限公司甲材料的年需求量为3 600千克，每千克标准价为10元。销售企业规定：客户每批购买量不足1 000千克的，按照标准价格计算，每批购买量在1 000千克以上2 000千克以下的，价格优惠3％；每批购买量2 000千克以上的，价格优惠5％。已知每批进货费用为25元，单位材料的年储存成本为2元。要求：计算实行数量折扣的最佳经济进货批量。

（1）按经济进货批量基本模式确定的经济进货批量为：

$$Q = \sqrt{2 \times 3\ 600 \times 25/2} = 300(千克)$$

（2）每次进货300千克时的存货相关总成本为：

存货相关总成本 $= 3\ 600 \times 10 + 3\ 600 \times 300 \times 25 + 300 \times 2 \times 2$
$= 3\ 600 + 300 + 300 = 36\ 600(元)$

（3）每次进货1 000千克时的存货相关总成本为：

存货相关总成本 $= 3\ 600 \times 10 \times (1 - 3\%) + 3\ 600/1\ 000 \times 25 + 1\ 000/2 \times 2$
$= 34\ 920 + 90 + 1\ 000 = 36\ 010(元)$

（4）每次进货2 000千克时的存货相关总成本为：

存货相关总成本 $= 3\ 600 \times 10 \times (1 - 5\%) + 3\ 600/2 \times 25 + 2\ 000/2 \times 2$
$= 34\ 200 + 45 + 2\ 000 = 36\ 245(元)$

通过比较发现，每次进货为1 000千克时的存货相关总成本最低，所以此时最佳经济进货批量为1 000千克。

四、存货ABC分类管理

对企业存货品种繁多的大中型企业，其存货应当实行ABC管理。有的存货尽管品种数量很少，但金额巨大，如果管理不善，将给企业造成极大的损失；

相反，有的存货虽然品种数量繁多，但金额微小，即使管理当中出现一些问题，也不至于对企业产生较大的影响。因此，无论是从能力还是从经济角度看，企业均不可能也没有必要对所有存货不分巨细地严加管理。ABC 分类管理的目的是使企业分清主次，突出重点，以提高存货资金管理的整体效果。

ABC 分类管理是指按照一定的标准，将企业的存货划分为 A、B、C 三类，分别实行分品种重点管理、分类别一般控制和按总额灵活掌握的分存货管理方法。其分类的标准主要有两个：一是金额标准；二是品种数量标准。其中，金额标准是最基本的，品种数量标准仅作为参考。

A 类存货的特点是金额巨大，但品种数量较少；B 类存货金额一般，品种数量相对较多；C 类存货品种数量繁多，但价值金额却很小，如一个拥有上万种商品的百货公司，家用电器、高档皮货、家具、摩托车、大型健身器械等商品的品种数量并不很多，但价值额却相当大。大众化的服装、鞋帽、床上用品、布匹、文具用具等商品品种数量比较多，但价值额相对 A 类商品要小得多。至于各种小百货，如针线、纽扣、化妆品、日常卫生用品及其他日用品等品种数量非常多，但所占金额却很小。

一般而言，三类存货的金额比重大致为 A：B：C＝0.7：0.2：0.1，而品种数量比重大致为 A：B：C＝0.1：0.2：0.7。可见，由于 A 类存货占用着企业绝大多数的资金，只要能够控制好 A 类存货，基本上也就不会出现较大的问题；同时，由于 A 类存货品种数量较少，企业完全有能力按照每一个品种进行管理。B 类存货金额相对较小，企业不必像对待 A 类存货那样花费太多精力。同时，由于 B 类存货的品种数量远远多于 A 类存货，企业通常没有能力对每一具体品种进行控制，因此可以通过划分类别的方式进行管理。C 类存货尽管品种数量繁多，但其所占金额却小，对此，企业只要把握一个总金额也就完全可以。不过，在此需要提醒的是，由于 C 类存货大多与消费者的日常生活息息相关，虽然这类存货的直接经济效益对企业并不重要，但如果企业能够在服务态度、花色品种、存货质量、价格方面加以重视的话，其间接经济效益将是无法估量的。相反，企业一旦忽视了这些方面的问题，其间接的经济损失同样也是无法估量的。ABC 分类管理方式如表 6-9 所示。

表 6-9

存货 ABC 分类管理方式

项目	A 类	B 类	C 类
管理要求	严格控制	一般控制	简便控制
控制对象	按品种	按类别	按总金额
储存记录情况	详细记录	一般记录	一般记录
采购方式	按计划	一般掌握	按需要
检查方式	经常检查	定期检查	必要时抽查
领用方式	限额领料	一般掌握	一般掌握

资料来源：张纯《财务管理学》[M]．上海：上海财经大学出版社，2005．

五、存货储存期控制

储存存货时要求企业付出一定的资金占用费（如利息成本或机会成本）和仓储管理费，因此，尽力缩短存货储存时间，加速存货周转，是节约资金占用，降低成本费用，提高企业获利水平的重要保证。

存货储存发生的费用支出，按照与储存时间的关系可以分为固定储存费与变动储存费。固定储存费的金额多少与存货储存期的长短没有直接关系，如进货费用、管理费用等。变动储存费的金额随存货期的变动呈正比例变动，如存货资金占用费（贷款购置存货的利息或现金购置存货的机会成本）、存货仓储管理费、仓储损耗（为计算方便，如果仓储损耗较小，也可将其并入固定储存费）等。

根据本量利的平衡关系式可以得出如下计算关系式：

利润 ＝ 毛利 － 固定储存费 － 销售税金及附加 － 每日变动储存费 × 储存天数

（公式6-17）

上述公式告诉我们，存货的储存成本之所以会不断增加，主要是由于变动储存费随着存货储存期的延长而不断增加的结果，所以，利润与费用之间此增彼减的关系实际上是利润与变动储存费之间此消彼长的关系。这样，随着存货储存期的延长，利润将日渐减少。当毛利扣除固定储存费和销售税金及附加后的差额，被变动储存费抵消到恰好等于企业目标利润时，表明存货已经到了保利期。当它完全被变动储存费抵销时，便意味着存货已经到了保本期。无疑，存货如果能够在保本期内售出，可获得的利润便会超过目标值；反之，将难以实现既定的目标利润。倘若存货不能在保本期内售出的话，企业便会蒙受损失。

【例6-11】 东海教育超市购进甲商品2 000件，每件商品进价（不含增值税）100元，单位售价110元（不含增值税），经销该批商品的一次性固定储存费用为10 000元，若货款均来自银行贷款，年利率10.8％，该批存货的月保管费用率3‰，价内的销售税金及附加2 000元。

要求：
（1）计算该批存货的保本储存期。
（2）若企业要求获得2％的投资利润率，计算保本储存天数。
（3）若该批存货实际储存了40天，问能否实现2％的目标投资利润率？差额多少？
（4）若该批存货亏损了1 800元，计算实际储存天数。

现根据上述资料计算如下：

（1）

每日变动储存费 ＝ 购进批量 × 购进单价 × 日变动存储费率
＝ 2 000 × 100 × (10.8‰/360 ＋ 3‰/30)
＝ 200 000 × (0.03％ ＋ 0.01％) ＝ 80(元)

保本储存天数＝（毛利－固定储存费－销售税金及附加）/每日变动储存费
　　　　　　＝[(110－100)×2 000－10 000－2 000]/80
　　　　　　＝8 000÷80＝100(天)

(2)

目标利润＝投资额×投资利润率＝2 000×100×2%＝4 000(元)

保本储存天数＝$\dfrac{（毛利－固定储存费－销售税金及附加－目标利润）}{每日变动储存费}$

　　　　　　＝$\dfrac{[(110－100)×2\,000－10\,000－2\,000－4\,000]}{80}$

　　　　　　＝4 000÷80＝50(天)

(3)

批进批出经销该商品实际获利额＝每日变动储存费×(保本储存天数－实际储存天数)
　　　　　　　　　　　　　　＝80×(100－40)＝4 800(元)

△利润＝实际利润－目标利润＝4 800－4 000＝800(元)

△利润率＝实际利润率－目标利润率＝$\dfrac{4\,800}{2\,000×100}×100\%－2\%$

　　　　　　　　　　　　　　　　＝2.4%－2%＝0.4%(能够超额完成)

(4)

实际储存天数＝保本储存天数－$\dfrac{该批存货获利额}{每日变动储存费}$

　　　　　　＝$100－\dfrac{-1\,600}{80}$＝120(天)

或

　　　　　　＝[(110－100)×2 000－10 000－2 000－(－1 600)]/80
　　　　　　＝9 600÷80＝120(天)

上述有关保本与保利储存期对存货的损益情况的计算属于批进批出的控制模型，即建立在批进批出购销商品的前提条件之上。然而，企业在存货经销的实际工作中，普遍的情形是存货大批量购进、小批量售出或批进零售，此时应适用于批进零售的存货控制模型。

【例 6-12】 假设东海教育超市购进上述甲商品 2 000 件，有关资料与[例 6-11]基本相同。但据市场调研反馈信息表明，该批商品日均销量约 20 件，需 100 天左右的时间方能全部售出，单位售价(不含增值税)仍为 110 元，要求计算批进零售该批商品的预计获利额。

预计获利额＝该批存货的每日变动储存费×(保本储存天数－平均实际储存天数)
　　　　　＝80×[100－(100＋1)÷2]＝3 960(元)

通过对存货储存期的分析与控制，可以及时地将企业存货的信息传输给经营决策部门，如有多少存货已过保本期或保利期？金额多大？比重多大？

有利于决策者针对不同情况,采取相应的措施。一般而言,凡是已过保本期的商品大多属于积压呆滞的存货,对此企业应当积极推销,压缩库存,将损失降至最低限度;对超过保利期但未过保本期的存货,应当首先检查销售状况,查明原因,是人为所致,还是市场行情已经逆转,有无过期积压存货的可能。若有,需尽早采取措施,至于那些尚未超过保利期的存货,企业应密切监控、控制,以防发生国企损失。财务部门还应当通过调整资金供应政策,促使经营部门调整产品结构和投资方向,推动企业存货结构的优化,压缩存货储存期,提高存货的投资效率。

1. 营运资金又称营运资本,是指不受流动负债牵连的企业可以自由支配的资金,在数量上等于流动资产减去流动负债后的差额。营运资金有广义和狭义之分。营运资金一般具有周转快、易变现、常波动和多样化等特点。营运资金周转是指企业的营运资金从现金投入生产经营开始,到最终转化为现金为止的过程。
2. 现金是指在生产过程中暂时停留在货币形态的资金,包括库存现金、银行存款、银行本票和银行汇票等其他货币资金。公司持有现金往往是出于交易、补偿、谨慎和投资等动机。在生产经营中现金变为非现金资产,非现金资产又变为现金,这种周而复始的流转过程称为现金流循环。
3. 应收账款是企业因对外赊销产品、供应劳务等而应向购货或接受劳务的单位收取的款项。信用政策是指授信方制定的应收账款的管理政策,即对应收账款投资进行规划与控制而确立的基本原则与行为规范,包括信用标准、信用条件和收账政策三部分内容。
4. 存货是指企业在日常生产经营过程中为生产或销售而储备的物资。如何在存货的功能与成本之间进行利弊权衡,在充分发挥存货功能的同时降低成本、增加收益,实现它们的最佳组合,成为存货管理的基本目标。存货的经济进货批量是指能够使一定时期存货的相关总成本达到最低点的进货数量。尽力缩短存货储存时间,加速存货周转,是节约资金占用,降低成本费用,提高企业获利水平的重要保证。

一、单项选择题

1. 根据营运资金管理理论,下列各项不属于企业应收账款成本内容的是( )。
   A. 机会成本　　　B. 管理成本　　　C. 短缺成本　　　D. 坏账成本
2. 在营运资金管理中,企业将"从收到尚未付款的材料开始,到以现金支付该货款之间所用的时间"称为( )。
   A. 现金周转期　　　　　　　　　B. 应付账款周转期
   C. 存货周转期　　　　　　　　　D. 应收账款周转期

3. 以下各项与存货有关的成本费用中,不影响经济进货批量的是(　　)。
   A. 专设采购机构的基本开支　　　　B. 采购员的差旅费
   C. 存货资金占用费　　　　　　　　D. 存货的保险费
4. 假设某企业预测的年赊销额为 2 000 万元,应收账款平均收账天数为 45 天,变动成本率为 60%,资金成本率为 8%,一般按 360 天计算,则应收账款的机会成本为(　　)万元。
   A. 250　　　　B. 200　　　　C. 15　　　　D. 12
5. 下列各项中,属于现金支出管理方法的是(　　)。
   A. 银行业务集中法　　　　　　　　B. 合理运用"浮存"量
   C. 账龄分析法　　　　　　　　　　D. 邮政信箱法
6. 各种持有现金的动机中,属于应付未来现金流入和现金流出随机波动的动机是(　　)。
   A. 交易动机　　B. 预防动机　　C. 补偿动机　　D. 投机动机
7. 对应收账款信用期限的叙述正确的是(　　)。
   A. 信用期限越长,企业坏账风险越小
   B. 信用期限越长,表明客户享受的信用条件越优越
   C. 延长信用期限,不利于销售收入的扩大
   D. 信用期限越长,应收账款的机会成本越低
8. 持有过量现金可能导致的不利后果是(　　)。
   A. 财务风险加大　　　　　　　　　B. 收益水平下降
   C. 偿债能力下降　　　　　　　　　D. 资产流动性下降
9. 在企业应收账款管理中,明确规定了信用期限、折扣期限和现金折扣率等内容的是(　　)。
   A. 客户资信程度　B. 收账政策　　C. 信用等级　　D. 信用条件
10. 采用 ABC 分类管理法对存货进行控制时,应当重点控制的是(　　)。
    A. 数量较多的存货　　　　　　　B. 占用资金较多的存货
    C. 品种较多的存货　　　　　　　D. 库存时间较长的存货
11. 在对存货实行 ABC 分类管理的情况下,ABC 三类存货的品种数量比重大致为(　　)。
    A. 0.7∶0.2∶0.1　　　　　　　B. 0.1∶0.2∶0.7
    C. 0.5∶0.3∶0.2　　　　　　　D. 0.2∶0.3∶0.5
12. 实行数量折扣的经济订货批量模式所应考虑的成本因素是(　　)。
    A. 订货费用和储存成本　　　　　B. 订货成本和储存成本
    C. 进价成本和储存成本　　　　　D. 订货费用、储存成本和缺货成本

二、多项选择题

1. 企业如果延长信用期限,可能导致的结果有(　　)。
   A. 扩大当期销售　　　　　　　　B. 延长平均收账期
   C. 增加坏账损失　　　　　　　　D. 增加收账费用
2. 运用成本模式确定最佳现金持有量时,持有现金的相关成本包括(　　)。
   A. 机会成本　　B. 转换成本　　C. 短期成本　　D. 管理成本

3. 下列各项中,属于建立存货经济订货批量基本模型假设前提的有( )。
   A. 一定时期的订货总量可以较为准确地预测
   B. 允许出现缺货
   C. 仓储条件不受限制
   D. 存货的价格稳定
4. 与应收账款机会成本有关的因素是( )。
   A. 应收账款平均余额　　　　　B. 变动成本率
   C. 管理成本　　　　　　　　　D. 资金成本率
5. 提供比较优惠的信用条件,可增加销售量,但也会付出一定代价,主要有( )。
   A. 应收账款机会成本　　　　　B. 坏账损失
   C. 收账费用　　　　　　　　　D. 现金折扣成本
6. 赊销在企业生产经营中所发生的作用有( )。
   A. 增加现金　　B. 减少存货　　C. 促进销售　　D. 减少借款

三、判断题

1. 企业之所以持有一定数量的现金,主要是出于交易动机、预防动机和投机动机。( )
2. 经济订货批量越大,进货周期越长。( )
3. 企业采用严格的信用标准,虽然会增加应收账款的机会成本,但能扩大商品销售额,从而给企业带来更多的收益。( )
4. 利用存货模式确定最佳现金持有量,必须考虑机会成本、转换成本和短缺成本。( )
5. 企业之所以持有一定数量的现金,主要是出于交易动机、预防动机和投机动机。( )
6. 因为先进的管理成本是相对固定的,所以在确定现金最佳持有量时,可以不考虑它的影响。( )
7. 应收账款的机会成本的大小通常与企业维持赊销业务所需要的资金含量和资金成本率无关。( )
8. 信用条件是客户获得企业商业信用所应具备的最低条件,通常以预期的坏账损失率表示。( )
9. 在存货的 ABC 分类管理法下,应当重点管理的是虽然品种数量较少,但金额较大的存货。( )
10. 在存货模式下,持有现金的机会成本与现金固定性转换成本相等时,此时的现金持有量为最佳现金持有量。( )

实战演练

业务题一

1. 东海实业有限公司现金收支状况比较稳定,预计全年(按 360 天计算)需要现

金 250 000 元,现金与有价证券的转换成本为每次 500 元,有价证券的年利率为 10%。要求:

(1) 计算最佳现金持有量。
(2) 计算最佳现金持有量下的全年现金管理总成本、全年现金转换成本和全年持有现金的机会成本。
(3) 计算最佳现金持有量下的全年有价证券交易次数和交易间隔期。

业务题二

2. 假设东海实业有限公司生产某种配件,每年耗用某种材料 3 600 千克,该材料单位成本 10 元,单位存储成本为 2 元,一次订货成本 25 元。要求:

(1) 计算经济订购批量。
(2) 计算全年订购次数。
(3) 计算经济订货量的总成本。
(4) 计算最佳订货周期。
(5) 计算经济订货量占用资金。

课后习题答案

CHAPTER 7

小企业对外长期投资

通过本章你可以学到：

- 投资概念
- 股票投资
- 债券投资
- 基金投资
- 投资组合

Learning objectives 学习目标

案例导入

1. 2004年7月28日,思科诉华为侵权官司以和解告终。这场诉讼就像一出为华为量身定做的活广告,在国际市场上默默无闻的"中国的华为"变成了"让思科畏惧的华为",华为开始真正在国际化的道路上高歌猛进。

2. 2004年2月,华为收购SUNDAY 5.01%的股权,之前的2003年12月,华为已与SUNDAY签订了价值9亿港币的3G合同;2004年5月31日,华为用1 000万元收购了宏智科技在湖北、青海的BOSS项目以及湖北、青海、新疆的BI项目的已签合同和全部知识产权。

3. 华为有关人士称,华为已建立了投资控股、技术、移动通信、培训、应用集成芯片和软件等六个部门,最终将建立八个部门。

4. 2004年11月12日,华为与汇丰等9家银行签署总值3.6亿美元贷款协议,拟用这些贷款资金加快开拓国际市场的步伐。

价值点:

华为——这家在国内企业中国际化触角最为广阔、深入的企业正在经历巨大的蜕变,中国"土狼"正在进化为国际化的"狮子"!

第1节 投资管理概述

一、对外投资的目的

投资是指公司对现在所持有的资金的一种运用,如投入实际资产或购买金融资产,抑或是取得这些资产的权利,其目的是在未来一定时期内获得与风险成比例的收益。在市场经济条件下,公司能否把筹集到的资金投放到收益高、回收快、风险小的项目上去,对企业的生存和发展是十分重要的。首先,投资是实现公司财务管理目标的基本前提;其次,投资是公司生产的必要手段;再次,投资是公司降低经营风险的重要方法。

对外投资是一种风险投资,小企业对外进行投资时应当全面关注投资风险,以防不测。小企业的对外投资可以分为短期投资和长期投资两种,其投资目的是不一样的。

按投资与企业生产经营的关系,投资可分为直接投资和间接投资两类。直接投资是指将资金投放于生产经营性资产,以便获取利润的投资。间接投资又称证券投资,是指将资金投入证券等金融资产,以便取得利息、股利或资本利得收入的投资。

按投资的方向,投资可分为对内投资和对外投资。对内投资是指把资金投在公司内部,购置各种生产经营用资产的投资。对外投资是指公司以现金、实物、无形资产等方式或者以购买股票、债券等有价证券方式向其他单位的投资。

按投资在生产过程中的作用,投资可分为初创投资和后续投资。初创投资是指在建立新企业时所进行的各种投资。而后续投资则是指为巩固和发展企业再生产所进行的各种投资,主要包括为维持企业简单再生产所进行的更新性投资,为实现扩大再生产所进行的追加性投资,为调整生产经营方向所进行的转移性投资等。

按投资回收时间的长短,投资可分为短期投资和长期投资两类。

(一)短期投资的目的

短期投资是企业充分运用暂时闲置的资金所进行的临时性投资。短期投资的回收期在1年以内,一般随时能够变现。

企业一般都会持有一定量的有价证券,以替代较大量的非盈利的现金余额,并在现金流出量大于现金流入量时,将有价证券抛售,以换取现金,从而达到调节现金余缺,使现金保持合理水平的目的。

短期投资当然应当谋求短期投资收益,包括股利、债息和资本利得(有价证券的买卖差价)。

(二)长期投资的目的

长期投资是企业为了长远的、全局的利益所进行的战略性投资,如为了参与其他企业的经营决策或经营业务,以配合自身的经营,以及为将来扩充经营规模作准备等。长期投资回收期应当在1年以上。

沃伦·巴菲特

企业进行股票投资的目的主要有两种:一是作为一般的证券投资,获取股利收入及股票买卖差价;二是利用购买某一公司的大量股票以达到控制该企业的目的。在第二种情况下,企业应当集中资金投资于被控股企业的股票上,这时考虑更多的不是目前利益,即股票投资报酬的高低,而是长远利益,即占有多少股权才能达到控股该公司的目的。

对外投资由于涉及的投资数额大、投资时间长、投资风险高、投资收益不确定等因素,更应当加强职务分离、授权批准、预算与计划等内部控制,并应当经过项目立项、评估、决策、实施、检查等步骤。合法的投资业务应在业务的授权、业务的执行、会计记录以及资产的保管方面等都有明确的分工,不得由一人同时负责上述任何两项工作。例如,长期投资业务在被企业高层管理机构核准后,可由高层负责人员授权签批,由财务经理办理具体的股票或债券的买卖业务,由会计部门负责进行会计记录和账务处理,并由专人负责保管股票和债券等有价证券。这种合理的职责分工所形成的相互牵制有利于避免或减少投资业务中发生错误或舞弊的可能性。

> **知识拓展**
>
> 投资环境（Investment Environment）是指影响公司投资效果的各种外部因素的总和。投资的一般环境主要包括政治形势、经济形势、法律状况和文化状况。
>
> 1. 政治形势
>
> 政治形势主要包括证据是否稳定、有没有战争或发生战争的风险，有没有国家政权或社会制度变革的风险，有没有重大政策变化等情况。要预测好政治形势必须学习和了解国家的有关政策、方针、法律、规定、规划等。
>
> 2. 经济形势
>
> 经济形势主要包括经济发展状况、经济发展水平、经济增长的稳定性、劳动生产率、国民经济结构和国家产业政策等。经济环境常常决定着公司投资的类型和规模。
>
> 3. 法律状况
>
> 与投资有关的法律会直接影响投资的类型与效果。例如，某些法律限制或禁止某些领域的投资，而有些法律则通过税收减免等优惠措施鼓励某些领域的投资。
>
> 4. 文化状况
>
> 文化状况主要指教育程度、文化水平、宗教信仰、风俗习惯等，这些因素也会对投资产生重大影响。

二、对外投资形式

（一）股票投资

股票投资是指企业以购买股票的形式的对外投资。股票是股份有限公司签发的、以证明股东按其所持股份享有权利和承担义务的一种书面权益凭证。企业购入某公司的股票后就成为该公司的股东，并按照所持有股票的份额，参与该公司净收益的分配。为此，企业必须对发行股票公司的财务状况、经营成果与现金流量予以高度重视，在股票投资决策时，必须进行充分的调查研究，从证券市场上市的各种不同的股票中，筛选可望持续取得较高收益的公司股票进行购买，以确保获取预期的投资收益。一旦股票投资决策失误，将导致投资收益的降低，甚至有可能出现无法收回本金的局面。股票投资是一种风险性较大、可能获利较多的投资。

（二）债券投资

债券投资是指企业以购买债券的形式的对外投资。债券是发行债券单位向债券持有人出具承诺定期支付既定利息并按期偿还本金的一种书面债务凭证。企业购入某发行单位的债券后就成为该发行单位的债权人，具有定期取得规定的利息和按期收回本金的权益,但它既不享受企业净收益分配的权利,也不承担企业亏损的义务,因此,其投资风险的程度较股票投资要小,其获利有一定的限度。

(三) 其他投资

其他投资一般是指企业以货币资产、实物资产或无形资产向其他(联营)单位投资,并按其所投资金额占被投资企业资本金总额的份额,参与被投资企业净收益的分配和承担弥补亏损的义务。在投资收益的处理方面,其与股票投资一样,分别采用权益法和成本法进行核算,但两者投资的方式有所区别。

(四) 投资基金

投资基金作为一种集合投资形式开始受到人们的关注。投资基金是由基金发起人以发行收益证券形式汇集一定数量的具有共同投资目的的投资者的资金,委托由投资专家组成的专门投资机构进行各种分散的投资组合,投资者按出资的比例分享投资收益,并共同承担投资风险。投资基金具有资金规模大和专家理财等优势,但一般无法获得很高的收益,在大盘大幅度下跌时,投资者也会承担很大的风险。

投资基金作为一种有价证券,与股票、债券的区别主要表现在以下几个方面。

1. 发行的主体与权力关系不同

股票反映的是投资与被投资之间的关系;债券反映的是债券与债务的关系;而投资基金证券是由基金发起人发行的,投资基金证券投资人与发起人之间的一种契约关系,投资人与发起人都不参与基金的运营管理,而是委托基金管理人进行运营。受托的管理人根据"受人之托,代人理财,忠实服务,科学运营"的原则,按基金章程规定的投资限制,对基金自主运用,以保证投资人有一定的收益。所以,发起人与管理人、托管人之间完全是一种信托契约关系。

2. 风险和收益不同

股票投资的价值变化上不封顶,下不保底,行情瞬息万变,机会稍纵即逝,投资风险巨大,市场上充满不确定性;债券投资属固定收益有价证券投资,其价值变化上可封顶,下可保底,行情变化有规律可循,只要债券没有到期随时都有机会,投资风险相对较小;而投资基金是委托由投资专家组成的专门投资机构进行分散的投资组合,它可以分散风险,因此,投资基金的风险一般会小于股票投资,但大于债券投资。投资基金证券的收益当然也是充满着不确定性,其价值随时都在变化,好的时候也会上不封顶,差的时候,下不保底,即同样存在不固定性。但是,其价值变化基本上与投资组合的市场价格紧密相关。由于组合,不论收益还是风险,都是经过加权平均以后的,这就决定了其收益与风险介于股票与债券之间,即一般低于股票投资,高于债券投资。

3. 存续时间不同

债券到期必须还本付息;股票永远没有到期日;投资基金,尤其是封闭式基金则规定有一定的存续(封闭)期间,期满即终止,但是投资基金到期日经基金证券持有人大会或基金公司董事会决定可以提前终止,也可以期满再延续。

三、对外投资风险

市场经济是风险经济。维系市场经济秩序要靠诚实守信,破坏市场经济秩序的根源则是违约失信。应对这种客观存在的投资风险,其手段通常是强化信用评估。

最早的企业信用评估起源于20世纪初的美国,当时的美国正处于工业化带来的经济迅速增长的时期,铁路运输系统为满足工业不断增长的货运需要而增加新路线,需要筹集大量资本。许多公司通过发行债券在资本市场筹资。而公司之间的信用质量差异较大:有的实力雄厚,经营成功;有的财务状况欠佳,偿债能力较差;有的进行欺骗,名义上是为了兴建铁路和工厂而发行债券,事实并非如此。金融市场上的投资者对这些情况了解很少,大部分投资者缺乏可靠的金融信息,难以评价其将要投资债券的信用风险,更不能比较不同债券之间的信用风险。穆迪评价公司和标准普尔公司等一些世界著名的评价公司可以说就是适应了当时市场经济的发展和巨大投资者的需求而产生和发展的。通过信用评估并发布信息,有利于投资者了解企业的信用现状与违约风险,同时也为企业申请发行债券、股票以及为企业的商业往来提供资信证明,有助于企业顺利进入借贷市场,降低筹资成本,提高知名度,创造良好的社会形象。从历史来看,信用评估的产生在很大程度上根源于投资风险的衡量,这一点对今天开展信用评估仍然是至关重要的。

信用评估是商品经济条件下信用关系发展的产物,是授信者利用各种评估方法,分析受信者在信用关系中的信用能力(包括履约趋势、偿债能力、信用状况、可信程度等)并进行公证审查和评估的活动。信用能力归根结底是偿还债务的能力及其可偿程度,这是一种对未来不确定因素的评估,属于风险估量。由于风险估量的复杂性决定了信用评估是一项复杂的系统工程,包括确立评估、选择评估方法、制定评估制度、总结评估结论等多项内容。信用评估的方法主要有财务评估法和信用评级法等。

风险投资者永远是存在的,因为时间是影响风险最主要的因素,而未来具有不确定性;风险还来源于投资者掌握信息的不够充分和缺乏足够的市场影响力等。所以,市场经济需要有风险评估。例如,进行证券投资必然要承担一定风险,这是证券投资的基本特征之一。证券投资风险主要来源于以下几个方面,在评估证券投资的风险时应当予以关注。

(一) 违约风险

违约风险是指证券发行人无法按期支付利息或偿还本金的风险。通常,政府发行的证券违约风险小,包括商业银行在内的金融机构发行的证券次之,工商企业发行的证券风险较大。造成企业证券违约的原因有:政治、经济形势发生重大变动;发生自然灾害、意外事故等人力不可抗拒的风险事件;企业经营管理不善、成本居高不下、资源浪费严重;企业在市场竞争中失利,主要客户消失等导致的市场份额的丧失;企业财务管理失误,导致的现金流入量不能有效应对现金流出量,从而最终不能及时偿还到期债务等。

(二) 利息率风险

利息率风险是指由于利息率的变动而引起证券价格波动,从而使投资人遭受损失的风险。证券的价格通常会随利息率的变动而反向变动,即银行利率下降,则证券价格上升;银行利率上升,则证券价格下跌。不同期限的证券,利息率风险不一样,期限越长,风险越大。

(三) 购买力风险

购买力风险是指由于通货膨胀而使证券到期或出售时所获得的货币资金的购买力降低的风险。在通货膨胀时期,购买力风险对投资者有重要影响。一般而言,随着通货膨胀的发生,变动收益证券比固定收益证券要更有优势。因此,普通股票被认为比公司债券和其他有固定收入的证券能更好地避免购买力风险。

(四) 流动性风险

流动性是指有价证券能够在不蒙受损失的前提下迅速变现的特性。流动性风险是指在投资人想出售有价证券获取现金时,证券不能立即安全出售套现的风险。一种能在较短期内按市价大量出售的资产,是流动性较高的资产,这种资产的流动性风险较小;反之,如果一种资产不能在较短时间内按市价大量出售,则属于流动性较低的资产,这种资产的流动性风险较大。例如,购买了不知名的小公司债券,想立即便捷出售比较困难,其流动性风险比较大;但若购买了国库券,几乎可以立即迅速出售,其流动性风险较小。

(五) 期限性风险

期限性风险是指由于证券期限长而给投资人带来的风险。如果一项投资的期限越长,投资人遭受的不确定性因素就越多,承担的风险就越大。对债务性有价证券而言,期限较长,其有效期限内,不论宏观经济形势,还是行业走势,乃至微观经济主体的生产经营管理基本面,都有可能发生戏剧性的变化。而这一切,往往是投资人所无法掌控的,更是投资人所无从知道的。

四、对外投资估价

投资估价应当是有效投资行为的前提,是投资决策的核心。没有经过投资估价的投资行为往往是盲目的。理性的投资估价应当注意以下几个问题。

(一) 投资者所要了解的不仅仅是企业的账面价值

账面价值仅仅是指一个企业会计意义上的概念,而不是评估或经济上的概念。对企业的某一项资产(如设备、厂房等)来说,账面价值是该资产的账面原值减去累计折旧后的历史成本;对企业整体资产而言,其账面价值是企业全部资产扣除相应的减值准备后的账面价值总量,即账面资产净值,当账面净值扣除全部负债以后即为投资者所拥有的净权益。

资产的账面价值作为历史成本尽管具有客观性和可验证性的优点,但这并不足以使它成为资产评估的依据。因为,当社会经济环境发生变化时,账面价值并不能反映出物价变动和技术进步对资产价值的实际影响,因而也就是不能正确反映资产的真实价值。

在实际中,以账面价值直接评估资产价值的情况比较少;但账面价值可以使投资者在综合考虑其他因素的基础上对资产价值作出一个粗略的估计,有助于投资者从总体上对资产的收益能力作出判断。然而,企业如果追求账面价值最大化,不但不会提升企业的价值,反而会导致企业做假账。

(二)在投资活动中,投资者需要掌握公允市场价值

☞ 公允市场价值是指在评估基准日资产在公开市场上的交易价格。公允市场价值是一个在资产评估中被普遍接受的价值标准,它是资产在一个自愿的卖主和一个自愿的买主之间转手的现金或现金等价物价格,买卖双方都充分而合理地拥有有关资产的相关知识,而且双方都是精明和谨慎的,任何一方都没有被强迫买或卖;也就是说公允市场价值对双方都是公平的。

当"自愿的买主"和"自愿的卖主"的含义背离的情况发生时,市场形成的交易价格就不能真正地反映资产的公允市场价值。

公允市场价值可以说是资产最客观、最真实的价值。无论是购买者还是出售者都有足够的时间充分了解或展示资产的各种属性,而且买卖双方都是理性的投资者,根据资产预期的未来收益确定其价值。公允市场价值的市场环境条件类似于普通商品的完全竞争市场,同类资产或同等效能的可替代资产很多,故不能形成卖方垄断;同时,市场也存在大量的现时或潜在的购买者,并且资产有充分长的公布时间,足以吸引和激发这些购买者的购买欲望,故也不能形成买方垄断。公允市场价值是买卖双方都愿意接受的公平价值。

与公允市场价值相关的概念是投资价值。投资价值是企业并购、资产转让等资产经营活动中涉及最多的一种价值概念。它是资产相对于一个特定的所有者(或预期所有者)的价值,表现为该资产的所有权给其所有者带来的未来收益的价值。

(三)评价投资项目应当反映其内在价值

☞ 内在价值是指资产预期创造的未来现金流量的现值。它是在预期未来现金流量的数量、时间和风险的情况下,投资者所愿意支付的。

内在价值是资产的理论价值,它不仅适用于市场化的资产,而且也适用于非市场化的资产。当某项资产收益产生的数量、时间能够准确地计量,其风险程度也可以根据现有资本市场反映出的投资者的偏好进行度量。我们就能够计算出这些资产相对于现有资本市场的内在价值。

在公开的交易市场存在的情况下,资产的内在价值应该就是资产的公允市场价值。若资产不能流动或流动性较差,则可以利用当前资本市场上具有同样收益和风险水平资产的预期收益率,来估算资产的内在价值。对于能够在市场上进行交易的资产,其公允市场价值应该等于内在价值。以股票为例,投资者一般认为股票应该是按照它的内在价值进行交易的,一旦投资者估计到某个股票的内在价值,就会在可能的情况下,将其与当前的市场价值相比

较。若内在价值高于市场价值,投资者就会认为该股票是被低估了;反之,则该股票是被高估了。投资者一般会根据自己作出判断决定投资的策略。企业的市场价值应该与其内在价值相关。但两者出现差异时,投资者才有寻找获利或投机的机会。市场或价格竞争的结果,一般是使市场价值回复到内在价值的水平,所以,市场价值总是围绕着内在价值上下波动的。

(四)在特殊情况下(如破产清算),投资者关心清算价值

清算价值是企业终止经营时其资产所能实现的价值。在这种情况下,企业资产既可以作为整体进行出售(企业整体资产或成套设备),也可以分为一个个单项资产拆零独立出售。具体采取何种方式,一般以变现快、收入高为原则,同时要考虑债务清偿的要求。企业一般分为两种:强制清算和自然清算。在两种清算方式下,出售者都是不得不出卖资产的,而购买者是自愿的。一般对拆零出售资产采取拍卖的方式,对企业资产的整体转让采取协商或多个买主竞价的方式。强制清算和自然清算之间的不同之处在于,自然清算还有一定的合理时间去寻找购买者,而强制清算则一般没有这样的优惠条件。

由于在清算条件下,资产的出售者是在较短的公开市场期限内非自愿或被迫地处置资产,因此资产的清算价值通常低于资产正常交易条件下的市场价值。在资产评估时,这类资产的价值一般要在市场价值的基础上进行调整,但具体的调整因素很多并且不好确定,而且这些因素的影响程度交织在一起非常复杂,因此往往由评估人员根据经验对这些因素进行推断和判断,来确定资产的清算价值。

清算价值是在一定程度的买方垄断条件下的市场价值,在尽快将企业资产变现、偿债的压力下,所有者被迫仓促出手现有的资产,而且购买者都十分清楚这一点,在通常情况下,资产的清算价值要大大低于资产的公允市场价值。

综上所述,资产价值不是一个静态的、性质不变的概念。任何资产的价值都会依赖于许多变化的因素而存在,如买卖双方的力量、资产所处的经济环境和地理环境、资产的潜在用途、资产评估的时间、资产的相对稀缺程度和替代物的价值、所有权的性质与结构、资产的流动性和市场状况等。因此,资产价值并不是一个绝对固定的确定值,它只反映了在某个特定环境下有关资产利益双方的市场观念。市场越有效,市场价值向内在价值的回归就越迅速。

第2节 企业对外投资管理

一、股票投资

(一)股票的一般分类

1. 按股东享受权利和承担义务的大小为标准分类

(1)普通股股票,简称普通股,是股份公司发行的具有管理权、股利不固

巴菲特股票投资
10大秘诀

定的股票。普通股具备股票的一般特征,是股份公司资本的最基本部分。

(2) 优先股股票,简称优先股,是股份公司依法发行的具有一定的优先权的股票。优先股是一特别股票,从法律上讲,企业对优先股不承担法定的还本义务,筹集的优先股属于企业的自有资金;但它承担着固定股利的支付义务,又具有债券的某些特征。

2. 按股票票面是否记名分类

(1) 记名股票,是指在股票上载有股东姓名或名称,并将其记入公司股东名册的一种股票。记名股票要同时附有股权手册,才能领取股息和红利。记名股票的转让、继承都要办理过户手续。

公司向发行人、国家授权投资的机构和法人发行的股票,应当为记名股票。

(2) 无记名股票,是指在股票上不记载股东姓名或名称的股票。凡持有无记名股票都可成为公司股东。无记名股票的转让、继承无需办理过户手续,只要将股票交给受让人就可发生转让效力,移交股权。

对社会公众发行的股票,可以为记名股票,也可以为无记名股票。

3. 按股票票面有无金额分类

(1) 面值股票是指在股票的票面上记载每股金额的股票。股票面值的主要功能是确定每股股票在公司所占有的份额;同时还表明,在有限公司中股东对每股股票所负有限责任的最高限额。

(2) 无面值股票是指股票票面上不记载每股金额的股票。无面值股票仅表示每一股在公司全部股票中所占有的比例。也就是说,这种股票只在票面上注明每股占公司全部净资产的比例,其价值随公司财产价值的增减而增减。

4. 按发行对象和上市地区分类

(1) A 股,是指以人民币表明票面金额并以人民币认购和交易的股票。

(2) B 股,是指以人民币表明票面金额,以外币认购和交易的股票。

(3) H 股,是指在香港上市的股票。

(4) N 股,是指在纽约上市的股票。

(二) 普通股股东权利

普通股股票的持有者被称为普通股股东。普通股股东一般具有如下权利。

1. 公司管理权

普通股股东具有对公司的管理权。对大公司来说,普通股股东成千上万,不可能每个人都直接对公司进行管理。普通股股东的管理权主要体现为对董事会成员的选举权和被选举权。通过选出的董事会代表所有股东对企业进行控制和管理。普通股股东的管理权主要表现在以下几个方面:

(1) 投票权。普通股股东有权投票选举公司董事会成员并有权对修改公司章程、改变公司资本结构、批准出售公司重要资产、吸收或兼并其他公司等重大问题进行投票表决。

(2) 查账权。从原则上来讲,普通股股东具有查账权。但由于保密的原因,这种权利常常受到限制。因此并不是每个股东都可自由查账,但股东可以委托会计师事务所去查账。

(3) 阻止越权的权利。当公司的管理当局越权进行经营时,股东有权阻止。

2. 分享盈余权

公司盈余的分配方案应由股东大会决定。通常每一个会计年度,由董事会根据企业的盈利数额和财务状况来决定分发股利的多少并经股东大会批准通过。

3. 出让股份权

有的股东由于与管理当局的意见不一致,又没有足够的力量对管理当局进行控制,便出售其股票而购买其他公司的股票。有的股东认为现有股票的报酬低于所期望的报酬,便出售现有的股票,寻求更有利的投资机会。有的股东由于其他原因需要大量现金,不得不出售其股票等。

4. 优先认股权

当公司增发普通股股票时,原有股东有权按持有公司股票的比例,优先认购新股票。这主要是为了使现有股东保持其在公司股份中原来所占有的百分比,以保证他们的控制权。

5. 剩余财产要求权

当公司解散、清算时,普通股股东对剩余财产有要求权。当公司破产清算时,财产的变现收入,首先要用来支付清算费用、清偿债务,然后支付优先股股东,最后才能分配给普通股股东。

(三) 股票投资的优缺点

1. 股票投资的优点

股票投资是一种最具有挑战性的投资,其报酬和风险都比较高。股票投资的优点主要有:

(1) 能获得比较高的报酬。普通股股票的价格虽然变动频繁,但从长期看,优质股票的价格总是上涨的居多,只要选择得当,大多数能取得优厚的投资报酬。

(2) 能适当降低购买力风险。普通股股票的股利不固定,在通货膨胀比率比较高时,由于物价普遍上涨,股份公司盈利增加,股利的支付也随之增加,因此,与固定收益证券相比,普通股股票能有效地降低购买力风险。

(3) 拥有一定的经营控制权。普通股股东为股份公司的所有者,有权监督和控制企业的生产经营情况。如果想要控制一家企业,最好是收购这家企业的股票。

2. 股票投资的缺点

股票投资的缺点主要是风险较大。这是因为:

(1) 普通股股票对企业资产和盈利的求偿权均居于最后。企业破产时,股东原来的投资可能得不到全数补偿,甚至一无所有。

(2) 普通股股票的价格受众多因素影响,很不稳定。政治因素、经济因素、投资人心理因素、企业的盈利情况、风险情况,都会影响股票价格,从而使股票投资具有较高的风险。

(3) 普通股股票的收入不稳定。普通股股利的多少,视企业经营状况和财务状况而定,其有无、多寡均无法律上的保证,其收入的风险也远远大于固定收益的证券。

> **知识拓展**
>
> **创业板市场**
>
> 创业板自2009年正式启动以来,截至2014年7月16日,上市公司共382家,总发行股本达到1 013.96亿股,总流通股本达到636.85亿股,平均市盈率为57.12倍。创业板上市公司市价总值为17 978.68亿元,创业板上市公司流通市值为人民币10 659.11亿元。
>
> 与中小企业板上市公司相比,创业板上市公司规模通常较小。中小企业板公司上市时流通股本多集中在2 500万~5 000万股之间,而创业板公司上市时的流通股本在1 300万~3 500万股之间。同时,相较于中小企业板,创业板上市公司的市盈率更高。
>
> 创业板对行业要求较高,2010年3月19日,中国证监会发布的《关于进一步做好创业板推荐工作的指引》,创业板保荐机构应重点推荐九大行业、须审慎推荐八大行业。
>
> 重点推荐的九大行业为:新能源、新材料、信息、生物与新医药、节能环保、航空航天、海洋、先进制造、高技术服务。
>
> 审慎推荐的八大行业为:纺织和服装,电力、煤气及水的生产供应等公用事业,房地产开发与经营,土木工程建筑,交通运输,酒类、食品、饮料,金融,一般性服务业,国家产业政策明确抑制的产能过剩和重复建设的行业。

二、债券投资

(一) 债券分类

1. 政府债券

☞ 这是由国家或地方政府发行的并由其负责偿还本息的债券。它与其他债券相比,具有安全性好、变现容易等优点。政府债券的利率水平一般低于其他种类的债券。

2. 金融债券

☞ 这是由银行和非银行金融机构发行并负责偿还本息的债券。金融债券是一种介于政府债券与企业债券之间的债券,它的发行目的主要是筹集信贷资金。金融债券具有信用度高、风险小的特点,其利率水平一般比政府债券高,比企业债券低。

3. 企业债券

👉 这是由企业发行并负责偿还本息的债券。企业债券也叫公司债券,它相对于政府债券和金融债券来说风险较大,因而利息率也较高。发行企业债券的公司,必须是依法登记注册,具有法人资格的经济实体。

债券按利息支付方式分类,可分为付息债券和贴现债券。

👉 付息债券有两种形式:一种是一次性付息,即所谓"利随本清";另一种是分次付息,即在偿还本金以前按照规定的日期(半年或 1 年)分次付息。

👉 贴现债券不规定利息率,发行是按债券面额达一定折扣后出售,待债券到期时按照债券面额还本付息。贴现债券一般只限于政府债券和金融债券。

(二) 债券投资的优缺点

1. 债券投资的优点

(1) 本金安全性高。与股票相比,债券投资风险比较小。政府发行的债券有国家财力作后盾,其本金的安全性非常高,通常视为无风险证券。企业债券的持有者拥有优先求偿权,即当企业破产时,优先于股东分得企业资产,因此,本金损失的可能性较小。

(2) 收入比较稳定。债券票面一般都标有固定利息率,债券的发行人有按时支付利息的法定义务,因此,在正常情况下,投资于债券都能获得比较稳定的收入。

(3) 许多债券都具有较好的流动性。政府及大企业发行的债券一般都可在金融市场上迅速出售,变现力较强。

2. 债券投资的缺点

(1) 购买力风险比较大。债券的面值和利息率在发行时就已确定,如果投资期间的通货膨胀率比较高,则本金和利息的购买力将不同程度地受到侵蚀。在通货膨胀率非常高时,投资者虽然名义上有收益,但实际上却蒙受损失。

(2) 没有经营管理权。投资于债券只是获得收益的一种手段,投资者无权对债券发行单位施以影响和控制。

三、基金投资

(一) 投资基金的含义

👉 投资基金,是一种利益共享、风险共担的集合投资方式,即通过发行基金股份或受益凭证等有价证券聚集众多的不确定投资者的出资,交由专业投资机构经营运作,以规避投资风险并谋取投资收益的证券投资工具。

(二) 投资基金的种类

1. 根据基金组织形态的不同,投资基金可分为契约型基金和公司型基金

(1) 契约型基金。契约型基金,又称单位信托基金,是指将受益人(投资者)、管理人、托管人三者作为基金的当事人,由管理人与托管人通过签订信托契约的形式发行受益凭证而设立的一种基金。契约型基金由基金管理人负责

基金的管理操作；由基金托管人作为基金资产的名义持有人,负责基金资产的保管和处置,对基金管理人的行动实行监督。

(2) 公司型基金。公司型基金,是按照我国《公司法》以公司形态组成的,以发行股份的方式募集资金,一般投资者购买该公司股份的即为认购基金,也就成为该基金公司的股东,凭其持有的基金份额依法享有投资收益。

(3) 契约型基金与公司型基金的比较。具体表达如下：

首先,资金的性质不同。契约型基金的资金是信托财产,公司基金的资金为公司法人的资本。

其次,投资者的地位不同。契约型基金的投资者购买受益凭证后成为基金契约的当事人之一,即受益人；公司型基金的投资者购买基金公司的股票后成为该公司的股东,以股息或红利形式取得收益。因此,契约型基金的投资者没有管理基金资产的权利,而公司型基金的股东通过股东大会和董事会享有管理基金公司的权利。

最后,基金的运营依据不同。契约型基金依据基金契约运营基金,公司型基金依据基金公司章程运营基金。

2. 按照变现方式的不同,投资基金可分为封闭式基金和开放式基金

(1) 封闭式基金。封闭式基金,是指基金的发起人在设立基金时,限定了基金单位的发行总额,筹集到这个总额后,基金即宣告成立,并进行封闭,在一定时期内不再接受新的投资。基金单位的流通采取在交易所上市的办法,通过二级市场进行竞价交易。

(2) 开放式基金。开放式基金,是指基金发起人在设立基金时,基金单位的总数是不固定的,可视经营策略和发展需要追加发行。投资者也可根据市场状况和各自的投资决策,或者要求发行机构按现期净资产值扣除手续费赎回股份或受益凭证,或者再买入股份或受益凭证,增加基金单位份额的持有比例。

(3) 封闭式基金与开放式基金的比较。具体表述如下：

首先,期限不同。封闭式基金通常有固定的封闭期；开放式基金没有固定期限,投资者可随时向基金管理人赎回。

其次,基金单位的发行规模要求不同。封闭式基金在招募说明书中列明其基金规模,开放式基金没有发行规模限制。

再次,基金单位转让方式不同。封闭式基金的基金单位在封闭期限内不能要求基金公司赎回；开放式基金的投资者则可以在首次发行结束一段时间(多为3个月)后,随时向基金管理人或中介机构提出购买或赎回申请。

第四,基金单位的交易价格计算标准不同。封闭式基金的买卖价格受市场供求关系的影响,并不必然反映公司的净资产值；开放式基金的交易价格则取决于基金的每单位资产净值的大小,基本不受市场供求影响。

最后,投资策略不同。封闭式基金的基金单位不变,资产不会减少,因此基金可进行长期投资；开放式基金因基金单位可随时赎回,因此基金资产不能全部用来投资,更不能把全部资本用来进行长线投资,必须保持基金资产的流动性。

3. 按照投资标的不同,投资基金可以分为股票基金、债券基金、货币市场基金、混合型基金、黄金基金和衍生证券基金

☞ 股票基金是指投资于股票的投资基金,其投资对象通常包括普通股和优先股,其风险程度较个人投资股票市场要小得多,且具有较强的变现性和流动性。

☞ 债券基金是指投资管理公司为稳健型投资者设计的,投资于政府债券、市政公债、企业债券等各类债券品种的投资基金。一般情况下定期派息,其风险和收益水平通常较股票基金低。

☞ 货币市场基金是以货币市场工具为投资对象的一种基金。通常货币市场基金的收益会随着市场利率的下跌而降低,与债券基金正好相反。

☞ 混合型基金主要从资产配置的角度看,股票、债券和货币的投资比例没有固定的范围。

☞ 黄金基金是指以黄金或者其他贵金属及其相关产业的证券为主要投资对象的基金,其收益率一般随贵金属的价格波动而变化。

☞ 衍生证券基金是指以衍生证券为投资对象的证券投资基金,主要包括期货基金、期权基金和认购权证基金。由于衍生证券一般是高风险的投资品种,投资这种基金的风险较大,但预期的收益水平比较高。

4. 按投资目标的不同,投资基金可以分为成长型基金、收入型基金和平衡型基金

☞ 成长型基金是以追求基金资产的长期增值为目标的一种基金。为达成这一目标,基金管理人通常将基金资产投资于信誉度较高、有成长前景或长期盈余的成长公司的股票。成长型基金又可分为稳健成长型基金和积极成长型基金。

☞ 收入型基金是主要投资于可带来现金收入的有价证券,以获取当期的最大收入为目的的投资基金。收入型基金资产成长的潜力较小,损失本金的风险相对较低,一般可分为固定收入型基金和股票收入型基金。固定收入型基金的主要投资对象是债券和优先股,因而尽管收益率较高,但长期成长的潜力很小,而且当市场利率波动时,基金净值容易受到影响;股票收入型基金的成长潜力比较大,但易受股市波动的影响。

☞ 平衡型基金将资产分别投资于两种不同特性的证券上,并在以取得收入为目的的债券及优先股和以资本增值为目的的普通股之间进行平衡。平衡型基金的主要目的是从其投资组合的债券中得到适当的利息收益,与此同时,又可以获得普通股的升值收益。

(三)投资基金的价值与报价

投资基金的股价涉及三个概念:基金的价值、基金单位净值和基金报价。

☞ 基金的价值取决于基金净资产的现在价值。由于投资基金不断变换投资组合,未来收益较难预测,再加上资本利得是投资基金的主要收益来源,变幻莫测的证券价格使得对资本利得的准确预计非常困难,因此基金的价值主要由基金资产的现有市场价值决定。

☞ 基金单位净值也称为单位净资产值或单位资产净值,是在每一时点每一基金单位(或基金股份)所具有的市场价值,是评价基金价值的最直观指标。基金单位净值的计算公式为:

$$基金单位净值 = \frac{基金净资产价值总额}{基金单位总份数} \quad (公式7-1)$$

其中,基金净资产价值总额等于基金资产总额减基金负债总额;基金负债包括以基金名义对外融资借款以及应付给投资者的分红、应付给基金管理人的经理费等。

☞ 基金的报价理论上是由基金的价值决定的。基金单位净值高,基金的交易价格也高。具体而言,封闭型基金在二级市场上竞价交易,其交易价格由供求关系和基金业绩决定,围绕基金单位净值上下波动;开放式基金的柜台交易价格则完全以基金单位净值为基础,通常采用两种报价形式:认购价(卖出价)和赎回价(买入价)。

$$基金认购价 = 基金单位净值 + 首次认购费 \quad (公式7-2)$$

$$基金赎回价 = 基金单位净值 - 基金赎回费 \quad (公式7-3)$$

(四) 基金收益率

☞ 基金收益率是反映基金增值情况的指标,它通过基金净资产的价值变化来衡量。基金净资产的价值是以市价计量的,基金资产的市场价值增加,意味着基金的投资收益增加,基金投资者的权益也随之增加。

$$基金收益率 = \frac{年末持有份数 \times 基金单位净值年末数 - 年初持有份数 \times 基金单位净值年初数}{年初持有份数 \times 基金单位净值年初数}$$

$$(公式7-4)$$

其中,持有份数是指基金单位的持有份数。如果年末和年初基金单位的持有份数相同,基金收益率就简化为基金单位净值在本年内的变化幅度。

年初的基金单位净值相当于是购买基金的本金投资,基金收益率也就相当于一种简便的投资报酬率。

【例7-1】 东海基金公司持有某三种股票的数量分别为50万股、30万股和80万股,每股的市价分别为20元、25元和10元。银行存款500万元,该基金负债有两项:对托管人或管理人应付未付的报酬为600万元、应交税费500万元。已售出的基金单位为1 000万元。要求:计算基金单位净值。

解:

$$基金单位净值 = \frac{基金资产总值 - 基金负债总额}{基金单位总份额}$$

$$= \frac{50 \times 20 + 30 \times 25 + 80 \times 10 + 500 - 600 - 500}{1\ 000} = 1.95(元)$$

【例 7-2】 东海基金公司发行的开放式基金,2015 年的相关资料如表 7-1 所示。

表 7-1

2015 年东海基金公司发行的开放式基金资料　　金额单位:万元

项　　目	年初	年末
基金资产账面价值	1 000	1 300
负债账面价值	500	700
基金资产市场价值	1 800	2 500
基金单位	500 万单位	800 万单位

假设公司收取首次认购费,认购费为基金净值的 2%,赎回费为基金净值的 3%。要求:

1) 计算该基金 2015 年年初的下列指标。
(1) 该基金公司基金净资产价值总额。
(2) 基金单位净值。
(3) 基金认购价。
(4) 基金赎回价。

2) 计算该基金 2015 年年末的下列指标。
(1) 该基金公司基金净资产价值总额。
(2) 基金单位净值。
(3) 基金认购价。
(4) 基金赎回价。

3) 计算 2015 年基金的收益率。

该基金 2015 年年初的有关指标计算如下:

(1) 基金净资产价值总额＝基金资产市场价值－负债总额＝1 800－500＝1 300(万元)

(2) 基金单位净值＝1 300/500＝2.6(元)

(3) 基金认购价＝基金单位净值＋首次认购费＝2.6＋2.6×2%＝2.65(元)

(4) 基金赎回价＝基金单位净值－基金赎回费＝2.6－2.6×3%＝2.52(元)

该基金 2015 年年末的有关指标计算如下:

(1) 基金净资产价值总额＝基金资产市场价值－负债总额＝2 500－700＝1 800(万元)

(2) 基金单位净值＝1 800/700＝2.57(元)

(3) 基金认购价＝2.57＋2.57×2%＝2.62(万元)

(4) 基金赎回价＝2.57－2.57×3％＝2.49(元)

2015年基金收益率计算如下：

2015年基金收益率＝(800×2.57－500×2.6)/(500×2.6)×100％＝58.13％

(五) 基金投资的优缺点

1. 基金投资的优点

基金投资的最大优点是能够在不承担太大风险的情况下获得较高的收益。原因在于投资基金具有专家理财优势和资金规模优势。

2. 基金投资的缺点

(1) 无法获得很高的投资收益。投资基金在投资组合过程中，在降低风险的同时，也丧失了获得巨大收益的机会。

(2) 在大盘整体下跌的情况下，投资人可能承担较大风险。

四、管好对外直接投资

(一) 影响对外直接投资的因素

1. 资产利用情况

小企业总是希望将其各项资产用在收益最高的项目上。如果企业本身经营良好，生产任务饱满，产品销售顺畅，收益水平高，资产没有闲置，且企业自身尚有发展的余地，一般可不对外进行直接投资。但如果企业经营发展受到限制，产品销路不畅，资产大量闲置，在此种情况下就需要向外寻找有利的投资机会，以提高企业资产的总体盈利水平。

2. 经营需求情况

小企业自身的经营状况及其发展的需要，对于直接投资项目和时机的选择也有重要影响。如果企业自身的某种品牌产品在竞争中处于优势，在市场上有较高的知名度，那么为了扩大销售量，进一步占领市场，就要寻找与自己产品相配套的合作伙伴，进行合作投资，形成以本企业为核心、以自身品牌产品为龙头、以资金为纽带的经济实力。

3. 投资获得水平

小企业对外投资，总是希望获得比自己经营更加丰厚的收益。如果投资项目获利水平较高，且能稳定增长，风险较小，就可以作为直接投资的备选对策，否则就应排除在外。当然，有的项目虽然收益不高，但对企业的购销活动或今后发展有利，企业也可考虑进行投资，以谋求整体性和长远的利益。

(二) 企业对外直接投资的方式

1. 对外合资投资

对外合资投资是指投资者通过与其他企业组建合资经营企业所进行的投资。这里的合资经营企业通常是指由投资者按共同投资、共同经营、共享利润、共担风险的原则而设立的企业。合资经营企业一般具有如下特点：

(1) 合资经营企业是由两个或两个以上的投资者共同出资设立的。

(2) 合资经营企业的法律形式是有限责任公司。企业拥有独立的法人地位,以企业的全部财产作为从事经营活动的经济担保,合资各方对企业债务的责任仅以其出资额为限。

(3) 合资经营企业是一种"股权式的合营企业";合营各方的出资均折成相应的股份;合营者根据各自出资额在整个注册中所占的股权比例,对合资经营企业享受权利和承担义务。

进行对外合资投资的优点,是由合资各方共同分担风险,投资者只承担有限责任。对外合资投资的缺点,是所需时间比较长,一般来说,进行合资投资必须寻找合适的投资伙伴,而且要经过长时间的谈判和协商。

2. 对外合作投资

对外合作投资是指投资者通过与其他企业组建合作经营企业所进行的投资。这里的合作经营企业又称"契约式的合营企业",是指一投资者与其他投资者通过签订合同、协议等形式来规定各方的责任、权利、义务而组建的企业。合作经营企业具有以下特点:

(1) 合作经营企业的投资者根据合作企业合同的规定而不是根据出资比例享受权利和承担义务;合作各方所投资人的资产一般也不必作价和折成具体的股份。

(2) 合作企业在法律形式上可以是法人,也可以不是法人。因此,在进行合作投资时,投资者可以根据合作企业的经营特点、生产规模等情况自主选择是否取得法人资格。

(3) 合作企业的组织机构一般比较灵活、简便,可以只设董事会,或只设联合管理机构亦或委托他人进行管理。对外合作投资是一种比较灵活、适应面较广、资本回收较快的投资方式,但这种投资形成的合作企业不像合资企业那样规范,其在合作过程中容易对合同中的条款发生争议,影响合作企业的正常发展。

3. 对外合并投资

对外合并投资是指通过合并一家企业而进行的投资。企业合并是指两个企业在平等、协商、互利的基础上,按法定程序合并为一个企业的经济行为。企业合并按行为方式可以分为吸收合并和新设合并。

吸收合并是由一个企业吸收另一个企业,吸收方企业存续,被吸收方企业解散的合并方式。新设合并是指两个或两个以上企业合并成一个新企业,原各方企业解散,新设企业存续的合并方式。企业合并与兼并有一定区别。兼并的含义更为广泛,除包括企业合并外,还包括通过各种方式取得其他企业的控股权。

(三)对外直接投资程序

从总体上来看,企业进行对外直接投资的风险要大于对内的投资风险。因为企业对自己的情况比较熟悉,而把资金投向外部,存在的不确定性因素较多,与较大的风险相联系,因而企业对外直接投资所获得的报酬应该较高。但对外直接投资情况十分复杂,为了保证对外直接投资决策的正确无误,必须按科学的程序进行投资。

1. 分析生产经营情况,明确投资目的

企业的投资是为了控制供销渠道,还是为了分散经营风险,或是单纯地为了获取报酬?因为目标不同,企业寻找的投资对象和判断投资效果的具体标准就不同,明确投资目的是企业投资行为的前提。

2. 认真进行可行性分析,科学选择对象

投资对象的选择就是企业根据投资分析的结果,遵照已确定的投资原则,选择出符合企业要求的投资项目。选择投资对象不仅要考虑投资项目的发展前景和盈利能力,还要通盘考虑各投资项目之间及有价证券在投资期限上的配合情况,以及在投资风险方面的抵消能力,从而达到在整体上的配合。

3. 根据投资对象的特点,正确选择出资方式

企业对外投资可以用货币出资也可以用实物出资,还可以用无形资产出资。根据投资对象的需要在不影响本企业正常运行的情况下,选择不同的出资方式。在利用无形资产进行投资时,还应特别注意是否会损害本企业利益。

4. 采用科学的评估方法,合理确定投资的价值

5. 加强投资监控,不断提高投资效益

小企业对外直接投资,无论是全资还是控股,都有权对被投资企业进行监控,参与其重大生产经营决策。企业应在积极参与管理的基础上,发现被投资企业生产经营中存在的问题,及时提出改进措施,不断提高投资效益。

6. 认真评估投资业绩,及时反馈各种信息

当投资项目完成或在执行中时,要按科学的方法对投资业绩(包括盈利能力、风险状况、变现能力、发展前景等)进行评估。

在具体评估时,可采用实际投资效果与预期投资效果相比较的方法来评估好坏。企业通过对投资业绩的评价,可以总结经验汲取教训,分析利弊得失,及时反馈信息,为以后的投资提供依据;同时还可以根据业绩的评价结果,适当调整原有的投资对象,趋利除弊,努力实现投资目标。

第3节 投资风险与投资组合

一、影响对外投资的主要因素

(一)投资收益

投资的根本动机在于投资的最大化。在企业的投资中,往往首先考虑的因素就是投资收益。投资收益包括投资利润和资本利得。投资利润是指投入资金后所取得的收入与发生的成本之差;资本利得是指金融资产的卖价与买价之差。

小企业在投资方案的选择中,可以投资收益的大小作为取舍的首要标准。这是因为投资收益是企业所有者报酬的主要来源,如果被投资企业连起码的投资收益都不能提供,投资者也就必然丧失投资动机。另外,由于投资风险和通货膨胀等因素的存在,要使投资者愿意承担某种风险,也必须给予相应的报酬作为补偿。这一切促使小企业在投资中把投资收益放在头等重要的位置,为此,必须重视分析影响投资收益的各种因素,并针对这些因素,对投资项目作出决策,寻求较高和稳定的投资收益。

(二)投资风险

投资风险是客观存在的,具体表现在投资对象的价值不能充分实现或不能实现。一旦投资风险成为现实,企业投资的预期收益就不能得到保证。所以说,投资风险体现了投资收益的不确定性。

投资中考虑风险因素,就是要求企业必须注重投资收益与投资风险的合理搭配,通过对投资风险的预期,确定企业可得到的投资收益;同时要提出防范、规避投资风险的策略,以便将实施投资项目的风险降低到最低程度。

(三)投资约束

投资约束是指投资企业对接受投资的被投资企业行使限制和制约的权利。这一因素对于企业对外投资具有重要影响。

投资约束往往与投资风险有密切关联。当投资风险大时,投资企业对接受投资的被投资企业约束就会增强;反之,这种约束就会减弱。另外,投资约束也与投资目的相联系。如果投资是为取得对接受投资的被投资企业的控制权,这种约束就很强;如果投资单纯为了实现预期的高收益,这种约束就相对较弱。企业必须从投资风险和投资动机两方面来确定投资约束的内容和方法。

(四)投资弹性

投资弹性涉及两个方面:一是规模弹性,即投资企业必须根据自己的供给能力、投资效益或市场供求状况,来调整投资规模;二是结构弹性,即投资企业必须根据市场风险或市场价格的变动,来调整投资结构。在市场经济条件下,由于市场始终处于变动之中,企业经营规模和投资规模、投资结构都必须相应随之调整,而这些调整的前提就是投资具有弹性。

二、风险与收益的均衡关系

投资组合(尤其是证券投资组合)一般会面临以下两种风险。

(一)可分散风险

可分散风险又称非系统性风险或公司特有风险,是指公司因经营上的各种原因而导致证券价格下跌,从而给投资者造成损失的可能性,如某个证券发行公司盈利减少、发生亏损、卷入法律纠纷、工人罢工等。可分散风险是发行该种证券的公司的自身原因造成的。这种风险的大小只对该种证券来说才有效,故也称为公司特别风险。规避公司特别风险的方法就是投资多样化,即同时分散投资于多种证券,多买几种证券,其中某些证券价格下跌时,另一些证券价格可能上升,从而将风险抵销。因而,这种风险又称作可分散风险或可避免风险。

不同证券之间组合后对于风险的分散程度,要根据证券之间的相关程度而定。相关程度可用相关系数 γ 来表示。如果 $\gamma=+1$,说明两种证券之间完全正相关,其投资报酬等比例同方向涨跌,从抵减风险的角度来看,分散持有证券没有意义;如果 $\gamma=0$,说明两种证券之间没有任何依存关系,其各自的变化是独立的;如果 $\gamma=-1$,说明两种证券完全负相关,即一种证券的报酬率上升时,另一种证券的报酬率则反方向下跌相同的比例,反之亦然。当两种证券完全负相关时,所有的风险都可以分散掉。

在证券市场上,如果证券之间呈负相关关系,这时将资金单独投资于一种证券,则风险很大,而如果将 A、B 证券按一定比例组合投资,则风险可以被抵销掉,原因就在于这两种证券报酬率的变化正好完全负相关。从理论上讲,如果投资组合中证券种类足够多,就能分散掉大部分非系统风险,如果组合中包括了证券市场上所有的证券,即形成了一个市场组合,甚至可使非系统风险趋于零。当然在实务中,很难找到完全负相关的不同证券。实际上,大部分证券都是正相关的,相关系数一般在 $+0.5\sim+0.7$ 之间。在这种情况下,证券组合投资只能抵减部分风险,但不能消除全部风险。

(二) 不可分散风险

不可分散风险又称系统性风险或市场风险,是指因某些证券发行企业所不能控制的政治、经济、法律、税收、金融、汇率、利率等因素,导致整个证券市场的证券价格发生全面波动,从而给投资者带来损失的风险。由于市场风险影响到所有的证券,因而无法通过适当的证券组合而分散掉,也就是说,投资者即使持有经过适当分散的证券组合,仍然会承受这种风险。因此,对投资者来说,这种风险是无法消除的,故称为不可分散风险。

证券组合投资的总风险由可分散风险和不可分散风险两部分组成的。随着组合中证券种类的增加,可分散风险越来越小,组合投资的总风险也就越来越小。

投资理论认为,风险与收益是对等的。风险大,收益的机会也多,期望的收益率也越高;风险小,收益的机会也越少,期望的收益率也越低。证券投资风险与收益间的这种关系可用量化的资本资产定价模式来表达,即:

$$K_i = R_f + \beta_i \times (K_m - R_f) \qquad (公式7\text{-}5)$$

式中:K_i——第 i 项投资的期望收益率。

R_f——无风险投资收益率,一般指国库券收益率。

β_i——第 i 项投资风险系数,即 β 系数。

K——所有股票或所有证券的平均收益率,即市场均衡收益率。

☞ 风险系数 β 值有一些专门机构会定期进行测量并公布,其计算比较复杂,可以利用协方差或回归方程求解。其经济含义在资本资产定价模型的下列推导中可以反映出来,它是指个别股票风险与整个股市平均风险的比值,即相对于市场组合而言特定资产的系统风险是多少,所以 β 系数是用来计量一项投资系统风险的。

$$\beta_i = \frac{K_i - R_f}{K_m - R_f} \qquad \text{(公式 7-6)}$$

当 $\beta < 1$ 时,表明该项资产的投资风险低于市场平均风险,因而其期望收益率小于市场平均收益率。

当 $\beta = 1$ 时,表明某项资产的投资风险与市场平均风险一致,因而期望收益率等于市场平均收益率。

当 $\beta > 1$ 时,表明某项资产的投资风险大于市场平均风险,因而期望收益率要大于市场平均收益率。

【例 7-3】 假定某项投资的无风险收益率为 5%,而市场平均收益率为 10%,该项资产的投资的 β 系数为 0.8,则其期望收益率应为:

$$K = 5\% + 0.8 \times (10\% - 5\%) = 9\%$$

资本资产定价模型反映了风险与收益之间的对应关系。从公式中可以看到,某项资产的期望收益率是风险系数的一个递增函数,即风险愈大,期望收益愈高;风险小,期望收益也愈低。它对现实经济决策和经济生活的意义在于:企业要获得较高的收益,也就要承担与之相应的风险;反之,如果企业想避免风险,则只能得到较低的收益。该模式中 $\beta_i \times (K_m - R_f)$ 被视为风险报酬率。

组合投资的 β_p 等于被组合各证券 β 值的加权平均数,其计算公式如下:

$$\beta_p = \sum_{i=1}^{n} W_i \beta_i \qquad \text{(公式 7-7)}$$

【例 7-4】 东海实业有限公司进行证券组合投资,持有 A 股票、B 股票和 C 股票的投资比例各占 50%、30%、20%,其 β 值分别是 1.5,1,0.5。经组合后的 β 系数为:

$$\beta_p = 50\% \times 1.5 + 30\% \times 1 + 20\% \times 0.5 = 1.15$$

如果上述 A 股票、B 股票和 C 股票的投资比例各占 20%、30% 和 50%,其 β 系数仍然分别为 1.5、1 和 0.5。经组合后的 β 系数为:

$$\beta_p = 20\% \times 1.5 + 30\% \times 1 + 50\% \times 0.5 = 0.85$$

以上计算表明,通过组合投资后能够调整 β_p 的数值,所以投资组合能够降低组合后的投资风险,但不能改变每一个证券自身的 β_i。

随着经组合后 β 系数的降低,证券组合后的风险收益率也会随之降低。正如[例 7-4]中,如果当时的证券市场收益率为 12%,无风险报酬率为 4%,组合前后的风险收益率如下:

$$\text{组合前风险收益率} = 1.15 \times (12\% - 4\%) = 9.2\%$$
$$\text{组合后风险收益率} = 0.85 \times (12\% - 4\%) = 6.8\%$$

三、投资组合

（一）投资组合的意义

☞ 投资组合是指投资者为提高投资收益水平、弱化投资风险，将投资总额在各种投资方式之间的分配，即将各种不同的投资有机结合在一起的过程。

投资者之所以要对一系列投资进行组合，就是要通过总投资的收益和总投资的风险关系的重组，达到提高投资收益，分散和弱化投资风险的目的。这是因为将不同的投资有效地组合在一起，会产生风险稀释效应和收益连动效应。所谓风险稀释效应，一是指总投资被分散投入时，由于加权平均作用，只要是有效的组合，总投资风险必然会相对下降；二是指投资组合的互补关系，可以减少和避免投资风险，从而使总投资风险下降。所谓收益连动效应，是指个别投资与其他投资有机结合时，由于各单项投资之间存在的功能连动关系，导致效益连动，推动总投资收益超出各单项投资收益的累加之和。

投资组合的评价标准一般有以下两条。

1. 投资的风险水平不变，投资收益较高

该评价标准的意义在于：在评定的投资组合中，放弃一个投资项目而选择另一个新的投资项目，在不改变总投资的风险水平下，将提高投资总额的投资收益，这种被调整后的投资组合就是最佳的投资组合。

2. 总投资的收益水平不变，投资风险较低

该评价标准的意义在于：在选定的投资组合中，放弃一个投资项目而选择另一个新的投资项目，在不改变总投资收益水平的情况下，将有可能进一步降低投资风险，这种被调整后的投资组合就是最佳的投资组合。

（二）投资组合方式

1. 投资的风险等级组合

投资项目按风险大小可分为三个等级：高风险投资、中风险等级、低风险等级。根据投资者的风险偏好，可以得到三种不同风险等级组合：

（1）冒险的风险等级组合。它是在投资组合中高风险投资所占比重最大，适中风险投资所占比重次之，低风险投资所占比重最小。这种组合往往是最高风险偏好的投资者所追求的目标。高风险是为了追求高收益。

（2）中庸的风险等级组合。它是在投资组合中的高风险、适中风险和低风险投资所占的比重相同或基本接近。这是风险中和的投资者所追求的目标。风险中和，收益也就中和。

（3）保守的风险等级组合。它是在投资组合中低风险投资所占的比重大，适中的风险投资所占比重次之，高风险投资所占比重最小。这种投资组合往往是稳健或保守的投资者所追求的目标。低风险，当然只能是低收益。

2. 投资的时间组合

投资按时间组合有以下三种方式：

（1）投资长短期组合。它是指长期投资和短期投资所占比例的关系。长期投资一般风险大、收益高,而短期投资则风险小、收益低。企业通过两者的组合可以使风险中和、收益中和,其中和程度取决于两者的比例。

(2) 投资时点组合。它是指投资金额在投资先后顺序上所安排的比例。如投资可以同时投入,也可以分期投入;可以先投入较多的资金,后投入较少的资金。

(3) 投资收回期组合。它是指投资在收回期上构成的组合。投资者投入的资金有的可以在一定时期收回,有的则不能收回;有的可以一次性收回,有的则可以分期收回。由于市场周期的变化,投资收回期的不同组合也会对投资风险、投资收益产生不同的影响。

3. 投资的不同性质对象组合

投资按其对象的不同性质可以分为直接投资(实体投资或经营投资)和间接投资(金融投资或证券投资)。

一般来讲,直接投资风险相对较小,收益较低,流动性较差;间接投资受金融市场波动和接受投资的被投资企业获利水平的双重影响,风险相对较大,而收益由于资本利得的存在可能较高,其流动性较好。投资者在总投资中将资金分割成直接投资和间接投资两部分,有助于实现风险中和、收益中和,有助于使风险具有一定的流动性。

4. 证券投资组合的具体做法

(1) 选择足够数量的证券进行组合。采用这种方法进行组合投资时,不是有标的的组合行为,而是随机选择证券,随着证券数量的增加,可分散风险会逐步减少,当数量足够大时,大部分可分散风险将被分散掉。

(2) 把风险大、风险中等、风险小的证券放在一起进行组合。这种组合方法最常见的是1/3法,即把全部资金的1/3投资于风险大的证券,1/3投资于风险中等的证券,1/3投资于风险小的证券。一般而言,风险大的证券对经济形势的变化比较敏感,当经济处于繁荣时期,风险大的证券能获得高额报酬,但当经济衰退时,风险大的证券却会遭受巨额损失;相反,风险小的证券对经济形势的变化不十分敏感。

(3) 把投资报酬呈负相关的证券放在一起进行组合。一种股票的报酬上升而另一种股票的报酬下降的两种股票,称为负相关股票。把报酬呈负相关的股票组合在一起,能有效地分散风险。

1. 投资是指公司对现有所持有的资金的一种运用,如投入实际资产或购买金融资产,抑或是取得这些资产的权利,其目的是在未来一定时期内获得与风险成比例的收益。短期投资是企业充分运用暂时闲置的资金所进行的临时性投资。短期投资的回收期在1年以内,一般随时能够变现。长期投资是企业为了长远的、全局的利益所进行的战略性投资,如为了参与其他企业的经营决策或经营业务,以配合自身的经营，以及为将来扩充经营规模作准备等。
2. 股票是股份有限公司签发的、以证明股东按其所持股份享有权利和承担义务的一种书面权益凭证。①普通股股票，简称普通股，是股份公司发行的具有管理权、股利不固定的股票。普通股具备股票的一般特征，是股份公司资本的最基本部分。②优先股股票，简称优先股，是股份公司依法发行的具有一定的优先权的股票。
3. 债券是发行债券单位向债券持有人出具承诺定期支付既定利息并按期偿还本金的一种书面债务凭证。①政府债券。这是由国家或地方政府发行的并由其负责偿还本息的债券。②金融债券。这是由银行和非银行金融机构发行并负责偿还本息的债券。③企业债券。这是由企业发行并负责偿还本息的债券。
4. 投资基金是由基金发起人以发行收益证券形式汇集一定数量的具有共同投资目的的投资者的资金，委托由投资专家组成的专门投资机构进行各种分散的投资组合，投资者按出资的比例分享投资收益，并共同承担投资风险。
5. 影响对外投资的主要因素包括：①投资收益。投资收益包括投资利润和资本利得。投资利润是指投入资金后所取得的收入与发生的成本之差；资本利得是指金融资产的卖价与买价之差。②投资风险。投资风险是客观存在的，具体表现在投资对象的价值不能充分实现或不能实现。一旦投资风险成为现实，企业投资的预期收益就不能得到保证。所以说，投资风险体现了投资收益的不确定性。③投资约束。投资约束是指投资企业对接受投资的被投资企业行使限制和制约的权利。④投资弹性。投资弹性涉及两个方面：一是规模弹性，即投资企业必须根据自己的供给能力、投资效益或市场供求状况，来调整投资规模；二是结构弹性，即投资企业必须根据市场风险或市场价格的变动，来调整投资结构。
6. 投资组合（尤其是证券投资组合）一般会面临以下两种风险：①可分散风险，又称非系统性风险或公司特有风险，是指公司因经营上的各种原因而导致证券价格下跌，从而给投资者造成损失的可能性，如某个证券发行公司盈利减少、发生亏损、卷入法律纠纷、工人罢工等。②不可分散风险，又称系统性风险或市场风险，是指因某些证券发行企业所不能控制的政治、经济、法律、税收、金融、汇率、利率等因素，导致整个证券市场的证券价格发生全面波动，从而给投资者带来损失的风险。投资组合是指投资者为提高投资收益水平、弱化投资风险，将投资总额在各种投资方式之间的分配，即将各种不同的投资有机结合在一起的过程。投资者之所以要对一系列投资进行组合，就是要通过总投资的收益和总投资的风险关系的重组，达到提高投资收益，分散和弱化投资风险的目的。这是因为将不同的投资有效地组合在一起，会产生风险稀释效应和收益联动效应。

一、单项选择题
1. 将证券分为公募证券和私募证券的分类标志是（　　）。
   A. 证券挂牌交易的场所　　　　　　B. 证券体现的权益关系

C. 证券发行的主体 　　　　　　D. 证券募集的方式
2. 相对股票投资而言,下列项目中能够揭示债券投资特点的是(　　)。
   A. 无法事先预知投资收益水平　　B. 投资收益率的稳定性较强
   C. 投资收益率比较高　　　　　　D. 投资风险较大
3. 下列关于基金的说法正确的是(　　)。
   A. 投资基金是一种利益共享、风险共担的集合投资方式
   B. 根据组织形态的不同,可分为期货基金和期权基金
   C. 契约型基金的投资者有管理基金资产的权利
   D. 开放式基金的投资者可以在首次发行结束后,随时向基金管理人或中介机构提出购买或赎回申请
4. 下列关于基金价值的说法正确的是(　　)。
   A. 基金的价值取决于目前给投资者带来的现金流量,基金资产的现在价值
   B. 基金单位的净值是在某一时期每一基金单位(或基金股份)所具有的市场价值
   C. 基金单位净值=(基金资产总额-基金负债总额)/基金单位总份额
   D. 基金赎回价=基金单位净值+基金赎回费
5. 下列关于基金投资的说法不正确的是(　　)。
   A. 具有专家理财优势
   B. 具有资金规模优势
   C. 能够在不承担太大风险的情况下获得较高收益
   D. 可能获得很高的投资收益
6. 假设某基金持有的某三种股票的数量分别为10万股、50万股和100万股,每股的收盘价分别为30元、20元和10元,银行存款为2 000万元,该基金负债有两项:对托管人或管理人应付未付的报酬为500万元,应交税金为500万元,已售出的基金单位为2 000万。则该基金的单位净值为(　　)。
   A. 1.10　　　B. 1.15　　　C. 1.65　　　D. 1.17
7. 基金发起人在设立基金时,规定了基金单位的发行总额,筹集到这个总额后,基金即宣告成立,在一定时期内不再接受新投资,这种基金称为(　　)。
   A. 契约型基金　　B. 公司型基金　　C. 封闭式基金　　D. 开放式基金
8. 投资者进行证券投资组合要解决的一个重要问题就是(　　)。
   A. 如何以较高的收益抵销较高的风险
   B. 如何以较低的收益抵销较高的风险
   C. 如何以较低的风险获取较高的风险
   D. 如何以较高的风险获取较高的收益

二、多项选择题
1. 投资者在计算基金投资收益率时,应考虑的因素有(　　)。
   A. 年初持有基金份数　　　　　　B. 年末持有基金份数
   C. 年初基金单位净值　　　　　　D. 年末基金单位净值
2. 跟股票投资相比,债券投资的优点有(　　)。

A. 本金安全性好　　　　　　　　B. 投资收益率高
C. 购买力风险低　　　　　　　　D. 收入稳定性强

3. 投资基金的特点是(　　)。
A. 具有专家理财优势　　　　　　B. 能获得很高的投资收益
C. 资金规模较大　　　　　　　　D. 无风险

4. 投资基金按照能否赎回,可以分为(　　)。
A. 封闭型投资基金　　　　　　　B. 开放型投资基金
C. 契约型投资基金　　　　　　　D. 公司型投资基金

5. 契约型基金和公司型基金的主要区别在于()。
A. 资金的性质不同　　　　　　　B. 投资者的地位不同
C. 基金的期限不同　　　　　　　D. 基金的运营依据不同

三、判断题

1. 一般而言,长期证券投资与短期证券投资相比,短期证券的风险较小,收益率相对较低。(　　)
2. 当通货膨胀发生时,变动收益证券,如普通股股票劣于固定收益证券,如公司债券。(　　)
3. 开放型基金资产不能全部用来进行长期投资。(　　)
4. 债权性证券与所有权证券相比,由于债权性证券在企业破产时,其清偿权先于所有权证券,因此,债权性证券承担的风险相对于所有权证券,其风险较小。(　　)
5. 企业进行股票投资的目的主要是获利和控股。(　　)
6. 封闭型基金的交易价格取决于基金的每单位资产净值的大小,基本不受市场供求影响。(　　)
7. 投资基金的收益率是通过基金净资产的价值变化来衡量的。(　　)
8. 开放型基金资产不能全部用来进行长期投资。(　　)

实战演练

已知:东海基金公司相关资料如下:

资料一:2015年1月1日,该公司基金资产总额(市场价值)为30 000万元,其负债总额(市场价值)为5 000万元,基金份数为10 000万份。在基金交易中,该公司收取首次认购费和赎回费,认购费为基金资产净值的2%,赎回费率为基金资产净值的3%。

资料二:2015年12月31日,该公司按收盘价计算的资产总额为35 000万元,其负债总额为8 500万元,已售出12 000万份基金单位。

要求:1) 根据"资料一",计算2015年1月1日东海基金公司下列指标。
(1)基金净资产价值总额。(2)基金单位净值。(3)基金认购价。(4)基金赎回价。
2) 根据"资料二",计算2015年12月31日东海基金公司基金单位净值。

小企业项目投资管理

通过本章你可以学到：
- 项目投资含义
- 投资项目评价
- 非贴现项目评价
- 贴现项目评价
- 固定资产管理

> **案例导入**

长江轮渡公司拥有渡轮多艘,其中一艘已相当陈旧,故财务经理向总经理提出淘汰旧船,购置新船的建议。

新船的买价为 40 000 元,可望运行 10 年,该船每年的运行成本为 12 000 元。估计 5 年后需大修一次,其成本为 2 500 元,10 年结束时,估计该船的残值为 5 000 元。

业务经理不同意财务经理的意见,凭他多年的工作经验,认为该船虽属陈旧,但通过全面翻新,尚能继续发挥其运行效益。所以他向总经理提出了翻修旧船的方案。据该方案预算,立即翻修的成本为 20 000 元,估计 5 年后还需大修一次,其成本为 8 000 元。如这些修理计划得到实施,该船可望运行的期限也将是 10 年。10 年内该船每年的运行成本为 16 000 元。10 年后,其残值也将是 5 000 元。

根据当前的市场情况,该旧船的现时折让价格为 7 000 元,年利率为 18%。

这两个方案报给总经理,假如你是总经理,应该选择哪一个方案?为什么?

第 1 节　项目投资决策概述

微课:项目的 PK

一、项目投资特点与分类

(一) 项目投资的含义

👉 项目投资一般是指企业建造或购置固定资产的投资。

👉 项目投资,广义地说是指企业为了在未来取得收益而发生的投入财力的行为。它包括用于机器、设备、厂房的构建与更新改造等生产性资产的投资,简称项目投资;也包括购买债券、股票等有价证券的投资和其他类型的投资。

(二) 小企业投资的一般分类

投资按不同分类标准可分为不同的类型。

按照投资行为的介入程度,可分为直接投资和间接投资。直接投资是指由投资人直接介入投资行为,即将货币资金直接投入投资项目,形成实物资产或者购买现有企业资产的一种投资。其特点是,投资行为可以直接将投资者与投资对象联系在一起。通过直接投资，投资者可以拥有全部或一定数量的企业资产及经营所有权，直接进行或参与投资企业的经营管理，从而对投资企业具有全部或较大的控制力。间接投资也称为证券投资，是指投资者以其资本购买国债、公司债券、金融债券或公司股票等，以预期获得一定收益的投资。

按照投资对象的不同，可分为实物投资和金融投资。实物投资是指将资金投向具有实物形态资产的一种投资。金融投资是指将资金投向金融资产的一种投资。

按照投入的领域不同，可分为生产性投资和非生产性投资。生产性投资又称生产资料投资，是指将资金投入生产、建设等物质领域中，并能够形成生产能力或可以产出生产资料的一种投资。这种投资包括固定资产投资、无形资产投资、其他资产投资和流动资金投资，其中前三项属于垫支资本投资，后者属于周转资本投资，其最终成果形成各种生产性资产。非生产性投资是指将资金投入非物质生产领域，其最终成果是形成各种非生产性资产，不能形成生产能力，但能形成社会消费或服务能力，满足人们物质文化生活需要。

按照投资方向的不同，可分为对内投资和对外投资。从企业的角度看，对内投资就是项目投资，是指企业将资金投放于为取得供本企业生产经营使用的固定资产、无形资产和垫支流动资金而形成的一种投资。对外投资是指企业为购买国家及其他企业发行的有价证券或其他金融产品（包括期货与期权、信托、保险），或以货币资金、实物资产、无形资产向其他企业（如联营企业、子公司等）注入资金而发生的投资。

按照投资的内容不同，可分为固定资产投资、无形资产投资、其他资产投资、流动资产投资、房地产投资、有价证券投资、期货与期权投资、信托投资和保险投资等多种形式。

（三）小企业项目投资的特点

与其他形式的投资相比，项目投资具有以下特点：①投资内容独特（每个项目都至少涉及一项固定资产投资）。②投资数额多。③影响时间长（至少1年或一个营业周期以上）。④发生频率低。⑤变现能力差。⑥投资风险大。

由于固定资产投资资金需要量大，投资回收期长，投资风险与要求的报酬较高，而变现能力差的特点，一旦企业作出固定资产投资的决策，并付诸实施，便很难进行重新调整。即使企业有能力进行调整，也可能要付出很大的代价，并会在较长时期内对企业的经济效益乃至对企业命运产生影响。因此，项目投资必然要承担较大的风险，这就要求企业在进行项目投资决策时，必须小心谨慎，认真进行可行性研究，谋求投资最大效益。

（四）小企业项目投资的内容构成

小企业进行项目投资，一般以生产性固定资产投资为主，包括已新增生产能力为目的的新建项目投资和以恢复或改善生产能力为目的的更新改造项目的投资。

1. 新建项目

☞ 新建项目是以新建生产能力为目的的外延式扩大再生产。新建项目按其设计内容又可细分为单纯固定资产投资项目和完整工业投资项目。

(1) 单纯固定资产投资项目简称固定资产投资,其特点在于:在投资中只包括为取得固定资产而发生的垫支资本投入而不涉及周转资本的投入。

(2) 完整工业投资项目,其特点在于:不仅包括固定资产投资,而且涉及流动资金投资,甚至包括无形资产等其他长期资产投资。

2. 更新改造项目

☞ 更新改造固定资产项目是以恢复或改善生产能力为目的的内涵式扩大再生产。因此,不能将项目投资简单地等同于固定资产投资。项目投资对企业的生存和发展具有重要意义,是企业开展正常生产经营的必要前提,是推动企业生产和发展的重要基础,是提高产品质量、降低产品成本不可缺少的条件,是增加企业市场竞争能力的重要手段。

其中,新建项目又可分为单纯的固定资产投资项目和完整的工业投资项目。项目投资的类型如图 8-1 所示。

投资项目类型
- 新建项目
  - 单纯固定资产投资项目
  - 完整工业投资项目 → 属于外延式扩大再生产
- 更新改造项目 → 属于简单再生产或内涵式扩大再生产类型

图 8-1 投资项目类型

完整的工业投资项目如建设一个工厂或车间,不仅包括固定资产投资,还涉及流动资产投资、无形资产投资、开办费投资等。

(五) 小企业项目投资的意义

项目投资不论是从宏观上还是从微观上,都具有十分重要的积极意义。从宏观角度看,项目投资具有以下两个方面的积极意义:

(1) 项目投资是实现社会资本积累功能的主要途径,也是扩大社会再生产的重要手段,有助于促进社会经济的长期可持续发展。

(2) 增加项目投资,能够为社会提供更多的就业机会,提高社会总供给量,不仅可以满足社会需求的不断增长,而且会最终拉动社会消费的增长。

从微观角度看,项目投资具有以下三个方面的积极意义:

(1) 增强投资者经济实力。投资者通过项目投资,扩大其资本积累规模,提高其收益能力,增强其抵御风险的能力。

(2) 提高投资者创新能力。投资者通过自主研发和购买知识产权,结合投资项目的实施,实现科技成果的商品化和产业化,不仅可以不断地获得技术创新,而且能够为科技转化和生产力提供更好的业务操作平台。

(3) 提升投资者市场竞争能力。市场竞争不仅是人才的竞争、产品的竞争,而且从根本上说是投资项目的竞争。一个不具备核心竞争能力的投资项目是注定要失败的。无论是投资实践的成功经验还是失败的教训,都有助于促进投资者自觉按市场规律办事,不断提升其市场竞争力。

二、项目计算期与相关概念

☞ 项目计算期是指投资项目从投资建设开始到最终清理结束整个过程的全部时间,即指投资项目的有效持续期间。完整的工业投资项目计算期包括建设期和生产经营期,如图8-2所示。

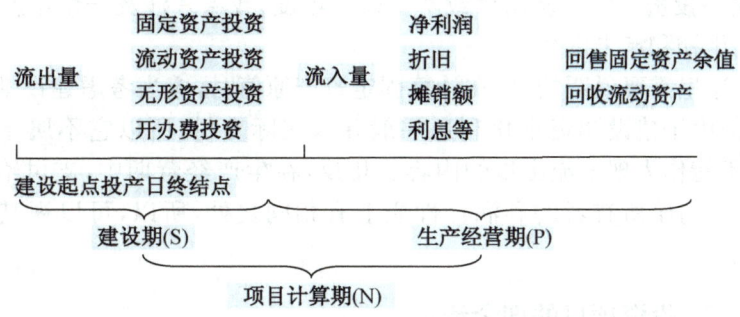

图8-2 项目计算与现金流量分布

项目投资会涉及固定资产投资(又称固定资产原始投资)、建设投资、投资总额与固定资产原值等概念,它们之间既有联系又有区别,如图8-3所示。

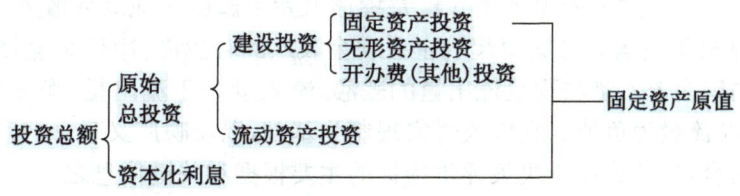

图8-3 有关投资概念之间的关系

☞ 建设投资是指在建设期内按一定生产经营规模和建设内容进行的投资。包括固定资产投资、无形资产投资和其他资产投资三项内容,主要应当根据项目规模和投资计划所确定的各项建设工程费用、设备购置成本、安装工程费用以及无形资产和开办费等费用来估算。固定资产原值与固定资产投资之间的关系如下:

$$固定资产原值 = 固定资产投资 + 建设期资本化借款利息 \quad (公式8-1)$$

☞ 无形资产投资是指项目用于取得无形资产而发生的投资。
☞ 其他资产投资是指建设投资中除固定资产投资和无形资产投资以外的投资,包括生产准备和开办费投资。
☞ 流动资产投资是指项目投产前后分次或一次投放于流动资产项目的投资增加额,又称垫支流动资金或营运资金投资。应根据与项目有关的流动资金需用量的增加额来估算。

资本化利息可根据建设期长期借款本金、建设期和借款利息按复利方法计算求得。

项目总投资是反映项目投资总体规模的价值指标,等于原始投资与建设期资本化利息之和。

原始投资的资金投入方式有两种:一次投入和分次投入。一次投入方式是指投资行为集中一次发生在项目计算期第一个年度的年初或年末;分次投入是指投资行为涉及两个或两个以上年度,或虽只涉及一个年度但同时在该年的年初和年末发生。

这里需要说明的是,在计算固定资产原值时,应当考虑建设期资本化的利息,但由于建设期资本化利息一般并未实际支付,所以它不属于建设投资范畴,不能作为现金流出量的内容。相反,在生产经营期中,支付给债权人的利息与支付给所有者的利润在性质上有相同之处,所以,可以视其为经营现金流入。

三、投资项目的现金流量

现金流量又称现金流动,在项目投资决策中,是指投资项目在其计算期内因资本循环而可能或应该发生的各项现金流入与现金流出的统称。按照现金流动的方向,可以将投资活动的现金流量分为现金流入量、现金流出量和净现金流量。一个方案的现金流入量是指该方案引起的企业现金收入的增加额;现金流出量是指该方案引起的企业现金收入的减少额;净现金流量是指一定时间内现金流入量与现金流出量的差额。流入量大于流出量,净流量为正值;反之,净流量为负值。它以收付实现制为基础,以反映广义现金(货币资本)运动为内容,是计算投资决策评价指标的主要根据和关键信息之一。

(一)投资项目现金流量的内容

投资项目决策的关键是确定其相应的现金流量。

投资项目的现金流量是指一个项目引起的企业现金支出和现金收入增加的数量。这里的"现金"是指广义的现金,它不仅包括各种货币资金,而且还包括项目需要投入企业拥有的非货币资源的变现价值。例如,一个项目需要使用原有的厂房、设备和材料等,则相关的现金流量是指它们的变现价值,而不是其账面成本。

项目投资的周期一般要依次经过投资兴建、投产后发挥效益和寿命终结等阶段。因此,投资项目的现金流量也就由相应的建设期现金流量、营业现金流量和终结现金流量三个部分组成。

1. 建设期现金流量

建设期现金流量,也称初始现金流量,是指投资时发生的现金流量,一般表现为现金流出量,用负数表示,主要包括:

(1)固定资产上的投资。包括固定资产的购入或建造成本、运输成本和安装成本等。

（2）流动资产上的投资。包括对材料、在产品、产成品和现金流量等流动资产的投资。

（3）无形资产投资。包括商标、专利权、专有技术等无形资产的投资。

（4）其他投资费用。这是指与固定资产投资有关的职工培训费、开办费、注册费用等。

（5）原有固定资产的变价收入。这是指固定资产更新时原有固定资产的变卖所得的现金收入。

2. 营业现金流量

☞ 营业现金流量是指项目投产后整个寿命周期内由于正常生产经营活动所带来的现金流量。营业现金流量一般按年度进行计算。其年度现金流入量一般是指营业现金收入,其年度现金流出量一般是指营业现金支出(即付现成本,不包括折旧等非付现成本)和各种税款的现金支出。

☞ 付现成本是指需要每年支付现金的成本。总成本中不需要每年支付现金的部分称为非付现成本,其中主要是折旧费、摊销额等。通常,折旧作为非付现成本的代表。所以,付现成本可以总成本减折旧等非付现成本来估计。

年营业净现金流量可用以下公式表示：

$$
\begin{aligned}
营业现金流量 &= 营业收入 - 付现成本 - 所得税 \\
&= 营业收入 - (总成本 - 折旧) - 所得税 \\
&= 营业利润 + 折旧 - 所得税 \\
&= 净利润 + 折旧
\end{aligned}
\quad (公式\ 8\text{-}2)
$$

又因为：

$$
\begin{aligned}
税后成本 &= 支出金额 \times (1 - 所得税税率) \\
税后收入 &= 收入金额 \times (1 - 所得税税率) \\
税负减少 &= 折旧 \times 所得税税率
\end{aligned}
$$

上述公式中的支出金额是指税法规定可以税前列支的成本、费用、损失等；收入金额是指根据税法规定需要纳税的收入,但不包括项目结束时收回的垫支资金等的现金流入。固定资产清理报废时发生的实际变价收入应记入"固定资产清理"账户,通过该账户核算清理损益,其清理净收益应当纳税,其清理金损失可以抵税(减税)。

所以：

$$
\begin{aligned}
营业现金流量 &= 税后收入 - 税后成本 + 税负减少 \\
&= 收入 \times (1 - 所得税税率) - 付现成本 \times (1 - 所得税税率) \\
&\quad + 折旧 \times 税率
\end{aligned}
$$

(公式 8-3)

☞ 营业现金流量由于是指生产经营期每年净现金流量。一般用正数表示。

3. 终结现金流量

☞ 终结现金流量是指投资项目终结时所发生的现金流量。终结现金流量基本上是现金流入量,包括固定资产残值收入或变价收入、原垫支的各种流动资金的收回以及停止使用土地的变价收入等。终结现金流量一般用正数表示。

(二) 不同类型的投资项目现金流量

1. 单纯固定资产投资项目的现金流量

☞ 单纯固定资产投资项目是指只涉及固定资产投资而不涉及无形资产投资、其他资产投资和流动资金投资的建设项目。它以新增的生产能力、提高生产效率为特征。其现金流量具体表现在以下方面:

(1) 现金流入量。单纯固定资产投资项目的现金流入量包括:增加的营业收入和回收固定资产余值等内容。

(2) 现金流出量。单纯固定资产投资项目的现金流出量包括:固定资产投资、新增经营成本和增加的各项税款等内容。

2. 完整工业投资项目的现金流量

☞ 完整工业投资项目简称新建项目,是以新增工业生产能力为主的投资项目,其投资内容不仅包括固定资产投资,而且还包括流动资金投资。其现金流量具体表现在以下方面:

(1) 现金流入量。完整工业投资项目的现金流入量包括:营业收入、补贴收入、回收固定资产余值和回收流动资金。

(2) 现金流出量。完整工业投资项目的现金流出量包括:建设投资、流动资金投资、经营成本、营业税金及附加、维持运营投资和调整所得税。

3. 固定资产更新改造投资项目的现金流量

固定资产更新改造项目可分为以恢复固定资产生产效率为目的的更新项目和以改善企业经营条件为目的的改造项目两种类型。其现金流量具体表现在以下方面:

(1) 现金流入量。固定资产更新改造投资项目的现金流入量包括:因使用固定资产而增加的营业收入、处置旧固定资产的变现净收入和新旧固定资产回收固定资产余值的差额等内容。

(2) 现金流出量。固定资产更新改造投资项目的现金流出量包括:购置新固定资产的投资、因使用固定资产而增加的经营成本、因使用新固定资产而增加的流动资金投资和增加的各项税款等内容。其中,因提前报废旧固定资产所发生的清理净损失而发生的抵减当期所得税税额用负值表示。

【例 8-1】 东海实业有限公司准备制造一条生产线,在建设起点一次投入全部资金。预计购建成本共需 105 万元。预计生产线使用寿命为 5 年。企业采用直线法计提折旧,预计固定资产清理净收入为 5 万元。此外还需追加配套流动资金投资 20 万元。投产后预计每年可获得营业收入 60 万元(假定全部收入现金),第一年的付现成本为 30 万元,以后随生产线设备的磨损逐年增加维修保养等费用 2 万元。假设企业所得税税率为 30%。其项目计算期内各年现金流量的计算如下：

$$年折旧额 = (105-5) \div 5 = 20(万元)$$
$$NCF_0 = 0 - (105+20) = -125(万元)$$
$$NCF_1 = (60-30-20) \times (1-30\%) + 20 = 27(万元)$$
$$NCF_2 = (60-32-20) \times (1-30\%) + 20 = 25.6(万元)$$
$$NCF_3 = (60-34-20) \times (1-30\%) + 20 = 24.2(万元)$$
$$NCF_4 = (60-36-20) \times (1-30\%) + 20 = 22.8(万元)$$
$$NCF_5 = (60-38-20) \times (1-30\%) + 20 + 5 + 20 = 46.4(万元)$$

在确定投资方案相关的现金流量时，所应遵循的基本原则是：只有增量现金流量才是与项目相关的现金流量。所谓增量现金流量，是指接受或拒绝某个投资方案后，企业总现金流量因此发生的变动。只有那些由于采纳某个项目所引起的现金支出增加额，才是该项目的现金流出；只有那些由于采纳某个项目所引起的现金流入增加额，才是该项目的现金流入。

为了正确计算投资方案的增量现金流量，需要正确判断哪些支出会引起企业总现金流量的变动，哪些支出不会引起企业总现金流量的变动，即需要区分相关成本和非相关成本，这是确定项目现金流量的关键。所谓相关成本，是指与特定决策有关的、在分析评价时必须加以考虑的成本。例如，未来成本、重置成本、差额成本、机会成本、变动成本等都属于相关成本。所谓非相关成本，是指与特定决策无关、在分析评价时不必加以考虑的成本。例如，沉没成本、过去成本、账面成本、固定不变的成本等属于非相关成本。

如果将非相关成本纳入投资方案的总成本，则一个有利的方案可能因此而变得不利，一个较好的方案可能因此而变为较差的方案，从而造成决策错误。

此外，也不要忽视机会成本。即在投资方案的选择中，如果选择了一个投资方案，则必须放弃投资于其他途径的机会。其他投资机会可能取得的最高收益，是实行本方案的一种代价，被称为是这项投资方案的机会成本。

机会成本不是我们通常意义上的"成本"，它不是一种支出或费用，而是失去的收益。这种收益不是实际发生的而是潜在的。机会成本总是针对具体方案的，离开被放弃的方案就无从计量确定。

在投资项目决策中机会成本的意义在于它有助于全面考虑可能采取的各种方案，以便为既定资源寻求最为有利的使用途径。

四、项目投资决策评价的主要指标

项目投资决策评价指标是指用于衡量和比较投资项目可行性，以便进行项目投资决策的定量化标准与尺度。按照是否考虑资金的时间价值划分，项目投资决策评价指标可以分为非贴现评价指标和贴现评价指标两大类。非贴现指标又称静态指标，贴现指标又称为动态指标。其具体分类如图8-4所示。

```
项目投资评价指标 ┬ 非贴现评价指标 ┬ 投资回收期(PP)
                │                └ 投资利润率(ROI)
                └ 贴现评价指标 ┬ 净现值(NPV)
                              ├ 净现值率(NPVR)
                              ├ 现值指数(PI)
                              └ 内含报酬率(IRR)
```

图 8-4　项目投资决策评价指标分类

上述六项指标中,投资回收期属于逆指标,一般是越短越好;其他五项指标均为正指标,一般是越大越好。

五、项目投资的决策程序

由于项目投资具有金额大、回收期长、风险高等特点,因此,在进行项目投资决策时要坚持科学的态度,按章行事,以降低投资风险、提高投资效率。一般项目投资决策的程序包括以下几个步骤。

(一)投资项目的提出

为了提高生产能力或提高产品质量,企业领导者或有关部门根据本企业所具备的条件,提出投资项目。投资项目可以由企业最高领导者直接提出,也可以由其他层次的领导者提议。

(二)投资项目的评价

企业在提出投资项目以后,应组织有关方面专家等人员进行认真的考评。项目评价主要分为技术可行性评价、财务评价和国民经济政策性评价等。技术可行性评价一般包括以下几方面内容:投资项目的技术是否先进;是否超出生产工人对技术的接受限度等。财务评价一般要进行以下几项内容:预计投入与产出;预计收入与成本;预测项目的现金流量;运用各种评价指标进行可行性分析;拟定评价报告等。国民经济政策性评价是指企业进行投资项目评价时,必须在充分了解国家的产业政策的基础上,对项目是否符合国家有关方针政策作出认真的评价。投资项目的评价固定资产投资过程的一项重要工作,必须在充分的调查研究的基础上,如实反映投资项目的真实情况。

(三)投资项目的决策

在进行投资项目的评价以后,投资者或经营者要认真研究项目评价报告,对项目作出是否进行投资的决策,必要时,还可聘请专家或中介机构组成专门力量进行评价后,再作出决策。投资项目确定以后,若属于需经国家批准的项目,应按规定程序报经有关主管部门批准。

(四)投资项目的执行

投资项目确定后,便进入筹措资金、实施投资过程。在投资项目执行过程中,要严格控制投资方案的实施和资金的使用,包括对工程进度、质量、投资成本等进行有效的控制。

（五）投资项目的再评价

在投资项目的执行过程中，应密切关注投资的实施情况和项目外部情况变化，并随时根据情况变化对项目作出重新评价，如有必要，应及时调整投资方案，甚至停止项目的执行，以避免造成更大的损失。对投资项目的再评价一般应贯穿项目执行的全过程。在项目完成后，更要进行经验总结，吸取教训；评估项目的可行性程度及其实施结果；奖惩项目的有关执行者。

影响项目投资的因素很多，涉及投资风险、投资报酬、投资时机和投资结构等。在投资决策过程中，主要涉及现金流量、资金的时间价值、必要的投资报酬率等，故在投资决策过程中必须全面考虑、统筹兼顾、权衡利弊得失。

第2节　评价项目投资

一、非贴现评价指标

（一）投资回收期

☞ 投资回收期是指回收某项投资所需的时间，一般用年数表示。投资回收期法就是指用来计算各个备选方案原始投资额收回时间，据此选择投资方案是否可行的一种方法。

其计算公式如下：

$$投资回收期 = \frac{原始投资额}{每年现金净流量} \qquad (公式8\text{-}4)$$

上述公式中的每年现金净流量一般由每年增加的净利润和提现的折旧额等非付现费用组成。

上述投资回收期的计算公式中没有考虑到建设期。考虑建设期的投资回收期计算公式如下：

$$考虑建设期的投资回收期(PP) = 不包括建设期的投资回收期(PP') + 建设期(S)$$

$$(公式8\text{-}5)$$

一般来说，投资回收期越短，投资的经济效果越好，对投资者也越有利。

投资回收期法的主要优点是能够直观地反映原始总投资的返本期限，计算简便、易于理解，并有利于促使企业缩短投资周期，尽快投产收益，尽早收回投资。但这种方法没有考虑货币的时间价值，也不能反映出投资的盈利程度。如果对某项投资进行全面评价时，还应结合其他方法。

（二）投资利润率

☞ 投资利润率是指项目投资所带来的每年平均净收益与投资总额的比率。其计算公式如下：

$$投资利润率 = \frac{年平均净利润}{投资总额} \times 100\% \quad \text{(公式 8-6)}$$

一般来说,项目的投资利润率应当高于无风险报酬率。投资利润率越高,投资的经济效益越好,对投资者也越有利。

投资利润率法的优点是简单明了,容易掌握,可以较好地反映出投资的盈利程度,其不足之处是没有考虑货币的时间价值等。

二、贴现评价指标

(一) 净现值

☞ 净现值是指把由于某个投资项目所引起的现金流出量和现金流入量都按一定的折现率(或资本成本率)折算成现值,将现金流入量现值合计减去现金流出量现值合计后所得的净额。净现值法就是用现值净额的大小作为评价长期投资方案的一种决策分析方法。这种方法由于考虑了货币的时间价值,因而能够较好地反映出投资方案的"真实"的报酬情况。其计算公式如下:

$$净现值 = 现金流入量现值总数 - 现金流出量现值总数 \quad \text{(公式 8-7)}$$

上述公式中的现金流入量和现金流出量,若每期数额相等,可按年金折成现值;若每期数额不等,可按普通复利分别折成现值后相加。

净现值的计算结果可能出现以下三种情况:

(1) 净现值为正数,表示此方案按现值计算的投资报酬率高于折现率,方案可以采纳。

(2) 净现值为负数,表示此方案按现值计算的投资报酬率正好等于折现率,应对该项目进行综合考虑。

(3) 净现值为零,表示此方案按现值计算的投资报酬率正好等于折现率,应对该项目进行综合考虑。

任何投资方案,在其他条件基本相同的情况下,只有它所提供的按现值计算的投资报酬率高于折现率时才能被采纳,而且这个投资报酬率应该是越高越好。

在计算净现值时,如果投资额分几次在不同时期支付,应当把不同时期支付的数额,统一折算为第一次开始投资时的现值,求得现金流出量的现值总数。

应当指出,净现值法并不能揭示各个投资方案本身可能达到的实际内部收益率究竟是多少,特别是在几个方案的原始投资额不相同的情况下,只凭净现值的绝对数的大小,不能判断出投资获利能力与水平的高低,因此,还必须考虑运用下面所介绍的净现值率法、现值指数内含报酬率法等进行评价。

(二) 净现值率

☞ 净现值率是指投资项目的净现值占现金流出量(原始投资额)现值总数的比率,其计算公式如下:

$$净现值率 = \frac{投资项目净现值}{现金流出量现值总数} \times 100\% \qquad (公式\ 8\text{-}8)$$

净现值率是一个折现的相对量评价指标,可以从动态角度反映出项目投资的资金投入与净产出之间的关系,计算较简便。

(三)现值指数

现值指数是指投资项目的现金流入量现值总数(或未来报酬的现值)与现金流出量现值总数(或原始投资额)的比率。现值指数法就是根据现值指数的大小来判断投资方案是否可行的一种决策分析方法。其计算公式如下:

$$现值指数 = \frac{现金流入量现值总数}{现金流出量现值总数} \qquad (公式\ 8\text{-}9)$$

现值指数的计算可能出现以下三种情况:

(1)现值指数大于1,表示投资项目按现值计算的现金流入量大于现金流出量,这项投资方案可以采纳。

(2)现值指数小于1,表示投资项目按现值计算的现金流入量小于现金流出量,这项投资方案是不可取的。

(3)现值指数等于1,表示投资项目按现值计算的现金流入量等于现金流出量,应对该项目进行综合考虑。

如果几个投资方案的现值指数均大于1,在非互斥方案的选择时,其现值指数越高,方案越好。

当原始投资在建设期内全部投入时,现值指数与净现值率存在着以下关系:

$$现值指数 = 1 + 净现值率 \qquad (公式\ 8\text{-}10)$$

净现值率、现值指数是以相对数表示的,便于在不同投资额的方案之间进行对比;而净现值是以绝对数表示的,在不同投资额的方案之间进行比较有其局限性。以上三项评价指标都无法直接反映出投资项目的实际收益率。

(四)内含报酬率

内含报酬率是使投资项目的现金流入量现值总数等于现金流出量现值总数的报酬率。它通过对投资项目的每年现金流量进行贴现,使现金流入量现值总数与现金流出量现值总数相等,由此计算出来的报酬率就是投资方案的净现值等于零时的利率。内含报酬率法就是根据各个方案的内含报酬率是否高于按资金成本率或必要报酬率计算的贴现率(i),来确定投资方案是否可行的一种决策分析方法。

买房贷款越长越好?

1. 内含报酬率的计算结果

其计算结果一般可能出现以下三种情况:

(1)当内含报酬率大于必要报酬率时,可以获得高于期望的收益,该项投资方案应予采纳。

(2)当内含报酬率等于必要报酬率时,可以获得期望的收益。

(3) 当内含报酬率小于必要报酬率时,不可能获得期望的收益,该项投资方案是不可取的。

2. 内含报酬率的计算方法

其计算方法视每期现金流入量相等或不等而采用不同的方法:

1) 在每期(年)现金流入量相等(即年金形式)的情况下,其计算过程如下:

(1) 先按如下计算公式计算出年金现值系数。

$$年金现值系数 = \frac{原始投资额的现值}{每期等额现金流入量} \quad (公式8-11)$$

(2) 从年金现值表中找出有关期(年)数栏内上述年金现值系数正负相邻的两个利率。

(3) 根据正负相邻的利率,采用插值法计算出内含报酬率。

2) 在每期(年)的现金净流量不同的情况下,应先估计一个贴现率,用以计算每期(年)的现金流入量的现值,加总后,再减去原投资额。若差额为正值,说明估计的贴现率低了,应调高一些;若差额为负值,说明估计的贴现率高了,应调低一些。这样一直找到以某一个贴现率所求得的净现值为正值,而以相邻的一个贴现率所求得的净现值为负值时,则表明内含报酬率就在这两个利率之间,然后再用插值法求得精确的内含报酬率。

如果投资方案的内含报酬率大于其资本成本,则该方案可行;如果投资方案的内含报酬率小于其资本成本,则该方案不可行。如果几个方案的内含报酬率均大于其资本成本,且各方案的投资额相同,那么内含报酬率越高的方案越好。如果几个方案的内含报酬率虽都大于其资本成本,但各方案的投资额不等,那么应选择"投资额×(内含报酬率-资本成本)"最大的方案为优。

关于上述四种投资指标的评价方法,也可以综合运用于某一方案的决策。

三、项目投资评价指标的应用

(一)关于评价指标之间的关系

关于上述非贴现评价指标和贴现评价指标两大类合计六个指标的运用,在评价投资方案优劣时,应当以贴现评价的四个指标为主。

在贴现评价指标中,净现值法是在用减法,即以"收益现值-支出现值"来比较各方案净现值的多少,用绝对数表示。净现值率法,现值指数法是用除法,即以"净现值/支出现值"或"收益现值/支出现值"来比较各方案的优劣,用相对数表示。内含报酬率是通过使"收益现值-支出现值=0"来计算各个方案客观存在的真实报酬,然后再比较各个方案内含报酬率的高低,也用相对数表示。在进行项目投资决策分析时,可将以上方法结合起来使用。

综上所述,在单一的独立投资项目和投资额相同的多方案比较中,净现值、净现值率、现值指数和内含报酬率四个指标之间一般存在着如下的同方向变动关系,即:

净现值＞0,净现值率＞0,现值指数＞1,内含报酬率＞i。
净现值＝0,净现值率＝0,现值指数＝1,内含报酬率＝i。
净现值＜0,净现值率＜0,现值指数＜1,内含报酬率＜i。

【例 8-2】 某企业需要购置丙设备,其买价 60 000 元,款项于购入时一次支付。年平均净利 5 100 元,年折旧额 12 000 元。预计使用 5 年,设备报废时无残值可收回。假定市场年利率或投资者要求的必要报酬率均为 8%,根据上述资料计算如下评价指标。

1. 丙设备投资回收期计算

$$丙设备投资回收期 = \frac{60\ 000}{5\ 100 + 12\ 000} = 3.51(年)$$

2. 丙设备投资报酬率计算

$$丙设备的投资报酬率 = \frac{5\ 100}{60\ 000} \times 100\% = 8.5\%$$

3. 丙设备净现值计算

丙设备净现值＝(5 100＋12 000)×3.993－60 000＝68 280.30－60 000＝8 280.30(元)

4. 丙设备净现值率计算

$$丙设备净现值率 = \frac{8\ 280.30}{60\ 000} \times 100\% = 13.8\%$$

5. 丙设备现值指数计算

$$丙设备现值指数 = \frac{68\ 280.30}{60\ 000} = 1.138$$

6. 丙设备内含报酬率计算

$$年金现值系数 = \frac{60\ 000}{17\ 100} = 3.509$$

查年金现值表,在第 5 期(年)行内与 3.509 相邻近的利率在 12% 与 14% 之间,即年金现值系数在 3.605 与 3.433 之间。采用差值法计算如下:

贴现率年金现值系数

$$\left.\begin{array}{l}12\% \\ ?\ \% \\ 14\%\end{array}\right\}\left.\begin{array}{l}x\% \\ \\ \end{array}\right\}2\% \qquad \left.\begin{array}{l}3.360\ 5 \\ 3.509 \\ 3.433\end{array}\right\}\left.\begin{array}{l}0.096 \\ \\ \end{array}\right\}0.172$$

$$\frac{x}{1} = \frac{0.096}{0.172} \Longrightarrow x = 1.12\%$$

所以,丙设备的内含报酬率为:

丙设备的内含报酬率＝12%＋1.12%＝13.12%

(二) 关于多个互斥方案的决策

☞ 项目投资决策中的互斥方案是指在决策时涉及多个相互排斥、不能同时并存的投资方案。互斥方案决策过程就是在每个入选方案已具备财务可行性的前提下,利用具体决策方法评各个方案的优劣,利用评价指标就是在每个入选方案已具备财务可行性的前提下,利用具体决策方法评各个方案的优劣,利用评价指标从各个备选方案中最终选出一个最优方案的过程。

净现值法、净现值率法、现值指数法和内含报酬率法一般适用于原始投资额相同并且项目计算期相等的多少方案的比较,并以净现值、净现值率、现值指数的大小和原始投资额相同并且项目计算期相等的多方案的比较的高低作为择优选用的依据。

原始投资额不相同但是项目计算期相等的多方案进行比较时,可以采用差额投资内部收益率法,常见的决策模型就是内含报酬率法在售旧购新等更新改造方案中的应用。

【例 8-3】 某企业计划用一台新设备替代旧设备。新设备的买价为 61 000 元,可使用 5 年;年折旧额为 11 000 元,预计残值收入为 6 000 元。使用新设备可使年付现成本由原来的 60 800 元降至 50 000 元。旧设备原值 45 000 元,已提折旧 15 000 元,还可使用 5 年;年折旧额为 5 000 元,5 年后残值收入为 5 000 元。如果现在出售旧设备,可得价款 20 000 元。该企业所得税税率为 30%。

该企业有两种方案可供选择:一是继续使用旧设备;二是卖掉旧设备,购置新设备。要进行两种方案的选择,必须先计算两种方案的增减现金流量。以"Δ"字母表示现金流量的增减量。

首先,计算增加的原始投资额,即 Δ 初始投资。如果购买新设备需支付买价 61 000 元,但可得到出售旧设备价款 20 000 元。出售旧设备的净损失为 10 000 元(30 000－20 000),但这 10 000 元的损失可抵减当年所得税 3 000 元(10 000×30%),因此:

$$\Delta 初始投资 = -61\ 000 + 20\ 000 + 3\ 000 = -38\ 000(元)$$

其次,计算生产经营期各年增加的营业现金净流量,即 Δ 营业现金流量。计算过程如表 8-1 所示。

表 8-1

营业现金流量计算表　　　　　　　　　单位:元

项　　目	现金流量
Δ 付现成本(1)	－10 800
Δ 折旧额(2)	6 000
Δ 税前净利(3)＝0－(1)－(2)	4 800
Δ 所得税(4)＝(3)×30%	1 440
税后净利(5)＝(3)－(4)	3 360
营业现金流量(6)＝(2)＋(5)	9 360

图表 8-1 中：

$$\Delta 付现成本 = 50\,000 - 60\,800 = -10\,800(元)$$
$$\Delta 年折旧额 = 11\,000 - 5\,000 = 6\,000(元)$$
$$\Delta 营业现金流量 = 3\,360 + 6\,000 = 9\,360(元)$$

再次，计算项目增加的终结现金流量，即 Δ 终结现金流量。Δ 终结现金流量由新旧设备的净残值差额构成。

$$\Delta 终结现金流量 = 6\,000 - 5\,000 = 1\,000(元)$$

最后，依据以上计算结果，计算全部的 Δ 现金流量。计算结果归纳如表 8-2 所示。

表 8-2

Δ 售旧购新项目现金流量计算表　　　　单位：元

项目内容 \ 项目计算期(年)	0	1～4	5
Δ 初始投资	-38 000		
Δ 营业现金流量		9 360	9 360
Δ 终结现金流量			1 000
Δ 现金流量	-38 000	9 360	10 360

经计算，该投资项目的 Δ 净现金流量各年情况如下：

$$\Delta NCF_0 = -38\,000(元)$$
$$\Delta NCF_{1\sim4} = 9\,360(元)$$
$$\Delta NCF_5 = 10\,360(元)$$

如果该投资项目的必要报酬率为 11%，问该售旧购新方案可行否？

首先，用 11% 的利率进行第一次测算，该方案的净现值计算如下：

1—4 年现金流入量现值总数 = 9 360 × 3.102 = 29 034.72(元)
第 5 年现金流入量现值总数 = 10 360 × 0.901 = 9 334.36(元)
减：Δ 投资额　　　　　　38 000(元)
　　净现值　　　　　　　　369.08(元)

然后，用 12% 的利率进行第二次测算，该方案的净现值计算如下：

2—4 年现金流入量现值总数 = 9 360 × 3.037
　　　　　　　　　　　　 = 28 426.32(元)
第 5 年现金流入量现值总数 = 10 360 × 0.893
　　　　　　　　　　　　 = 9 251.48(元)
减：Δ 投资额　　　　　　38 000(元)
　　净现值　　　　　　　　-322.2(元)

该方案内含报酬率的计算方法可利用公式法求得计算结果如下：

$$\text{内含报酬率} = \text{低利率} \times (\text{高利率} - \text{低利率}) \times \frac{\text{正净现值}}{\text{正净现值} - \text{负净现值}}$$

$$= 11\% + (12\% - 11\%) \times \frac{369.08}{369.08 + 322.20}$$

$$= 11\% + 0.53\% = 11.53\%$$

内含报酬率计算结果表明,该售旧购新投资方案的内含报酬率11.53%大于必要报酬率11%,投资可行。

在原始投资额不相同并且项目计算期也不相等的多方案进行比较时,应当采用年均净现值法(年等额净回收额法)。

【例 8-4】 某企业正在考虑购置一台生产设备,经过调查研究,在多项投资方案中最后选择出甲、乙两种方案进行决策。生产设备投资为一次性投资,假定报废时均无残值回收。贴现率为10%。甲、乙两项方案有关现金流量资料,如表8-3所示。

表 8-3

项目投资现金流量计算表   单位:元

年次	摘要	甲方案			乙方案		
		净利润	折旧额	合计	净利润	折旧额	合计
0	现金流出			(180 000)			(150 000)
1	现金流入	33 000	36 000	69 000	35 000	50 000	85 000
2	现金流入	33 000	36 000	69 000	40 000	50 000	90 000
3	现金流入	33 000	36 000	69 000	45 000	50 000	95 000
4	现金流入	33 000	36 000	69 000			
5	现金流入	33 000	36 000	69 000			

先按净现值法分别计算甲、乙方案的净现值。由于甲方案每年现金流入量相等,可将其乘以年金现值系数求得现金流入量现值总数;乙方案每年现金流入量不等,应将其分别乘以复利现值系数求得每年的现金流入量现值数然后加总。具体计算过程如下:

甲方案的净现值计算如下:

现金流入量现值总数 = 69 000 × 3.791 = 261 579(元)
减:△投资额　　　　　　　　180 000(元)
净现值　　　　　　　　　　　81 579(元)

乙方案的净现值计算如下:

年数　　　　　　　　现金流入量×现值系数=现值
1　　　　　　　　　85 000×0.909=77 265(元)
2　　　　　　　　　90 000×0.826=74 340(元)

3	$95\,000 \times 0.751 = 71\,345$(元)
现金流入量现值合计	222 950(元)
减:△投资额	150 000(元)
净现值	72 950(元)

以上甲、乙两方案的净现值均为正数,说明它们的投资报酬率均在10%以上。当然,也可运用现值指数法或内含报酬率法来比较投资方案的经济效果。

但是,由于甲、乙两个方案不仅仅投资额大小不同,而且项目计算期也不一致,最好通过计算年均净现值法(净现值÷年金现值系数)进行择优。

$$年均净现值甲 = 81\,579 \div 3.791 = 21\,519.12(元)$$
$$年均净现值乙 = 72\,950 \div 2.487 = 29\,332.53(元)$$

因为:29 332.53 元>21 519.12 元
所以:应选择乙方案为优。

(三) 关于多个投资方案组合的决策

如果在资金总量不受限制的情况下,多个备选方案之间不是互相排斥的关系,应按每一项目的净现值 NPV 的大小进行排队,确定优先考虑的项目顺序。

如果在资金总量受限制的情况下,多个备选方案之间不是互相排斥的关系,应按每一项目的净现值率 NPVR 的大小进行排队,并结合净现值 NPV 进行各种组合排队,从中选出能使 $\sum NPV$ 最大的最优组合。

(四) 关于年平均成本法的应用

如果投资项目没有适当的现金流入,无论售旧方案还是购新方案,都缺乏使用净现值、净现值率、现值指数和内含报酬率法的条件。通常,在收入相同时,人们都会认为成本较低的方案是一个较好的方案。

当两个方案的尚可使用年限相同时,可以比较方案之间总成本的高低;当两个方案的尚可使用年限不相同时,可以比较方案之间平均年成本的高低(即年均成本法)。固定资产的平均年成本是指该项资产引起现金流出的年平均值。如果不考虑货币的时间价值,它就是未来使用年限内的现金流出总额与使用年限的比值;如果考虑货币的时间价值,它就是未来使用年限内的现金流出总现值与年金现值系数的比值,即平均每年的现金流出。

【例8-5】 某公司提出一个售旧购新方案,假设该公司要求的最低的报酬率为10%,要求测算该售旧购新方案可行否。有关资料如下:

	旧设备	新设备
设备原价	4 400 元	5 000 元
预计使用年限	10 年	10 年

已经使用年限	4 年	0 年
尚可使用年限	6 年	10 年
最终报废残值	400 元	500 元
目前变现价值	1 000 元	5 000 元
每年运行成本	800 元	300 元

1. 不考虑货币的时间价值的计算

$$旧设备的年均成本 = \frac{1\,000 + 800 \times 6 - 400}{6} = 900(元)$$

$$新设备的年均成本 = \frac{5\,000 + 300 \times 10 - 500}{10} = 750(元)$$

如果按照不考虑货币时间价值的计算结果，由于旧设备的年均成本大于新设备的年均成本，应考虑售旧购新方案。

2. 考虑货币的时间价值的计算

$$旧设备的年均成本 = \frac{1\,000 + 800 \times (P/A, 10\%, 6) - 400 \times (P/S, 10\%, 6)}{(P/A, 10\%, 6)}$$

$$= \frac{1\,000 + 800 \times 4.355 - 400 \times 0.564}{4.355} = 977.82(元)$$

$$新设备的年均成本 = \frac{5\,000 + 300 \times (P/A, 10\%, 10) - 500 \times (P/S, 10\%, 10)}{(P/A, 10\%, 10)}$$

$$= \frac{5\,000 + 300 \times 6.145 - 400 \times 0.386}{6.145} = 1\,088.54(元)$$

如果按照考虑货币时间价值的计算结果，由于旧设备的年均成本小于新设备的年均成本，应考虑继续使用旧设备方案。

（五）关于投资付款方案的决策

企业在进行项目投资（如购置固定资产等）时经常会碰到是一次付款还是分期付款这两个方案的抉择问题。仍以［例 8-4］为例，假设乙方案的生产设备在购置时有以下两个付款方案可供选择：一个是于购买时一次付款 150 000 元；另一个是可分 3 次付款，每年年末付 58 000 元，共计 174 000 元。贴现率为 10%。

要正确作出选择，只要将分期付款的款项按资金成本率折成现值，然后与一次付款的款项进行对比，选择现值较低者为最优方案（由于 3 年分期付款的款项相等，可按年金现值系数折算）。

$$分期付款的现值 = 58\,000 \times 2.487 = 144\,246(元)$$
$$减：一次付款的金额 \qquad\qquad 150\,000(元)$$
$$\qquad\qquad\qquad\qquad\qquad -5\,754(元)$$

以上计算结果表明，分期付款方案的现值较一次付款少 5 754 元，应选择分期付款方案购置该项设备为优。

第 3 节 固定资产管理

一、固定资产的特点

固定资产是指在企业生产经营活动中,经过多次生产过程才全部转移价值的资产。固定资金是固定资产的货币表现,固定资金是固定资产的货币表现,固定资产则是固定资产的实物形态。由于固定资产能在较长的时期内,反复地、连续不断地参加多次生产过程,并在使用过程中基本上能保持原有的物质形态,所以垫支在固定资产上的这部分资金,相对于流动资金来说,具有比较固定的性质,一般具有以下几个主要特点。

(一) 循环周期较长

固定资金的循环周期,是指从固定资产投入使用到报废以后重新购建固定资产为止的整个过程的时间。由于固定资产能在许多个生产周期中发挥作用,并保持其原有的实物形态,它的价值是随着固定资产的损耗程度,逐渐地、部分进行转移和补偿,经过许多个生产周期,才完成全部价值转移的一次循环。因此,固定资金循环周期的长短,取决于固定资产使用年限,而与企业生产周期的长短无关。固定资产使用年限长,周转期就长;使用年限短,周转期就短。为此,应合理确定固定资产的使用年限,是固定资金的周转能适应科学技术不断进步的要求,并注意做好固定资产的维护保养与修理工作,使固定资产在规定的使用年限中正常运行,以提高固定资金的使用效果。

固定资产全寿命周期管理

(二) 价值存在具有双重性

由于固定资产长期参加生产过程而不改变其原有实物形态,其价值是逐渐地、部分地转移到所生产的产品成本中去,因此,随着企业再生产过程的连续进行,固定资产价值一般表现为双重存在:一部分存在于原实物形态上,是逐年递减;另一部分则脱离原实物形态,转为货币准备金,是逐年递增。直到使用期限终了,其价值才全部积累于货币准备金上,以保证固定资产的更新。为此,应正确核算固定资产的折旧与净值(折余价值),以反映出固定资产价值存在形态的双重性。

(三) 价值补偿和实物更新分别进行

固定资金的价值补偿,是其实物更新的必要条件。固定资金价值补偿是随着固定资产的使用按期逐渐积累起来的,但在固定资金逐渐转移和取得补偿时,并不一定需要进行固定资产的实物更新,因为固定资产是以其技术性能作用于产品的生产过程,而不是以其实体加入产品使用价值的,所以它可以在每次生产周期中反复多次地使用,直到其完全丧失使用价值,才需要进行实物更新。这就是说,固定资产具有一次性集中投资,分散性多次收回,然后又一次性实物更新的特点,即固定资金具有价值补偿和实物更新的时差性。根据这一特点,不仅要加强对固定资产的实物管理,使固定资产在整个使用期中经常处于良好的使用状态,而且还必须有计划地计提折旧,并从销售收入中得到及时补偿,以保证固定资产及时有效地更新。

二、预测固定资产需用量

(一) 按设备需用量进行预测

在企业的全部固定资产中,生产设备是企业从事生产的主要劳动资料,其资金占用量大,应以生产设备的预测作为固定资产使用量核定的重点,并按实物数量逐项计算需用量。

1. 按实物量计算

其计算公式为:

$$某项生产设备需用量 = \frac{预计年产量}{单台设备年产量} \quad (公式8-12)$$

预计年产量是计算固定资产需用量的主要依据,可按企业计划年度内规定生产的产品品种和数量填列。如果企业生产产品品种较多,且比较接近,可按产品结构和工艺进行归类,然后按混合量和折合量计算。

单台设备年产量取决于台班量、开工班次、全年计划工作日数等因素。台班产量根据设计的,或查定的,或可能达到的能力确定。开工班次应根据生产任务、现有人力、设备数量确定。全年计划工作日数等于日历日数(365 天)减去节假休息日数及计划检修停台日数。

【例 8-6】 某企业生产甲产品,预计年产量 184 000 件。某项生产设备全年工作日数为 230 天(365 天－节假休息日 114 天－检修日数 21 天),每天两班制生产,每班产量 80 件,则该设备需用量为:

$$某项生产设备需用量 = \frac{184\,000}{230 \times 2 \times 80} = 5(台)$$

2. 按台时数计算

其计算公式为:

$$某项生产设备需用量 = \frac{全年预计生产任务需用生产设备定额总台时}{单台生产设备全年预计工作总台时}$$

$$(公式8-13)$$

全年预计生产任务需用生产设备定额总台时的计算公式如下:

$$计划生产任务定额总台时数 = \sum(预计产量 \times 单位产品定额台时 \times 定额改进系数)$$

$$(公式8-14)$$

上述公式中,单位产品定额台时是指现行定额,定额改进系数是指估计新定额占现行定额的百分比,如乙产品单位定额时数为 40 台时,计划年度由于改进操作方法后,能达到 39 台时,则定额改进系数为 97.5%(39 ÷

40×100%)。

单台生产设备全年预计工作总台时的计算公式如下：

单台生产设备全年预计工作总台时 =（日历天数 － 计划节假休息日 － 计划停机检修日数）
×开工班次×每台工作台时数

(公式 8-15)

【例 8-7】 某企业生产乙产品，全年预计产量为 1 000 件，每件定额为 40 台时，定额改进系数为 97%；丙产品全年计划产量为 200 件，每件定额为 30 台时，定额改进系数为 95%。某项设备全年计划节假休息日 114 天与停机检修 8 天，每天开两班，每班开工 7 小时，则某项生产设备需用量为：

$$某项生产设备需用量 = \frac{1\,000 \times 40 \times 97.5\% + 200 \times 30 \times 95\%}{(365-122) \times 2 \times 7}$$

$$= \frac{39\,000 + 5\,700}{3\,402} = 13.14(台)$$

计算生产设备需用量如有小数时，一般可采用"进位"取整的做法，如本例 13.14 台可进位为 14 台。然后，将计算后的需用量与实用量对比，即可求得某项生产设备是多余还是不足。

本例中如果该企业现有该类设备 10 台，则该企业该类设备不足 4 台（10－14）；如果该企业该类设备现有 15 台，则该企业该类设备多余 1 台（15－14）。

企业将各项固定资产需用量的价值相加，即为固定资金需用量。

（二）按固定资产周转次数推算

对于生产条件及生产任务多变的企业，或者对于预测生产设备以外的其他固定资金的需用量，可以采用一种比较简便的测算方法，就是以计划年度前的某一正常生产年度，按固定资产周转次数（主营业务收入÷固定资产平均净值，即企业占用的固定资产平均净值能够提供的主营业务收入），并考虑有关资金节约使用的需求（如提高固定资金利用率等），综合测算固定资金需用量。其计算公式如下：

固定资金需用量 = 计划年度主营业务收入×正常年度固定资产周转次数
×（1－提高固定资金利用率）

(公式 8-16)

【例 8-8】 某企业计划年度主营业务收入为 7 000 000 元，根据历史资料，正常年度的固定资产周转次数为 0.2，计划年度要求提高固定资金利用率为 1.5%，根据以上资料，推算计划年度固定资金需用量为：

固定资金利用量 = 7 000 000×0.2×（1－1.5%）= 1 379 000(元)

采用这种方法计算，工作量较小，便于掌握，但测算结果较为粗略，有时误差较大。

在分项预测固定资产需用量的基础上，就可以汇总编制出企业的固定资产计划,用于控制固定资产的投资规模和利用效益。

三、管好用好固定资产

(一) 预测投资规模,监控投资效益

固定资产投资项目的多少、投资额的大小,不仅对企业近期的生产和效益带来重大的影响,而且对企业今后的生存、发展以及财务状况带来长期的、深远的影响。这是因为一定时期内的资金总是有限的,如果投资项目超过资金供应能力,势必拖延工期,不能及时发挥资金效益,或者势必挤占生产经营资金,影响企业生产正常进行。因此,应在合理计划的基础上,监督企业按计划项目投资,防止搞计划外工程;同时,加强工程进度和工程质量的管理。财务部门是管理投资额的部门,应对投资项目和投资额进行日常管理,了解企业是否按计划项目投资,资金使用是否合理,投入的资金与工程进度之间是否适应,从而监督企业在不突破投资额计划的情况下,按时、按质完成工程项目,及时发挥投资效益。

(二) 归口分级管理,落实岗位责任

加强固定资产实物控制,除了由财务部门认真进行固定资产的总分类核算和明细分类核算以外,主要是做好新增固定资产的验收、移交及登记入账工作。对在用固定资产,要注意内部转移,做到部门之间的交接,财务部门能及时掌握情况;对清理报废及调出的固定资产,必须做到事前有批准手续,事后要及时注销账卡;对租入的固定资产,也要做好记录,加强管理。企业财务部门要向有关部门加强宣传,要求有关部门严格遵照有关制度规定办理上述各项业务,并且做到全面反映和及时掌握固定资产的增减变动和使用情况,定期对固定资产进行查清盘点,保证各项固定资产的安全保管与合理使用。

固定资产的归口分级管理是指在企业经营者的统一领导下,将固定资产按照其类别和使用情况,分别交给有关职能部门和车间负责管理,它是调动企业内部各方面和广大职工的积极性,实行群众管理与专业管理相结合,落实经济责任制,加强固定资产实物控制的一种好办法。

固定资产归口管理,一般就是按照固定资产的类别,将企业各类固定资产分别交给有关的职能部门负责管理,如金属切割机床、锻压机设备、起重设备和其他设备归口给设备管理部门,动力设备归口给动力管理部门,运输设备归口给运输管理部门,房屋及建筑五金和管理用具以及非生产用固定资产归口给总务部门等。各个归口管理部门的职责是:负责调配归口的固定资产;按照规定手续处理有关固定资产的增减、报废和清理事项;编制归口固定资产的修理计划,并组织和监督计划的贯彻执行;积极提供有关改进固定资产利用和合理化建议,审查各项技术措施并促使其实现;组织归口固定资产的清查和核定,以及负债归口机器设备等的维护保养和宣传教育工作,等等。

固定资产分级管理,一般就是在归口分管的基础上,本着谁使用、谁管理、谁负责的原则,按照固定资产使用地点,将固定资产逐级下放到各个车间,再

由车间下放到具体使用固定资产的工段、班组直至操作人员进行管理。所有生产设备都应由经过训练的专人使用,专人保管;班组公用的工具、附件则由班组指定人员保管;车间公用的生产设备统一由车间设备员调度。做到定人、定机、定岗位,管、用、修结合,把生产设备保管好、使用好、维护好。

在实行固定资产归口分级管理的同时,企业还要建立一套符合实际情况的以岗位责任制为主要内容的科学管理制度。例如,生产设备岗位责任制、交接班制、安全生产制、维护保养制、操作规程等。在设备定号、保管定人、管理定户、各项制度健全的基础上,制定出先进合理的考核指标。奖优罚劣,奖勤罚懒,改变那种管好管坏一个样、利用效果好坏一个样的局面,是固定资产归口分级管理责任制落到实处,使责、权、利有机结合起来。

(三) 采取有效措施,提高利用效果

固定资产管理的基本任务就在于利用现有固定资产,不断提高利用效果,达到以较小的固定资金占用,完成最多的产销任务和实现最大利润的目的。

由于生产设备在整个固定资产中处于主导地位,改进生产设备的利用状况就成了提高固定资金利用效果的一个最重要方面。生产设备与生产成果(以产品产量表示)的关系如下:

$$产品产量 = 生产设备台数 \times 单台设备工作时间 \times 单位时间的生产量$$

(公式 8-17)

根据上述关系,改进生产设备利用状况,提高固定资产的利用效果,应从以下三个方面采取措施。

1. 提高在用固定资产的比重

实际投入使用的固定资产,尤其是机器设备的数量,是决定生产量多少的关键。因此,提高固定资产利用效果,首先要在现有固定资产中增加实际使用的固定资产数量,压缩未使用数量,缩短设备安装、调试周期,积极处理不需用的固定资产,以增加企业实际生产能力。

2. 提高设备时间的利用程度

在用生产设备数量既定的条件下,设备实际使用时间的长短,也直接决定产品生产量的多少。这就是说,要在保证产品质量的前提下,适当增加单台设备的实际工作时间,增加开工班次,减少计划外停工时间,缩短修理时间,提高修理质量、合理延长修理间隔期,减少间歇性停工时间等。

3. 提高设备台时生产率

采用先进技术和先进工艺,通过更新和对原有设备进行技术改造,用更先进的技术装备逐步代替落后的设备,以提高设备台时生产效率。同时,企业应开展多种形式的职工培训和技术竞赛活动,不断提高职工的文化科学水平和技术熟练程度,使设备在单位时间内能生产出更多更好的产品。

(四) 及时掌握信息,发掘利用潜力

小企业规模不大,固定资产不多,应当注意经常分析固定资产的增减变动

数额,查明这些变动是否符合有关规定和必要的审批手续,逐项检查其合理、合法性。并在此基础上,再借助于固定资产增长率、更新率、退废率等指标的计算,了解固定资产实物量的增减、更替与使用等情况,充分发掘现有固定资产的利用潜力,千方百计地提高固定资产的利用效益。

1. 项目投资一般是指企业建造或购置固定资产的投资。新建项目是以新建生产能力为目的的外延式扩大再生产。更新改造固定资产项目是以恢复或改善生产能力为目的的内涵式扩大再生产。

2. 项目计算期是指投资项目从投资建设开始到最终清理结束整个过程的全部时间,即指投资项目的有效持续期间。投资项目的现金流量是指一个项目引起的企业现金支出和现金收入增加的数量。建设期现金流量是指投资时发生的现金流量,一般表现为现金流出量,用负数表示,营业现金流量是指项目投产后整个寿命周期内正常生产经营活动所带来的现金流量。终结现金流量是指投资项目终结时所发生的现金流量。

3. 机会成本。即在投资方案的选择中,如果选择了一个投资方案,则必须放弃投资于其他途径的机会。其他投资机会可能取得的最高收益,是实行本方案的一种代价,被称为这项投资方案的机会成本。

4. 投资回收期是指回收某项投资所需的时间,一般用年数表示。投资回收期法就是指用来计算各个备选方案原始投资额收回时间,据此选择投资方案是否可行的一种方法。投资利润率是指项目投资所带来的每年平均净收益与投资总额的比率。净现值是指把由于某个投资项目所引起的现金流出量和现金流入量都按一定的折现率(或资本成本率)折算成现值,将现金流入量现值合计减去现金流出量现值合计后所得的净额。净现值率是指投资项目的净现值占现金流出量(原始投资额)现值总数的比率。现值指数是指投资项目的现金流入量现值总数(或未来报酬的现值)与现金流出量现值总数(或原始投资额)的比率。内含报酬率是使投资项目的现金流入量现值总数等于现金流出量现值总数的报酬率。

5. 在单一的独立投资项目和投资额相同的多方案比较中,净现值、净现值率、现值指数和内含报酬率四个指标之间一般存在着如下的同方向变动关系,即:
净现值＞0,净现值率＞0,现值指数＞1,内含报酬率＞i。
净现值＝0,净现值率＝0,现值指数＝1,内含报酬率＝i。
净现值＜0,净现值率＜0,现值指数＜1,内含报酬率＜i。

6. 固定资产是指在企业生产经营活动中,经过多次生产过程才全部转移价值的资产。

一、单项选择题

1. 某投资项目投产后预计第1年流动资产需用额为100万元,流动负债需用额为80

万元,第2年流动资产需用额为90万元,则第2年的流动资金投资额为( )万元。

A. 30 B. 20 C. 10 D. 0

2. 将企业投资区分为固定资产投资、流动资产投资、期货与期权投资等类型所依据的分类标志是( )。

A. 投入行为的介入程度 B. 投入的领域
C. 投资的方向 D. 投资的内容

3. 下列各项中,不属于投资项目现金流出量内容的是( )。

A. 固定资产投资 B. 折旧与摊销
C. 无形资产投资 D. 新增经营成本

4. 下列各项中,属于项目资本金现金流量表的流出内容,不属于全部投资现金流量表流出的内容的是( )。

A. 营业税金及附加 B. 借款利息支付
C. 维持运营投资 D. 经营成本

5. 某投资项目年营业收入140万元,年付现成本60万元,年折旧40万元,所得税税率为25%,则该方案经营期的年现金流量为( )万元。

A. 30 B. 40 C. 60 D. 70

6. 某投资项目运营期某年的总成本费用(不含财务费用)为1 100万元,其中:外购原材料、燃料和动力费估算额为500万元,工资及福利费的估算额为300万元;固定资产折旧额为200万元;其他费用为100万元。据此计算的该项目当年的经营成本估算额为( )万元。

A. 1 000 B. 900 C. 800 D. 300

二、多项选择题

1. 原始总投资包括( )。

A. 固定资产投资 B. 开办费投资
C. 资本化利息 D. 流动资金投资

2. 单纯固定资产投资项目的现金流出量包括( )。

A. 固定资产投资 B. 流动资金投资
C. 新增经营成本 D. 增加的各项税款

3. 与项目相关的经营成本等于总成本扣除( )后的差额。

A. 折旧 B. 无形资产摊销
C. 开办费摊销 D. 计入财务费用的利息

4. 计算净现值的折现率可以是( )。

A. 投资项目的资金成本 B. 投资的机会成本
C. 社会平均资金收益率 D. 银行存款利率

5. 关于项目投资,下列说法中不正确的是( )。

A. 经营成本中包括利息费用
B. 估算营业税金及附加时需要考虑应交增值税

C. 维持运营投资是指矿山、油田等行业为维持正常运营而需要在运营期投入的流动资产投资
D. 调整所得税等于税前利润与适用的所得税税率的乘积

6. 完整工业投资项目的现金流出量包括（　　）。
   A. 工资及福利费
   B. 营业税金及附加
   C. 旧固定资产提前报废产生的净损失抵税
   D. 外购原材料、燃料和动力费

三、判断题

1. 在项目投资决策中，净现金流量是指运营期内每年现金流入量与同年现金流出量之间的差额所形成的序列指标。（　　）
2. 在应用差额投资内部收益率法对固定资产更新改造投资项目进行决策时，如果差额内部收益率小于行业基准折现率或资金成本率，就不应当进行更新改造。（　　）
3. 对于单纯固定资产投资项目来说，如果项目的建设期为零，则说明固定资产投资的投资方式是一次投入。（　　）
4. 经营成本的节约相当于本期现金流入的增加，所以在实务中将节约的经营成本列入现金流入量中。（　　）
5. 经营期某年的净现金流量＝该年的经营净现金流量＋该年回收额。（　　）
6. 内含报酬率是使项目的现值指数等于1的折现率。（　　）

1. A企业拟新建一条生产线，需要在建设起点一次投入固定资产200万元，在建设期期末投入无形资产25万元。建设期为1年，建设期计入生产线成本的资本化利息为10万元。流动资金投资合计为20万元。
   要求：根据上述资料计算该项目有关指标：
   (1) 固定资产原值。
   (2) 建设投资。
   (3) 原始投资。
   (4) 项目总投资。

2. A企业完整工业投资项目的流动资金投资为20万元，终结点固定资产余值为10万元。要求：据此估算出终结点的回收额。

3. A企业完整工业投资项目投产第1年预计流动资产需用额为30万元，流动负债可用额为15万元，假定该项投资发生在建设期末。投产第2年预计流动资产需用额为40万元，流动负债可用额为20万元，假定该项投资发生在投产后第1年年末。
   要求：根据上述资料估算下列指标：
   (1) 每次发生的流动资金投资额。
   (2) 终结点回收的流动资金。

4. A企业完整工业投资项目投产后第1至第5年每年预计外购原材料燃料和动力费为60万元,工资及福利费为30万元,其他费用为10万元,每年折旧费为20万元,无形资产摊销费为5万元;第6至第10年每年不包括财务费用的总成本费用为160万元,其中,每年预计外购原材料燃料和动力费为90万元,每年折旧费为20万元,无形资产摊销费为0万元。

要求:根据上述资料估算下列指标:

(1) 投产后各年的经营成本。

(2) 投产后第1至第5年每年不包括财务费用的总成本费用。

课后习题答案

小企业收益及其分配管理

CHAPTER 9

通过本章你可以学到：

- 分配管理概念
- 收入管理
- 利润管理
- 利润分配

Learning objectives 学习目标

案例导入

"A 股历史上最大红包：驰宏锌锗 10 股送 10 股派 30 元"，2007 年 3 月 9 日，中国证券网—上海证券报报道，"拟向全体股东每 10 股送红股 10 股，派发现金红利 30 元（含税），驰宏锌锗派发 A 股历史上最大的'超级红包'。按该公司股本计算，此预案共计送红股 1.95 亿股，派现金红利 5.85 亿元。"驰宏锌锗宣告的股利分配预案是中国股市"史上最牛"的一次分配方案。

第 1 节　分配管理概念

微课：两鸟在林不如一鸟在手 1

一、分配顺序

小企业通过投资取得的收入如营业收入，首先要用以弥补生产经营耗费，缴纳流转税，其余部分为企业的营业利润。营业利润、投资净收益、营业外收支净额等构成企业的利润总额。利润总额首先要按国家规定缴纳所得税，净利润要提取法定公积金和任意公积金，分别用于扩大积累、弥补亏损和改善职工集体福利设施，其余利润作为投资者的收益，分配给投资者或暂时留存企业或作为投资者的追加投资等。广义的分配是指对营业收入和利润进行分配的过程；狭义的分配是指对利润进行分配的过程。

小企业在筹资活动中所筹集的资金归结为所有者权益和负债两个方面。在对这两种资金分配报酬时，前者是通过利润分配的形式进行的，属于税后分配；后者是通过利息等计入成本费用的形式进行分配的，属于税前分配。

二、分配原则

利润分配实质上是怎样将收益在股东与再投资之间进行分配，其原则应当体现出正确处理财务关系的要求。

（一）依法分配原则

小企业利润必须依法分配。按我国有关法律规定，利润分配前要求企业依法纳税，执行纳税义务；然后要求税后利润按规定的分配程序和比例进行分配，如提留法定公积金、任意公积金等。这些法律、法规主要反映在《中华人民共和国公司法》、有关税法及财务会计制度等方面。进行利润分配时应当兼顾到各方面利益。

(二) 妥善处理分配与积累关系原则

小企业是将税后利润全部分配给投资者,还是留存一部分作为再投资?这是正确处理分配与积累关系、短期收益与长期发展关系的重要问题。考虑到未来投资机会及其收益能力,企业的长期发展及增强企业的后劲,有必要将部分利润以留存的方式再投资于企业,以提高企业市场价值,满足所有者权益最大化的愿望。企业在利润分配时进行适当的积累,也有利于以丰补歉。

(三) 资本保全原则

资本保全是责任有限的现代企业制度的基础性原则之一,企业在分配中不能侵蚀资本。利润的分配是对经营中资本增值额的分配。不是对资本金的返还。按照这一原则,一般情况下,企业如果存在尚未弥补的亏损,应首先弥补亏损,再进行其他分配。

(四) 同股同权、同股同利原则

小企业在对投资者分红时,必须坚持同股同权、同股同利原则,不得"以权谋私"。利润分配方案要提交股东大会讨论并决议。利润分配应做到"公开、公平、公正",维护投资者的权益。

(五) 无利不分原则

只有当企业有税后盈余时,方可分配利润。因此,当企业出现亏损时,特别是连续出现亏损时,企业不得分配股利或进行投资分红。上市公司出现亏损时,为维护企业信誉,可以用积累的盈余公积金部分进行必要的分配,以保证企业股利分配的稳定性,但这有一定的比例限制。

(六) 充分保护债权人利益原则

按照风险承担的顺序及其合同契约的规定,企业必须在利润分配之前偿清所有债权人到期的债务,否则不能进行利润分配。同时,在利润分配之后,企业还应保持一定的偿债能力。以免产生财务危机,危及企业生存。此外,企业在与债权人签订某些长期债务契约的情况下,其利润分配政策还应征得债权人的同意或审核方能执行。

(七) 多方及长短期利益兼顾原则

利益机制是制约机制的核心,而利润分配的合理与否是利益机制最终能否持续发挥作用的关键。利润分配涉及投资者、经营者、职工等多方面的利益,企业必须兼顾,并尽可能地保持稳定的利润分配。在企业获得稳定增长的利润后,应增加利润分配的数额或百分比。同时,由于发展及优化资本结构的需要,除依法必须留用的利润外,企业仍可以出于长远发展的考虑,合理留用利润。在积累与消费关系的处理上,企业应贯彻积累优先的原则,合理确定提取盈余公积金和分配给投资者利润的比例,使利润分配真正成为促进企业发展的有效手段。

(八) 发展优先原则

公司分配应该有利于提高公司的发展能力。从长远来看,只有公司不断发展,各方面的利益才能得到最终满足。为此,在进行分配时,必须正确处理积累与分配的关系,保证公司的健康成长。在进行分配时,要防止两种错误倾向:一是积累的比例太大,有关利益各方得不到应得的收益,积极性受到伤害,影响公司的长远发展;二是分配的比例太大,积累能力弱化,不利于公司自我发展或削弱公司承担风险的能力,难以在市场竞争中获胜。如果分配的比例过大,有关利益主体虽然在近期得到实惠,但却难以为继,实际上将损害他们的长远利益。

(九)注重效率原则

在规范的市场经济条件下,公司将在市场竞争中求生存、求发展,在市场竞争中实现优胜劣汰,这就必然要求公司注重效率,视效率为生命。效率的实质是最大限度地发挥公司的潜力,实现各种资源的有效配置,不断提高公司竞争能力。在分配过程中体现效率原则应处理好以下几个方面的问题:一是要充分调动出资者的积极性,其所投资本的贡献能被合理评价,并在公司分配中得到合理的体现;二是调动公司管理者的积极性,其管理才能以及面临的风险能被合理评估,并在公司分配中得到合理体现;三是调动公司一般员工的积极性,其劳动技能能够被合理评估,并在公司分配中得到合理体现。

小企业生产经营发生的亏损主要应当由企业用以后年度实现的利润进行弥补。

第2节 收入管理

微课:两鸟在林
不如一鸟在手2

一、管好收入的意义

收入是指企业在销售商品、提供劳务及他人使用本企业资产等日常活动中形成的经济利益的总收入。收入表明了产品价值的实现,表明了企业在供应、生产和销售过程中所耗费资金的回收和补偿。小企业在再生产过程中能否顺利进行生产以及再生产规模能否扩大,取决于收入能否实现和实现净收入数额的大小。小企业都应遵循市场经济的规律和价值规律的作用,按照产品(商品)的价格和提供劳务的收费标准实现销售,取得收入。实现收入是衡量生产成果满足社会需要程度的标志,是补偿企业生产耗费的条件,是进行分配的前提,是加速资金周转的重要环节。小企业取得收入的速度越快,数量越多,流动资金周转的速度也就越快,就可以用较少的钱办较多的事,创造出较好的经济效益。

二、销售预测

产品销售收入是由产品销售数量和销售单价组成的。在确定销售单价的条件下,产品销售量的大小直接决定产品销售收入的多少。因此,企业在正确地决定产品价格的同时,还必须科学地预测产品销售量,以便正确编制产品销售计划。

（一）根据生产量预测销售量

$$计划期产品销售量 = 计划期期初产品结存量 + 计划期产品生产量 - 计划期期末产品结存量 \quad \text{（公式 9-1）}$$

在一些生产正常，产量均衡，期初、期末产品结存量差异不大的企业里，也可直接以计划期产量作为计划期销售量。

（二）根据目标利润预测销售量

这是量本利分析模型在销售量预测中的应用。其优点是，把企业的目标利润与销售量紧密地联系在一起。根据量本利分析模型公式可推导出目标利润下的销售数量 Q 或盈亏临界点时的销售量 Q 的计算公式如下：

$$目标利润下的销售数量 \ Q = \frac{F + E}{P(1-T) - V} \quad \text{（公式 9-2）}$$

$$盈亏临界点时的销售数量 \ Q = \frac{F}{P(1-T) - V} \quad \text{（公式 9-3）}$$

式中：E——目标利润（息税前利润）。

P——产品销售单价。

Q——产品销售数量。

T——价内税税率（价内税是指消费税、关税等，不包含一般纳税人适用的增值税）。

V——单价变动成本。

F——固定成本总额。

【例 9-1】 东海实业有限公司某种新产品的单位变动成本为 740 元，固定成本总额为 200 000 元。假定价内税税率为 6％，单位售价为 1 000 元。

(1) 要求：预测在实际目标利润为 400 000 元的条件下销售量（台）应为多少。(2) 若其他条件不变，要求计算盈亏临界点时的销售量。

(1) $$Q = \frac{200\,000 + 400\,000}{1\,000 \times (1 - 6\%) - 740} = 3\,000 \text{（台）}$$

(2) $$Q = \frac{200\,000}{1\,000 \times (1 - 6\%) - 740} = 1\,000 \text{（台）}$$

（三）销售比例推算法

☞ 销售比例推算法是指在基年实际销售量的基础上，以销售发展速度为比例来预测计划期销售量的一种方法。其计算公式如下：

$$计划年度销售量 = 基年度销售量 \times \frac{基年度销售量}{基年度前一年的销售量} \quad \text{（公式 9-4）}$$

【例 9-2】 东海实业有限公司某产品基年度销售量为 1 100 吨，基年度前一年的销售量为 1 000 吨，则预测计划年度销售量为：

$$Q = 1\,100 \times \frac{1\,100}{1\,000} = 1\,210(吨)$$

如果该企业该产品历年平均销售增长率为10%，则计划年度预测销售量也可以计算如下：

$$Q = 1\,100 \times (1 + 10\%) = 1\,210(吨)$$

（四）历史同期平均法

在生产和销售受季节性因素影响的企业，可以根据历史同期实际销售资料，用计算平均数的方法，预测本年度某月份的销售量。历史资料的期数，应视情况选定，一般以3～5个月为宜。数目太少，易受偶然性因素的影响。

【例9-3】 东海实业有限公司预测某年10月份的销售量，可取前5年每年10月份的实际销售量进行加权平均。假定前5年每年10月份的销售量分别为98吨、101吨、100吨、99吨、102吨，则5年的平均销售量为：

$$Q = \frac{98 + 101 + 100 + 99 + 102}{5} = 100(吨)$$

根据计算出来的平均数，再考虑预期内各种增减变动因素，经过调整后，即可作为月预测期的销售量。

三、销售收入计划

产品销售收入计划是在确定了企业计划期产品销售数量和销售价格的基础上进行的。可用直接计算法汇总编制产品销售收入计划。其计算方法如下：

销售收入 =（期初结存的库存产品与发出商品量 + 计划期生产量 − 期末结存的库存产品与发出商品量）× 单位售价

（公式9-5）

编制产品销售收入计划表，如表9-1所示。

表9-1

产品销售收入计划表

产品名称	计量单位	期初结存量			计划期生产量	期末结存量			计划销售量	单位售价（元）	销售收入（元）
		库存产品	发出商品	合计		库存产品	发出商品	合计			
		(1)	(2)	(3)=(1)+(2)	(4)	(5)	(6)	(7)=(5)+(6)	(8)=(3)+(4)−(7)	(9)	(10)=(8)×(9)
甲产品	台	250		250	1 900	150		150	2 000	150	300 000
乙产品	台	180		180	1 750	130		130	1 800	100	180 000
合计											480 000

除了按上述的直接计算法编制产品销售收入计划以外,还可以采用分析计算法。分析计算法主要适用于产品品种较多或者不具备采用直接计算法条件的企业,尤其适用于企业其他业务收入的计算。其计算公式如下:

其他业务收入 = 上年预计其他业务收入额×(1±计划年度预计其他业务量增减 %)
　　　　　　　×(1±计划年度预计价格升降 %)

(公式 9-6)

四、销售分析

(一)销售收入计划完成情况的分析

产品销售收入计划完成情况的分析是销售收入分析的主要内容。分析产品销售收入,可先编制"产品销售收入计划完成情况表"(格式见表 9-2),并通过将实际产品销售收入与计划产品销售收入进行比较,查明销售收入计划完成程度。

表 9-2

产品销售收入计划完成情况表

产品名称	销售量(台)		销售单价(元)		销售收入(元)		计划完成情况	
	计划	实际	计划	实际	计划	实际	总差异(元)	完成计划
	(1)	(2)	(3)	(4)	(5)=(1)×(3)	(6)=(2)×(4)	(7)=(6)−(5)	(8)=[(6)÷(5)]×100%
甲产品	2 000	2 500	150	140	300 000	350 000	+50 000	116.67%
乙产品	1 800	2 000	100	100	180 000	200 000	+20 000	111.11%
合计					480 000	550 000	+70 000	114.58%

从表 9-2 的分析情况可看出,该企业实际产品销售收入比计划增加 70 000元(550 000 − 480 000),完成计划 114.58%(550 000÷480 000×100%),总的情况是超额完成了计划指标,应给予肯定。但是,为什么会超计划完成产品销售收入呢?还需作进一步分析。

由于产品销售收入是产品销售量与产品销售单价的乘积。因此,还应根据因素分析法的基本原理,分析产品销售数量变动(即量差)和产品销售单价变动(即价差)对产品销售收入的影响程度,进一步寻找销售收入超计划完成的原因。分析计算公式如下:

销售量变动对销售收入的影响 = $\sum$(实际销售量 − 计划销售量)×计划销售单价

　　　　　　　　　　　　　= $\sum$(实际销售量×计划销售单价) − 计划销售收入

　　　　　　　　　　　　　= (2 500×150 + 2 000×100) − 480 000

　　　　　　　　　　　　　= 575 000 − 480 000 = 95 000(元)

销售价格变动对销售收入的影响 $= \sum[($实际销售价格 $+$ 计划销售价格$) \times$ 实际销售量$]$

$= \sum$实际销售收入 $- \sum($计划销售单价 $\times$ 实际销售量$)$

$= 550\ 000 - 575\ 000 = -25\ 000$(元)

从以上分析计算可以看出,产品销售收入超计划 70 000 元,是由于受产品销售数量变动的影响增加 95 000 元,和产品销售单价变动的影响减少 25 000 元共同作用的结果。其中,销售数量的增加是主要因素。从分析表 9-2 可以看出,甲产品增加销售量 500 台(2 500－2 000),完成计划 125%;乙产品增加销售量 200 台(2 000－1 800),完成计划 111.1%。换句话说,如果不是销售单价有所下降的话,该企业产品销售收入超计划还会更多一些。

影响产品销售计划完成情况的主要原因有以下三个方面:一是生产方面的原因,如完成产品产量计划的情况,生产产品的品种、规格、质量是否符合合同规定的要求等;二是销售方面的原因,如发货及时否、运货落实否等;三是财务方面的原因,如是否及时收到销货款等。应查明以上三个方面的有关原因,寻找提高产品销售量、扩大销售收入的途径。

产品价格的变动也应根据具体情况具体分析。如果是因为国家规定的调价而影响企业的销售收入,则属于客观原因;如果是企业因商品的质量低劣而削价销售,或者由于盲目生产、造成产品积压而降价出售,则应属于企业主观方面的原因。在分析价格变动因素时,还应注意检查企业执行国家物价政策的情况,有否以次充好、任意提价、损害消费者利益的行为发生。分析主、客观原因之后,还应针对问题,采取措施,及时解决。

(二)销售合同执行情况的分析

产品销售收入计划完成情况的好坏,往往与销售合同执行情况有密切的联系。根据销售合同的要求,企业按期、按批、按质、按量、按品种完成销售计划,就能完成销售收入计划;反之,则不然。

销售合同执行情况主要分析合同数量执行情况及合同供货任务完成情况。

【例 9-4】 东海实业有限公司某年度内已签订合同 120 张,应交货甲产品 2 520 台,已执行合同 118 张(即合同上规定的各项条件均已执行),已交货数量 2 500 台,则:

$$合同数量执行率 = \frac{本期已执行销售合同张数}{本期应执行销售合同张数} \times 100\% = \frac{118}{120} \times 100\% = 98.33\%$$

合同数量执行率必须达到 100% 才算完成供货合同。

$$合同交货完成率 = \frac{2\ 500}{2\ 520} \times 100\% = 99.21\%$$

(三)产销之间协调程度的分析

☞ 产品协调程度是指产、销之间的平衡状况。分析时,可先计算出生产计划完成的百分比和销售计划完成的百分比，然后将两者相比较。如果生产与销售计划完成的百分比相接近，说明产销是基本协调的；如果生产与销售计划完成的百分比差距较大，就会造成产品积压或产品脱销的后果，应进一步分析差距存在的原因，并采取措施，尽可能使产销协调发展。

五、成本管理理论

（一）成本管理基本理论

1. 成本的内涵

马克思在《资本论》中提出：成本是商品生产中所消耗的物化劳动和活劳动的必要价值，即 C＋V 部分。

会计学家认为，成本是为了实现一定的经营目标而付出的用货币测定的价值牺牲。这个定义是现在为止内容最为丰富的成本定义，把成本的范围拓展到了最为广阔的程度，为实行全面成本管理奠定了理论基础。

按照我国《企业会计准则》中对成本的定义，成本是指企业为了生产经营商品和提供劳务等发生的各项直接支出和间接支出。成本的大小，既直接影响企业效益的高低，又综合反映企业管理水平的高低。因此，影响企业成本的因素主要有：投入、效益、产出率、批量、资产规模。

2. 成本管理的基本环节

成本管理从原始思想上讲源于人的趋利本性，而成本管理的成熟理论是随着生产发展逐步形成和发展起来的。成本管理可分为三个阶段：经验管理阶段、科学管理阶段和现代管理阶段。

经验管理阶段产生于工场生产初期，结束于 19 世纪末，成本管理是成本计算和会计核算结合的产物。20 世纪初，随着标准成本制的建立与应用，成本管理进入了科学管理阶段。20 世纪 50 年代以后，企业进一步集中，跨国公司大量涌现，企业规模进一步扩大，生产经营日益复杂，同时，战争中发展起来的科学技术大量用于生产，产品更新换代加快，竞争更加激烈。在这种情况下，产生了以控制为核心，以核算为基础，成本与管理相结合的现代成本管理阶段，以实现成本干预生产。其基本管理环节如下所述：

（1）成本预测。成本预测是指在认真分析研究企业内在和外在条件变化的基础上，确定一定时期的成本水平和目标成本。

（2）成本决策。成本决策是根据成本预测提供的数据和其他有关资料，在若干个与生产经营和成本有关的方案中，选择最优方案，确定目标成本。进行成本决策、确定目标成本是编制成本计划的前提，也是实现成本的事前控制、提高经济效益的重要途径。

（3）成本计划。成本计划是指企业根据计划生产任务和市场需要，规划一定时期的成本目标，包括远景规划和近期执行计划。

（4）成本控制。成本控制是指要控制成本的发生额，使之保持在预定的目标成本(或计划成本)内,及时揭示偏差,并采取有效措施纠正不利差异,发展有利差异,使产品的实际成本被控制在预定的目标范围内。成本控制按时间分为事前、事中、事后控制,成本控制按方法分为标准成本控制、责任成本控制、预算控制、定额控制、质量成本控制等。

(5) 成本核算。成本核算是指将企业生产经营过程中一定时期实际发生的生产费用,按确定的核算对象和规定的计算方法进行汇集和分配,计算产品的总成本和单位成本,这是成本管理最基本的环节。

(6) 成本分析。成本分析是指利用特定的方法,研究成本变化的规律和趋向,探索成本变动的各种因素对成本水平的影响程度,以便对实际成本进行评价,对成本管理工作和降低成本的途径指出努力的方向。

(7) 成本考核。成本考核是指对各种成本计划指标的完成情况进行考核。在报告期期末,将成本的实际指标与计划、定额、预算指标进行对比,以评定计划期企业成本计划的完成情况,并根据完成程度给予一定的奖励。

(二) 成本管理前沿理论

1. 评价相对效率的投入—产出型 DEA

美国学者查恩斯(Charnes)创立的数据包分析(DEA)已经成为评价具有相同类型投入和产出的若干生产和非生产部门(简称决策单元)相对效率的有效方法。这种方法基于单目标线性规划,在所定义的生产可能集内,或固定投入而将产出尽量扩大;或固定产出而将投入尽量缩小,其产出的量大扩大比率的倒数或投入的最小缩小比率被定义为决策单元的相对效率。因而前者称产出型 DEA,后者称为投入型 DEA。针对投入型及产出型 DEA 所固有的局限性,我国学者提出的投入—产出型 DEA,给予双目标规划,从投入及产出角度研究决策单元的相对效率及相对有效性等问题,研究企业或公司的相对经营效率。

2. 作业成本法(简称 ABC)

作业成本法即"以作业为基础的成本计算",是一种以"成本驱动因素"理论为基本依据,对成本发生的动因加以分析,选择"作业"(而非产品)作为成本计算对象,进而以作业量基础来归集和分配费用,通过作业成本的核算,追踪成本的形成和积累过程,由此而得出最终产品成本的成本计算方法。但它又不是一种单纯的成本计算方法,而是成本计算与成本管理的结合,其特点是成本计算的过程大大细化了。与此相联系,成本计算的结果也大大精细了。它比传统的成本计算能提供更为精确的成本信息,对管理上正确进行经营决策具有重要意义,大有取代传统的以交易为基础的成本计算方法(如制造成本法、变动成本法)的趋势。

3. 战略成本管理(简称 SCM)

战略成本管理自 1993 年被提出以来,备受各方关注,并已成为新的成本管理方法与模式。战略成本管理就是在考虑企业竞争地位的同时进行的成本管理。它区别于我国现行成本管理的最大特征是,在进行成本管理的同时关注企业竞争地位的变化。

战略成本管理主要特点如下：

（1）既关注企业内部的成本变化，更关注企业外部竞争环境的变化，以便时刻调整企业的战略。

（2）既关注企业自身的竞争地位和战略，也关注竞争对手竞争地位和战略的变化。

（3）既注重微观层面的成本动因，也注重宏观层面的成本动因，做到全方位地管理成本。

（4）即采用传统的成本计算方法，也采用各种有助于提高竞争力的成本管理方法。因此，SCM 比之传统成本管理无论在视野、方法，还是在内容上，都更具优势。

如今，SCM 不仅为战略咨询机构所运用，而且也已经走进企业，成为西方企业进行成本管理、取得竞争优势的新工具。它也必将成为我国企业进行成本管理的一条新思路。

4. 质量成本最低点理论

传统质量成本管理理论把质量成本分为预防成本、鉴定成本、内部故障成本和外部故障成本四个项目，各质量成本之间存在此消彼长的关系。它导致企业在提高产品合格率上存在诸多顾虑，从而放弃 100% 合格率的追求和努力。因此，我国学者对传统质量成本管理理论存在的不足进行了分析，并对质量成本核算，得出了"合格率越高，质量成本越低；100%的合格率，质量成本最低"的结论，这为成本管理与经营决策提出了新思路。

第3节 利润管理

一、管好利润的意义

利润总额是企业在一定时期内实现盈亏的总额，它集中反映了企业生产经营活动的综合经济效益，也是企业财务成果的最终体现。企业利润的形成过程及其有关计算公式如下：

微课：两鸟在林不如一鸟在手3

1. 主营业务利润（也称产品销售利润）

$$主营业务利润 = 主营业务收入净额 - 主营业务成本 - 主营业务税金及附加$$

（公式 9-7）

其中：

$$主营业务收入净额 = 主营业务收入 - 主营业务退回、折旧与折旧$$

（公式 9-8）

2. 营业利润(也称销售利润)

营业利润 ＝ 主营业务利润＋其他业务利润－营业费用－管理费用－财务费用

（公式9-9）

其中：

其他业务利润 ＝ 其他业务收入－其他业务支出　（公式9-10）

3. 利润总额

利润总额 ＝ 营业利润＋投资收益＋营业外收入－营业外支出

（公式9-11）

4. 净利润

净利润 ＝ 利润总额－所得税　（公式9-12）

净利润在按法定程序提取法定盈余公积、任意盈余公积和法定公益金以后就是可供分配的利润,减去应分配给投资者的利润以后留存下来的就是未分配利润。

利润是国家财政收入的主要源泉。只有不断增加企业的利润,才能保证国家财政收入的稳定增长,保证国民经济发展对资金的需要。

利润是企业扩大再生产的重要前提。在激烈的市场竞争中,企业要求生存、求发展,而大力增加企业的利润,可以增强企业发展的后劲。

二、增加企业利润的途径

1. 扩大产销量

增加生产,扩大销售,不仅可以直接有效地增加企业的收入,而且可以降低单位产品所负担的固定费用,从而使企业多获利。因此,企业应采用各种经营销售手段,调整产品结构,积极增加适销对路的产品,并做好产品的宣传和售后服务工作。同时,企业应加强技术改革,采用新技术、新工艺、新材料,加速新产品的研发,促使产品不断更新换代,以扩大销售市场,增加利润。

2. 降低产品成本

在销售价格与税率不变的情况下,产品成本的降低,可以直接增加企业的利润。所以,一切降低产品成本的途径也都是增加企业利润的途径。

3. 提高产品质量

提高产品质量、增加合格品和优质品的数量,这样,不仅可以提高产品的信誉,而且可以优质优价,扩大销售量;同时,还可以减少产品成本中的废品损失,进一步降低产品成本,增加利润。

4. 提高资金使用效果

加速资金周转,减少资金占用,不仅可以减少利息等费用的支出,降低单位产品所含的固定费用,而且可以用节约出来的资金,去生产和销售更多的产品,更充分地发挥资金的经济效益,争取最大的利润。

三、利润预测

利润预测是对企业未来时期(计划期)利润的实现情况预先进行的一种科学估计和科学推测,它是编制利润预算、分解落实利润指标的前提。

(一) 目标利润确定的方法

目标利润是企业计划期要求达到的利润目标,是企业计划期的奋斗目标之一。通常可以按照以下两种方法计算确定。

1. 根据销售利润率确定

其计算公式如下:

$$目标利润 = 预计销售收入总额 \times 销售利润率 \quad (公式 9-13)$$

$$销售利润率 = \frac{利润总额}{销售收入净额} \times 100\% \quad (公式 9-14)$$

2. 根据资产利润率确定

其计算公式如下:

$$目标利润 = 预计资产平均占用额 \times 资产利润率 \quad (公式 9-15)$$

$$资产利润率 = \frac{利润总额}{资产平均占用额} \times 100\% \quad (公式 9-16)$$

上述公式中的预计销售收入总额和预计资产平均占用额,可根据销售预测和资产预测确定的数据计算;销售利润率和资产利润率,可根据历史最高水平或参考同行业先进水平加以确定。

(二) 计划年度利润额的测算

1. 直接计算法

采用直接计算法,就是根据计划期内各种产品的销售数量,按照预定的销售价格、税率、产品销售成本,分别计算出每种产品销售利润,然后汇总计算出全部产品的销售利润。其计算公式如下:

$$全部产品销售利润 = \sum(计划产品销售收入 - 计划产品销售税金及附加 - 计划产品销售成本)$$

$$(公式 9-17)$$

采用直接计算法测算产品销售利润,其计算过程清楚,计算结果准确。但必须具备计划期产品生产和销售的品种和数量、每种产品的成本和价格等资料,这在销售产品品种较多的企业里,计算工作量就很大。所以,直接计算法宜用于计算主要产品的销售利润。

2. 因素测算法

因素测算法一般是在上年度利润水平的基础上,根据计划年度影响利润变动的各个因素,来测定计划年度销售利润的一种预测方法。它一般是按可比产品、不可比产品和计划年初结存产品三部分分别进行测算,然后汇总计算求得销售利润。因素测算法一般适用于产品品种繁多的企业。

第4节 利润分配管理

一、利润分配前的所得税调整

(一) 税收概述

税收是国家凭借政治权利,无偿地征收实物或货币,以取得财政收入的一种手段。税收是国家取得财政收入的工具,也是国家参与社会产品分配的一种方式。但是,这种分配方式不同于其他分配方式,它是凭借国家的政治权力进行的,因此,具有鲜明的特征。通常,税收具有三个特征,即无偿性、强制性和固定性,这就是人们通常所说的"税收三性"。

1. 税收的无偿性

税收的无偿性是指国家征税以后,税款即为国家所有,即不需要偿还给纳税人,也不需要向纳税人支付任何报酬。

税收的无偿性是由国家财政支出的无偿性决定的。国家为了行使其职能,需要大量的物质资料,但国家机器本身并不进行物质资料的生产,不能创造物质财富,只能通过税收等方式取得财政收入,以保证国家机器的正常运转。因此,这种财政支出的无偿性决定了税收的无偿性。税收的无偿性是针对具体的纳税人而言的,对于每一个纳税人,在缴纳税款以后并未得到任何报酬,但是,从财政活动的整体来看,税收则是"取之于民,用之于民"。

2. 税收的强制性

税收的强制性是指征税是凭借国家的政治权力,通过颁布法令来实施,任何单位和个人都不得违抗;否则就要受到法律的制裁。税收的强制性是由税收的无偿性这种特殊的分配方式所决定的。国家是通过制定税法,依据法律的强制作用来征税的,纳税人必须依法纳税;否则就要受到法律的制裁。

3. 税收的固定性

税收的固定性是指在征税之前就以法律形式规定了征税对象以及统一的比例或数额,并只能按预定的标准征税。税收的固定性是国家财政收入的需要,有利于保证国家财政收入的稳定,也有利于征收和管理。税收的固定性是通过法律的形式来维护的,这使征收有了一定依据和标准,这一标准一经确定,对征收机关和纳税人都具有约束力。但是,税收的固定性也不能绝对化。随着社会和经济条件的变化,课税标准也要随之改变,这样才能使税收制度更为合理和科学。

(二) 税收的作用

税收在社会经济生活中发挥着重要的作用,主要表现在以下几个方面。

1. 税收是国家取得财政收入的一种重要手段

国家要行使其职能,维护国家机器的正常运转,就必须通过各种方式取得财政收入,而税收是一种重要的工具,国家通过税法的强制作用,可以取得稳定的财政收入。

2. 税收是国家宏观经济调控的重要经济杠杆

国家征税在取得财政收入的同时,也改变了社会财富的原有分配状况,包括社会财富在不同经济领域之间的分配、在不同生产部门之间的分配、在不同阶层之间的分配以及在不同地区之间的分配等。这样,必然会对经济活动产生某种影响。此外,国家还可以通过税收免征等方式直接影响经济活动,起到调节经济的作用。因此,税收是国家调节宏观经济的重要经济杠杆之一。

3. 税收具有反应和监督的作用

国家可以通过税收的征收管理,反映有关经济动态,为国民经济管理提供信息;同时,通过税收的征收管理,可以对企业的经营活动进行监管,检查其是否遵守财政法规和税收制度。

(三)税收的种类

税收的分类方法有许多,其中最重要的分类方法是按征税对象进行分类,可以分为以下五类。

1. 流转税

流转额包括商品流转额和非商品流转额。商品流转额是指商品在流转过程中所发生的货币金额。商品从生产到消费,要经过购销活动等多个环节,所有这些经营环节中,由于商品交换活动而发生的货币金额就是商品流转额。商品流转额也就是销售方的销售收入。非商品流转额就是非商品营业额,一般是指一切不从事商品生产和商品交换活动的单位和个人因从事其他经营活动所取得的业务或劳务收入的金额,如交通运输、金融保险、建筑安装、旅游业、服务业等。按照国家税法的规定,对上述流转额都要征收流转税。我国现行流转税主要有增值税、消费税和关税。

2. 所得税

所得税是以纳税人的所得额为征税对象的一种税收。所得额是指纳税人从事生产经营等活动获得的收入,减去其相应的成本之后的余额。我国现行的对所得额的课税主要有企业所得税、个人所得税等。对所得额的课税不同于对流转额的课税。对于一个工商企业而言,流转额是指其销售收入,不受成本高低的影响,而所得额则直接受成本的影响。所以,对所得额的课税属于直接税,税负不能转嫁,征纳双方的关系比较明确,税收的增减变化对物价不会产生直接的影响,有利于更好地发挥税收的经济杠杆作用。

3. 资源税

资源税是对开发和利用自然资源的单位和个人征收的一种税。我国现行对资源征税的税种主要有资源税,土地使用税和耕地占用税。对资源的征税有利于企业科学合理地开发和利用自然资源,消除企业因利用自然资源的优劣差异而产生的不平等竞争,防止企业为了追求高额利润,造成国家有限耕地和资源的浪费。

4. 财产税

财产税是对纳税人所拥有的财产征收的一种税。财产税可以调节社会成员的财产收入水平。财产税以纳税人的财产价值为征税依据,而不论纳税人有无所得,因此,它在调节纳税人财产收入方面,可以弥补所得税的不足。目前,我国设立的财产税税种很少,主要有房产税和契税。

5. 行为税

☞ 行为税是以纳税人的某种特定行为作为征税对象的一种税。这种特定行为通常是指国家通过征税所要加以限制或监督的行为。行为税通常具有其特殊的目的性。例如,印花税是对书立、领受应税凭证的行为征收的一种税。

(四) 企业所得税

☞ 企业所得税是企业依照国家税收法律规定,对企业某一经营年度所得,按规定的税率计算并缴纳的税款。企业所得税是企业履行法人社会责任与义务的重要体现,它具有强制性和无偿性。

小企业会计核算主要执行《小企业会计准则》,这与现行的企业所得税法客观上存在着一定的差异。现行企业所得税法是指《中华人民共和国所得税暂行条例》《中华人民共和国所得税暂行条例实施细则》《企业所得税税前扣除办法》等。企业所得税是对企业年度收益进行计税。由于税前会计利润与税法确认的应纳税所得额并不完全一致,因而存在将税前会计利润调整为应纳税所得额的问题。这两者之间的差异反映在以下两个方面。

1. 永久性差异

☞ 永久性差异是指计入会计所得(会计利润)与计入纳税所得(计税利润)包括的内容不同,并在以后若干时期内不能转回一致的差异。永久性差异又可分为两种情况:一是项目差异,即会计上作为收益性支出,而税法不作为扣减计税利润的项目的差异;二是标准差异,即有一些收益性支出,税法规定了计税开支标准,超标准部分在会计上可据实列支,但税法要作为计税利润处理。

项目差异的主要内容如下:

(1) 违法经营的罚款和被没收财物的损失。在会计上作为支出,但税法不允许扣减纳税所得,应予加回。

(2) 各项税收的滞纳金、罚款,在会计上计入营业外支出,但税法规定要缴纳所得税。

(3) 各种非救济性、公益性捐赠和赞助支出,可据实列入营业外支出,但要补缴税款。

(4) 因自然灾害等不可抗力所造成的损失,有保险公司赔偿的部分不能扣减计税利润。

(5) 已纳税投资收益,如国库券利息、长期投资分红等。其中,国库券利息在会计上列入利息总额,但按税法规定予以免税;投资收益中已缴足所得税的部分也予以抵免,但如被投资方实行低税率,按规定应补缴部分所得税。

(6) 弥补以前年度亏损期不超过5年的,税法准予扣减所得税。

标准差异的主要内容如下:

(1) 利息支出。会计准则规定可据实列支,但税法规定向非金融机构借款利息开支高于按照金融机构同类、同期贷款利率的数额以外的部分,要作为计税利润。

(2) 工资性支出。会计准则允许一切工资、奖金进入成本,但税法规定由各省、自治区、直辖市人民政府规定计税工资标准,企业实发数超过计税标准的,要缴纳所得税。

(3) "三项经费"。会计准则规定企业应按职工实发工资总额计提工会经费、福利费、教育经费,但税法只允许按计税工资标准总额计提"三项经费",实发工资超过计税工资的差额计提的"三项经费"要作为计税利润。

(4) 公益性、救济性捐赠。为鼓励企业兴办社会公益事业,税法和会计准则均规定此项支出可列入营业外支出,但税法规定,公益性、救济性捐赠超过应税所得额的3%以外的部分要计算纳税。

(5) 业务招待费。会计准则规定该项费用应在规定的比例范围内开支,超过部分可以列支,但应作为计税依据。具体的列支标准是:企业发生的与其生产、经营业务有关的业务招待费支出,按照发生额的60%扣除,但最高不得超过当年销售(营业)收入的5‰。

(6) 其他有关超过国家规定的成本开支标准的事项。详见国家税务总局《企业所得税税前扣除办法》。

2. 时间性差异

☞ 时间性差异是指由于收入项目或支出项目在会计上计入损益的时间和税法的规定不一致所形成的差异。如不具备实行加速折旧条件的企业采用加速折旧,使当期成本费用中折旧额超过按税法应计提的折旧,减少了当期会计利润,在纳税时应予以调整。

企业所得税税前扣除应遵循权责发生制原则、配比原则、相关性原则、确定性原则、合理性原则予以确认。

企业将税前会计利润调整为应纳税所得额后,应按规定的税率计算纳税。我国目前的所得税税率为25%。自2015年10月1日起至2017年12月31日,对年应纳税所得额在20万元到30万元(含30万元)之间的小型微利企业,其所得减按50%计入应纳税所得额,按20%的税率缴纳企业所得税。前述小型微利企业,是指符合《中华人民共和国企业所得税法》及其实施条例规定的小型微利企业。

按税法规定,公历年度为所得税纳税年度。在年度中间,企业应分月或分季预交所得税。如果因为会计上结账的原因未能及时计算出当期的所得税额,企业可按税务机关确定的金额预缴,待计算出企业所得税后少缴的应补缴,多缴的可抵作下期的应缴数。

企业所得税一般实行就地缴纳方式。企业可向当地税务机关申请报税,并将税款缴入当地国库。

二、税后利润分配的程序

小企业利润总额应按照现行税法的有关规定作相应调整,在依法缴纳所

利润分配有技巧

得税后按下列顺序分配。

（一）计算可供分配的利润

将本年净利润（或亏损）与年初未分配利润（或亏损）合并，计算出可供分配的利润。如果可供分配的利润为负数（即亏损），则不能进行后续分配；如果可供分配利润为正数（即本年累计盈利），则进行后续分配。

（二）计提法定公积金

按抵减年初累计亏损后的本年净利润计提法定公积金。提取公积金的基数，不一定是可供分配的利润，也不一定是本年的税后利润。只有不存在年初累计亏损时，才能按本年税后利润提取。这种"补亏"是按账面数字进行的，与所得税法的亏损后转无关，关键在于不能用资本发放股利，也不能在没有累计盈余的情况下提取公积金。

（三）计提任意公积金

（四）向股东（投资者）支付股利（分配利润）

公司股东会或董事会违反上述利润分配顺序，在抵补亏损和提取法定公积金之前向股东分配利润的，必须将违反规定发放的利润返还公司。

三、利润分配政策

（一）利润分配政策的概念与作用

利润分配政策是指企业管理层对利润分配有关事项所作出的方针与政策。在企业利润有限的情况下，如何解决好留存与分红的比例，是处理短期利益与长远利益、企业与股东之间关系的关键。正确的税后利润分配政策的重要意义主要表现在以下两个方面。

1. 影响企业对外再筹资能力

如果企业分配得当，能直接增加企业积累能力。在利润一定的条件下，增加留存比例，实质上是增加企业筹资量。从这一角度看，分配政策可以说是再筹资政策。同时，合理的分配政策能够吸引投资者（包括潜在投资者）对企业的投资，增强其投资信心，从而为企业再筹资提供基础。

2. 影响企业市场价值大小

分配政策的连续性反映了企业经营的连续、稳定和有计划性。因此，如何确定较好的投资分红模式，并保持一定程度上的连续性，有利于提高企业的财务形象，从而提升所发行在外股票的价格和企业的市场价值。

（二）法律因素

（1）资本保全。规定企业不能用募集的经营资本发放股利，其目的是要求企业必须保有充分的权益资本以维护债权人利益。我国法律还规定企业如有溢缴资本也不能发放股利。

（2）企业积累。规定企业的税后利润必须提取10%的法定盈余公积金，法律还鼓励企业提取任意盈余公积金。只有当企业提取公积金积累积数额达到注册资本的50%时才可以不再计提。

(3) 净利润。规定公司账面累计税后利润必须是正数时才可以发放股利。以前年度的亏损必须足额弥补。

(4) 偿债能力。规定公司如果要发放股利，就必须保有充分的偿债能力。企业如果没有充分的现金准备以支付到期债务，债权人利益就会受到严重威胁。

(5) 超额积累利润。企业发放给股东的股利，股东要缴纳个人所得税，而股票交易的资本收益可能免税或税率较低，企业可以积累利润使股票价格上涨从而帮助股东避税。

（三）企业因素

(1) 流动性。企业为维持适当的支付能力，要设定一定的资产流动性目标，即保持现金及其他适当的流动资产。较多地支付现金股利会减少企业的现金持有，使资产的流动性降低。

(2) 举债能力。举债能力较强的企业往往采取较为宽松的股利政策；举债能力较弱的企业，为维持经营能力就不得不留滞利润，因而常采取较紧的股利政策。

(3) 投资机会。企业有较好的投资机会时，将会把大部分利润用于再投资而宁愿放弃发放股利；如果企业暂时缺乏良好的投资机会，将倾向于先向股东支付股利。

(4) 资本成本。留用利润是企业内部筹集资金的一种重要方式，与发行新股或举借债务相比，其不但成本较低，而且具有很强的隐蔽性。

(5) 盈利状况。公司的股利政策在很大程度上会受其盈利能力的影响。如果公司未来的盈利能力较强，并且盈利稳定性较好，就倾向于采用高股利支付率政策；反之，如果公司盈利能力较弱，盈利的稳定性较差，则会考虑应对未来经营和财务风险的需要，常常采用较低股利支付率政策。

知识拓展

公司在不同成长与发展阶段所采用的股利政策可用表 9-1 来描述。

表 9-1

公司在不同成长与发展阶段采用的股利政策

公司发展阶段	特点	适用的股利政策
公司初创阶段	公司经营风险高，有投资需求且融资能力差	剩余股利政策
公司快速发展阶段	公司快速发展，投资需求大	固定股利加增长股利政策
公司稳定增长阶段	公司业务稳定增长，投资需求减少，净现金流入量增加，每股净收益呈上升趋势	固定或稳定增长性股利政策
公司成熟阶段	公司盈利水平稳定，公司通常已经积累了一定的留存收益和资金	固定支付率股利政策
公司衰退阶段	公司业务锐减，获利能力和现金获得能力下降	剩余股利政策

资料来源：高职高专新教材编审委员会组.财务管理[M].武汉：武汉大学出版社，2011.

（四）股东因素

（1）稳定的收入。依赖企业发放股利维持生活的股东往往要求企业能够支付稳定的股利,有些股东认为企业留用利润带来新收益或股票交易价格上升产生资本收益有很大的不确定性,与其为不确定的未来所困惑,不如得到实实在在的现有股利。

（2）控制权的稀释。企业举借债务除要付出资本成本外,还会加大企业的财务风险。如果通过增募股本的方式筹集资金,企业的老股东虽然有优先权,但必须拿得出可观的现金,否则企业的控股权就有被稀释的危险。

（3）避税。属于高阶层的股东为了避税往往反对发放较多股利;属于低收入阶层的股东因个人税负较轻,反而欢迎公司多分红利。多数国家的红利所得税税率都高于资本利得所得税税率,有的国家红利所得税采用累进税率,边际税率很高。这种税率的差异会使股东更愿意采取可避税的股利政策。按照我国税法规定,股东从公司分得的红利应按 20% 的比例税率缴纳个人所得税(现按 10% 减半征收),而对股票交易获得的资本利得收益目前还没有开征个人所得税,因而对股东来说,股票价格上涨获得的收益比分得现金股利更具有避税功能。

（4）规避风险。在一部分投资者看来,股利的风险小于资本利得的风险,当期股利的支付解除了投资者心中的不确定性。因此,他们往往会要求企业支付较多的股利,从而减少股东投资风险。

（五）行业因素

不同行业的股利支付率存在系统性差异。调查研究显示,成熟行业的股利支付率通常比新兴行业的高;公用事业的公司大多实行高股利支付率政策,而高科技行业的公司股利支付率通常较低。这说明股利政策具有明显的行业特征。可能的原因是:投资机会在行业内是相似的,在不同行业之间存在差异。

知识拓展

表 9-2 列示了 20 世纪 90 年代中期美国一些行业的平均股价支付率和股利报酬率。

表 9-2

美国主要行业平均股利支付率和平均股利报酬率

行业	平均股利支付率	平均股利报酬率	行业	平均股利支付率	平均股利报酬率
发电	86%	6.7%	基础化工	83%	4.0%
石油	80%	4.0%	炼油	71%	5.0%
天然气	61%	4.9%	电信	57%	3.9%
制药	47%	2.9%	电力设备	44%	2.6%

(续表)

行业	平均股利支付率	平均股利报酬率	行业	平均股利支付率	平均股利报酬率
食品加工	42%	2.2%	银行	38%	3.6%
造纸与木材生产	37%	2.6%	居家用品生产	37%	2.2%
零售业	32%	2.0%	汽车与卡车生产	16%	3.1%
软件及服务行业	8%	0.3%	半导体	7%	0.4%
广播	7%	0.3%	计算机软件	7%	0.3%
医疗服务	6%	0.3%	健康保健	5%	0.3%
航空	4%	0.3%			

注:(1) 股利支付率,是指公司年度现金股利总额与净利润总额的比率,或者是指公司年度每股股利与每股利润的比率。其计算公式表示为:

$$P_d = \frac{D}{E} \times 100\% \qquad (公式\ 9\text{-}18)$$

或

$$P_d = \frac{DPS}{EPS} \times 100\% \qquad (公式\ 9\text{-}19)$$

式中:P_d——股利支付率。
D——年度现金股利总额。
E——年度净利润总额。
DPS——年度每股股利。
EPS——年度每股利润。

(2) 股利报酬率,也称股票报酬率或股利收益率,是指公司年度每股股利与每股价格的比率。其计算公式表示为:

$$K_d = \frac{DPS}{P_0} \times 100\% \qquad (公式\ 9\text{-}20)$$

式中:K_d——股利报酬率。
DPS——年度每股股利。
P_0——每股价格。

(六) 其他因素

有债务契约的约束、通货膨胀等。

(1) 债务合同约束。企业的债务合同特别是长期债务合同往往有限制企业现金股利支付的条款,这使得企业只能采用低股利政策。

(2) 机构投资者的投资限制。机构投资者包括养老保险、储蓄银行、信托基金、保险企业和其他一些机构。机构投资者对投资股票种类的选择,往往与股利特别是稳定股利的支付者有关。如果某种股票连续几年不支付股利或所支付的股利金额起伏较大,则该股票一般不能成为机构投资者的投资对象。因此,如果某一企业想更多地吸引机构投资者,则应采用较高而且稳定的股利政策。

(3) 通货膨胀的影响。在通货膨胀的情况下,企业固定资产折旧的购买水平会下降,会导致没有足够的资金来源重置固定资产。这时较多的留存利润就会被当作弥补固定资产折旧购买力水平下降的资金来源,因此,在通货膨胀时期,企业股利政策往往偏紧。

四、股利政策的类型

1. 剩余股利政策

股利政策受投资机会及所需资本成本的双重影响。在企业有良好投资机会时,为保持一定的目标资本结构,可按投资所需的资金测算出应当留存的税后利润,将剩余金额作为股东股利予以分配。在采用这一政策时,应遵循以下四个步骤:

(1) 设定目标资本结构,即确定权益资本与债务的比率。
(2) 确定按此资本结构所需达到的股东权益的数额。
(3) 最大限度地利用留存税后利润来满足这一股东益数。
(4) 在税后利润有剩余的情况下才发放股利。采用剩余股利政策意味着企业只将剩余的可供分配的利润用于发放股利。

2. 固定股利或稳定增长股利政策

实施这一政策首先要求企业在较长时期内支付固定的股利额,确信企业未来的利润将显著增长,且这种增长被认为不可逆转时才考虑增长股利。实施这一政策将向市场传播有利于股价稳定的信号,对于那些依靠股利维持生活的股东也是有利的。采取这一政策要求企业的收益比较稳定,否则会加大企业财务压力。在企业收益不能维持稳定的股利时,企业只有延缓某些项目的投资或改变目标资本结构。

3. 固定股利发放率政策

实施这一政策要求确定一个股利占税后利润的比率,并长期按该比率发放股利。采用这一政策,股利的发放额随企业收益的好坏上下波动,获利较多的年份企业对股东的股利支付也较多,获利较少的年份企业对股东的股利支付相应较少。这一政策对企业的财务压力相对较轻,但可能导致股票价格的较大波动。

4. 固定股利加增长股利政策

企业将正常发放的股利固定在一个较低水平上,根据经营情况再临时决定一笔额外的增长股利。这种政策为收益波动较大的企业提供了股利发放的灵活性,在收入较多时支付额外股利也不会对企业财务构成太大的压力。

五、股利的种类

股利支付方式有多种,主要方式有以下两种。

(一) 现金股利

现金股利是以现金支付的股利,它是股利支付的主要方式。公司支付现金股利除了要有累积盈余（特殊情况下可用弥补亏损后的盈余公积金支付）外，还要有足够的现金，因此，公司在支付现金股利前需筹备充足的现金。

> **知识拓展**
>
> 2008年10月9日，证监会发布了《关于修改上市公司现金分红若干规定的决定》，规定公司应当在章程中明确现金分红政策，利润分配政策应保持连续性和稳定性。2012年5月4日，证监会又发布了《关于进一步落实上市公司现金分红有关事项的通知》，再次强调随着上市公司的成长和发展，给予投资者合理的投资回报，为投资者提供分享经济增长成果的机会，是上市公司应尽的责任和义务。并将进一步落实上市公司现金分红有关事项通知如下。
>
> 1. 上市公司应当进一步强化回报股东的意识，严格依照《公司法》和公司章程的规定，自主决策公司利润分配事项，制定明确的回报规划，充分维护公司股东依法享有的资产收益等权利，不断完善董事会、股东大会对公司利润分配事项的决策程序和机制。
>
> 2. 上市公司制定利润分配政策尤其是现金分红政策时，应当履行必要的决策程序。董事会应当就股东回报事宜进行专项研究论证，详细说明规划安排的理由等情况。上市公司应当通过多种渠道充分听取独立董事以及中小股东的意见，做好现金分红事项的信息披露，并在公司章程中载明以下内容：
>
> （1）公司董事会、股东大会对利润分配尤其是现金分红事项的决策程序和机制，对既定利润分配政策尤其是现金分红政策作出调整的具体条件、决策程序和机制，以及为充分听取独立董事和中小股东意见所采取的措施。
>
> （2）公司的利润分配政策尤其是现金分红政策的具体内容，利润分配的形式，利润分配尤其是现金分红的期间间隔，现金分红的具体条件，发放股票股利的条件，各期现金分红最低金额或比例（如有）等。首次公开发行股票公司应当制定对股东回报的合理规划，对经营利润用于自身发展和回报股东要合理平衡，要重视提高现金分红水平，提升对股东的回报，并且还须合理制定和完善利润分配政策，并按照本通知的要求在公司章程（草案）中载明相关内容。应需注意的是，分红政策经出席股东大会的股东所持表决权的2/3以上通过。因此，企业若计划上市，在改制变更为股份有限公司之时，可在公司章程中按上述规定制定分红政策。

（二）股票股利

股票股利是公司以增发的股票作为股利的支付方式。股票股利并不直接增加股东的财富，不导致公司资产的流出或负债的增加，同时也并不因此而增加公司的财产,但会引起所有者权益各项目的结构发生变化。发放股票股利以后,如果盈利总额与市盈率不变,会由于普通股股数增加而引起每股收益和每股市价的下降。但由于股东所持股份的比例不变,每位股东所持有股票的市场价值总额仍保持不变,因而股票股利不涉及公司的现金流。

知识拓展

国家税务总局关于印发《征收个人所得税若干问题的规定》的通知(国税发〔1994〕89号),关于派发红股的征税问题:股份制企业在分配股息、红利时,以股票形式向股东个人支付应得的股息、红利(即派发红股),应以派发红股的股票票面金额为收入额,按利息、股息、红利项目计征个人所得税。

《国家税务总局关于股份制企业转增股本和派发红股征免个人所得税的通知》(国税发〔1997〕198号)规定"(一)股份制企业用资本公积转赠股本不属于股息、红利性质的分配,对个人取得的转增股份数额,不作为个人所得,不征收个人所得税。(二)股份制企业用盈余公积派发红股属于股息、红利性质的分配,对个人取得的红股数额,应作为个人所得征税。各地要严格按照《国家税务总局关于印发〈征收个人所得税若干问题的规定〉的通知》(国税发〔1994〕89号)的有关规定执行,没有执行的要尽快纠正。派发红股的股份制企业作为支付所得的单位应按照税法规定履行扣缴义务。"国税函〔1988〕289号规定,"《国家税务总局关于股份制企业转赠股本和派发红股征免个人所得的通知》(国税发〔1997〕198号)中所表述的资本公积'是指股份制企业股票溢价发行收入所形成的资本公积金。将此转增股份由个人取得的数额,不作为应税所得征收个人所得税。而与此不相符合的其他资本公积分配个人所得部分,应当依法征收个人所得税。'"

《国家税务总局关于盈余公积金转增注册资本征收个人所得税问题的批复》(国税函发〔1998〕333号)规定,"对属于个人股东分得再投入公司(转赠注册资本)的部分应按照利息、股息、红利所得项目征收个人所得税,税款由股份有限公司在有关部门批准增资、公司股东会决议通过后代扣代缴。"

(三)股票分割

股票分割是指将面值较高的股票分割为几股面值较低的股票。例如,将原来每股面值为10元的普通股分割为2股面值为5元的普通股。通过股票分割,公司股票面值降低,同时公司股票总数增加,股票的市场价格也会相应下降,因此,股票分割不会增加公司价值,也不会增加股东财富。

一般来说,公司进行股票分割主要有以下两种动机。

1. 通过股票分割使股票价格降低

有些公司股票价格过高,一些中小投资者由于资金量的限制不能不愿意购买高价股票,这样会使高价股的流动性受到影响。为了将股票价格降下来,公司就可以采用股票分割的方法。股票分割后,公司股票数量增加,股价降低,股票在市场上的交易会更加活跃。

2. 通过股票分割向投资者传递公司信息

与分配股利一样,股票分割也可以向投资者传递公司未来经营业绩变化的信息。一般来说,处于成长阶段的中小公司,由于业绩的快速增长,股价会不断上涨,此时公司进行股票分割,实际上表明公司未来的业绩仍然会保持良好的增长趋势,这种信息的传递也会引起股票价格上涨。

此外,公司还可以使用财产和负债支付方式支付股利。财产股利是以现金以外的资产支付的股利,主要是以公司所拥有的其他企业的有价证券,如债券、股票,作为股利支付给股东。负债股利是公司以负债支付的股利,通常以公司的应付票据支付给股东,在不得已的情况下也有发行公司债券抵付股利的。财产股利和负债股利实际上是现金股利的替代。这两种股利方式目前在我国公司实务中很少使用,但并非法律所禁止。

(四)股票回购

☞ 股票回购是指公司在有多余现金时,向股东回购自己的股票,以此来代替现金股利。

1. 股票回购的含义

公司以多余现金购回股东所持有的股份,使流通在外的股份减少,每股股利增加,从而使股价上升,股东能因此获得资本利得,这相当于公司支付给股东现金股利。所以,可以将股票回购看作是一种现金股利的替代方式。股票回购与现金股利对股东的同等效用,可以通过下例说明。

【例 9-5】 东海实业股份有限公司普通股的每股收益、每股市价等资料如表 9-3 所示。

表 9-3

东海实业股份有限公司普通股资料表

税后利润	8 000 000 元
普通股股数	1 000 000 股
每股收益(8 000 000/1 000 000)	8 元
每股市价	160 元
市盈率(160/8)	20 倍

假定东海实业股份有限公司准备从盈利中拨出 2 000 000 万元发放现金股利,每股可得股利为 2 元(2 000 000/1 000 000),那么每股市价将为 162 元(原市价 160 元+预期股利 2 元)。

若公司改为用 2 000 000 元以每股 162 元的价格回购股票,可购得股票 12 346 股(2 000 000÷162),那么每股收益将为:

$$EPS = 8\,000\,000/(1\,000\,000 - 12\,346) = 8\,000\,000/987\,654 = 8.1(元)$$

如果市盈率仍为 20 倍,股票回购后的每股市价将为 162 元(8.1×20)。这与支付现金股利之后的每股市价相同。可见,公司不论采用支付现金股利的方式还是股票回购的方式,分配给股东的每股现金都是 2 元。

2. 股票回购的作用

(1)对股东而言,股票回购后股东得到的资本利得需缴纳资本利得税,发放现金股利后股东则需要缴纳股息税。在前者低于后者的情况下,股东将得到纳税上的好处。但另一方面,上述分析是建立在各种假设之上,股票回购对股东利益具有不确定的影响。

(2)对公司而言,股票回购有利于增加公司的价值:

第一,公司进行股票回购的目的之一是向市场传递股价被低估的信号(有着与股票发行相反的作用)。

第二,当公司可支配的现金流明显超过投资项目所需的现金流时,可以用自由现金流量进行股票回购,有助于增加每股盈利水平。

第三,避免股利波动带来的负面影响。

第四,发挥财务杠杆的作用。

第五,通过股票回购,可以减少外部流通股的数量,提高了股票价格,在一定程度上降低了公司被收购的风险。

第六,调节所有权结构,公司拥有回购的股票,可以用来交换被收购或被兼并公司的股票,也可用来满足认股权证持有人认购公司股票或可转换债券持有人转换公司普通股的需要,还可以在执行管理层与员工股票期权时使用,避免发行新股而稀释收益。

六、股利的支付程序

(一)决策程序

上市公司股利分配的基本程序是:首先由公司董事会根据公司盈利水平和股利政策,制定股利分派方案,将其提交股东大会审议,通过后方能生效。然后,由董事会依股利分配方案向股东宣布,并在规定的股利发放日以约定的支付方式派发。在经过上述决策程序之后,公司方可对外发布股利分配公告、具体实施分配方案。我国股利分配决策权属于股东大会。我国上市公司的现金分红一般是按年度进行,也可以进行中期现金分红。

(二)分配信息披露

根据有关规定,股份有限公司利润分配方案、公积金转增股本方案需经股东大会批准,董事会应当在股东大会召开后 2 个月内完成股利派发或股份转增事项。在此期间,董事会必须对外发布股利分配公告,以确定分配的具体程序与时间安排。股利分配公告一般在股权登记前3个工作日发布。

（三）分配程序

对于流通股份，其现金股利由上市公司于股权登记日前划入交易所账户，再由交易所于登记日后第3个工作日划入各托管证券经营机构账户，托管证券经营机构于登记日后第5个工作日划入股东资金账户。红股则于股权登记日后第3个工作日直接计入股东的证券账户，并自即日起开始上市交易。

（四）股利支付过程中的重要日期

1. 股利宣告日（Announcement Date）

即公司董事会将股东大会通过本年度利润分配方案的情况以及股利支付情况予以公告的日期。

2. 股权登记日（Record Date）

即有权领取本期股利的股东资格登记截止日期。只有在股权登记日这一天登记在册的股东（即在此日及之前持有或买入股票的股东）才有资格领取本期股利，而在这一天之后登记在册的股东，即使是在股利支付日之前买入的股票，也无权领取本期分配的股利。

3. 除息日（Ex-dividend Date）

除息日也称除权日，是指股利所有权与股票本身分离的日期，将股票中含有的股利分配权利予以解除，即在除息日当日及以后买入的股票不再享有本次股利分配的权力。我国上市公司的除息日通常是在登记日的下一个交易日。

4. 股利支付日（Payable Date）

是指公司确定的向股东正式发放股利的日期。公司通过资金清算系统或其他方式将股利支付给股东。

1. 小企业通过投资取得的收入如营业收入，首先要用以弥补生产经营耗费，缴纳流转税，其余部分为企业的营业利润。营业利润、投资净收益、营业外收支净额等构成企业的利润总额。利润总额首先要按国家规定缴纳所得税，净利润要提取法定盈余公积、任意盈余公积和法定公益金，分别用于扩大积累、弥补亏损和改善职工集体福利设施，其余利润作为投资者的收益，分配给投资者或暂时留存企业或作为投资者的追加投资等。利润分配实质上是怎样将收益在股东与再投资之间进行分配，其原则应当体现出正确处理财务关系的要求。
2. 收入表明了产品价值的实现，表明了企业在供应、生产和销售过程中所耗费资金的收回和补偿。企业在正确地决定产品价格的同时，还必须科学地预测产品销售量，以便正确编制产品销售收入计划。产品销售收入计划是在确定了企业计划期产品销售数量和销售价格的基础上进行的。可用直接计算法汇总编制产品销售收入计划。

3. 利润总额是企业在一定时期内实现盈亏的总额,它集中反映了企业生产经营活动的综合经济效益,也是企业财务成果的最终体现。利润预测是对企业未来时期(计划期)利润的实现情况预先进行的一种科学估计和科学推测,它是编制利润预算、分解落实利润指标的前提。

4. 企业所得税是企业依照国家税收、法律规定,对企业某一经营年度所得,按规定的税率计算并缴纳的税款。企业所得税是企业履行法人社会责任与义务的重要体现,它具有强制性和无偿性。

　　小企业会计核算主要执行《小企业会计准则》,这与现行的企业所得税法客观上存在着一定的差异。永久性差异是指计入会计所得(会计利润)与计入纳税所得(计税利润)包括的内容不同,并在以后若干时期内不能转回一致的差异。时间性差异是指由于收入项目或支出项目在会计上计入损益的时间和税法的规定不一致所形成的差异。

5. 小企业利润总额应按照现行税法的有关规定作相应调整,在依法缴纳所得税后按下列顺序分配:计算可供分配的利润;计提法定公积金;计提任意公积金和向股东(投资者)支付股利(分配利润)。

一、单项选择题

1. 一般而言,适用于采用固定或稳定增长股利政策的公司是(　　)。
    A. 盈利较高但投资机会较多的公司
    B. 经营比较稳定或正处于成长期的企业
    C. 盈利波动较大的公司
    D. 负债率较高的公司

2. 公司采用固定或稳定增长股利政策发放股利的好处主要表现为(　　)。
    A. 降低资金成本　　　　　　　　B. 维持股价稳定
    C. 提高支付能力　　　　　　　　D. 实现资本保全

3. 企业在分配收益时,必须按一定比例和基数提取法定公积金,这一要求体现的是(　　)。
    A. 资本保全约束　　　　　　　　B. 资本积累约束
    C. 偿债能力约束　　　　　　　　D. 超额累积利润约束

4. 下列项目中不能用于分派股利的是(　　)。
    A. 盈余公积金　　　　　　　　　B. 股本
    C. 税后利润　　　　　　　　　　D. 上年未分配利润

5. 下列各项中,会导致企业采取高股利政策的事项有(　　)。
    A. 物价持续上升　　　　　　　　B. 金融市场利率走势下降
    C. 企业资产的流动性较弱　　　　D. 企业盈余不稳定

6. 在通货膨胀时期,企业一般采取的利润分配政策是(　　)。

A. 很松　　　　B. 偏紧　　　　C. 很紧　　　　D. 偏松
7. 某公司近年来经营业务不断拓展,目前处于成长阶段,预计现有的生产经营能力能够满足未来10年稳定增长的需要,公司希望其股利与公司盈余紧密配合。基于以上条件,最为适合该公司股利政策的是(　　)。
   A. 剩余股利政策　　　　　　　　B. 固定股利政策
   C. 固定股利支付率政策　　　　　D. 固定股利加额外股利政策
8. 如果上市公司以应付票据作为股利支付给股东,则这种股利的支付方式称为(　　)。
   A. 现金股利　　B. 股票股利　　C. 财产股利　　D. 负债股利

二、多项选择题

1. 公司在制定利润分配政策时应考虑的因素有(　　)。
   A. 通货膨胀因素　B. 股东因素　　C. 法律因素　　D. 公司因素
2. 影响股利政策的法律约束因素包括(　　)。
   A. 资本保全约束　　　　　　　　B. 资本确定约束
   C. 资本积累约束　　　　　　　　D. 超额累积利润约束
3. 在下列各项中,属于企业进行利润分配应遵循的原则有(　　)。
   A. 依法分配原则　　　　　　　　B. 资本保全原则
   C. 分配与积累并重原则　　　　　D. 兼顾各方面利益原则
4. 股东从保护自身利益的角度出发,在确定每股分配政策时应考虑的因素有(　　)。
   A. 投资机会　　B. 控制权　　　C. 稳定收入　　D. 规避风险
5. 在下列公司的发展阶段中,适合采用剩余股利政策的阶段有(　　)。
   A. 公司快速发展阶段　　　　　　B. 公司初创阶段
   C. 公司衰退阶段　　　　　　　　D. 公司成熟阶段
6. 利润分配的剩余股利政策的优点包括(　　)。
   A. 保持理想的资本结构　　　　　B. 充分利用资金成本最低的资金来源
   C. 利润分配稳定　　　　　　　　D. 有利于公司股票价格的稳定
7. 下列各项中,会导致企业采取低股利政策的事项有(　　)。
   A. 陷于经营收缩的公司　　　　　B. 物价持续上升
   C. 企业盈余不稳定　　　　　　　D. 企业资产的流动性较弱
8. 处于初创阶段的公司,一般不宜采用的股利分配政策有(　　)。
   A. 固定股利政策　　　　　　　　B. 剩余股利政策
   C. 固定股利支付率政策　　　　　D. 稳定增长股利政策
9. 下列情况中,企业会采取偏紧的股利政策的有(　　)。
   A. 投资机会较多　　　　　　　　B. 资产的流动性较强
   C. 盈利比较稳定　　　　　　　　D. 通货膨胀
10. 企业在确定股利支付率水平时,应当考虑的因素有(　　)。
    A. 投资机会　　B. 筹资成本　　C. 资本结构　　D. 股东偏好

三、判断题

1. 企业的利润分配有广义的利润分配和狭义的利润分配两种。广义的利润分配是指

对企业的收入和收益总额进行分配的过程;狭义的利润分配则是指对企业收益总额的分配。（　）

2. "低正常股利加额外股利政策"和"固定或稳定增长的股利政策"均有助于稳定股价和增强投资者信心。（　）

3. 根据《公司法》的规定,法定盈余公积金的提取比例为当年税后利润的10%。（　）

4. 法定盈余公积金可用于弥补亏损,扩大公司生产经营或转增资本。（　）

5. 以发行公司债券的方式支付股利属于支付财产股利。（　）

6. 股权登记日在除息日之前。（　）

7. 对于投资者来说,与现金股利相比,股票回购具有更大的灵活性。（　）

8. 在除息日之前,股利权利从属于股票;从除息日开始,新购入股票的投资者不能分享本次已宣告发放的股利。（　）

9. 股东为防止控制权被稀释,往往希望公司提高股利支付率。（　）

课后习题答案

附 表

附表 I 复利终值系数表 $FV_{in} = (1+i)^n$

n	1%	2%	3%	4%	5%	6%	7%	8%	9%
1	1.010 0	1.020 0	1.030 0	1.040 0	1.050 0	1.060 0	1.070 0	1.080 0	1.090 0
2	1.020 1	1.040 4	1.060 9	1.081 6	1.102 5	1.123 6	1.144 9	1.166 4	1.188 1
3	1.030 3	1.061 2	1.092 7	1.124 9	1.157 6	1.191 0	1.225 0	1.259 7	1.295 0
4	1.040 6	1.082 4	1.125 5	1.169 9	1.215 5	1.262 5	1.310 8	1.360 5	1.411 6
5	1.051 0	1.104 1	1.159 3	1.216 7	1.276 3	1.338 2	1.402 6	1.469 3	1.538 6
6	1.061 5	1.126 2	1.194 1	1.265 3	1.340 1	1.418 5	1.500 7	1.586 9	1.677 1
7	1.072 1	1.148 7	1.229 9	1.315 9	1.407 1	1.503 6	1.605 8	1.713 8	1.828 0
8	1.082 9	1.171 7	1.266 8	1.368 6	1.477 5	1.593 8	1.718 2	1.850 9	1.992 6
9	1.093 7	1.195 1	1.304 8	1.423 3	1.551 3	1.689 5	1.838 5	1.999 0	2.171 9
10	1.104 6	1.219 0	1.343 9	1.480 2	1.628 9	1.790 8	1.967 2	2.158 9	2.367 4
11	1.115 7	1.243 4	1.384 2	1.539 5	1.710 3	1.898 3	2.104 9	2.331 6	2.580 4
12	1.126 8	1.268 2	1.425 8	1.601 0	1.795 9	2.012 2	2.252 2	2.518 2	2.812 7
13	1.138 1	1.293 6	1.468 5	1.665 1	1.885 6	2.132 9	2.409 8	2.719 6	3.065 8
14	1.149 5	1.319 5	1.512 6	1.731 7	1.979 9	2.260 9	2.578 5	2.937 2	3.341 7
15	1.161 0	1.345 9	1.558 0	1.800 9	2.078 9	2.396 6	2.759 0	3.172 2	3.642 5
16	1.172 6	1.372 8	1.604 7	1.873 0	2.182 9	2.540 4	2.952 2	3.425 9	3.970 3
17	1.184 3	1.400 2	1.652 8	1.947 9	2.292 0	2.692 8	3.158 8	3.700 0	4.327 6
18	1.196 1	1.428 2	1.702 4	2.025 8	2.406 6	2.854 3	3.379 9	3.996 0	4.717 1
19	1.208 1	1.456 8	1.753 5	2.106 8	2.527 0	3.025 6	3.616 5	4.315 7	5.141 7
20	1.220 2	1.485 9	1.806 1	2.191 1	2.653 3	3.207 1	3.869 7	4.661 0	5.604 4
21	1.232 4	1.515 7	1.860 3	2.278 8	2.786 0	3.399 6	4.140 6	5.033 8	6.108 8
22	1.244 7	1.546 0	1.916 1	2.369 9	2.925 3	3.603 5	4.430 4	5.436 5	6.658 6
23	1.257 2	1.576 9	1.973 6	2.464 7	3.071 5	3.819 7	4.740 5	5.871 5	7.257 9
24	1.269 7	1.608 4	2.032 8	2.563 3	3.225 1	4.048 9	5.072 4	6.341 2	7.911 1
25	1.282 4	1.640 6	2.093 8	2.665 8	3.386 4	4.291 9	5.427 4	6.848 5	8.623 1
30	1.347 8	1.811 4	2.427 3	3.243 4	4.321 9	5.743 5	7.612 3	10.063	13.268
40	1.488 9	2.208 0	3.262 0	4.801 0	7.040 0	10.286	14.974	21.725	31.409
50	1.644 6	2.691 6	4.383 9	7.106 7	11.467	18.420	29.457	46.902	74.358
60	1.816 7	3.281 0	5.891 6	10.520	18.679	32.988	57.946	101.26	176.03

(续表)

n	10%	12%	14%	15%	16%	18%	20%	24%	28%	32%	36%
1	1.100 0	1.120 0	1.140 0	1.150 0	1.160 0	1.180 0	1.200 0	1.240 0	1.280 0	1.320 0	1.360 0
2	1.210 0	1.254 4	1.299 6	1.322 5	1.345 6	1.392 4	1.440 0	1.537 6	1.638 4	1.742 4	1.849 6
3	1.331 0	1.404 9	1.481 5	1.520 9	1.560 9	1.643 0	1.728 0	1.906 6	2.097 2	2.300 0	2.515 5
4	1.464 1	1.573 5	1.689 0	1.749 0	1.810 6	1.938 8	2.073 6	2.364 2	2.684 4	3.036 0	3.421 0
5	1.610 5	1.762 3	1.925 4	2.011 4	2.100 3	2.287 8	2.488 3	2.931 6	3.436 0	4.007 5	4.652 6
6	1.771 6	1.973 8	2.195 0	2.313 1	2.436 4	2.699 6	2.986 0	3.635 2	4.398 0	5.289 9	6.327 5
7	1.948 7	2.210 7	2.502 3	2.660 0	2.826 2	3.185 5	3.583 2	4.507 7	5.629 5	6.982 6	8.605 4
8	2.143 6	2.476 0	2.852 6	3.059 0	3.278 4	3.758 9	4.299 8	5.589 5	7.205 8	9.217 0	11.703
9	2.357 9	2.773 1	3.251 9	3.517 9	3.803 0	4.435 5	5.159 8	6.931 0	9.223 4	12.166	15.917
10	2.593 7	3.105 8	3.707 2	4.045 6	4.411 4	5.233 8	6.191 7	8.594 4	11.806	16.060	21.647
11	2.853 1	3.478 5	4.226 2	4.652 4	5.117 3	6.175 9	7.430 1	10.657	15.112	21.199	29.439
12	3.138 4	3.896 0	4.817 9	5.350 3	5.936 0	7.287 6	8.916 1	13.215	19.343	27.983	40.037
13	3.452 3	4.363 5	5.492 4	6.152 8	6.885 8	8.599 4	10.699	16.386	24.759	36.937	54.451
14	3.797 5	4.887 1	6.261 3	7.075 7	7.987 5	10.147	12.839	20.319	31.691	48.757	74.053
15	4.177 2	5.473 6	7.137 9	8.137 1	9.265 5	11.974	15.407	25.196	40.565	64.359	100.71
16	4.595 0	6.130 4	8.137 2	9.357 6	10.748	14.129	18.488	31.243	51.923	84.954	136.97
17	5.054 5	6.866 0	9.276 5	10.761	12.468	16.672	22.186	38.741	66.461	112.14	186.28
18	5.559 9	7.690 0	10.575	12.375	14.463	19.673	26.623	48.039	85.071	148.02	253.34
19	6.115 9	8.612 8	12.056	14.232	16.777	23.214	31.948	59.568	108.89	195.39	344.54
20	6.727 5	9.646 3	13.743	16.367	19.461	27.393	38.338	73.864	139.38	257.92	468.57
21	7.400 2	10.804	15.668	18.822	22.574	32.324	46.005	91.592	178.41	340.45	637.26
22	8.140 3	12.100	17.861	21.645	26.186	38.142	55.206	113.57	228.36	449.39	866.67
23	8.954 3	13.552	20.362	24.891	30.376	45.008	66.247	140.83	292.30	593.20	1 178.7
24	9.849 7	15.179	23.212	28.625	35.236	53.109	79.497	174.63	374.14	783.02	1 603.0
25	10.835	17.000	26.462	32.919	40.874	62.669	95.396	216.54	478.90	1 033.6	2 180.1
30	17.449	29.960	50.950	66.212	85.850	143.37	237.38	634.82	1 645.5	4 142.1	10 143
40	45.259	93.051	188.88	267.86	378.72	750.38	1 469.8	5 455.9	19 427	66 521	*
50	117.39	289.00	700.23	1 083.7	1 670.7	3 927.4	9 100.4	46 890	*	*	*
60	304.48	897.60	2 595.9	4 384.0	7 370.2	20 555	56 348	*	*	*	*

附表 II 复利现值系数表 $PV_{in} = (1+i)^n = (1+i)^{-n}$

n	1%	2%	3%	4%	5%	6%	7%	8%	9%
1	0.990 1	0.980 4	0.970 9	0.961 5	0.952 4	0.943 4	0.934 6	0.925 9	0.917 4
2	0.980 3	0.961 2	0.942 6	0.924 6	0.907 0	0.890 0	0.873 4	0.857 3	0.841 7
3	0.970 6	0.942 3	0.915 1	0.889 0	0.863 8	0.839 6	0.816 3	0.793 8	0.772 2
4	0.961 0	0.923 8	0.888 5	0.854 8	0.822 7	0.792 1	0.762 9	0.735 0	0.708 4
5	0.951 5	0.905 7	0.862 6	0.821 9	0.783 5	0.747 3	0.713 0	0.680 6	0.649 9
6	0.942 0	0.888 0	0.837 5	0.790 3	0.746 2	0.705 0	0.666 3	0.630 2	0.596 3
7	0.932 7	0.870 6	0.813 1	0.759 9	0.710 7	0.665 1	0.622 7	0.583 5	0.547 0
8	0.923 5	0.853 5	0.789 4	0.730 7	0.676 8	0.627 4	0.582 0	0.540 3	0.501 9
9	0.914 3	0.836 8	0.766 4	0.702 6	0.644 6	0.591 9	0.543 9	0.500 2	0.460 4
10	0.905 3	0.820 3	0.744 1	0.675 6	0.613 9	0.558 4	0.508 3	0.463 2	0.422 4
11	0.896 3	0.804 3	0.722 4	0.649 6	0.584 7	0.526 8	0.475 1	0.428 9	0.387 5
12	0.887 4	0.788 5	0.701 4	0.624 6	0.556 8	0.497 0	0.444 0	0.397 1	0.355 5
13	0.878 7	0.773 0	0.681 0	0.600 6	0.530 3	0.468 8	0.415 0	0.367 7	0.326 2
14	0.870 0	0.757 9	0.661 1	0.577 5	0.505 1	0.442 3	0.387 8	0.340 5	0.299 2
15	0.861 3	0.743 0	0.641 9	0.555 3	0.481 0	0.417 3	0.362 4	0.315 2	0.274 5
16	0.852 8	0.728 4	0.623 2	0.533 9	0.458 1	0.393 6	0.338 7	0.291 9	0.251 9
17	0.844 4	0.714 2	0.605 0	0.513 4	0.436 3	0.371 4	0.316 6	0.270 3	0.231 1
18	0.836 0	0.700 2	0.587 4	0.493 6	0.415 5	0.350 3	0.295 9	0.250 2	0.212 0
19	0.827 7	0.686 4	0.570 3	0.474 6	0.395 7	0.330 5	0.276 5	0.231 7	0.194 5
20	0.819 5	0.673 0	0.553 7	0.456 4	0.376 9	0.311 8	0.258 4	0.214 5	0.178 4
21	0.811 4	0.659 8	0.537 5	0.438 8	0.358 9	0.294 2	0.241 5	0.918 7	0.163 7
22	0.803 4	0.646 8	0.521 9	0.422 0	0.341 8	0.277 5	0.225 7	0.183 9	0.150 2
23	0.795 4	0.634 2	0.506 7	0.405 7	0.325 6	0.261 8	0.210 9	0.170 3	0.137 8
24	0.787 6	0.621 7	0.491 9	0.390 1	0.310 1	0.247 0	0.197 1	0.157 7	0.126 4
25	0.779 8	0.609 5	0.477 6	0.375 1	0.295 3	0.233 0	0.184 2	0.146 0	0.116 0
30	0.741 9	0.552 1	0.412 0	0.308 3	0.231 4	0.174 1	0.131 4	0.099 4	0.075 4
40	0.671 7	0.452 9	0.306 6	0.208 3	0.142 0	0.097 2	0.066 8	0.046 0	0.031 8
50	0.608 0	0.371 5	0.228 1	0.140 7	0.087 2	0.054 3	0.033 9	0.021 3	0.013 4
60	0.550 4	0.304 8	0.169 7	0.095 1	0.053 5	0.030 3	0.017 3	0.009 9	0.005 7

(续表)

n	10%	12%	14%	15%	16%	18%	20%	24%	28%	32%	36%
1	0.909 1	0.892 9	0.877 2	0.869 6	0.862 1	0.847 5	0.833 3	0.806 5	0.781 3	0.757 6	0.735 3
2	0.826 4	0.797 2	0.769 5	0.756 1	0.743 2	0.718 2	0.694 4	0.650 4	0.610 4	0.573 9	0.540 7
3	0.751 3	0.711 8	0.675 0	0.657 5	0.640 7	0.608 6	0.578 7	0.524 5	0.476 8	0.434 8	0.397 5
4	0.683 0	0.635 5	0.592 1	0.571 8	0.522 3	0.515 8	0.482 3	0.423 0	0.372 5	0.329 4	0.292 3
5	0.620 9	0.567 4	0.519 4	0.497 2	0.476 1	0.437 1	0.401 9	0.341 1	0.291 0	0.249 5	0.214 9
6	0.564 5	0.506 6	0.455 6	0.432 3	0.410 4	0.370 4	0.334 9	0.275 1	0.227 4	0.189 0	0.158 0
7	0.513 2	0.452 3	0.399 6	0.375 9	0.353 8	0.313 9	0.279 1	0.221 8	0.177 6	0.143 2	0.116 2
8	0.466 5	0.403 9	0.350 6	0.326 9	0.305 0	0.266 0	0.232 6	0.178 9	0.138 8	0.108 5	0.085 4
9	0.424 1	0.360 6	0.307 5	0.284 3	0.263 0	0.225 5	0.193 8	0.144 3	0.108 4	0.082 2	0.062 8
10	0.385 5	0.322 0	0.269 7	0.247 2	0.226 7	0.191 1	0.161 5	0.116 4	0.084 7	0.062 3	0.046 2
11	0.350 5	0.287 5	0.236 6	0.214 9	0.195 4	0.161 9	0.134 6	0.093 8	0.066 2	0.047 2	0.034 0
12	0.318 6	0.256 7	0.207 6	0.186 9	0.168 5	0.137 2	0.112 2	0.075 7	0.051 7	0.035 7	0.025 0
13	0.289 7	0.229 2	0.182 1	0.162 5	0.145 2	0.116 3	0.093 5	0.061 0	0.040 4	0.027 1	0.018 4
14	0.263 3	0.204 6	0.159 7	0.141 3	0.125 2	0.098 5	0.077 9	0.049 2	0.031 6	0.020 5	0.013 5
15	0.239 4	0.182 7	0.140 1	0.122 9	0.107 9	0.083 5	0.064 9	0.039 7	0.024 7	0.015 5	0.009 9
16	0.217 6	0.163 1	0.122 9	0.106 9	0.093 0	0.070 8	0.054 1	0.032 0	0.019 3	0.011 8	0.007 3
17	0.197 8	0.145 6	0.107 8	0.092 9	0.080 2	0.060 0	0.045 1	0.025 8	0.015 0	0.008 9	0.005 4
18	0.179 9	0.130 0	0.094 6	0.080 8	0.069 1	0.050 8	0.037 6	0.020 8	0.011 8	0.006 8	0.003 9
19	0.163 5	0.116 1	0.082 9	0.070 3	0.059 6	0.043 1	0.031 3	0.016 8	0.009 2	0.005 1	0.002 9
20	0.148 6	0.103 7	0.072 8	0.061 1	0.051 4	0.036 5	0.026 1	0.013 5	0.007 2	0.003 9	0.002 1
21	0.135 1	0.092 6	0.063 8	0.053 1	0.044 3	0.030 9	0.021 7	0.010 9	0.005 6	0.002 9	0.001 6
22	0.122 8	0.082 6	0.056 0	0.046 2	0.038 2	0.026 2	0.018 1	0.008 8	0.004 4	0.002 2	0.001 2
23	0.111 7	0.073 8	0.049 1	0.040 2	0.032 9	0.022 2	0.015 1	0.007 1	0.003 4	0.001 7	0.000 8
24	0.101 5	0.065 9	0.043 1	0.034 9	0.028 4	0.018 8	0.012 6	0.005 7	0.002 7	0.001 3	0.000 6
25	0.092 3	0.058 8	0.037 8	0.030 4	0.024 5	0.016 0	0.010 5	0.004 6	0.002 1	0.001 0	0.000 5
30	0.057 3	0.033 4	0.019 6	0.015 1	0.011 6	0.007 0	0.004 2	0.001 6	0.000 6	0.000 2	0.000 1
40	0.022 1	0.010 7	0.005 3	0.003 7	0.002 6	0.001 3	0.000 7	0.000 2	0.000 1	*	*
50	0.008 5	0.003 5	0.001 4	0.000 9	0.000 6	0.000 3	0.000 1	*	*	*	*
60	0.003 3	0.001 1	0.000 4	0.000 2	0.000 1	*	*	*	*	*	*

附表 Ⅲ 年金终值系数表 $FVA_{i,n} = [(1+i)^n - 1]/i$

n	1%	2%	3%	4%	5%	6%	7%	8%	9%
1	1.000 0	1.000 0	1.000 0	1.000 0	1.000 0	1.000 0	1.000 0	1.000 0	1.000 0
2	2.010 0	2.020 0	2.030 0	2.040 0	2.050 0	2.060 0	2.070 0	2.080 0	2.090 0
3	3.030 1	3.060 4	3.090 9	3.121 6	3.152 5	3.183 6	3.214 9	3.246 4	3.278 1
4	4.060 4	4.121 6	4.183 6	4.246 5	4.310 1	4.374 6	4.439 9	4.506 1	4.573 1
5	5.101 0	5.204 0	5.309 1	5.416 3	5.522 6	5.637 1	5.750 7	5.866 6	5.984 7
6	6.152 0	6.308 1	6.468 4	6.633 0	6.801 9	6.975 3	7.153 3	7.335 9	7.523 3
7	7.213 5	7.434 3	7.662 5	7.898 3	8.142 0	8.393 8	8.654 0	8.922 8	9.200 4
8	8.285 7	8.583 0	8.892 3	9.214 2	9.549 1	9.897 5	10.260	10.637	11.028
9	9.368 5	9.754 6	10.159	10.583	11.027	11.491	11.978	12.488	13.021
10	10.462	10.950	11.464	12.006	12.578	13.181	13.816	14.487	15.193
11	11.567	12.169	12.808	13.486	14.207	14.972	15.784	16.645	17.560
12	12.683	13.412	14.192	15.026	15.917	16.870	17.888	18.977	20.141
13	13.809	14.680	15.618	16.627	17.713	18.882	20.141	21.495	22.953
14	14.947	15.974	17.086	18.292	19.599	21.015	22.550	24.215	26.019
15	16.097	17.293	18.599	20.024	21.579	23.276	25.129	27.152	29.361
16	17.258	18.639	20.157	21.825	23.657	25.673	27.888	30.324	33.003
17	18.430	20.012	21.762	23.698	25.840	28.213	30.840	33.750	36.974
18	19.615	21.412	23.414	25.645	28.132	30.906	33.999	37.450	41.301
19	20.811	22.841	25.117	27.671	30.539	33.760	37.379	41.446	46.018
20	22.019	24.297	26.870	29.778	33.066	36.786	40.995	45.762	51.160
21	23.239	25.783	28.676	31.969	35.719	39.993	44.865	50.423	56.765
22	24.472	27.299	30.537	34.248	38.505	43.392	49.006	55.457	62.873
23	25.716	28.845	32.453	36.618	41.430	46.996	53.436	60.893	69.532
24	26.973	30.422	34.426	39.083	44.502	50.816	58.177	66.765	76.790
25	28.243	32.030	36.459	41.646	47.727	54.863	63.249	73.106	84.701
30	34.784 9	40.568	47.575	56.085	66.439	79.058	94.461	113.28	136.31
40	48.886 4	60.402	75.401	95.026	120.80	154.76	199.64	259.06	337.88
50	64.463 2	84.579	112.8	152.67	209.35	290.34	406.53	573.77	815.08
60	81.697	114.05	163.05	237.99	353.58	533.13	813.52	1 253.2	1 944.8

(续表)

n	10%	12%	14%	15%	16%	18%	20%	24%	28%	32%	36%
1	1.000 0	1.000 0	1.000 0	1.000 0	1.000 0	1.000 0	1.000 0	1.000 0	1.000 0	1.000 0	1.000 0
2	2.100	2.120 0	2.140 0	2.150 0	2.160 0	2.180 0	2.200 0	2.240 0	2.280 0	2.320 0	2.360 0
3	3.310 0	3.374 4	3.439 6	3.472 5	3.505 6	3.572 4	3.640 0	3.777 6	3.918 4	4.062 4	4.209 6
4	4.641 0	4.779 3	4.921 1	4.993 4	5.066 5	5.215 1	5.368 0	5.684 2	6.015 6	6.362 4	6.725 1
5	6.105 1	6.352 8	6.610 1	6.742 4	6.877 1	7.154 2	7.441 6	8.048 4	8.699 9	9.398 3	10.146
6	7.715 6	8.115 2	8.533 5	8.753 7	8.977 5	9.442 0	9.929 9	10.980	12.136	13.406	14.799
7	9.487 2	10.089	10.730	11.067	11.414	12.142	12.916	14.615	16.534	18.696	21.126
8	11.436	12.300	13.233	13.727	14.240	15.327	16.499	19.123	22.163	25.678	29.732
9	13.579	14.776	16.085	16.786	17.519	19.086	20.799	24.712	29.369	34.895	41.435
10	15.937	17.549	19.337	20.304	21.321	23.521	25.959	31.643	38.593	47.062	57.352
11	18.531	20.655	23.045	24.349	25.733	28.755	32.150	40.238	50.398	63.122	78.998
12	21.384	24.133	27.271	29.002	30.850	34.931	39.581	50.895	65.510	84.320	108.44
13	24.523	28.029	32.089	34.352	36.786	42.219	48.497	64.110	84.853	112.30	148.47
14	27.975	32.393	37.581	40.505	43.672	50.818	59.196	80.496	109.61	149.24	202.93
15	31.772	37.280	43.842	47.580	51.660	60.965	72.035	100.82	141.30	198.00	276.98
16	35.950	42.753	50.980	55.717	60.925	72.939	87.442	126.01	181.87	262.36	377.69
17	40.545	48.884	59.118	65.075	71.673	87.068	105.93	157.25	233.79	347.31	514.66
18	45.599	55.750	68.394	75.836	84.141	103.74	128.12	195.99	300.25	459.45	700.94
19	51.159	63.440	78.969	88.212	98.603	123.41	154.74	244.03	385.32	607.47	954.28
20	57.275	72.052	91.025	102.44	115.38	146.63	186.69	303.60	494.21	802.86	1 298.8
21	64.002	81.699	104.77	118.81	134.84	174.02	225.03	377.46	633.59	1 060.8	1 767.4
22	71.403	92.503	120.44	137.63	157.41	206.34	271.03	469.06	812.00	1 401.2	2 404.7
23	79.543	104.60	138.30	159.28	183.60	244.49	326.24	582.63	1 040.4	1 850.6	3 271.3
24	88.497	118.16	158.66	184.17	213.98	289.49	392.48	723.46	1 332.7	2 443.8	4 450.0
25	98.347	133.33	181.87	212.79	249.21	342.60	471.98	898.09	1 706.8	3 226.8	6 053.0
30	164.49	241.33	356.79	434.75	530.31	790.95	1 181.9	2 640.9	5 873.2	12 941	28 172.3
40	422.59	767.09	1 342.0	1 779.1	2 360.8	4 163.2	7 343.9	22 729	69 377	*	*
50	1 163..9	2 400.0	4 994.5	7 217.7	10 436	21 813	45 497	*	*	*	*
60	3 034.8	7 471.6	18 535	29 220	46 058	*	*	*	*	*	*

附表 Ⅳ　年金现值系数表 $PVA_{i,n} = [1-(1+i)^{-n}]/i$

n	1%	2%	3%	4%	5%	6%	7%	8%	9%
1	0.990 1	0.980 4	0.970 9	0.961 5	0.952 4	0.943 4	0.934 6	0.925 9	0.917 4
2	1.970 4	1.941 6	1.913 5	1.886 1	1.859 4	1.833 4	1.808 0	1.783 3	1.759 1
3	2.941 0	2.883 9	2.828 6	2.775 1	2.723 2	2.673 0	2.624 3	2.577 1	2.531 3
4	3.902 0	3.807 7	3.717 1	3.629 9	3.546 0	3.465 1	3.387 2	3.312 1	3.239 7
5	4.853 4	4.713 5	4.579 7	4.451 8	4.329 5	4.212 4	4.100 2	3.992 7	3.889 7
6	5.795 5	5.601 4	5.417 2	5.242 1	5.075 7	4.917 3	4.766 5	4.622 9	4.485 9
7	7.728 2	6.472 0	6.230 3	6.002 1	5.786 4	5.582 4	5.389 3	5.206 4	5.033 0
8	7.651 7	7.325 5	7.019 7	6.732 7	6.463 2	6.209 8	5.971 3	5.746 6	5.534 8
9	8.566 0	8.162 2	7.786 1	7.435 3	7.107 8	6.801 7	6.515 2	6.246 9	5.995 2
10	9.471 3	8.982 6	8.530 2	8.110 9	7.721 7	7.360 1	7.023 6	6.710 1	6.417 7
11	10.367 6	9.786 8	9.252 6	8.760 5	8.306 4	7.886 9	7.498 7	7.139 0	6.805 2
12	11.255 1	10.575 3	9.954 0	9.385 1	8.863 3	8.383 8	7.942 7	7.536 1	7.160 7
13	12.133 7	11.348 4	10.635 0	9.985 6	9.393 6	8.852 7	8.357 7	7.903 8	7.486 9
14	13.003 7	12.106 2	11.296 1	10.563 1	9.898 6	9.295 0	8.745 5	8.244 2	7.786 2
15	13.865 1	12.849 3	11.937 9	11.118 4	10.379 7	9.712 2	9.107 9	8.559 5	8.060 7
16	14.717 9	13.577 7	12.561 1	11.652 3	10.837 8	10.105 9	9.446 6	8.851 4	8.312 6
17	15.562 3	14.291 9	13.166 1	12.165 7	11.274 1	10.477 3	9.763 2	9.121 6	8.543 6
18	15.398 3	14.992 0	13.753 5	12.659 3	11.689 6	10.827 6	10.059 1	9.371 9	8.755 6
19	17.226 0	15.678 5	14.322 8	13.133 9	12.085 3	11.158 1	10.335 6	9.603 6	8.950 1
20	18.045 6	16.351 4	14.877 5	13.590 3	12.462 2	11.469 9	10.594 0	9.818 1	9.128 5
21	18.857 0	17.011 2	15.415 0	14.029 2	12.821 2	11.764 1	10.833 5	10.016 8	9.292 2
22	19.660 4	17.658 0	15.936 9	14.451 1	13.163 0	12.041 6	11.061 2	10.200 7	9.442 4
23	20.455 8	18.292 2	16.443 6	14.856 8	13.488 6	12.303 4	11.277 2	10.371 1	9.580 2
24	21.243 4	18.913 9	16.935 5	15.247 0	13.798 6	12.550 4	11.469 3	10.528 8	9.706 6
25	22.023 2	19.523 5	17.413 1	15.622 1	14.093 9	12.783 4	11.653 6	10.674 8	9.822 6
30	25.807 7	22.396 5	19.600 4	17.292 0	15.372 5	13.764 8	12.409 0	11.257 8	10.273 7
40	32.834 7	27.355 5	23.114 8	19.792 8	17.159 1	15.046 3	13.331 7	11.924 6	10.757 4
50	39.196 1	31.423 6	25.729 8	21.482 2	18.255 9	15.761 9	13.800 7	12.233 5	10.961 7
60	44.955 0	34.760 9	27.675 6	22.623 5	18.929 3	16.161 4	14.039 2	12.376 6	11.048 0

(续表)

n	10%	12%	14%	15%	16%	18%	20%	24%	28%	32%	36%
1	0.909 1	0.892 9	0.877 2	0.869 6	0.862 1	0.847 5	0.833 3	0.806 5	0.781 3	0.757 6	0.735 3
2	1.735 5	1.690 1	1.646 7	1.625 7	1.605 2	1.565 6	1.527 8	1.456 8	1.331 5	1.331 5	1.276 0
3	2.486 9	2.401 8	2.321 6	2.283 2	2.245 9	2.174 3	2.106 5	1.981 3	1.766 3	1.766 3	1.673 5
4	3.169 9	3.037 3	2.913 7	2.855 0	2.798 2	2.690 1	2.588 7	2.404 3	2.095 7	2.095 7	1.965 0
5	3.790 8	3.604 8	3.433 1	3.352 2	3.274 3	3.127 2	2.990 6	2.745 4	2.345 2	2.345 2	2.180 7
6	4.355 3	4.111 4	3.888 7	3.784 5	3.684 7	3.497 6	3.325 5	3.020 5	2.759 4	2.534 2	2.338 8
7	4.868 4	4.563 8	4.288 3	4.160 4	4.038 6	3.811 5	3.604 6	3.242 3	2.937 0	2.677 5	2.455 0
8	5.334 9	4.967 6	4.638 9	4.487 3	4.343 6	4.077 6	3.837 2	3.421 2	3.075 8	2.786 0	2.540 4
9	5.759 0	5.328 2	4.946 4	4.771 6	4.606 5	4.303 0	4.031 0	3.565 5	3.184 2	2.868 1	2.603 3
10	6.144 6	5.650 2	5.216 1	5.018 8	4.833 2	4.494 1	4.192 5	3.681 9	3.268 9	2.930 4	2.649 5
11	6.495 1	5.937 7	5.452 7	5.233 7	5.028 6	4.656 0	4.327 1	3.775 7	3.335 1	2.977 6	2.683 4
12	6.813 7	6.194 4	5.660 3	5.420 6	5.197 1	4.793 2	4.439 2	3.851 4	3.386 8	3.013 3	2.708 4
13	7.103 4	6.423 5	5.842 4	5.583 1	5.342 3	4.909 5	4.532 7	3.912 4	3.427 2	3.040 4	2.726 8
14	7.366 7	6.628 2	6.002 1	5.724 5	5.467 5	5.008 1	4.610 6	3.961 6	3.458 7	3.06—9	2.740 3
15	7.606 1	6.810 9	6.142 2	5.847 4	5.575 5	5.091 6	4.675 5	4.001 3	3.483 4	3.076 4	2.750 2
16	7.823 7	6.974 0	6.265 1	5.954 2	5.668 5	5.162 4	4.729 6	4.033 3	3.502 6	3.088 2	2.757 5
17	8.021 6	7.119 6	6.372 9	6.047 2	5.748 7	5.222 3	4.774 6	4.059 1	3.517 7	3.097 1	2.762 9
18	8.201 4	7.249 7	6.467 4	6.128 0	5.817 8	5.273 2	4.812 2	4.079 9	3.529 4	3/1 039	2.766 8
19	8.364 9	7.365 8	6.550 4	6.198 2	5.877 5	5.316 2	4.843 5	4.096 7	3.538 6	1.109 0	2.769 7
20	8.513 6	7.469 4	6.623 1	6.259 3	5.928 8	5.352 7	4.869 6	4.110 3	3.545 8	3.112 9	2.771 8
21	8.848 7	7.562 0	6.687 0	6.312 5	5.973 1	5.383 7	4.891 3	4.121 2	3.551 4	3.115 8	2.773 4
22	8.771 5	7.644 6	7.742 9	6.358 7	6.011 3	5.409 9	4.909 4	4.130 0	3.555 8	3.118 0	2.774 6
23	8.883 2	7.718 4	6.792 1	6.398 8	6.044 2	5.432 1	4.924 5	4.137 1	3.559 2	3.119 7	2.775 4
24	8.984 7	7.784 3	6.835 1	6.433 8	6.072 6	5.450 9	4.937 1	4.142 8	3.561 9	3.121 0	2.776 0
25	9.077 0	7.843 1	6.872 9	6.464 1	6.097 1	5.466 9	4.947 6	4.147 4	3.564 0	3.122 0	2.776 5
30	9.426 9	8.055 2	7.002 7	6.566 0	6.177 2	5.516 8	4.978 9	4.160 1	3.569 3	3.124 2	2.777 5
40	9.779 1	8.243 8	7.105 0	6.641 8	6.233 5	5.548 2	4.996 6	4.165 9	3.571 2	3.125 0	2.777 8
50	9.914 8	8.304 5	7.132 7	6.660 5	6.246 3	5.554 1	4.999 5	4.166 6	3.571 4	3.125 0	2.777 8
60	9.967 2	8.324 0	7.140 1	6.665 1	6.249 2	5.555 3	4.999 9	4.166 7	3.571 4	3.125 0	2.777 8